AF169005

Hanna Faber

ALWAYS LOVE YOU

Musik war Whitney Houstons Leben

Ullstein

Besuchen Sie uns im Internet:
www.ullstein.de

Originalausgabe im Ullstein Taschenbuch
1. Auflage September 2023
© Ullstein Buchverlage GmbH, Berlin 2023
Umschlaggestaltung: bürosüd° GmbH, München
Titelabbildung: wwww.buerosued.de
Wir behalten uns die Nutzung unserer Inhalte für Text und Data
Mining im Sinne von § 44b UrhG ausdrücklich vor.
Gesetzt aus der Albertina powered by *pepyrus*
Druck und Bindearbeiten: CPI books GmbH, Leck
ISBN 978-3-548-06821-3

Prolog

November 1974

Der Wind pfiff durch den schmalen Spalt zwischen Fensterglas und Rahmen. Es war das erste von sieben Fenstern, die sich in einer Glasfront an der Sakristei der New Hope Baptist Church entlangzogen. Mit jeder Windböe prallte ein Ast, den der Herbststurm kahl hatte werden lassen, gegen das Glas. Das Geräusch klang dumpf in der fast leeren Sakristei.

Schon seit einer Weile dichtete das Fenster beim Schließen nicht mehr richtig ab. Ein Wunder, dass das Problem nicht an viel mehr Stellen in der Kirche auftrat: Seitdem das Gebäude in der Sussex Avenue Nummer 106 in Newark, New Jersey, vor 71 Jahren eröffnet worden war, war nicht viel passiert in Sachen Renovierung und Instandhaltung. Einmal war die schwere Holztür am Haupteingang ausgewechselt worden, nachdem sie mit Messern und anderen scharfen Werkzeugen übel zugerichtet worden war. Das war 1937 gewesen. Die Täter hatte man nicht ausfindig machen können. Vielleicht auch nicht ausfindig machen wollen. Zwei Jahre hatte es gedauert, ehe die Kirchengemeinde genügend Spenden gesammelt hatte, um die Tür ersetzen zu können.

Das erste Fenster an der Glasfront der Sakristei jedoch, ebenjenes, durch das der Wind an diesem stürmischen Novembersonntag pfiff, war immer noch dasselbe, das Anfang des Jahrhunderts beim Bau des Gebäudes eingesetzt worden war.

Allmählich mischte sich in das Klopfen des Astes das Prasseln von Regentropfen. Ein Rhythmus entstand. Obwohl immer mehr Tropfen das lädierte Fenster hinabliefen, hielt die poröse Abdichtung stand. Aber es war nur eine Frage der Zeit, ehe sich mehr als nur ein bisschen Wind den Weg in den Nebenraum der Kirche bahnen würde.

Die Novemberluft war kälter, als es dem Raum auf lange Sicht wohltat. Irgendwann würde sich durch die klamme Feuchtigkeit Schimmel bilden, erst langsam und sporadisch, kaum wahrnehmbar. Dann immer schneller. Der Schimmel würde sich in die Fugen des Fensters krallen, bis er schließlich den gesamten Rahmen für sich erobert hätte. Als Nächstes würde er sich die gesamte Glasfront entlangarbeiten, einen Fensterrahmen nach dem anderen in Beschlag nehmen. Wenig später würden die Schimmelsporen auch die Wände an sich gerissen haben, und schon bald wäre der komplette Raum von modrigem Geruch durchzogen. Doch bis es so weit war, würde die sich anbahnende Gefahr unsichtbar bleiben, kaum mehr als ein kalter Luftzug.

...

»Nippy, es geht los, wir müssen raus!«

Die drängende Stimme riss Whitney aus ihren Gedanken. Minutenlang hatte sie am Fenster mit dem Spalt im Rahmen gestanden und der Musik, die sich aus dem Pfeifen des Windes, dem Klopfen des Astes und dem Prasseln der Regentropfen zusammengefügt hatte, gelauscht. Es hatte etwas Meditatives für das

Mädchen, den Klangfolgen zu lauschen. Das gleichmäßige Zischen von Öl und Zwiebeln in der Pfanne auf dem Herd, während ihre Mutter Cissy ein großes Messer alle paar Sekunden durch die Karotte vor ihr jagte und es mit einem Klacken auf dem Holzbrett aufprallte. Das Hupen von Autos vor dem Fenster ihres Klassenzimmers der Franklin Elementary School, auf das das Aufheulen von Motoren folgte. Das unregelmäßige Aufprallen des Basketballs, mit dem die Jungen aus der Nachbarschaft auf dem kleinen Platz nur ein paar Blocks von ihrem Zuhause entfernt Körbe warfen, während ihre Turnschuhe auf dem Asphalt beim Laufen dumpf pochten: Alles konnte für Whitneys Ohren zur Musik werden.

Zögernd wandte sie ihren Blick ab von den Regentropfen, die sich das Fenster hinabarbeiteten, und drehte sich in die Richtung, aus der die Stimme gekommen war.

»Los jetzt, alle warten auf dich!«

Mit ungeduldiger Miene stand Gary in der Tür zu dem schmalen Vorraum, der in den Kirchenraum führte. Eine bodenlange weiße Robe umhüllte den Körper ihres älteren Bruders.

Whitney musterte ihn einen Augenblick und fing dann ihr eigenes Spiegelbild in der gläsernen Fensterscheibe auf. Auch sie trug eine weiße Robe, die sie zu verschlucken schien, so zierlich war das Mädchen mit ihren elf Jahren. Ihre schulterlangen schwarzen Haare hielt ein breites Band zu einem Zopf zusammen, ein kurzer gewellter Pony hing ihr in die hohe Stirn.

»Ich komme ja schon«, sagte sie und stieß sich von der Wand ab.

Ein Schauder lief Whitney den Rücken hinab. Mit dem Handrücken wischte sie sich die kleinen Schweißperlen von der Nase. Immer wenn Whitney nervös war, verriet sie ihr schwitzender Nasenrücken. Auch jetzt: Es dauerte nur wenige Sekunden, ehe ihre

Nase erneut nass glänzte. Sie hasste es. Konnte sie nicht wie alle anderen auch einfach ein paar Schweißperlen auf ihrer Stirn haben, die nicht so penetrant glitzerten wie die Tropfen auf ihrer Nase? Ein letztes Mal atmete Whitney tief ein und ließ die Luft durch ihren leicht geöffneten Mund wieder entweichen. Dann schritt sie ihrem Halbbruder entgegen.

...

Whitney liebte es, inmitten der anderen Chormitglieder auf den Stufen im Kirchenraum der New Hope Baptist Church zu stehen, die den Altar von den Gebetsbänken trennten. Denn das bedeutete nicht nur, dass sie singen würde, sondern dass sie dies als Teil einer Gemeinschaft tun würde. Ein Gefühl, das Whitney berauschte, seitdem sie vor einem guten Jahr bei einem Gottesdienst mitsingen durfte. Mit ihren zehn Jahren war sie damals eigentlich viel zu jung, um im Erwachsenenchor zu singen. Die Jüngste war sie heute immer noch – was auch nicht schwer war: Selbst Gary senkte mit seinen 17 Jahren das Durchschnittsalter.

Aber der heutige Tag war anders. Heute überschattete ihre Nervosität alles, was sie normalerweise fühlte, wenn sie neben Gary zwischen den anderen stand und Gospellieder sang: Freude und Glück, Ruhe und Frieden, die Nähe zu Gott. Jetzt hingegen hatte sie nur dieses Kribbeln im Bauch, durch das ihr schlecht wurde. Neue Schweißperlen bildeten sich auf ihrer Nasenspitze.

Der Chor stimmte sein letztes Lied für diesen Morgen an: »What A Friend We Have In Jesus«. Auf der ersten Stufe, vorne in der Mitte, stand Whitney neben Gary und sang mit. Zwischen all den Erwachsenen wirkte sie noch zierlicher, als sie ohnehin war.

»*Oh, what peace we often forfeit*«

Whitney war nicht bei der Sache. Mit jeder Silbe, die sie sang, schien ihr Herz weiter nach oben in Richtung Kehle zu schlagen. Es raubte ihr den Atem. Sie hatte Mühe, die Noten so lange zu halten wie der Rest des Chors, obwohl sie das normalerweise problemlos schaffte.

»*Oh, what needless pain we bear*«

Es fühlte sich an, als ob sie sprinten würde. Als ob es einer jener Nachmittage wäre, an denen sie von der Schule nach Hause lief, weil ihre Klassenkameraden sie nach dem Unterricht wieder einmal geärgert hatten. Fünf Kilometer, von dem Schulhof bis zu ihrem Elternhaus, so schnell sie konnte, ohne sich auch nur einmal umzusehen. Ein schreckliches Gefühl.

»*All because we do not carry*«

Gerade setzte Whitney an, die Hand zu ihrem Gesicht zu führen – ihre Nase glänzte schon wieder vor Schweiß –, da spürte sie, wie Gary ihren Arm sanft wieder nach unten drückte. Ihr Bruder stand rechts von ihr wie jeden Sonntag, wenn der Gospelchor seinen Auftritt hatte. Gary schloss seine Hand um ihre und drückte sie, während er mit seinem Daumen im Takt des Lieds über Whitneys Haut streichelte. Whitney kam diese kleine Geste einer innigen Umarmung gleich. Eine Umarmung, die sie so dringend gebraucht hatte. Augenblicklich beruhigte sich ihr Herzschlag.

»*Everything to God in prayer*«

Als die letzten Töne des Chors und des Klaviers verklungen waren, spürte Whitney, wie Gary sich langsam löste. Er neigte sich zu ihr herunter – er war gut eineinhalb Köpfe größer als sie –, legte seine Hand auf ihre Schulter und flüsterte: »Nippy, ich weiß ganz genau, dass du das kannst – hau sie einfach alle um, ich glaube an dich.«

Whitney blickte hinauf in die braunen Augen ihres Bruders. Er wusste um ihre Furcht. Sagte Gary das also einfach so, um sie zu beruhigen? War da in Wahrheit nicht ein Funken in seinen Augen, der einen Zweifel offenbarte, dass sie es vielleicht doch nicht schaffen würde?

»Vertrau auf Gott, er ist hier, er ist bei dir«, fügte Gary da hinzu, als würde er ihre Gedanken erahnen.

Whitney nickte kaum merklich. Sie löste sich von den anderen Chormitgliedern und trat ein paar Schritte nach vorne zu dem silberfarbenen Mikrofon, das in einem Ständer darauf zu warten schien, dass es sich jemand griff. Sie ließ ihren Blick über die Reihen vor sich schweifen, über die vielen Baptisten aus Newark und der näheren Umgebung, die jeden Sonntag herbeiströmten, um ihren Glauben zu feiern und Gott zu preisen. Dort unten, gleich in der zweiten Reihe etwas links von ihr, saßen auch ihr Vater John, ihr zweiter älterer Bruder Michael und ihre Cousine Dionne. Alle lächelten ihr entgegen.

Whitney wandte sich ab und wanderte mit dem Blick nach rechts. Da stand ihre Mutter Cissy. Auch sie trug eine weiße Robe. Doch um ihre Schultern war darüber hinaus ein dunkelroter Schal gelegt, der sie als Leiterin des Chors kennzeichnete. Ihre Mutter, die Profisängerin, die mit Stars wie Aretha Franklin, Elvis Presley oder Jimi Hendrix im Studio oder auf der Bühne stand. Whitneys Herz hüpfte. Sie bewunderte ihre Mutter so sehr.

In diesem Moment hob Cissy die Arme. Das Flüstern und Rascheln, das den Kirchenraum gerade eben noch erfüllt hatte, verstummte sofort. Nur der Wind, der draußen weiterhin um die

Ecken toste, war noch zu hören – ein sanftes monotones Rauschen. Whitney schloss die Augen.

Die ersten Töne des Klaviers hallten durch die Kirche. Der Klang durchströmte Whitneys Arme und Beine und versammelte sich in ihrer Körpermitte. Whitney spürte, wie sich Wärme in ihrer Brust ausbreitete. Da setzte die Stimme des Chors ein.

»*Oh, oh, Mary – oh, oh, Mary – oh, oh, Mary*«

Whitneys Kopf war wie leer gefegt: Alles Störende war mit einem Schlag verschwunden. Sie war fokussiert wie nie zuvor. Sie nahm das Klavier wahr, jeden einzelnen der Töne, die sich zusammen in eine Melodie ergossen. Sie registrierte den Gesang des Chors, Wort für Wort, Vers für Vers. Sie hörte alles. Aber nicht mit ihren Ohren, sondern mit dem ganzen Körper. Mit jedem »Mary« stellten sich die Härchen auf ihren Unterarmen auf, die schon jetzt eine Gänsehaut überzog. Ihr Herzschlag schien sich komplett dem Rhythmus des Lieds angepasst zu haben. Ihr Atem folgte gewissenhaft dem Vierviertakt, den das Klavierspiel vorgab. Eins, zwei, einatmen. Drei, vier, ausatmen. Mit einem sachten Wippen begleiteten ihre Zehen den ersten Schlag eines jeden Taktes.

Dann setzte Whitney mit ihrem Gesang ein.

»*Mary, don't you weep, don't you mourn.*
Didn't Pharaoh's army get drowned?
Yes, they did.

Mit beiden Füßen parallel nebeneinander auf dem Boden stand sie ruhig da, die Arme hingen links und rechts neben ihrem Körper in der weißen, viel zu großen Chorrobe. Doch auch davon spürte sie in diesem Moment nichts. Ihre Augen waren geschlossen, das Gesicht leicht nach oben gerichtet, sodass die zusammengebundenen Haare gleichmäßig über Whitneys Nacken fielen. Nicht die kleinste Bewegung war an ihrem Körper auszumachen. Nur ihr Gesicht – ihr Gesicht veränderte sich, während sie sang.

Sie hob die Augenbrauen verzweifelt nach oben, dann zuckte mal ein kleiner Muskel auf ihrer Stirn, bevor sich ihre Brauen wieder zusammenzogen. Ihre Lippen zitterten. Grübchen an den Mundwinkeln ließen ein Lächeln erahnen. Nicht nur ihr Gesang erzählte die Geschichte, in der Maria von Bethanien Mut zugesprochen wird, während sie um ihren Bruder Lazarus bangt – unentwegt, obwohl er gar nicht mehr lebt. Whitneys Gesicht war wie eine mimische Übersetzung des Liedtextes. Nicht ein einziges Mal öffnete sie dabei ihre Augen.

Sie sang aus voller Seele, sie sang sich leer.

...

In der fünften Reihe der Kirchenbänke stand ein Mann auf. Er war um die 40, trug einen dunkelbraunen Anzug, der am Saum der Ärmel schon ein wenig zerschlissen war, darunter ein weißes Hemd und eine blau-braun gemusterte Krawatte. Mit den Händen stützte er sich auf die Rückenlehne der Reihe vor ihm auf und beugte sich leicht nach vorne. Er begann zu lächeln. Erst kaum merklich, dann stärker und stärker, bis seine Mundwinkel beinahe an den Ohren angekommen waren. Der Mann lachte über das ganze Gesicht.

»Ja!«, rief er, und schon wiegte er den Kopf im Rhythmus der Musik. Einen Takt später begann er zu klatschen.

Die Frau daneben tat es ihm gleich, auch sie warf ihre Hände gegeneinander und stand auf. Sie verlagerte ihr Gewicht vom linken auf das rechte Bein und wieder zurück, immer hin und her. Immer passend zum Takt des Liedes. Nach und nach stimmten immer mehr Menschen in der Kirche in das Klatschen ein. Hier und dort sah man jemanden aufstehen, bis immer schneller ein Kopf nach dem anderen emporschoss.

»Sing, Nippy, sing!«
Es war Michael, Whitneys und Garys Bruder, das mittlere Kind, der seiner Schwester die Ermutigung zurief. Auch er war aufgestanden und klatschte, sein Gesicht strahlte. Sein Vater John und seine Cousine Dionne neben ihm sahen nicht weniger euphorisch aus.

Die Sonntagskirchgänger der New Hope Baptist Church waren bekannt dafür, sich den Gospelsongs leidenschaftlich hinzugeben, die das Ende des Gottesdienstes einläuteten. Der Chor und die einzelnen Arrangements seiner Leiterin Cissy Houston waren weit über Newarks Grenzen hinaus bekannt. Aber das, was an diesem Tag geschah, überstieg selbst das gängige Maß dieser begeisterungsfähigen Gemeinde. Dieses kaum elfjährige Mädchen mit dem Pferdeschwanz in der zeltartigen weißen Robe brachte gerade die voll besetzte Kirche zu Beifallsbekundungen, wie es sie hier zuvor noch nie gegeben hatte.

»Mary, mother don't you mourn«

Als Whitneys letzter Ton verklungen war, war selbst der Letzte im Raum von seinem Sitz aufgesprungen und in den Jubel eingefallen. Die Kirche tobte.

...

Von alldem bekam Whitney nichts mit. Sie stand immer noch in derselben Position vor dem Mikrofon wie zu Beginn des Lieds, die Augen nach wie vor geschlossen. Auf ihrem Gesicht lag ein Ausdruck von Frieden und Unschuld, wie man ihn sonst nur von satten Babys in liebenden Armen kannte.

Langsam öffnete sie die Augen. Es war, als würde sie jemand plötzlich in eine andere Welt stoßen. Was war hier los? Wieso jubelten alle? Weshalb starrten sie all diese Gesichter an? Und wieso wischte sich ihre Mutter eine Träne aus dem Augenwinkel?

Es dauerte endlose Sekunden, bis Whitney begriff: Die Begeisterung galt ihr.

Teil I

Kapitel 1

28. Februar 1994
19 Uhr

Die Wärme von Bobbi Kristinas kleinem Körper brachte Whitney aus der Fassung. Die Geburt lag bald ein Jahr zurück und hätte beschwerlicher kaum sein können. Aber als Whitney ihre Tochter dann endlich zum ersten Mal in den Armen gehalten hatte, war es, als ob alle Strapazen zuvor niemals stattgefunden hätten. Plötzlich verspürte sie diese unbeschreibliche Liebe, die mit nichts, was sie je zuvor gefühlt hatte, vergleichbar war. Es haute sie einfach um.

Seitdem erging es ihr jedes Mal so, wenn sie Krissy auf dem Arm hielt. Sie spürte dann, wie die Wärme ihrer Tochter auf sie überging, wie sich diese Wärme in Liebe wandelte und sich dann in ihrem Herzen so sehr ballte, dass ihr manchmal schwindelig davon wurde. Es war atemberaubend, immer wieder aufs Neue, egal wie oft sie mit dem kleinen Mädchen beisammen war.

Whitney hatte es sich auf dem dunkelblauen Sessel in dem kleinen Schlafzimmer gemütlich gemacht. Die Tür zum Eingangszimmer ihrer Suite im Beverly Hills Hotel in Los Angeles hatte sie geschlossen. Sie wollte ungestört mit Krissy sein, um sich ganz in den Augenblick fallen lassen zu können.

Es war der zweite Abend in Folge, den sie hier verbrachte. Am nächsten Abend würde im Staples Center gut 15 Kilometer weiter in Richtung Osten die diesjährige Verleihung der Grammys stattfinden. Whitney sollte die Award-Show mit einer Performance von »I Will Always Love You« eröffnen. Und vielleicht würde sie einige Stunden später auch mit einer Auszeichnung hierher in ihre Suite zurückkehren. Vielleicht sogar mit mehr als einem Grammy. Die Chancen dafür standen nicht schlecht, immerhin war sie viermal nominiert, so oft wie noch nie zuvor.

Aber in diesem Moment, während sie mit Krissy im Arm auf dem dunkelblauen Sessel saß, hätte der morgige Abend nicht weiter entfernt von Whitneys Gedanken sein können. Die Vorhänge des Zimmers waren zugezogen, nur eine kleine Lampe auf dem Tischchen neben den beiden spendete etwas Licht. Whitney hatte einen sandfarbenen Schal über sie geworfen, damit das Licht weniger grell schien. Die kleine Krissy hielt sie fest an ihre Brust gedrückt, den Kopf des Mädchens ein wenig erhöht, sodass sie leicht aus dem Fläschchen trinken konnte, das Whitney ihr an die Lippen reichte.

Von Beginn an hatte Whitney zu Milchpulver gegriffen. Eigentlich hätte sie ihre Tochter lieber gestillt. Noch bevor sie selbst Mutter geworden war, hatte sie immer wieder einmal andere Frauen beobachtet, wie sie ihre Babys stillten. Wie friedlich diese Szenen wirkten, wie groß die Nähe zwischen den Stillenden und ihren Kindern. Whitney fand, dass diese Mütter ihre Babys mit einem ganz eigenen Blick ansahen, einen, den sie bei den anderen Müttern noch nie bemerkt hatte. Es lag die pure Liebe darin – sie schien für Whitney beinahe greifbar.

Genau so wollte sie später auch einmal ihr eigenes Baby ansehen, diese ganz spezielle Nähe spüren, dieses Glück ausstrahlen, wie all diese Mütter, die sie beobachtet hatte. Whitney war sich sicher, dass das Stillen der Grund dafür war. Was sollte es sonst sein? Aber Whitneys Manager und allen voran ihr Produzent Clive Davis hatten ihr davon abgeraten. Und zwar vehement. So würde sie unmöglich ihrem vollgepackten Terminkalender gerecht werden können. Denn die Entscheidung hätte bedeutet, ihre Tage so flexibel zu planen, dass sie alle paar Stunden eine Pause einlegen konnte, um zu stillen oder abzupumpen, oder es hätte gleich eine längere Babypause bedeutet. Doch nichts davon war in ihrem Karriereplan vorgesehen. Eigentlich war zu diesem Zeitpunkt überhaupt kein Baby vorgesehen. Unpassender hätte Whitneys Schwangerschaft nicht sein können, zumindest, wenn man Clive fragte. Er hatte es ihr gegenüber nie direkt so ausgesprochen. Aber Whitney konnte sich genau an seinen Gesichtsausdruck erinnern, als sie ihm von der Schwangerschaft erzählt hatte – er war enttäuscht gewesen. Ein bisschen konnte sie seine Reaktion sogar verstehen.

Jetzt lächelte Whitney hinab zu Krissy, die weiter friedlich an dem Fläschchen nuckelte. Ihr Blick fiel auf das Armband an ihrer eigenen rechten Hand, mit der sie die Flasche hielt. Kevin hatte es ihr geschenkt: Im Verlauf der vergangenen zwei Jahre war er zu einem engen Freund geworden, obwohl sie schon deutlich länger miteinander bekannt waren.

Es war bestimmt sechs Jahre her, dass Kevin sie zum ersten Mal angesprochen hatte. Es war bei irgendeiner Party von irgendwem anlässlich von irgendwas – Whitney wusste es nicht mehr. Sie wechselte mittlerweile so oft Events, Hotels, Städte, Länder, Kontinente, manchmal verschwammen die Orte. Eigentlich sogar meistens, wenn sie ehrlich war. Auf jener Feier jedenfalls hatte er ihr angeboten, in seinem Filmprojekt »Bodyguard« die weibliche Hauptrolle zu übernehmen, die Rolle der Popsängerin Rachel Marron. Sie erinnerte sich noch genau daran, dass sie ungläubig aufgelacht hatte. Er selbst, so hatte er weitererzählt, würde nicht nur ihren männlichen Gegenpart spielen, die Rolle von Rachel Marrons Leibwächter Frank Farmer, sondern auch einer der ausführenden Produzenten sein. Unbedingt hatte er für dieses Projekt Whitney an seiner Seite gewollt. In seinen Augen war sie die perfekte Besetzung. Und dann schob er auch noch hinterher, dass sie gut die Hälfte des Soundtracks einsingen sollte, nämlich diejenigen Lieder, die den Film am meisten tragen würden. Whitney war nicht weiter darauf eingegangen und hatte geschickt das Gesprächsthema gewechselt.

Ein paarmal hatten sie danach noch am Telefon über das Projekt gesprochen. Doch Whitney war verunsichert gewesen. Und blieb es auch. Der Soundtrack war kein Problem. Aber sie, eine Schauspielerin? In der Hauptrolle eines neuen Hollywood-Blockbusters neben Kevin Costner? Was zum Teufel sollte ausgerechnet sie dafür befähigen? Sie traute es sich nicht zu und lehnte ab – auch wenn Clive und ihre Manager die Entscheidung überhaupt nicht guthießen. Whitney war hart geblieben.

Aber Kevin hatte nicht lockergelassen. Immer wieder hatte er das Gespräch mit Whitney gesucht, über Monate hinweg. Er kümmerte sich nicht darum, was Clive oder sonst wer aus ihrem Team zu ihm sagten. Erst Jahre später hatte Kevin ihr gegenüber erwähnt, dass er immer wieder Tipps aus ihrem Umfeld bekommen hatte, wie er sie am besten von dem Vorhaben überzeugen konnte. Er hatte sie allesamt ignoriert. Stattdessen nahm er jede einzelne ihrer Sorgen ernst und sprach mit ihr darüber – und konnte sie nach und nach beiseiteräumen. Er bot sogar an, das Filmprojekt um ein Jahr zu verschieben, damit Whitney in Ruhe die »I'm Your Baby Tonight«-Welttournee beenden konnte. Schließlich hatte Whitney zugesagt. Manchmal konnte sie es immer noch kaum glauben, dass sie sich wirklich dafür entschieden hatte, dass sie jetzt eine Schauspielerin war. Whitney seufzte und schüttelte leicht den Kopf, da stieß Krissy ein kleines Glucksen aus, das ihrer Mutter ein Lächeln entlockte. Es war dieses kleine Glucksen, in das sie sich sofort verliebt hatte – trotz allen Ärgers, der damals über sie hereingebrochen war. Als ob es gestern gewesen wäre, erinnerte sie sich an die endlosen Diskussionen und Vorwürfe, als sie Clive, ihrem Managementteam und ihrer Familie von ihrer Schwangerschaft erzählte. Wie konnte sie nur schwanger werden, ausgerechnet jetzt, wo es nur noch galt, die fünf Songs für den Film fertig zu arrangieren und einzusingen?

Abgesehen von ein paar engen Vertrauten und ihrer Familie hatte sich niemand so recht glücklich über Whitneys Nachricht gezeigt. Hatte sie nicht besser aufpassen können? Hatte es wirklich ausgerechnet jetzt, in dieser entscheidenden Phase ihrer Karriere, dazu kommen müssen?

»Ja«, murmelte Whitney jetzt. Ja, genau so hatte es kommen müssen. Ihr kam wieder das Glucksen ihrer Tochter in den Sinn, und sie spürte, wie sich daraufhin ihre Brust mit Wärme füllte. Sie grinste. Kurz setzte sie das Fläschchen ab und strich dem Mädchen sanft über die kleine Nase. Sie hatte dieses Kind so sehr gewollt, sie brauchte es. Wenn es nach ihr gegangen wäre, dann hätte sie ohne Weiteres die großen Bühnen dieser Welt aufgegeben, um fortan einfach als Mutter das Herz ihrer Tochter zu erobern. Sie würde es auch heute noch tun.

Aber das ging nicht, weder damals noch heute. Das war Whitney klar. Ihre Karriere war geknüpft an viele Menschen in ihrem Umfeld. Ohne sie hätte sie es niemals bis dorthin geschafft, wo sie sich nun befand: an der Spitze. Sie war eine der erfolgreichsten Sängerinnen aller Zeiten und auf dem besten Wege, genau diese Stellung auf ewig in Stein zu meißeln. Clive, ihrer Mutter Cissy und ihrem Vater John, ihrem Management und all den anderen – sie schuldete ihnen so viel, und sie alle zählten auf Whitney. Allesamt waren sie finanziell von ihr abhängig. Whitney konnte sie unmöglich im Stich lassen.

Also hatte sie damals eingelenkt. Keine Babypause. Und kein Stillen. Stattdessen gab es für Krissy Fläschchen und Kindermädchen.

Nun seufzte Whitney, als sie den Kopf schüttelte, um die Gedanken zu vertreiben. Sie blickte hinab auf ihre Tochter, die unentwegt an der Milch nuckelte und den Blick ihrer Mutter erwiderte. Krissy hatte dunkelbraune Augen. Sie erinnerten Whitney an eine Tafel Zartbitterschokolade, ihre Lieblingsnascherei. Ihre eigenen Augen waren auch braun, aber bei Weitem nicht so dunkel wie die ihrer Tochter. Whitney bezeichnete ihre Augenfarbe gerne als langweilig, ihre Augen waren weder auffallend hell noch auffallend dunkel, sondern irgendetwas dazwischen, sie gingen in einem Einheitsbrei unter.

Doch Bobbi Kristinas dunkle Augen gaben ihrem Blick etwas Bestechendes und Einmaliges – und das schon jetzt, obwohl sie noch nicht einmal ein Jahr alt war. Es war schwer, sich von ihrem Blick wieder zu lösen. Whitney verlor sich gerne darin. Es war dann, als ob sie in ein Meer abtauchte, in dem alles friedlich war. Darin gab es nichts mehr zu denken, keine Verpflichtungen, keinen Stress, keine Enttäuschungen – die Welt oberhalb dieser Meeresdecke existierte dann nicht. Heute konnte Whitney sich nicht vorstellen, dass dieses Gefühl noch stärker wäre, würde sie Krissy stillen. Unmöglich!

Sie hätte von Anfang an und ohne Widerworte auf Clive hören

sollen. Stillen, hatte er damals zu Whitney gesagt, das wäre eh nur etwas für Hausfrauen aus den Vororten, deren Ehemänner Chefärzte waren und die nichts Besseres mit ihrer Zeit anzufangen gewusst hätten. Clive hatte wohl recht, fand Whitney mittlerweile. Wie meistens.

»*Guten Abend, gut' Nacht!*
Mit Rosen bedacht«

Mit Krissy im Arm stimmte Whitney das Lied an, mit dem ihre eigene Mutter sie und ihre Brüder oft in den Schlaf gesungen hatte. Es war wie eine Versicherung, dass sie besonders geliebt und geschützt wurden – ganz egal, was auch kommen mochte. Ein Gefühl, das nun auch ihre eigene Tochter unbedingt spüren sollte.

»*Morgen früh, wenn Gott will,*
Wirst du wieder geweckt.«

Langsam wurden die Züge von Krissy an ihrem Fläschchen immer weicher. Ihre Lider wurden schwerer und arbeiteten sich ihren Weg nach unten, bis sie schließlich vollständig geschlossen waren. Der Griff von Krissys kleinen Händen um die Flasche hatte sich gelöst. Das Mädchen war eingeschlafen.

Vorsichtig senkte Whitney das Fläschchen und stellte es geräuschlos auf dem Tisch neben sich ab. Keine Sekunde lang löste sie dabei den Blick von ihrer Tochter. Sie legte ihre freie Hand auf Krissys Brust ab, ganz sanft. Sie spürte, wie sich der Brustkorb des Mädchens schnell und gleichmäßig hob und wieder senkte, hob und wieder senkte. Dann begann Whitney, die zweite Strophe von Johannes Brahms' berühmtem Schlaflied zu summen, leise und sachte.

Als sie die Strophe beendet hatte, blieb sie noch eine Weile so sitzen, ihr Blick ruhte weiter unentwegt auf Bobbi Kristina, eingerichtet in ihrem stillen Glück. Behutsam drückte sie ihre Tochter an sich, stand von dem dunkelblauen Sessel auf und machte ein paar Schritte zu dem Kinderbettchen daneben. Sie drückte dem schlafenden Baby einen Kuss auf die Stirn, bevor sie es in das Bettchen ablegte und zudeckte. Whitney warf einen letzten Blick hinab auf ihre Tochter, ein Lächeln huschte ihr über das Gesicht. Dann wandte sie sich ab, schlich auf Zehenspitzen zur Tür und verließ geräuschlos das Zimmer.

»Nippy, da bist du ja endlich!«

Gary stand vor der üppigen sandfarbenen Couchgarnitur in der Mitte des Raums. Gerade knöpfte er den letzten Knopf seines Smokings zu, als Whitney ins Zimmer trat. Gary wandte sich vollständig seiner Schwester zu, lachte sein schönstes Lachen und breitete die Arme etwas aus.

»Na, wie sehe ich aus?«, fragte er und drehte sich einmal um sich selbst. »Nimmst du mich so mit?«

Whitney musterte ihren älteren Bruder. Gary war groß gewachsen und hatte eine athletische Figur – das war selbst zu erkennen, wenn er in einem Smoking steckte. Seit Jahren wunderte sich Whitney darüber. Wie konnte er mit diesem Körper herumlaufen, der in ihren Augen dem eines Hochleistungssportlers glich, obwohl er seine Karriere als Profibasketballer schon vor Jahren an den Nagel gehängt hatte? Gary sah umwerfend aus. Wenn er wollte, könnte er jede Frau haben, da war sich Whitney sicher. Sie würden bei ihm Schlange stehen, wenn er es nur zuließe.

Aber ihr Bruder war nicht so einer. Sein Aussehen oder seine berühmte Schwester zu benutzen, um bei Frauen zu landen, würde ihm nie in den Sinn kommen. Seitdem ihn seine Ex-Frau vor drei Jahren verlassen hatte, war er Single. Bis auf die eine oder andere Affäre ließ er sich auf nichts ein. Er schien zufrieden mit seinem Leben zu sein, so wie es war. Mit Whitney und ihrer Crew von Stadt zu Stadt zu reisen, bei ihren Auftritten im Background zu singen, dazwischen viel Freizeit und Spaß zu haben und trotzdem sehr gutes Geld zu verdienen – mehr, als er es in der nordamerikanischen Basketball-Profiliga NBA wohl je getan hätte, selbst wenn er nicht nach nur einem Jahr hinausgeworfen worden wäre. Whitney verstand schon: Warum sollte er daran etwas ändern wollen?

»Du siehst fabelhaft aus, Gary«, sagte sie schließlich, »niemand wird auf der Party auf mich achten, wenn du neben mir stehst.«

Gary winkte mit der Hand lächelnd ab und setzte sich auf das Sofa, bevor er den niedrigen Glastisch davor ein Stück näher zu sich heranzog. Dann griff er das Röhrchen, das auf dem Tisch lag, hielt es sich unter das rechte Nasenloch, während er sich das linke mit dem Zeigefinger der anderen Hand zuhielt, beugte sich nach vorne und sniefte eine der Lines Kokain. Dann wiederholte er das Prozedere mit dem linken Nasenloch. Danach beugte er sich wieder ein wenig zurück, zog ein paarmal die Nase hoch und sah zu Whitney. Er grinste, genau wie früher, als sie noch Kinder gewesen waren und er aus dem Vorratsschrank etwas Schokolade für Whitney, Michael und sich selbst stibitzt hatte.

»Der Rest ist für dich, Nippy«, sagte er nun und hielt seiner Schwester das Röhrchen entgegen.

Die ganze Zeit hatte Whitney ruhig dagestanden und ihren Bruder beobachtet. Eigentlich hatte sie gewusst, dass Gary Stoff dabeihaben würde, als sie ihm kurz zuvor die Tür zu ihrer Suite geöffnet hatte. Schließlich trug er immer etwas bei sich. Dennoch hatte ein Teil von ihr gehofft, es würde heute anders sein. Es hätte so vieles leichter gemacht – genau wie beim Einkauf im Supermarkt, wenn man in weiser Voraussicht einen Umweg um die Regale mit den Süßigkeiten ging. Denn wer nichts Süßes zu Hause hatte, der konnte auch nicht schwach werden.

Whitney ging zu ihrem Bruder und setzte sich neben ihn auf die Couch. Sie nahm ihm das Röhrchen aus der Hand und sniefte die beiden übrigen Lines, ohne noch einmal aufzublicken.

Kapitel 2

Juli 1980

Es war heiß an diesem Mittwoch im Juli. Whitney schob ihren Kiefer leicht nach vorne, öffnete die Lippen und atmete lange aus, sodass die Atemluft in Richtung Stirn entwich. Immerhin ein kleiner Luftzug, der für wenige Sekunden beinahe eine kühlende Wirkung hatte. Gegen die kleinen Schweißperlen, die sich den Weg von ihrer Stirn über Schläfen und Wangen immer weiter hinab bahnten, konnte das jedoch auch nichts ausrichten. Mit möglichst wenig Schwung wandte Whitney den Kopf und sah auf das Thermometer, das neben der Haustür auf der Veranda hing. 37,9 Grad Celsius. Ein Glück, dass es schon vier Uhr nachmittags war. Noch weiter würde die Sonne an diesem Tag die Temperaturen nicht nach oben treiben. Stattdessen konnte Whitney langsam spüren, wie die laue Brise eines prächtigen Sommerabends bereits im Anmarsch war. Keine Minute zu früh, wenn man sie fragte.

Whitneys Blick kehrte zurück auf die Dodd Street vor ihrem Elternhaus. Sie sah auf und ab, immer wieder ließ sie ohne Eile den Blick von links nach rechts schweifen. Doch die Straße blieb menschenleer. Ungeduldig wippte sie mit den rechten Zehenspitzen und schlug damit den Takt zu ihrer Rastlosigkeit.

Wo steckt sie denn nur?, dachte Whitney und blinzelte eine Schweißperle aus ihrem Auge.

Sie merkte, wie ihr der Ärger langsam den Nacken hinaufgekrochen kam. Wie sie Verspätungen hasste! Für Whitney war das ein Zeichen von mangelndem Respekt. Was dachte man sich dabei, jemanden einfach so warten zu lassen? Als ob Zeit wie Luft zum Atmen wäre – etwas, das jederzeit unbegrenzt zur Verfügung stand.

Whitney selbst kam nie zu spät. Sie musste sich nicht einmal sonderlich Mühe geben oder hetzen, um mindestens fünf Minuten vor der verabredeten Zeit am Treffpunkt zu sein. Das war immer so gewesen.

Wenn es wenigstens nicht so verdammt heiß wäre! Obwohl es außerhalb der schützenden Veranda sicherlich um ein Vielfaches schlimmer war – überall dunkler Asphalt, der regelrecht zu glühen schien.

Träge ließ sie den Blick die Stufen zu ihren Füßen entlangschweifen und musterte schließlich den Garten, der das gesamte Haus umgab. Für gewöhnlich erstrahlte er in einem satten Grün, ein paar Apfelbäume spendeten genügend Schatten, sodass die Lorbeer- und Kletterrosen, die Lilien und Pfingstveilchen in den Beeten prächtig wuchsen und gediehen. Doch in diesem Sommer konnten selbst die vielen Bäume nicht genug gegen die Hitze ausrichten – die Sonne war gnadenlos.

Obwohl der Herbst noch weit entfernt war, waren viele Blätter an den Bäumen schon braun. Die Sonne hatte sie einfach verbrannt. Und so hatten weder der Rasen noch die Blumen mehr eine Chance, den Garten in bunte Farben zu tauchen. Nur ein paar wenige Pflanzen hielten wacker ihre Blüten empor – wie die letzten erbitterten Soldaten in einem Kampf, der eigentlich schon längst verloren war.

Endlich sah Whitney den roten Ford Pinto um die Ecke in die Dodd Street einbiegen. Wurde auch Zeit, dachte sie und unterdrückte ein gereiztes Schnauben. Sie lief die Verandastufen hinab und schritt den schmalen Weg aus Kopfsteinpflaster bis zum Gartentor, als Robyn den Wagen direkt vor ihr zum Stehen brachte. Whitneys Freundin beugte sich über den Beifahrersitz und öffnete die Tür.

Als Whitney einstieg, wurde sie von Robyns strahlendem Lächeln begrüßt. Sie trug eine dunkle Sonnenbrille, sodass ihre Augen nicht zu sehen waren. Aber Whitney kannte jeden von Robyns Blicken – und vor allem wusste sie, was ihre Augen machten, wenn sie einander ansahen. Dann kam es ihr jedes Mal so vor, als ob sie tanzten vor Freude. Es lag eine unbeschreibliche Wärme und Güte in ihnen.

Augenblicklich war Whitneys Ärger darüber, dass Robyn zu spät war, verflogen. Jedes Mal, wenn sie mit Robyn zusammen war, spielte nur noch das eine Rolle, was vor ihr lag. Da war es egal, welche Gedanken sie bis dahin umgetrieben hatten. Und was nun vor ihr lag, war ein Trip nach New York.

Mit dem rechten Handrücken wischte sich Whitney den Schweiß von der Nase. Dann erwiderte sie Robyns Lächeln. Eine Weile saßen die beiden Freundinnen einfach so da und lächelten sich gegenseitig an. Nur der leise Gesang von Chaka Khan in »Life Is A Dance« aus den Lautsprechern im Auto unterbrach die Stille.

Whitneys Herz schlug ihr bis zum Hals. Sie war aufgeregt. Sollten sie das wirklich tun?

»Bist du bereit?«, fragte sie schließlich und erkannte ihre eigene Stimme kaum. Sie räusperte sich.

Robyn nickte. Sie drehte den Schlüssel im Zündschloss und

ließ den knatternden Motor des alten Ford Pinto ihrer Tante anspringen.

»Auf geht's – New York, wir kommen!«, rief sie aus dem offenen Fenster und fuhr los.

...

Die Fahrt von der Dodd Street in Newark nach New York dauerte für gewöhnlich um die 40 Minuten. Hinauf nach East Newark, dann in Richtung Richard W. DeCorte Park, einmal die Interstate 95 durch den Park hindurch nach Nordosten, immer weiter die Interstate entlang bis auf Höhe des Overbeck County Park, dann auf die George Washington Bridge über den Hudson River – und schon war man am nördlichsten Zipfel Manhattans angelangt.

Die beiden Freundinnen kannten den Weg mittlerweile auswendig. Schon oft hatte Robyn Whitney nach Manhattan zu einem ihrer Modeljobs gefahren. Seitdem Whitney bei Click Models unter Vertrag stand, zog Robyn sie regelmäßig damit auf, dass das Modeln eigentlich überhaupt nicht zu ihr passte. Nicht, weil sie nicht hübsch genug gewesen wäre, um als Model durchzugehen – im Gegenteil. Aber Sinn für Mode hatte Whitney absolut keinen. Es war ihr noch nie sonderlich wichtig gewesen, was sie trug. Hauptsache, sie fühlte sich darin wohl.

Einmal, als Robyn sie von zu Hause abgeholt hatte, um sie zu einem Job zu bringen, hatte Whitney ihr in den furchtbarsten Jeans der Welt die Haustür geöffnet: An Taille und Oberschenkeln waren sie knalleng, vom Knie abwärts bis zum Saum ausgestellt. Irgendetwas an dem Schnitt war merkwürdig und führte dazu, dass die Jeans nicht lässig und retro wie eine Schlaghose aussahen, sondern wie eine verdammt schlecht sitzende Clownshose.

Obwohl Robyn sich bemüht hatte, nicht in Gelächter auszubrechen, war Whitney ihr Grinsen nicht entgangen. »Was denn?«, hatte sie gefragt.

Sie musste noch drei weitere Male nachbohren, ehe es aus Robyn herausplatzte: »Wir müssen dir unbedingt ein paar neue Jeans kaufen – die da schauen wirklich übel aus, Nip!«

Noch am selben Nachmittag, als Whitneys Job erledigt war, gingen die beiden in Manhattan neue Jeans mit geradem Schnitt kaufen. Es waren gleich mehrere gewesen, Robyn hatte darauf bestanden. Danach fuhren sie zum Central Park, stellten das Auto ab und schlenderten die 5th Avenue hinab bis zum Empire State Building. Dort bummelten sie durch die Gegend und schauten in die Schaufenster der vielen Luxusmodeläden. Sie malten sich aus, was sie alles kaufen würden, wenn sie so reich wären wie die vielen Frauen mittleren Alters in Pelzmänteln, die mit Chanel-2.55-Handtaschen in der Hand aus dunklen Mercedes-S-Klasse-Limousinen ausstiegen und mit ihren hohen Absätzen an den Füßen in die Läden stöckelten. Der Schaufensterbummel war zu einem Ritual von Whitney und Robyn geworden, das sie fast jedes Mal zelebrierten, wenn sie zu einem von Whitneys Modelaufträgen in der Stadt unterwegs waren.

Viel warfen die Jobs nicht ab – definitiv zu wenig, um sich auch nur einen Bruchteil des günstigsten Teils aus einem der Läden leisten zu können. Aber immerhin genug, um sich an dem heutigen Tag den Ausflug nach Manhattan leisten zu können, auch wenn gar kein Modeljob anstand.

Statt wie sonst gleich nach dem Überqueren des Hudson River von der Interstate abzubiegen und weiter über die New York State Route 9A hinunterzufahren nach Lower Manhattan, wo die meisten von Whitneys Auftraggebern ihre Studios hatten, schlugen die zwei Freundinnen an diesem Tag einen anderen Weg ein. Whitney rutschte erwartungsvoll auf ihrem Sitz hin und her. Ihr Herz klopfte schon jetzt wie verrückt, obwohl sie noch nicht einmal angekommen waren. Heute sollte es nach Washington Heights gehen, ein Stadtteil Manhattans fast an der Grenze zur Bronx. Eine Gegend, von der Whitney ihrer Mutter Cissy versprechen musste, sich fernzuhalten. Tatsächlich war das eine der Bedingungen gewesen, damit Robyn sie zu Castings und Fotoshootings begleiten durfte und nicht mehr Cissy selbst mitkam.

Aber sie würde nie mitbekommen, was ihre Tochter und deren beste Freundin an diesem Tag in Washington Heights machten.

Cissy war zu Hause und ruhte sich nach den anstrengenden Studioaufnahmen mit Aretha Franklin aus, bei der sie schon seit Jahren bei fast jeder Platte im Background gesungen hatte. Whitneys Vater John hatte kurz vor dem Aufbruch seiner Tochter das Haus verlassen und war zum Einkaufen gefahren – am Abend wollte er Hackbraten für die Familie zubereiten, denn Whitneys Brüder Gary und Michael hatten sich für einen Besuch angekündigt. Sie wohnten schon eine Weile nicht mehr in dem Haus der Houstons in der Dodd Street. Gary spielte für die Denver Nuggets in der NBA, Michael war auf dem Hutchinson Community College in Kansas.

Ihrer Mutter hatte Whitney gesagt, sie wolle mit Robyn an den See, um sich etwas Abkühlung von der Hitze zu holen. Cissy war so erschöpft und schon beinahe auf dem Sofa im Wohnzimmer eingeschlafen, als Whitney ihr die falschen Pläne mitteilte, dass sie nur »Mhm« murmelte und gar nicht weiter darauf reagierte. Dass rund um den See kaum Bäume waren und es somit nur schwer dort auszuhalten war, wenn die Sonne mit einer solchen Härte vom Himmel knallte wie heute, hatte Cissy in ihrer Erschöpfung offenbar nicht mehr registriert. Gut so, denn Whitney war einfach keine bessere Notlüge eingefallen. Und so war es für sie recht einfach, sich zusammen mit Robyn nach Manhattan zu stehlen.

Jetzt bog Robyn in den Broadway ein. Sie drosselte das Tempo des Ford Pinto ein wenig.

»Bist du dir sicher, dass wir richtig fahren?«, fragte sie und wandte ihren Blick von der Straße ab und Whitney zu.

»Pass auf!«, rief Whitney.

Sie riss ihren linken Arm empor und griff nach Robyns Hand am Schalthebel, während sie ihren Rücken in die Sitzlehne presste.

Augenblicklich schaute Robyn wieder auf die Straße vor ihnen – und legte eine Vollbremsung ein. Nur wenige Zentimeter vor einem Mann kam der Wagen zum Stehen.

»Ach du Scheiße, das war verdammt knapp! Was zum Teufel treibt der Typ da mitten auf der Straße? Ist der verrückt geworden?«, rief Robyn. Ihre Stimme überschlug sich fast.

Mit weit aufgerissenen Augen starrten die zwei Freundinnen den Mann vor ihnen durch die Windschutzscheibe an. Er reckte beide Arme empor, die Augen hielt er geschlossen, wobei er sich langsam um die eigene Achse drehte. Seine Lippen bewegten sich, als ob er sprechen würde. Aber seine Worte drangen nicht bis zu den beiden ins Auto.

Trotz der Hitze trug er einen grünen Parka und lange Hosen, die Wangenknochen ragten spitz aus seinem Gesicht hervor, seine kinnlangen Haare standen ihm wild vom Kopf ab.

»Hat der überhaupt gemerkt, was hier gerade passiert ist? Der spinnt doch komplett, so ein Vollidiot!«, schimpfte Robyn, immer noch außer sich.

Sie hupte. Doch der Mann gab keine Regung von sich, durch die man darauf hätte schließen können, dass er das Hupen gehört hatte. Er drehte sich nur immer weiter um sich selbst. Also hupte

Robyn ein weiteres Mal. Jetzt blieb sie mit den Fingern einige Sekunden auf dem Knopf, sodass dem Mann ein lang gezogenes Dröhnen entgegenschallte.

Doch noch immer nahm er keine Notiz von ihnen. Es schien, als ob ihm überhaupt nicht klar war, dass er mitten auf einer viel befahrenen Straße in einer Großstadt stand und sich durch sein Verhalten in Lebensgefahr gebracht hatte.

»Robyn, ich glaube, der Typ ist high – der wird nicht weggehen, egal, wie lange du ihn anhupst«, sagte Whitney. »Schau doch mal, wie der aussieht, das ist bestimmt ein Junkie.«

Robyn nahm ihre Hand von der Hupe. Die Freundinnen schwiegen einen Moment, dann sagte Robyn widerstrebend: »Du hast recht.«

Sie blickte in den Seitenspiegel, blinkte, scherte den Wagen nach links aus und fuhr langsam an dem Mann vorbei.

Whitneys Augen waren die ganze Zeit an ihn geheftet. Er tat ihr leid. Was musste ein Mensch erlebt haben, um in einen solchen Zustand zu geraten? An einem Sommertag mitten am Nachmittag völlig zugedröhnt vor ein Auto zu laufen, einfach so, ohne den Hauch einer erkennbaren Absicht.

Bestimmt kann er sich morgen nicht einmal mehr daran erinnern, schoss es Whitney durch den Kopf. Wie traurig.

»Müssen wir hier schon rechts?«

Robyns Frage riss sie aus ihren Gedanken. Whitney sah sich hektisch um in der Hoffnung, sich schnell orientieren zu können. Schließlich warf sie einen Blick auf den Zettel in ihrem Schoß, auf den sie die Wegbeschreibung gekritzelt hatte.

»Ja, hier sind wir richtig, noch einmal rechts abbiegen, dann müssten wir gleich da sein«, sagte sie.

Als Robyn den Ford Pinto nach rechts steuerte, veränderte sich das Straßenbild. Es war, als ob sie durch eine Tür hindurch in eine andere Welt getreten wären. Eben noch säumten zu ihrer linken und rechten Seite zwar keine sehr schicken, aber doch gepflegte Häuser die vierspurige Straße, manche hatten vier, manche aber auch zehn Stockwerke. Plötzlich befanden sie sich jedoch in einer schmalen Einbahnstraße, deren Ränder gesäumt waren mit Gebäuden, deren Fassaden auf Höhe der Erdgeschosse mit den unterschiedlichsten Tags besprayt waren. Auf dem Gehsteig lagen Zeitungen, Flaschen und Dosen. Alles wirkte viel dunkler hier, als ob sie mit dem Einbiegen in diese Straße einen Zeitsprung bis zur Abenddämmerung gemacht hätten. Dabei war es immer noch erst später Nachmittag.

»Bist du dir sicher, Nippy?«, fragte Robyn. Wieder kniff sie ihre Augen zusammen. Dieses Mal aber nicht, weil die Sonne blendete.

Whitney sah den besorgten Blick ihrer Freundin. Sie selbst war nicht weniger angespannt. Sollten sie das wirklich durchziehen? Was, wenn etwas nicht nach Plan verlief? Niemand wusste, dass sie hier waren – nicht einmal ihrem Bruder Gary hatte sie Bescheid gegeben. Niemals hätte sie sich das getraut. Gary hätte getobt, sie angeschrien und ihr strikt verboten, dorthin zu fahren. Vielleicht hätte er sogar gedroht, ihrem Vater alles zu sagen. Oder noch schlimmer: ihrer Mutter.

Whitney konnte sich kaum ausmalen, was passieren würde, wenn Cissy von der Aktion Wind bekommen würde. Ihre Modeljobs in Manhattan könnte sie vergessen, ebenso andere Ausflüge in die Stadt – sie hätte bestimmt Hausarrest für das restliche Schuljahr. Wenn Cissy dann noch herausfinden würde, dass Robyn mit an dem Ausflug beteiligt gewesen war, dürfte sich ebenjene nie wieder im Haus der Houstons blicken lassen. Whitney schauderte.

Nein, das konnte nicht passieren. Auf gar keinen Fall durfte ihre Familie jemals etwas erfahren. Es war schon alles andere als leicht gewesen, überhaupt hierherzukommen, schließlich hatte Whitney den Kontakt zu dem Typen, den sie gleich treffen sollten, von Gary. Nur wusste dieser nichts davon.

Während ihr Blick sorgenvoll auf den Graffitis an den Häuserwänden ruhte, wanderten ihre Gedanken zu dem Wochenende vor ein paar Monaten, als Gary nach Hause in die Dodd Street gekommen war. Hinter ihm lagen anstrengende Wochen, es war mitten in der Spielsaison, und er wollte seine zwei freien Tage mit seiner Familie verbringen. Er telefonierte gerade in seinem alten Zimmer, als Whitney auf dem Weg die Treppe hinunter an seiner Tür vorbeilief.

Es war nicht so, dass sie geplant hatte zu lauschen. Es hatte sich eher so ergeben – und was Whitney aus dem einseitigen Gespräch schließen konnte, lohnte den Regelbruch allemal. Sie lauschte so versunken, dass sie ein paar Sekunden zu spät merkte, dass ihr Bruder längst aufgelegt hatte.

Nachdem er das Telefon zurück auf das Bett geworfen hatte, griff er sich seine Sporttasche und trat aus seinem Zimmer hinaus in den Flur. Whitney hatte es gerade noch geschafft, leichtfüßig ein paar große Schritte vorwärtszuspringen, sodass er nicht in sie hineinstolperte – und es so aussah, als ob sie nichts vom Gespräch ihres Bruders mitbekommen hätte.

»Verdammt noch mal, diese Scheißtür«, knurrte er. »Wieso war die schon wieder nicht richtig zu?« Wütend sah sich Gary nach links und rechts um. Als sein Blick auf Whitney fiel, die mittlerweile am Kopf der Treppe stand, verzog er das Gesicht. Er wirkte ertappt.

»Was zum Teufel suchst du denn nun hier?«, polterte er.

»Ich habe mich gerade eben fertig gemacht, ich bin mit Robyn im Kino verabredet«, sagte Whitney. Mit dem Arm deutete sie in

Richtung Badezimmer, das gleich neben der Treppe vom Flur abging. Sie verzog keine Miene und hoffte, dass das reichte, um bei ihrem Bruder kein Misstrauen zu wecken.

Für einen Augenblick blieb Gary regungslos stehen, dann nickte er schließlich. Er wirkte besänftigt. Mit der Sporttasche in seiner Hand schoss er an ihr vorbei die Treppe hinunter.

»Ich bin ein paar Körbe werfen«, sagte er. »Viel Spaß im Kino, grüß Robyn von mir.«

Whitney wartete, bis sie die Haustür ins Schloss fallen hörte. Dann stürmte sie in Garys Zimmer, schnappte sich das Telefon und drückte auf Wahlwiederholung.

Noch während es zum ersten Mal läutete, hörte sie, wie am anderen Ende jemand abnahm.

»Was«, dröhnte ihr eine tiefe Männerstimme ins Ohr. Es klang weniger wie eine Frage, sondern vielmehr wie eine Aufforderung. Whitney schluckte. Reiß dich zusammen, dachte sie.

»Hi, Dan, hier ist Shannon«, flötete sie dann in den Hörer hinein. »Ich brauche ein bisschen Coke für eine Party. Ich schätze, ich würde ungefähr eine Palette Coca Cola brauchen. Wie sieht's aus, wann kann ich vorbeikommen, um die Getränke abzuholen?«

Am liebsten hätte sich Whitney in diesem Moment selbst auf die Schulter geklopft. Ihre Stimme klang ruhig, und ihr war es spontan gelungen, das, was sie zuvor Gary hatte sagen hören, in ihre eigene Geschichte umzuwandeln.

Doch statt einer Antwort hatte Whitney nur ein leises Atmen am anderen Ende der Telefonleitung gehört.

»Hallo? Dan? Bist du noch da?«, fragte sie schließlich, nachdem weitere endlose Sekunden der Stille vergangen waren.

»Woher hast du meine Nummer?«, fragte die Stimme, die Whitney Dan nannte.

»Von James«, sagte Whitney, ohne zu zögern. »Groß,

Schwarz, netter Typ, aber nicht sehr redselig, er war neulich erst bei dir. Wir arbeiten zusammen.«

Ein weiteres Mal musste sich Whitney über ihre eigene Schlagfertigkeit wundern. Woher konnte sie auf einmal so spontan und ruhig lügen?

James, das war der häufigste männliche Vorname in den USA, das hatte sie neulich erst in einem Magazin gelesen. Die Chancen standen also gut, dass Dan tatsächlich jemanden kannte, der so hieß. Und die Beschreibung von Whitneys erfundenem James als groß und Schwarz war so allgemein und schwammig, dass sie sich auch hier gute Chancen ausrechnete, dass Dan ihr die Geschichte abkaufte.

Ein weiteres Mal herrschte für einige Sekunden Schweigen am Telefon. Whitneys Hoffnungen schwanden. Mist, er glaubt mir nicht, dachte sie.

»Ok, sei nächsten Mittwoch um halb fünf Uhr am Nachmittag in Washington Heights, für die genaue Adresse ruf ein paar Stunden vorher noch mal an. Bis dann.«

Whitney hörte das Tuten als Zeichen dafür, dass der Typ am Telefon namens Dan aufgelegt hatte.

»Nippy, alles klar? Bist du wirklich sicher, dass wir das machen sollen?«

Wieder war es Robyns Stimme, die Whitney aus ihren Gedanken riss. Sie sah die sorgenvoll gerunzelte Stirn ihrer Freundin, die ihre eigene Unruhe spiegelte. Sie schüttelte leicht den Kopf, um ihre düsteren Gedanken zu vertreiben und sich ganz auf das konzentrieren zu können, was sie gleich tun wollten. Dann richtete sie den Blick wieder nach vorne.

»Ja, ich bin mir sicher.« Whitneys Stimme klang fest und hatte doch von ihrer Weichheit, mit der sie zu Robyn immer sprach, nichts eingebüßt.

Auf gar keinen Fall wollte Whitney einen Rückzieher machen. Sie waren schon so weit gekommen, jetzt sollten sie es auch durchziehen, oder? Ein bisschen Aufregung gehört nun einmal auch dazu, dachte sie.

»Mach dir keine Sorgen, Robyn«, fügte Whitney hinzu und wandte ihrer Freundin wieder den Kopf zu. »Ich bin auch aufgeregt, aber wir sind zu zweit, was soll uns da schon passieren?«

Robyn schwieg, mit den Fingern hielt sie das Lenkrad umklammert, so fest, dass ihre Knöchel hell unter der Haut hervortraten.

»Und du willst es doch mindestens genauso sehr ausprobieren wie ich! Komm schon, ich bin sicher, das wird alles klappen, wir haben das alles doch tausendmal durchgespielt!«

Whitney wartete gespannt auf Robyns Reaktion. Allein konnte sie das unmöglich machen. Das würde sie sich nicht trauen. Aber sie wollte es unbedingt und wusste ganz genau, dass sie ihrer Freundin nicht zeigen durfte, wie nervös und skeptisch sie tatsächlich war. Denn das würde Robyn noch viel mehr verunsichern, und sie würde vermutlich einen Rückzieher machen. Stattdessen blieb sie dem äußeren Schein nach cool und würde sich auf Robyns Neugierde verlassen, das war ihre Schwachstelle: Robyn war so neugierig und wissbegierig, dass man sie eigentlich zu fast allem überreden konnte.

Endlich sah Whitney, wie sich die sorgenvollen Falten auf Robyns Stirn glätteten, sie lächelte, und selbst im Profil konnte Whitney erkennen, dass ihre Augen kurz blitzten.

»Ok, Nippy, lass es uns machen«, sagte sie schließlich.

Whitney stieß einen Jauchzer als Zeichen ihrer Freude aus und warf die Arme empor.

»Wir werden das nicht bereuen, Robyn, bestimmt nicht«, sagte sie. »Das wird unser gemeinsames Abenteuer.«

Robyn lachte.

Es waren nur wenige Menschen in ihrer Nähe, als die beiden aus dem Ford Pinto ausstiegen; alle waren Männer. Bei den meisten konnte Whitney kein Gesicht erkennen – sie standen entweder im Schatten, hielten ihre Köpfe gesenkt oder hatten sich trotz der Hitze die Kapuzen tief über die Stirn gezogen. Eines jedoch nahm sie sehr wohl wahr: Der Blick eines jeden von ihnen war auf Robyn und sie geheftet. Die beiden Freundinnen fielen auf. Und zwar sehr. Ob es daran lag, dass sie zwei unbekannte Gesichter in dieser Gegend waren oder dass ihre Kleidung und Schuhe sauberer und von besserer Qualität waren, konnte Whitney nicht sagen. Dabei hatten sie und Robyn extra darauf geachtet, sich nicht aufzubrezeln.

Sie selbst trug ein schwarzes T-Shirt und eine helle lockere Jeans, am Saum zog sie Fransen, an Knien und Oberschenkeln hatte sie einige Löcher. Robyn trug ein weißes Oversize-Shirt und schwarze ausgewaschene Jeans. Whitney war sich sicher gewesen, als sie zu Hause die Outfits für ihren Ausflug aussuchten, dass sie damit neutral genug gekleidet waren – weder zu herausgeputzt noch zu leger, um bei irgendwem in irgendeiner Richtung aufzufallen. Vielleicht hatte sie sich getäuscht, dachte sie sich jetzt.

»Da entlang«, sagte Whitney plötzlich und nickte mit ihrem Kopf nach vorne.

Wenn sie hier weiter einfach nur herumstanden, machte das die Situation auch nicht besser. Im Gegenteil: Sie würden noch mehr Aufmerksamkeit auf sich ziehen, bis selbst der Letzte hier kapiert hätte, dass sie nicht hierhergehörten.

Also hakte sich Whitney Robyns rechten Arm unter und zog sie in die Richtung, in die sie zuvor mit dem Kopf gedeutet hatte. Robyn folgte ihr nach einem kurzen Zögern. Es war höchstens eine Sekunde, wahrscheinlich für niemanden sonst bemerkbar. Doch Whitney kannte Robyn – in- und auswendig.

»Nippy, ich weiß nicht ...«, flüsterte Robyn schließlich Whitney zu.

»Komm jetzt!« Whitney zog energischer am Arm ihrer Freundin. Mit gesenkten Köpfen gingen die beiden vorwärts.

Auf einmal machte Robyn einen Satz in Whitneys Richtung.

»Hey, ihr Süßen«, sagte eine Stimme, die zu einem Typen gehörte, der Robyn im Überholen gerade angerempelt hatte. »Folgt mir!«

Robyns Augen wurden immer größer, und auch Whitney war mulmig zumute. Der Typ hatte seine Kapuze so weit ins Gesicht gezogen, dass überhaupt nichts von ihm zu sehen war. Er kehrte den beiden Freundinnen den Rücken zu und verschwand gerade durch das offene Torgitter nach rechts in eine Art kleinen Innenhof, wo überquellende Mülltonnen standen.

»Komm, weiter!«, sagte Whitney, dieses Mal etwas lauter als zuvor. Sie beschleunigte ihre Schritte und ließ dabei Robyns Arm los. Ohne sich noch einmal nach ihrer Freundin umzudrehen, folgte sie dem Unbekannten mit der Kapuze in den Innenhof.

Sie wusste, dass sie sich jetzt nicht umdrehen durfte. Denn dann würde sie Robyns ängstlichen Gesichtsausdruck sehen, ihr Zögern, ihre Unsicherheit – und Whitney würde einknicken. Sie würde umkehren, um ihre Freundin in den Arm zu nehmen, um ihr zu sagen, dass alles gut würde, dass sie einfach wieder von hier verschwinden würden.

Doch das wollte Whitney nicht. Unter keinen Umständen. Jetzt waren sie so weit gekommen. Sie würde sich wie eine ängstliche Versagerin vorkommen, wenn sie so kurz vor ihrem Ziel kehrtmachen würden. So jemand wollte Whitney nicht sein. Wer etwas im Leben erreichen wollte, der brauchte eine gehörige Portion Mut. Das hatte ihre Mutter Cissy zu ihr schon gesagt, als sie noch ein kleines Mädchen war. Immer und immer wieder.

Schließlich hörte sie Schritte hinter sich. Ohne sich umzudrehen, wusste Whitney, dass sie zu Robyn gehörten. Niemals würde sie sie hier allein lassen, egal, wie sehr sie sich fürchtete.

Der Kerl mit der Kapuze verschwand in einem Hauseingang, über dem in schwarzer Schrift die Zahl 608 stand. Die Farbe war schon abgeblättert, beinahe hätte Whitney sie nicht bemerkt, so war sie in gesprayte Malereien eingebettet.

Sie beschleunigte ihre Schritte noch einmal, um die Tür zu erreichen, bevor sie wieder ins Schloss fiel. Gerade noch konnte sie ihren linken Fuß über die Schwelle schieben, mit dem Arm schob sie die Tür auf, als sie wenige Meter vor ihr wieder den Typen sah. Nur dass er nun seine Kapuze abgenommen hatte.

Er sah älter aus als Whitney und Robyn, Mitte 20 schätzte sie. Unter seinen Augen lagen dunkle Schatten, obwohl sie mit wachem Blick in Whitneys Richtung sahen. Er führte seine rechte Hand nach oben bis auf Höhe seines Gesichts, dann tippte er sich kaum merklich zweimal gegen den Nasenflügel, bevor er den Arm wieder senkte.

»Was ist los, was siehst du, Nip?«, hörte Whitney Robyn von hinten in ihr Ohr flüstern.

Whitney öffnete die Tür vollständig, nickte dem Mann zu und folgte ihm ins Treppenhaus.

...

Wumms! Wumms! Mit einem lauten Knall, auf den direkt ein weiterer folgte, fielen die Türen des Ford Pinto ins Schloss. Whitney und Robyn sahen einander an. Es schien, als ob beide den Atem anhalten würden. Auf Whitneys Nasenrücken standen Schweißperlen.

»Robyn, das war unglaublich!«, durchbrach Whitney schließlich die Stille. Sie griff in ihre hintere Hosentasche und zog eine kleine Plastiktüte hervor, darin war ein weißes Pulver. Dann ließ sie das Tütchen vor Robyns Augen hin- und herbaumeln.

»Wuuuuuh!«, rief Whitney, öffnete das Handschuhfach und ließ die Tüte dort hineinfallen. Dann versenkte sie Zeige- und Mittelfinger ihrer rechten Hand in der Brusttasche ihres T-Shirts, zog einen fertig gedrehten Joint hervor und zündete ihn an.

»Ich kann es kaum erwarten, es auszuprobieren, Robyn«, sagte sie nach dem ersten Zug. Ihre Stimme klang höher als sonst, so aufgedreht war sie.

Whitney nahm einen weiteren langen Zug und ließ den Rauch langsam aus ihrem Mund entweichen. Dann beugte sie sich hinüber zu Robyn und küsste sie.

Es war ein Kuss voller Leidenschaft. Ein Kuss, der es schaffte, dass Whitneys Kopf völlig leer wurde – sie dachte an nichts, war nur in diesem Moment, in dem Robyns Lippen auf den ihren dieses unbeschreibliche Brodeln in ihrem Bauch auslösten. Beinahe hatte Whitney das Gefühl, als ob sie explodieren könnte vor Glück.

Als sich die beiden wieder voneinander lösten, reichte Whitney Robyn den Joint.

Kapitel 3

August 1980

»Nein. Und das ist mein letztes Wort.«

Cissy Houston sprach mit einer solchen Unnachgiebigkeit, Whitney hätte ebenso gut gegen eine Stahlwand reden können: Egal, wie sehr sie sich bemühte, es war einfach kein Durchkommen.

Schon seit sie ein kleines Mädchen war, fand Whitney diesen bestimmten Tonfall ihrer Mutter auf eine gewisse Art und Weise faszinierend. Sie lauschte oft abends auf dem Treppenabsatz, wo sie die Eltern im Wohnzimmer nicht sehen konnten, wenn Cissy mit ihrem Management telefonierte. Nie zog sie dabei ihr Sprechtempo an oder erhob ihre Stimme – Whitney erinnerte sich überhaupt nicht, auch nur einmal gehört zu haben, dass ihre Mutter laut wurde. Stattdessen redete sie klar und deutlich mit fester Stimme, ein bisschen tiefer als gewöhnlich, wenn sie mit Whitney und ihren Brüdern sprach. Von der Wärme und Sanftheit, die sie sonst an den Tag legte, war nichts mehr zu spüren. Selbst ihre Gesichtszüge veränderten sich dann. Ihr sanftes Lächeln war verschwunden. Ihre Lippen wurden schmal. Und Whitney hätte schwören können, dass die azurblauen Augen ihrer Mutter auf einmal dunkler schimmerten.

Je älter Whitney und ihre Brüder wurden, desto häufiger erlebten sie diese harte Variante von Cissy auch in anderen Situationen. Meistens ging es um teure Kleidung oder Turnschuhe, die ihre Brüder unbedingt haben wollten – zu teuer in Cissys Augen. Sie brauchte nur ein einziges Mal »Nein« mit dieser Stimme zu sagen. Weder Gary noch Michael hatten es jemals gewagt, ihr ernsthaft zu widersprechen oder weiter zu bohren.

Doch mit Whitney hatte Cissy noch nie in diesem Tonfall gesprochen. Klamotten waren Whitney ziemlich egal; sie besaß eine Handvoll Levi's Jeans, die sie auch dann noch trug, wenn der Stoff vom vielen Tragen und Waschen schon dünn und löchrig geworden war. Dazu hatte sie einfarbige T-Shirts und Sweatshirts von ihren Brüdern, die sie auftrug.

Wenn sie für etwas Geld ausgab, dann waren es die neuesten Platten ihrer Lieblingssängerinnen: Aretha Franklin. Chaka Khan. Oder *The Jackson Five* und Michael Jackson. Nie wäre ihr in den Sinn gekommen, für etwas Belangloses wie ein neues Shirt einen Haufen Geld auszugeben und dann noch ihre Mutter um einen Zuschuss zu bitten, weil die paar Dollar, die sie mit Nebenjobs verdiente, nicht ausreichten. Seitdem Whitney mit 15 Jahren ihren ersten Ferienjob als Betreuerin im Gemeindezentrum von East Orange hatte, gab sie beinahe alles, was sie verdiente, für Musik aus.

Dieser Moment nun am großen Esstisch der Houstons, als die gesamte Familie gerade bei einem gemeinsamen Abendessen saß, war der erste, in dem Whitney das Ziel eines solchen »Nein« ihrer Mutter geworden war.

Sie wusste ganz genau, dass sie mit Argumenten, egal, wie durchdacht und schlüssig sie auch sein mochten, nicht weiterkommen würde bei Cissy. Nicht nach einem solchen »Nein«, das sie in seiner Wucht kaum noch härter in den Bauch hätte treffen können. Es hatte sich angefühlt wie der Tritt eines Kickboxers in die Magengegend.

Aber sie konnte nicht aufgeben, nicht nach einer Diskussion, die gar keine gewesen war. Schließlich hatte Cissy ihre Tochter nicht einmal aussprechen lassen. Und das, obwohl sich Whitney seit Wochen auf dieses Gespräch vorbereitet hatte.

Mit Robyns Hilfe hatte sie seitenweise Argumente aufgeschrieben, Dinge, von denen sie glaubte, dass sie Cissy beruhigen würden. Whitney hatte sogar in Form von Rollenspielen den heutigen Abend mehrere Male geprobt – Robyn übernahm dabei den Part ihrer Mutter. Sie hatte rein gar nichts dem Zufall überlassen wollen bei ihrem Vorstoß, den sie gerade eben gewagt hatte. Denn sie wusste, dass Cissy nicht leicht von ihren Plänen zu überzeugen sein würde – und dass Whitney jedoch ohne das Einverständnis ihrer Mutter nichts Sinnvolles würde unternehmen können, um ihrem Ziel näher zu kommen: Whitney wollte Profisängerin werden. Sie wollte auf großen Bühnen stehen und Menschenmengen mit ihrem Gesang in ihren Bann ziehen, jeden Einzelnen von ihnen. Konzerte spielen und ganz in die Melodie der Lieder abtauchen – und danach mit diesem unbeschreiblichen Glücksgefühl, das Whitney von nichts anderem kannte als vom Singen, in die Zuschauermenge blicken. Das war es, was sie tun wollte. Für immer.

Es war keine flüchtige Idee, die ihr kürzlich in den Sinn gekommen war, als sie das neue Video von Chaka Khan im Fernsehen gesehen hatte. Keine Teenagerträumerei, wie sie so viele andere in ihrem Alter hatten. Seit Jahren schon war dieser Traum in Whitneys Kopf mehr und mehr zu einem festen Ziel herangereift.

Im Laufe der Jahre hatte sie immer häufiger die Solos bei den

Auftritten des Gospelchors übernommen. Und mit jedem Mal war das Gefühl in ihr gewachsen: Ja, singen, das ist es. Nach wie vor war sie nervös, bevor es losging. Doch das nahm sie in Kauf – zu sehr liebte sie es, ganz in der Musik aufzugehen und zu sehen, wie sie Menschen mit ihrer Stimme begeistern konnte. Es gab nichts Besseres. Für sie war es das reinste Glück.

Whitney war sich sicher, dass ihre Mutter sehr genau ihr Gesangstalent erkannte. Sie stand schließlich fast jeden Abend als Backgroundsängerin auf einer Bühne und spielte eine Show. Und an den Abenden, an denen Cissy nicht performte, war sie meistens noch im Studio in New York und arbeitete an einer neuen Platte – dass sie einmal freihatte, sodass die Familie Houston gemeinsam zu Hause an ihrem Esstisch saß und zu Abend aß, wie an diesem Augusttag, gehörte zu den Ausnahmen.

Bei so viel Gesang im Leben von Whitneys Mutter war eines klar: Wenn jemand ein Talent im Singen erkannte, dann war sie es.

Doch nun saß Cissy Houston an der Stirnseite des großen Holztisches im Esszimmer, das Besteck säuberlich links und rechts neben ihrem Teller abgelegt, darüber schwebten die Hände zu einer Faust geballt. Ihr strenger Blick mit den Augen, die auf einmal so viel dunkler schienen als gewöhnlich, war auf ihre Tochter gerichtet.

Whitney hielt noch immer Gabel und Messer in ihren Händen. Den Hackbraten auf dem Teller vor sich hatte sie damit jedoch nicht angerührt. Es war, als ob sie sich an etwas festhalten würde, weil sie nur so das Zittern ihrer Hände verbergen konnte. Wenn Cissy selbst das kleinste Flattern ihrer Finger bemerken würde, hätte sie sofort verloren, da war sich Whitney sicher. Ihre Mutter würde es als Schwäche auslegen, als Unsicherheit – wenn sie nicht einmal dieses Gespräch ohne bebende Hände führen konnte, wie sollte sie dann in der Lage sein, dem ständigen Druck im Musikbusiness standzuhalten?

Gary und Michael saßen Whitney gegenüber an der langen Seite des Esstisches und hatten ihre Blicke starr auf das Essen vor ihnen gerichtet. Beide waren zu einem ihrer immer seltener werdenden Besuche zu Hause. Whitney hatte sich für den Moment, in dem sie Cissy ihr Ziel von einer Profi-Gesangskarriere eröffnen wollte, bewusst diesen Abend ausgesucht. Ihre Hoffnung war, dass sie von ihren Brüdern Unterstützung erhalten würde, so wie es eigentlich immer geschah, wenn es nötig war.

Doch als Whitney nun die Blicke ihrer Brüder suchte, die weiterhin nur auf ihre Teller stierten, wurde ihr klar: Dieses Mal musste sie ohne die Hilfe von Gary und Michael auskommen.

Vorsichtig warf Whitney einen Blick nach rechts, wo ihr Vater John an der Stirnseite gegenüber von Cissy saß. Er erwiderte ihren Blick. Lange sahen sich die beiden an, so kam es Whitney zumindest vor. Sie merkte, wie sich der Blick ihres Vaters veränderte. Zunächst sah er beinahe unbeteiligt drein, als ob das eine Sache zwischen Mutter und Tochter wäre, zu der er rein gar nichts beizutragen hätte.

So leicht ließ ihn Whitney aber nicht davonkommen. Jetzt legte sie in ihre Miene ihre ganze Willenskraft. Ohne dass sie ein einziges Wort gesagt hatte, merkte sie, wie sich das Gesicht ihres Vaters allmählich veränderte. Er sah beinahe überrascht aus – vielleicht war ihm bislang nicht klar gewesen, wie ernst es seiner Tochter tatsächlich mit dem Singen war.

Schließlich wandte John seinen Blick ab von Whitney und richtete ihn auf Cissy ihm gegenüber.

»Cissy, Sweetheart, nun hör dir doch wenigstens an, was sie zu sagen hat«, sagte er. »Und denk doch mal daran, was jedes Mal in der Kirche los ist, wenn Nippy ein Solo singt!«

Sofort schüttelte Cissy den Kopf. Ihre Miene war weiterhin wie versteinert, hart und unnachgiebig.

»Ich habe niemals bestritten, was für eine fantastische Stimme in unserer Nippy steckt«, sagte sie. »Aber in einer weißen Robe im Gospelchor zu singen ist etwas völlig anderes, als auf den großen Bühnen unterwegs zu sein. Niemand von euch weiß, was ich dort seit Jahrzehnten fast jeden Tag erlebe – was für talentierte junge Menschen ich kennenlerne und wie kaputt ihre Seelen nach nur ein paar Jahren sind. Und die meisten von ihnen haben noch nicht einmal Erfolg in der Branche gehabt, niemand kennt ihre Namen!«

Cissy verstummte. Sie ließ ihren Blick über Gary, Michael und John wandern, bis sie ihn auf Whitney ruhen ließ.

»Gut singen zu können ist nicht einmal die Hälfte der Miete, um auch nur im Ansatz irgendwas in diesem Business zu erreichen – es ist gefährlich. Und eine Zerreißprobe für die Familie. Willst du denn später keine Familie haben, Nippy? Könnt ihr euch nicht mehr erinnern, wie oft ich früher weg war, als ich noch bei den *Sweets* gesungen habe?«

Natürlich erinnerte Whitney sich. Mit den *Sweet Inspirations* tourte ihre Mutter früher oft monatelang durch die gesamten Staaten – unzählige Male waren der kleinen Whitney Tränen über das Gesicht geströmt, als sie sich vor Sehnsucht allein in den Schlaf geweint hatte. Doch Whitney war nicht ihre Mutter.

»Mommy, ich weiß nicht, was die Zukunft für mich bringt, ob ich irgendwann heiraten und Kinder bekommen werde. Aber ich weiß sicher, dass ich singen will. Ich muss das tun!«

Whitney begegnete den Augen ihrer Mutter und ließ ihren Blick darin ruhen. Es gab nichts mehr zu sagen, weder ihre noch die Worte ihres Vaters oder ihrer Brüder würden Cissy überzeugen können.

Sie dachte daran, einfach auf das Einverständnis ihrer Mutter zu pfeifen. In gut einem Jahr war sie 18, was sollte Cissy dann noch tun können, um sie von ihrem Vorhaben abzuhalten?

Aber der Gedanke währte nur kurz, bevor Whitney klar wurde, dass sie ihre Mutter brauchte. Sie kannte sich aus im Business, sie hatte die Kontakte – und sie war die Einzige, die Whitney als Gesangslehrerin ernst nahm, von der sie das Gefühl hatte, lernen zu können. Ohne Cissy wäre sie von Anfang an zum Scheitern verurteilt, das hatte sie im Gefühl.

Also sah Whitney weiterhin in die unnachgiebigen Augen ihrer Mutter. Sie hatte sich entschieden und musste Cissy einfach davon überzeugen, es ging gar nicht anders, es musste klappen. Singen war ihr Traum, ihre Berufung, das, wofür ihr Gott eine besondere Gabe geschenkt hatte. Was für ein Mensch wäre sie, wenn sie Gottes Willen nicht nachkommen und ihr Talent mehr oder weniger ungenutzt verkümmern lassen würde?

Unter gar keinen Umständen wollte Whitney die Erste sein, die den Blick abwendete. Dann hätte sie verloren. Ihre einzige Chance, Cissy doch noch umzustimmen, war, hier und jetzt dem scharfen Blick ihrer Mutter standzuhalten. Sie musste durchhalten.

Und da, auf einmal begann sich Cissys Miene tatsächlich zu verändern. Sie wurde weicher, ihre Augen begannen zu lächeln – so wie sie es immer taten, wenn sie mit ihrer Familie beisammen war. Sie seufzte. Whitneys Herz setzte einen Schlag aus. Konnte es tatsächlich sein, dass …?

»Ok, einverstanden«, sagte ihre Mutter in die Stille hinein. »Aber bevor ich irgendeinen Mucks höre, habe ich drei Bedingungen. Wenn auch nur bei einer davon jetzt oder irgendwann der Wurm drin ist, dann ist der komplette Plan gestorben, hörst du, Nippy?«

Whitney nickte. Sie traute ihren Ohren kaum. Hatte sie es wirklich geschafft? Ihr war es völlig egal, welchen Bedingungen sie nun zustimmen sollte – sie würde mit allem einverstanden sein. Hauptsache, sie konnte auf Cissys Unterstützung zählen.

»Du trainierst jeden Tag mit deiner Stimme, ich bin deine Lehrerin. Wenn ich nicht da bin, dann übst du allein. Und mit Trainieren meine ich nicht ein bisschen hier und ein bisschen da, nein: Jeden Tag mindestens eineinhalb Stunden konzentrierte Arbeit.«

Cissy hatte den Daumen ihrer linken Hand emporgehoben, als sie ihre erste Bedingung erklärte. Dann nahm sie den Zeigefinger hinzu.

»Zweitens: Deine Schulnoten werden nicht unter deinem Gesangstraining leiden. Sobald deine Leistungen schlechter werden, war's das mit dem Singen.«

Nun streckte sie einen dritten Finger aus.

»Und drittens: Keine Drogen. Weder Alkohol noch Zigaretten oder sonst irgendwas. Nicht nur, dass das deiner Stimme schaden würde, früher oder später schadet das auch deiner Disziplin.«

Bei Cissys letzter Bedingung sahen nun auch Gary und Michael von ihren Tellern auf und hefteten ihre Blicke gespannt auf ihre jüngere Schwester.

Doch Whitney nahm davon keine Notiz. Immer noch blickte sie mit ruhiger und entschlossener Miene ihre Mutter an. Ihr innerer Jubel war ihr nicht anzumerken.

»Einverstanden«, sagte sie. »Du kannst dich auf mich verlassen, ich werde mich an all deine Bedingungen halten. Danke, Mommy.«

Kapitel 4

Dezember 1980

Langsam blies Whitney den Rauch in die kühle Nacht hinaus. Sie hatte sich in eines der Laken eingewickelt und stand nun am offenen Fenster. Nur Arme und Hände waren der Kälte dieser Dezembernacht schutzlos ausgesetzt, eine Gänsehaut kroch von ihren Fingerspitzen über die Handrücken die Unterarme empor. Sie mochte das, dieses kleine Piksen des Winters auf einem kleinen Stück nackter Haut, während der Rest wohlig warm eingemummelt war. Es war ein Gefühl von Geborgenheit und Sicherheit, allerdings auch nicht zu behaglich. Wenn etwas so angenehm war, dass man sich vorkam wie in einem Traum, in dem man von einem Wattebausch zum nächsten taumelte, wurde Whitney skeptisch. Unmöglich konnte etwas so bezaubernd sein. Unweigerlich hielt sie dann Ausschau nach einem Haken als Bestätigung, dass es eben doch nicht so perfekt war. Und diese zwanghafte Suche nach dem Makel verdrängte mehr und mehr das einst positive Gefühl. Perfektion war in ihren Augen eine Illusion: Erschien etwas perfekt, dann traute sie der Sache nicht über den Weg.

Doch das Frösteln war wie ein kleiner Fehler dieses Augenblicks – und es war genau der Punkt, der ihn für Whitney so wertvoll machte. Der Moment war echt.

Ein Lächeln umspielte ihr Gesicht. Sie schloss die Augen, als sie noch einen Zug von ihrem Joint nahm, den Rauch tief in ihre Lungen einsog und ihn durch ihre leicht geöffneten Lippen wieder in die Nacht hinausströmen ließ. Allmählich fühlte sie sich noch leichter, als sie es an diesem Abend ohnehin schon tat. Ihr Nacken entspannte sich, automatisch sanken ihre Schultern ein paar Zentimeter nach unten. Sie öffnete ihre Augen, wandte sich mit dem Joint in der Hand vom Fenster ab und drehte sich ohne jedes Geräusch um.

Dort war Robyn. Sie lag in ihrem Bett, das Kissen neben ihr zeichneten noch die Umrisse von Whitneys Kopf, der wenige Minuten zuvor noch dort geruht hatte. Robyn sah nach oben auf die weiße Zimmerdecke – es schien, als ob sie mit ihren Gedanken weit weg wäre.

Whitney lächelte. Sie freute sich jedes Mal, wenn sie ihre beste Freundin in diesem verträumten Zustand ertappte, und hoffte, dass es noch ein Weilchen dauerte, ehe sie bemerkte, dass sie von ihr beobachtet wurde. Denn dann hatte sie noch genügend Zeit, um jede der feinen Linien in Robyns Gesicht mit ihrem Blick nachfahren zu können.

Als Robyn schließlich ihren Kopf in Richtung Whitney wandte und sich ihre Blicke trafen, breitete sich auch auf ihren Wangen ein strahlendes Lächeln aus. Sie stützte sich mit der einen Hand ab und richtete sich auf, während sie mit der anderen Hand das Laken, unter dem sie lag, bis unter ihr Kinn zog. Dennoch verrutschte es ein wenig, und für einen kurzen Moment konnte Whitney ihre nackte Brust erkennen.

Die Brust, die sie vor ein paar Minuten mit ihren Fingerspitzen gestreichelt hatte, mit ihren Lippen geküsst, mit ihrer Zunge liebkost und mit ihren Augen aufgesogen hatte, um den Anblick nie wieder zu vergessen.

Noch immer sah Whitney auf die Stelle, wo das Laken nur ein paar Sekunden lang Robyns Brust offenbarte. Es war, als ob sie durch den dünnen Stoff hindurchblicken könnte.

»Nip, ist alles okay?«

Es war Robyns Stimme, die sie wieder in die Gegenwart zurückholte.

Whitney schüttelte leicht den Kopf, wie um die Bilder von Robyns entblößtem Körper aus ihren Gedanken zu vertreiben. Sie hob den Blick und sah in das Gesicht ihrer Freundin. Sie kannte diesen Ausdruck nur zu gut. Robyn trug ihn immer, wenn sie der Meinung war, etwas falsch gemacht zu haben, vor allem, wenn sie glaubte, sich Whitney gegenüber falsch verhalten zu haben.

Whitney hasste es, sie so zu sehen. Robyn litt, und das hatte sie nicht verdient, niemals. Erst recht nicht, wenn sie nicht im Geringsten etwas falsch gemacht hatte, sondern genau das Gegenteil der Fall war.

»Robyn, wie sollte ich in diesem Moment irgendetwas anderes als in Ordnung sein?«, sagte Whitney jetzt. »Du bist hier, wir sind zusammen, das ist so ziemlich alles, was für mich gerade zählt.« Sie lachte auf, ohne dabei auch nur für eine Sekunde von Robyn wegzusehen. »Ich bin mehr als okay«, ergänzte sie dann. »Ganz ernsthaft.«

Sie wollte sichergehen, dass Robyn auch wirklich verstand.

Manchmal fragte sich Whitney, wie es nur sein konnte, dass Robyn ihr Fragen wie diese stellte. Sah sie ihr nicht an, wie unbeschreiblich glücklich sie war, wenn sie beide zusammen waren? Wie sehr sie mit jedem Atemzug die Augenblicke tief in sich aufsog und sich wünschte, sie nie mehr wieder loszulassen? Wie sehr sie Robyn bewunderte, ihren Humor, ihre Sportlichkeit, ihre Schönheit, ihren klugen Geist, ihren liebevollen Charakter? Vor allem aber bewunderte Whitney den Mut ihrer Freundin.

...

Es war im Sommer des vergangenen Jahres gewesen, als sie Robyn kennengelernt hatte. Beide hatten einen Job im Gemeindezentrum von East Orange, einer Stadt gleich neben Newark, als Ferienbetreuerinnen angenommen. Whitney arbeitete bereits seit einigen Tagen dort, als Robyn zum ersten Mal zur Tür hereintrat. Eine Frau, die alle nur Coach Clark nannten und die Cheftrainerin an der Clifford J. Scott Highschool in East Orange war, umarmte sie zur Begrüßung – sie schienen sich zu kennen, vermutlich eine Schülerin oder ehemalige Schülerin von Coach Clark, dachte sich Whitney damals.

Sie selbst besuchte eine private katholische Mädchen-Highschool in Caldwell, New Jersey. Ihrer Mutter Cissy war es wichtig, dass Gott nicht nur zu Hause und im Gospelchor ein wichtiger Faktor in Whitneys Leben war, sondern auch in der Schule. Dass ihre Tochter eine öffentliche Highschool besuchte, kam für sie deshalb nicht infrage, denn Religion spielte dort kaum eine Rolle. Die meisten Jugendlichen aus Newark und der Umgebung hingegen gingen auf die Clifford Scott Highschool, wo auch Coach Clark arbeitete. Deshalb kannte Whitney im Grunde nur wenige Leute in ihrem Alter.

Von dem Moment an, als dieses neue Mädchen über die Schwelle des Gemeindezentrums schritt und in Whitneys Blickfeld trat, konnte sie ihre Augen nicht mehr von ihr lassen. Sie hatte etwas an sich, das Whitney in ihren Bann zog – und doch konnte Whitney nicht erklären, was genau an jenem Mädchen dieses Gefühl überhaupt auslöste. Was sie aber wusste: Sie fühlte sich ihr verbunden.

Sie beobachtete, wie Coach Clark ihr ein Bündel Zettel überreichte. Wahrscheinlich waren es die gleichen Formulare, die auch Whitney an ihrem ersten Tag hier ausfüllen und abgeben musste, bevor sie ihre Schicht als Betreuerin antreten konnte.

Whitney wandte den Blick ab und widmete sich wieder den Anmeldebögen für den bevorstehenden Ausflug für Kinder von sechs bis elf Jahren in den Columbian Park am nächsten Tag, die sie prüfen, sortieren und abheften sollte. Eigentlich eine langweilige Aufgabe, lieber hätte Whitney mit den Kindern draußen Baseball gespielt. Aber wenigstens war es hier drinnen angenehm kühl.

»Entschuldige, ich soll das hier bei dir abgeben«, hörte Whitney eine Stimme direkt vor ihr.

Jemand streckte ihr eine Hand mit Zetteln entgegen. Whitneys Blick schoss hoch, als ihr klar wurde, dass es die Neue war, die vor ihr stand. Von Nahem war sie noch hübscher.

»Ich bin Robyn«, sagte das Mädchen zu ihr, immer noch mit den Formularen in ihrer ausgestreckten Hand. »Und wie heißt du?«

»Whitney Elizabeth Houston.«

In der Sekunde, in der Whitney ihr Name über die Lippen gestolpert war, biss sie sich auch schon auf die Zunge. Wie bescheuert! Wer stellte sich denn jemandem im gleichen Alter mit zweitem Vornamen und Nachnamen vor? Bestimmt hielt das Mädchen, das einfach nur Robyn hieß, sie nun für eine Spießerin – langweilig und verbohrt, also definitiv niemand, den man näher kennenlernen wollte.

Doch Robyn lachte offen, als sie Whitneys entsetztes Gesicht sah. Es war kein Auslachen, damit hatte Whitney eigentlich gerechnet. Stattdessen war es ein Lachen voller Herzlichkeit, mitreißend und unerschrocken. Und ehe es sich Whitney versah, lachten sie zusammen.

Von diesem Tag an waren die beiden unzertrennlich. Sie ließen sich für dieselben Gruppen zum Betreuen einteilen, und wenn das mal nicht klappte, dann verabredeten sie sich, streiften in Newark oder East Orange umher und genossen die Sommerabende.

Eines Abends, nur ein paar Wochen nach ihrem Kennenlernen, gingen sie nach einem langen Tag mit umhertollenden Kids zu Whitney nach Hause. Es regnete, und bei den Houstons war sonst niemand da. Als sie nebeneinander mit dem Rücken ans Sofa gelehnt saßen, wieder einmal über Gott und die Welt plauderten, rückten sie langsam immer näher zueinander. Und auf einmal, da küsste Robyn Whitney.

Es war ein sanfter Kuss, Whitney erinnerte sich an ihn, als ob er erst gestern geschehen wäre. Kurz bevor Robyn ihre Lippen berührte, hatte sie innegehalten, wie um Whitney die Chance zu geben, einfach den Kopf wegzudrehen und es damit nie zu einem Kuss kommen zu lassen. Doch Whitney wollte nichts sehnlicher, als dass sie sich küssten.

In diesem Moment, in dem die Lippen der beiden nur wenige Zentimeter trennten, gestand es sich Whitney ein: Sie wollte Robyn nicht nur als beste Freundin an ihrer Seite, zu der sie in den vergangenen Wochen geworden war. Sie wollte mehr. Niemals jedoch hätte sie sich getraut, den ersten Schritt zu gehen, mit dem sie die Schwelle von Freundschaft hin zu einem Liebespaar überschritten hätten. Robyn hingegen war mutig genug, genau das zu tun. Sie war es, die die Initiative ergriff, die diese ganz besondere Vertrautheit und Nähe, dieses Band zwischen ihnen, nicht weiter unausgesprochen bestehen lassen wollte. Robyn wollte daraus etwas machen. Und für diesen Mut war ihr Whitney unglaublich dankbar.

...

Whitney wünschte, Robyn könnte sich selbst nur für einen kurzen Augenblick so sehen, wie sie es tat. Diese mutige und bildschöne junge Frau, die sich, ohne zu zögern, ein Bein ausreißen würde, nur um Whitney bei ihren Plänen zu unterstützen, Profisängerin zu werden. Stattdessen zog Robyn sich dort im Bett nun das Laken immer höher unters Kinn, als ob sie ihre Blöße vor Whitney zu verstecken versuchte, als ob sie das, was dort zuvor zwischen ihnen passiert war, ungeschehen zu machen hoffte. Ihr Gesicht war von Unsicherheit gezeichnet.

Whitney nahm einen letzten langen Zug von dem Joint und drückte den Rest mit einer geübten Bewegung ihrer Finger in dem kleinen Aschenbecher aus, den Robyn auf der äußeren Fensterbank deponiert hatte. Dann tippelte sie vorsichtig, um nicht über das üppige Laken zu stolpern, in das sie sich gehüllt hatte, auf das Bett zu. Sie legte sich neben Robyn, schälte sich aus dem Laken und suchte ihren Blick.

Eine Weile blieb sie einfach so liegen, nackt und verletzlich, ihre Augen unaufhörlich Robyn betrachtend. Die Gänsehaut auf ihren Unterarmen wanderte langsam weiter hinauf bis zu ihren Schultern und über Brust und Bauch hinab über ihre Beine. Dann griff sie sanft nach dem Laken, das Robyn immer noch unter ihrem Kinn umklammert hielt, hob es an und schob sich mit einer fließenden Bewegung darunter. Sie legte ihren Kopf auf Robyns Schulter, umschlang mit einem Bein ihren Unterkörper und begann, mit ihrer linken Hand behutsam über Robyns Wange zu streichen.

Allmählich merkte Whitney, wie die Anspannung und die Unsicherheit aus Robyn entwichen.

»Ich bin so froh, dass wir einander haben«, flüsterte Whitney. »Mit dir zusammen ist alles Schöne noch schöner.«

Sie hörte, wie Robyn lange ausatmete. Es kam ihr beinahe so vor, als ob sie die vergangenen Minuten die Luft angehalten hatte, so verkrampft war sie gewesen.

Obwohl sie Robyn eigentlich in- und auswendig kannte, begriff sie auch heute noch nicht, wie sie einerseits so mutig sein konnte, Sachen aktiv in die Hand nahm und ausprobierte, nicht zurückscheute, wenn sich vor ihr etwas Unbekanntes auftat – und wie sie andererseits von einer solchen Unsicherheit geplagt sein konnte. Und zwar ausgelöst von genau den Dingen, die sie zuvor wegen ihres Mutes überhaupt erst getan hatte. Es widersprach sich einfach. Aber vielleicht gehörte genau diese Eigenschaft auch zu den Dingen, die Robyn für sie so spannend machten. Auf eine gewisse Weise blieb dadurch immer ein kleiner Teil von ihr undurchschaubar. Das sorgte für Überraschungen. Langweilig wurde es mit Robyn nie.

»Ach Nip, es tut mir leid«, sagte Robyn schließlich. »Ich glaube, es muss sehr anstrengend sein, mich und meine Komplexe auszuhalten. Aber ich will einfach auf gar keinen Fall etwas tun, womit du dich nicht wohlfühlst – ich habe solche Angst, dass ich dich dadurch verlieren könnte.«

Wow, dachte Whitney. Schon wieder hatte Robyn es geschafft, sie einfach umzuhauen. Nicht im negativen Sinne, im Gegenteil. Dass ihr jemand so genau beschreiben konnte, wie es um die eigene Gefühlswelt gerade stand, kannte Whitney nur von Robyn. Und obwohl sie sich nun schon seit einigen Monaten kannten, sich in den Sommerferien beinahe jeden Tag gesehen hatten und nun täglich telefonierten, seitdem Robyn wieder zurück am College war, war Whitney dennoch immer wieder überrascht und beeindruckt, wenn ihre Freundin die eigenen Emotionen so klar reflektieren und ihr gegenüber zum Ausdruck bringen konnte.

»Ich gehe nirgendwohin, niemals«, sagte Whitney. »Du könntest mir gar nicht wehtun, selbst wenn du wolltest. Wir werden immer füreinander da sein.«

Whitney richtete sich ein wenig auf, gerade so weit, dass sie Robyn in die Augen sehen konnte. Sie spürte, wie Robyns linke Hand liebevoll ihren Rücken hoch bis zu ihrem Nacken streichelte und sie dann vorsichtig zu sich zog. Sie küssten sich. So behutsam, als ob sie unter den Berührungen zerbrechen könnten.

Auf einmal hörte Whitney ein Knarzen und das Klimpern von Schlüsseln. Sie schreckte zurück und sah in Robyns Gesicht ihre eigene Verwirrung gespiegelt.

»Robyn, bist du da?«

Es war die Stimme von Robyns Mutter, die von der Haustür hinauf in den ersten Stock zu ihnen hallte.

Whitney riss die Augen auf. Warum kehrte Robyns Mutter auf einmal nach Hause zurück? Sie war doch erst vor einer guten Stunde zur Nachtschicht ins Krankenhaus aufgebrochen!

»Robyn, ich weiß, dass du da bist«, rief Robyns Mutter noch einmal in das Haus. »Deine Jacke hängt hier. Wo bist du?«

»Ich bin hier oben, Mom, in meinem Zimmer«, rief Robyn der geschlossenen Zimmertür entgegen.

Whitney klappte die Kinnlade runter. Auf gar keinen Fall durfte Robyns Mutter sie so sehen, nackt neben ihrer ebenfalls nackten Tochter im Bett. Nicht auszudenken, was dann geschehen würde. Whitney spürte, wie sich in ihrer Magengrube ein Knoten voller Angst zusammenbraute, immer größer wurde und schon bald gegen ihre Kehle drückte.

»Warum hast du das gesagt, sie wird hereinkommen wollen!«,

flüsterte sie Robyn mit panischer Stimme zu, während sie sich aufrichtete.

Doch Robyn zuckte nur unbeholfen mit den Schultern und schüttelte den Kopf. Whitney erkannte sofort, dass ihre Freundin nicht klar denken konnte, dass ihr Ausruf keinesfalls wohlüberlegt gewesen war. In Sekundenschnelle wurde ihr klar, dass es jetzt auf sie ankam. Sie musste die Situation in die Hand nehmen, nur dann bestand eine Chance, dass sie bei Robyns Mutter nicht aufflogen.

»Los, zieh dir schnell dein Sweatshirt und deine Jogginghose über, und spring ein paar Burpees – du bist zum Basketballspielen verabredet!«, wies sie Robyn an, während sie selbst aufsprang, zur Zimmertür lief und sie einen Spalt öffnete, um besser hören zu können, wo genau im Haus Robyns Mutter gerade war.

Das tat sie keine Sekunde zu früh: Die Treppen knarzten – Janet Crawford war auf dem Weg hoch in den ersten Stock. Ein Glück, dass Robyns Zimmer am anderen Ende des Flurs lag.

Hektisch drehte sich Whitney um und sah, wie Robyn gerade mit der einen Hand ihre Jogginghose festhielt, um mit ihren Füßen hineinzuschlüpfen, und mit der anderen in den zweiten Ärmel ihres Sweatshirts, das sie sich schon über den Kopf gezogen hatte. Wenn es nicht so ernst gewesen wäre, hätte Whitney bei diesem Anblick gelacht. Fehlte nur noch, dass Robyn bei ihren Versuchen, in die Hose zu hüpfen, auf einen am Boden liegenden Besen stolperte, und zwar so, dass der Stiel nach oben gegen ihren Kopf schnellte – und der Slapstick wäre perfekt gewesen. Doch Whitney war nicht nach Lachen zumute.

Sie hechtete zurück zum Bett, griff sich die beiden Laken, unter denen sie gerade eben noch mit Robyn friedlich kuschelnd gelegen hatte, und zog sie einigermaßen gerade über die Matratze. Dann ließ sie die flachen Hände darauf nieder und lief einmal um das Bett herum, um zumindest die gröbsten Falten herauszustreichen. Mit den Füßen schob sie dabei Robyns und ihre Klamotten unter das Bett. Rasch schüttelte sie jedes der zwei Kissen einmal und warf sie sogleich wieder an das Kopfende.

»Robyn, was treibst du da bloß?«

Die Stimme von Robyns Mutter tönte den Flur entlang.

Mit drei großen Schritten sprang Whitney hinter die Zimmertür, während Robyn anfing, Burpees zu springen. Whitney sah, dass schon jetzt Schweißperlen auf ihrer Stirn standen und sie schwer atmete. Gut so, das würde ihre Story wenigstens ein bisschen glaubhafter machen, dachte sie sich.

»Robyn?«

Es klopfte zweimal an die angelehnte Zimmertür, hinter der sich auf der anderen Seite Whitney versteckte und den Atem anhielt. Dann wurde die Tür langsam aufgeschoben. Whitney drückte sich noch dichter an die Wand.

Wenn Robyns Mutter nur zwei oder drei Schritte nach vorne in das Zimmer gehen würde, dann wäre alles umsonst gewesen. Aus dem Augenwinkel oder spätestens, wenn sie sich umdrehte, um wieder zurück auf den Flur zu gehen, hätte sie Whitney gesehen, wie sie hinter der Tür kauerte. Splitterfasernackt.

Erst jetzt fiel Whitney auf, dass sie in ihrer Panik völlig vergessen hatte, selbst in eine von Robyns umherliegenden Sportklamotten zu schlüpfen. Dann hätte sie im Fall der Fälle sagen können, dass Robyn ihr ein paar Basketballkniffe zeigen wollte, damit sie ihre Sportnote verbessern konnte. Doch so, während sie völlig nackt in Robyns Zimmer mit zitternden Knien hinter der Tür stand, wie sollten sie da irgendjemandem etwas vormachen können?

»Was poltert hier denn die ganze Zeit so?«, fragte Robyns Mutter, als sie die Tür noch ein Stückchen weiter öffnete.

»Hey, Mom«, sagte Robyn ihr zugewandt und hörte auf zu springen. »Das bin nur ich, ich bin gleich noch verabredet, ein paar Körbe werfen, und wollte mich schon mal ein bisschen warm machen.«

Robyn lächelte und wischte sich mit dem Handrücken den Schweiß von der Stirn. Whitney hielt die Luft an.

»Ach so«, sagte Robyns Mutter.

Whitney hörte, wie sie kehrtmachte, ein paar Schritte ging und die Tür zum gegenüberliegenden Badezimmer öffnete.

»Unsere Nachtschicht war heute überbesetzt, da hat die neue Stationsleitung wohl einen Wurm in den Plan mit eingearbeitet. Deshalb haben sie mich wieder nach Hause geschickt, weil ich am meisten Überstunden habe und damit zumindest einen Teil davon wieder abbauen soll.«

Der Wasserhahn im Bad öffnete sich mit einem stumpfen Quietschen, und Wasser floss ins Waschbecken. Robyns Mutter wusch sich die Hände. Dann ging der Hahn wieder zu, und Whitney hörte, wie der Toilettendeckel gegen die Fliese an der Wand gelehnt wurde.

Robyns Mutter sprach weiter: »Eigentlich ärgert mich das. Ich hätte die Überstunden viel lieber allesamt ausbezahlt bekommen, das hätten wir gut gebrauchen können, so kurz vor Weihnachten. Aber was hätte ich tun sollen? Also dachte ich mir, mache ich das Beste draus und gehe noch mit Maggy von gegenüber aus – ich habe sie gerade eben vor dem Haus getroffen, und sie sagte mir, dass sie unbedingt mal ein paar Stunden ohne Familie braucht.«

Die Toilettenspülung ging, der Toilettendeckel fiel gegen die Brille, und wieder strömte Wasser in das Waschbecken. Ein paar Sekunden verstrichen, ohne dass jemand etwas sagte. Whitney konnte nur hören, wie ein Gürtel geöffnet wurde, und die Geräusche von Kleidung, die aus- und angezogen wurde.

»Ich wollte mich nur noch schnell umziehen. Was hältst du von dem schwarzen Kleid, das wir neulich gemeinsam gekauft haben?«

Whitney hörte, wie Robyns Mutter vom Badezimmer in den Flur trat.

»Schön, Mom, du siehst toll aus!«, sagte Robyn zu ihrer Mutter. »Denk nicht immer so viel ans Geld, wir schaffen das schon alles. Genieß deinen freien Abend! Und schöne Grüße an Maggy!«

Robyns Mutter ging ein paar Schritte nach vorne, bis sie wieder auf der Türschwelle zu Robyns Zimmer stand. Nur die Tür und vielleicht 30 Zentimeter trennten sie von Whitney, während sie offenbar Robyn musterte.

Whitney schlug das Herz bis zum Hals. Unmöglich, dass sie das nicht hört, dachte Whitney. Ihr kam Edgar Allen Poes Kurzgeschichte »Das verräterische Herz« in den Sinn: Dort war ein Mörder überzeugt davon, dass die Polizisten genau wie er das laute Schlagen des Herzens von dem Mann hörten, den er kurz davor getötet hatte und unter den Dielen versteckt hielt. Natürlich war das alles nur Einbildung. Weder konnte das Herz eines Toten schlagen, noch konnte irgendjemand das Herz eines anderen pochen hören, wenn er nicht gerade das Ohr auf dessen Brust abgelegt hatte.

Whitney schloss die Augen. Langsam und ohne das leiseste Geräusch atmete sie aus. Niemand kann dich hören, solange du einfach ganz ruhig dastehst, versicherte sie sich in Gedanken. Sie blickte hinüber zu Robyn, die zwischenzeitlich angefangen hatte, Hampelmänner zu springen, während ihre Mutter von der Toilette aus bei geöffneter Badezimmertür mit ihrer erwachsenen Tochter gesprochen hatte.

»Mach nicht so lange, Robyn, du warst schließlich heute Vormittag schon Basketball spielen«, sagte Robyns Mutter schließlich. »Nicht, dass du dich noch verletzt!«

Whitney stand weiter stocksteif hinter der Tür, während sie hörte, wie sich langsam Schritte entfernten und die Treppe hinuntergingen. Ein Rascheln, gefolgt von einem Klimpern, verriet, dass Robyns Mutter nun in ihren dicken Daunenmantel schlüpfte und sich ihren Haustürschlüssel schnappte. Dann ging die Tür auf und fiel kurz darauf ins Schloss. Es herrschte Stille im Haus.

Robyn hatte aufgehört, Hampelmänner zu springen, und sah zu Whitney, die ihren Blick erwiderte. Beide standen da wie versteinert, unfähig, auch nur den kleinsten Muskel ihres Körpers zu bewegen.

Nach einer Ewigkeit, die in Wahrheit wohl nur einen Augenblick andauerte, stürzte sich Whitney in Robyns Arme. Sie merkte gar nicht, dass über ihre Wangen Tränen liefen, bis Robyn sie ihr behutsam wegwischte. Langsam löste sie sich aus der Umarmung und blickte ihr in die Augen.

»Das war verdammt knapp«, sagte sie.

Robyn nickte. Sie trat ans Bett heran, bückte sich, klaubte Whitneys Klamotten darunter empor und hielt sie ihr entgegen.

Whitney sah an sich herunter. Sie war immer noch nackt. Nur ihre Gänsehaut von vorhin war verschwunden, stattdessen glänzte ihre Haut vor Schweiß. Trotzdem war ihr kalt. Sie nahm ihre Kleider entgegen und schlüpfte hinein. Dann schnappte sie sich ihre Handtasche und kramte darin, bis sie gefunden hatte, was sie suchte: ihren Notfalljoint. Oh ja, den brauchte sie jetzt unbedingt.

Es war ihr egal, dass sie mitten in Robyns Zimmer im Haus von deren Mutter stand. Selbst am geöffneten Fenster rauchte sie nur äußerst selten und nur dann, wenn sonst niemand zu Hause war. Sie empfand es als respektlos, wenn Raucher alles vollpafften und keine Rücksicht darauf nahmen, dass viele den Qualm von Zigaretten fürchterlich fanden. So jemand wollte sie nicht sein. Aber ihr Notfalljoint war für Notfälle, da galten andere Regeln.

Sie seufzte einmal tief, klemmte sich den Joint zwischen die Lippen und zündete ihn an. Nach zwei langen Zügen reichte sie ihn weiter an Robyn.

Kapitel 5

28. Februar 1994
21.30 Uhr

Whitney konnte beobachten, wie ihre Pupillen allmählich wieder kleiner wurden. Mit jedem Blinzeln ein klein wenig mehr. Aber vielleicht bildete sie sich das auch nur ein. Wenn sie lange genug mit den Augen einen Punkt fixierte, konnte sie nur noch schwer sagen, was Wirklichkeit war und was sie sich einbildete. Und Whitney verharrte bestimmt schon seit zehn Minuten regungslos vor dem Spiegel im Badezimmer ihrer Suite in Beverly Hills und starrte in die Augen ihres Spiegelbilds.

Sie hätte Garys Angebot ausschlagen sollen. Ihn gar nicht erst hereinlassen dürfen, als er vor gut zwei Stunden an ihrer Zimmertür geklopft hatte. Sie wusste ganz genau, dass er Stoff dabeihaben würde. Dass er ihn nehmen würde. Dass er ihr mindestens zwei Lines vorbereiten würde. Und dass sie nicht würde ablehnen können. Sie wusste es, weil es sich eigentlich immer so abspielte. Es war schon fast wie ein Ritual, wenn sie beide im selben Hotel übernachteten. Das taten sie oft, denn mittlerweile war Gary nicht mehr nur sporadisch, sondern immer als Backgroundsänger mit dabei, wenn Whitney auf Tour war oder für einzelne Auftritte durch die Welt jettete.

Er hätte es weit bringen können bei den Denver Nuggets in der NBA, wenn er nur die Finger von den Drogen hätte lassen können. Whitney schüttelte den Kopf, wie um die Gedanken an ihren Bruder abzustreifen. Jetzt war es ohnehin zu spät. Immerhin war das Kokain ordentlich gestreckt mit Milchzucker gewesen, dadurch war die Wirkung schwächer. Und sie hatte es geschafft, nur zwei von den dünneren Lines zu schnupfen, die Gary vorbereitet hatte. Wenn sie noch einen Joint rauchte, bevor sie sich ein Taxi zur Party rief, dann sollte niemand etwas bemerken, ihr Verhalten würde nichts verraten. Erst einmal jedoch mussten die Spuren aus ihrem Gesicht verschwinden.

Mit dem rechten Zeigefinger tippte sie gegen ihre Nase, drehte den Kopf leicht von der einen zur anderen Seite und wieder zurück, um sie von allen möglichen Perspektiven aus zu inspizieren. Die Nasenflügel waren gerötet, aber nicht so schlimm, dass hier ein wenig Make-up nicht Abhilfe schaffen würde.

Whitney griff zu ihrer Puderdose, schnappte sich einen Pinsel und tupfte ihre Nase ab. Schicht für Schicht trug sie den Puder auf, damit nicht zu viel davon auf einmal in ihrem Gesicht landete. Das hätte einen stümperhaften Eindruck gemacht, als ob ihre Tochter Krissy eine ihrer Puppen geschminkt hätte.

Eigentlich hatte Whitney sogar eine Stylistin und Make-up-Artist, Carol, die sie zu allen Events begleitete. Die Auswahl ihrer Kleider, ihres Schmucks und das Augen-Make-up erledigte für gewöhnlich Carol. Doch Lippenstift und das letzte Abpudern übernahm Whitney gerne selbst. So konnte sie auf der einen Seite sichergehen, dass auch wirklich alles perfekt aussah und nichts verschmiert, zu dick oder zu dünn aufgetragen war. Auf der anderen Seite war es aber auch notwendig, denn es war keine Ausnahme, dass sie, kurz bevor sie zu einer Veranstaltung aufbrach, noch Koks sniefte. Davon sollte jedoch niemand etwas mitbekommen.

Nun schnappte sie sich den roten Lippenstift, den ihr Carol bereitgelegt hatte, und trug ihn auf. Dann presste sie ihre Lippen auf ein Stück Toilettenpapier, das sie soeben abgerissen hatte, und malte eine zweite Schicht auf. Das Prozedere wiederholte sie noch zwei weitere Male. Am Ende formte sie einen Kussmund und rückte mit ihrem Gesicht bis auf ein paar Zentimeter an den Spiegel heran, um zu überprüfen, ob die Farbe überall gleichmäßig verteilt war. Langsam wandte sie den Kopf von links nach rechts, um jeden Blickwinkel in Augenschein zu nehmen. Schließlich nickte sie zufrieden, wandte sich ab und trat hinaus in das Eingangszimmer.

Gary war in seine Suite zurückgekehrt, nachdem sie eine Weile auf dem Sofa zusammengesessen und wie wild miteinander diskutiert hatten. Whitney konnte sich nicht mehr erinnern, was überhaupt der Inhalt ihres Gesprächs gewesen war. Vage hatte sie den Verdacht, dass es wohl eher zwei Monologe gewesen waren. Und miteinander zu tun hatten sie vermutlich gar nichts. Aber auch egal, jetzt war Gary jedenfalls weg, und sie konnte sich ungestört fertig machen. Denn heute Abend fand die Pre-Grammy-Party ihres Produzenten Clive Davis statt, zu der sie und ein paar Mitglieder ihrer Crew eingeladen waren, unter anderem auch Gary.

Seit vielen Jahren schon veranstaltete Clive jedes Jahr am Vorabend der Grammy-Verleihung eine Party. Sie war legendär. Die bekanntesten Namen der Musikbranche tummelten sich dort, es war ein beispielloses Schaulaufen von Stars, auch von Film- und Fernsehsternchen, Comedians, Produzenten, Regisseuren, Autoren – also eigentlich für jeden, der in irgendeiner Art und Weise in der Celebrity-Welt etwas zählte. Oder das zumindest gerne über sich dachte. Whitney konnte immer noch nicht glauben, dass sie mittlerweile ganz selbstverständlich dazugehörte.

Für sie war es bereits das zehnte Mal, dass sie auf Clives Party erschien. Selbst im vergangenen Jahr, als sie mit Krissy hochschwanger war, hatte sie für eine Stunde vorbeigeschaut. Sie seufzte leise. Denn es war auch das zehnte Mal, dass Whitney keine Lust auf Clives Party hatte.

Partys waren noch nie ihr Ding gewesen – zumindest nicht, wenn es dort weniger darum ging, eine gute Zeit zu verbringen, sondern vielmehr darum, von den richtigen Leuten gesehen zu werden. Bis heute hatte Whitney keine Ahnung davon, was es genau brauchte, um zu diesen »richtigen Leuten« zu gehören. Talent? Gutes Aussehen? Fähigkeiten im Small Talk? Charme? Humor? Gutes Benehmen? Geld? Sexuelle Freizügigkeit? Whitney hatte in den vergangenen Jahren so viele Menschen kennengelernt, und sie alle hatten viele der Punkte erfüllt, doch niemals alle. Vielleicht war es eine willkürliche Mischung aus allem, kombiniert mit glücklichem Zufall?

Eines wusste Whitney jedenfalls sehr genau: Sie gehörte zu ihnen, sie war ein Teil jener »richtigen Leute«, mit denen Produzenten ihre neuen Hoffnungsträger unbedingt zusammenbringen wollten. Es kam ihr oft so vor, als ob die Leute völlig ernsthaft dachten, ein Gespräch mit ihr wäre gleichbedeutend mit einer Nummer-eins-Platzierung des eigenen Debütalbums in den Charts. Und je länger das Gespräch dauerte, desto mehr Wochen auf der Top-Platzierung erhofften sie sich.

Whitney hatte keine Lust, sich mit anderen Sängern oder solchen, die es in den Augen der Produzenten waren, auf Partys über deren neuesten Song und künftige Projekte zu unterhalten. Sosehr sie Musik auch liebte – sie war eben auch ihr Job. Und egal, wie sehr man etwas liebte: Wenn es ständig Thema war und sich immer alles darum drehte, dann ging die Liebe irgendwann ein wenig verloren.

Natürlich war sie neugierig und freute sich immer, neue oder alte Gesangstalente, Produzenten oder Songwriterinnen zu treffen, sich mit ihnen auszutauschen oder gemeinsam Musik zu erschaffen. Aber eben im Studio oder auf der Bühne. Eine Party hätte in Whitneys Augen kein ungünstigerer Ort für all das sein können.

Wenn sie schon mal auf eine Party ging, dann, um dort den Kopf freizubekommen. Tanzen. Flirten. Spaß haben. Leute kennenlernen. Ganz ohne Hintergedanken. Doch das gab es für sie nicht. Sie war Whitney Houston, »The Voice«.

Jetzt seufzte Whitney laut auf. Sie wusste, dass ihr nichts anderes übrig blieb, als auf der Party zu erscheinen. Sie hatte es Clive versprochen. Ihm war es wichtig, sie dabeizuhaben – mit ihrem wachsenden Erfolg wurde es ihm immer wichtiger. Über die Gründe dafür wollte sie lieber nicht zu lange nachdenken. Sie mochte Clive, er war immer gut zu ihr gewesen – oder zumindest hatte Whitney nie etwas anderes mitbekommen. Sie wollte nicht, dass sich daran etwas änderte.

Also stand sie nun vor dem großen Spiegel im Eingangszimmer ihrer Suite, schlüpfte ihn die High Heels, die Lianne ihr bereitgestellt hatte, und musterte ihr Spiegelbild.

Ihr gefiel, was sie sah. Lianne hatte tolle Arbeit geleistet. Whitneys schulterlange Haare waren zu einer edlen Frisur hochgesteckt – die einzige Frisur, die Whitney auch ohne Hilfe perfekt hinbekam. Das grüne knielange Kleid war mit Pailletten besetzt und betonte ihre schlanke Silhouette, passend dazu ein dezentes Augen-Make-up in Grün und die knallroten Lippen als besonderen Hingucker.

Doch obwohl Whitney mit ihrem Aussehen für den heutigen

Abend zufrieden war, wandte sie ihren Blick schnell wieder ab. Sie fühlte sich verkleidet. Als ob diese Person, die sie gerade eben betrachtet hatte, nicht sie selbst wäre, sondern eine sehr attraktive und stilvoll gekleidete 31-jährige Frau, die dem Aussehen nach ebenso gut ein Weltstar hätte sein können. Abgesehen vom Alter hatte sie mit dieser Frau nichts gemeinsam.

Whitneys Blick wanderte zu dem Sessel neben dem sandfarbenen Sofa. Über die Lehne hatte sie die Kleidung gelegt, die sie tagsüber getragen hatte: ein weißes Shirt und helle Levi's-Jeans. So fühlte sie sich am wohlsten. Irgendein Shirt. Irgendwelche Jeans. Nichts Aufregendes. Das war sie. Nippy – nicht Whitney Houston. Über Whitney Houston gäbe es jedoch sofort hässliche Schlagzeilen, wenn sie sich so in der Öffentlichkeit sehen lassen würde.

»Whitney Houston – nach Lotterlook folgt Lotter-LP!«

»Whitney Houston ganz unscheinbar: Einmal Weltstar und zurück – was ist nur aus ihr geworden?«

Oder: »Der Verfall der Whitney Houston – mit dem Stil fängt der Absturz in die Versenkung an.«

Whitney ging ein paar Schritte hinüber zum Sessel und nahm die Jeans in ihre Hände. Der Saum löste sich unten an den Knöcheln allmählich auf, sodass der Stoff bereits zahlreiche Fäden zog. An den Oberschenkeln war das Dunkelblau vom vielen Waschen ausgeblichen und deutlich heller als auf der restlichen Hose. An den Knien prangten zwei große und ausgefranste Löcher.

Plötzlich brach Whitney in schallendes Gelächter aus. Einmal in ihrem Leben war sie in ähnlichen Jeans auf die Bühne getreten. Nicht gerade freiwillig. Damals war sie noch lange nicht der Weltstar von heute. Der Abend hatte sich ihr für immer eingebrannt.

Kapitel 6

August 1981

»Das schaffen wir nie im Leben!«

Whitney zuckte zusammen. Sie bemerkte selbst, dass ihre Stimme einige Oktaven nach oben geschnellt war und sie überhaupt nicht mehr wie sie selbst klang. Das war untypisch für sie. Eigentlich brachte ihre Stimme so leicht nichts aus der Ruhe. Wurde Whitney nervös, dann neigte sie zum Schwitzen, vor allem ihre Nase war dann mit Schweißperlen bedeckt – ihre Stimme jedoch, die hatte sie in jeder Situation unter Kontrolle, und zwar völlig mühelos. Sie wurde weder laut noch schrill oder überschlug sich, wenn Whitneys Puls in die Höhe schoss. Sie sprach nicht schneller, undeutlicher oder verschluckte ganze Worte, sobald sie in einer Situation unruhig wurde. Normalerweise.

Whitney blickte erneut auf ihre Armbanduhr. 19.32 Uhr. Sie sollte schon längst vor Ort sein, schon um 20 Uhr würde es losgehen.

Stattdessen saß sie auf dem Beifahrersitz von Robyns Ford Pinto, der die Interstate auf dem Weg nach Manhattan entlangraste. Es war unmöglich, dass sie es rechtzeitig bis ins *Mikell's* schaffen würden, den Jazzklub, in dem Cissy Houston an diesem Abend auftreten sollte – mit Whitney im Backgroundgesang.

Es war nicht das erste Mal, dass sie ihre Mutter bei einem ihrer Auftritte begleitete. Mittlerweile tat sie das regelmäßig und vor allem unglaublich gerne.

Diese Grazie, mit der ihre Mutter ins Scheinwerferlicht trat, stets mit einem Lächeln auf den Lippen, das sofort den gesamten Saal in ihren Bann ziehen konnte. Ihre Outfits, die sie selbst auswählte und die Whitney so wunderschön und edel fand, ohne dass sie dabei zu prunkvoll oder extravagant wirkten. Die Art und Weise, wie Cissy mit dem Publikum sprach, hier und da mal einen Witz machte oder einzelne Personen direkt ansprach und mit ihnen plauderte, während der Pianist schon das nächste Stück anspielte. Und wie das Publikum erst reagierte, sobald ihre Mutter den ersten Ton ins Mikrofon sang, wie sich die Stimmung im gesamten Saal wandelte, je nachdem, ob sie schnelle oder langsame Songs interpretierte. Manchmal veränderte sie spontan die Setliste und kündigte ein Lied an, das eigentlich gar nicht auf dem Programm für den Abend gestanden hatte. Sie hatte ein Gespür dafür, was das Publikum wollte. Was das Publikum von ihr brauchte.

Whitney konnte nicht genug davon bekommen, ihre Mutter auf der Bühne zu beobachten. Das war schon immer so gewesen. Aber nun tat sie es als ihre Backgroundsängerin. Das gab ihr eine völlig neue Perspektive – im wahrsten Sinne des Wortes, denn jetzt stand sie während der Performance nur gut zwei Meter hinter ihrer Mutter.

Dass Cissy Houston mit den übrigen Musikern auf der Bühne per Handzeichen kommunizierte, war Whitney früher nie aufgefallen. Zweimal mit dem Finger tippen bedeutete zum Beispiel, dass sie noch ein Weilchen mit dem Publikum sprechen wollte und der Pianist das Intro dementsprechend länger spielen sollte. Wenn sie den Hocker oder Mikrofonständer ein paar Zentimeter verrückte, hieß das, dass sie von der Setliste abweichen würde und die übrigen Musiker nun besonders aufmerksam sein mussten, um mitzubekommen, welcher Song als Nächstes kam.

Nach jedem Auftritt kehrte Whitney mit so vielen neuen Eindrücken nach Hause zurück, sie war so dankbar, dass sie mit ihrer Mutter Musik machen konnte. Seit sie ihr die Erlaubnis abgerungen hatte, das gemeinsame Hobby zum Beruf machen zu dürfen, stand sie unter strengster Beobachtung. Cissy musste sehen, dass Whitney nicht nur Talent, sondern auch die notwendige Disziplin im Gesangstraining mitbrachte – genauso wie für die Auftritte in Manhattan und New Jersey, oft mehrere Male in der Woche.

Dass sie nun zu spät war, war unverzeihlich.

Wenn es wenigstens ihr eigener Auftritt gewesen wäre, dachte Whitney mit einem flauen Gefühl im Magen. Sie ganz allein im Fokus der Bühne, die Leadsängerin des heutigen Abends. Dann würde ihr Fauxpas kein schlechtes Licht auf jemand anderen werfen, sondern nur auf sie selbst. Das wäre fair gewesen.

Aber jetzt war es anders: Sie würde zwar für die Verspätung sorgen, das Publikum aber sähe die Schuld automatisch bei Cissy. Sie war nun einmal diejenige, die vorne im Rampenlicht stand, für alle im Saal prominent sichtbar –, und das war immer die Person, die die Leute für alles verantwortlich machten.

Whitney spürte, wie sich ihr Magen zusammenkrampfte bei dem Gedanken, dass jemand schlecht über ihre Mutter sprechen, ihr unterstellen könnte, sie sei abgehoben und würde sich nicht um ihr Publikum scheren. Cissy Houston avancierte zur Megadiva, die ihre Zuschauerinnen und Zuschauer warten ließ und ihre Shows nicht mehr pünktlich begann? Kaum auszudenken. Whitney stöhnte auf, als ihr ein weiterer Gedanke kam: Was, wenn der Veranstalter Cissy für keine weiteren Shows mehr buchen würde, weil er ihr Verhalten für unprofessionell hielt? Niemals würde sich Whitney das verzeihen können. Irgendwie mussten sie es schaffen. Wieder wanderte ihr Blick auf die Armbanduhr. 19.36 Uhr. Dann blickte sie nach oben, wie um ein Stoßgebet in den Himmel zu schicken, das dafür sorgen sollte, dass wenigstens der Verkehr nun mitspielte.

Als sie hinüber zu Robyn sah, zuckte sie zusammen. Mit bleichem Gesicht saß ihre Freundin hinter dem Lenkrad, beide Hände vor Anspannung verkrampft. Zwischen ihren Augenbrauen hatten sich diese zwei tiefen Falten gebildet, die immer dann auftauchten, wenn Robyn verzweifelt vor Sorge war. Den Blick hielt sie starr auf die Straße gerichtet. Schweißperlen rannen ihr die Schläfen hinunter. Auf ihrem roten Shirt prangten unter den Armen zwei dunkle Flecken.

»Robyn!«, rief Whitney aus. Mehr wusste sie in diesem Moment nicht zu sagen. Sie wollte einfach nur, dass ihre Freundin ihr ein Lächeln schenkte, vielleicht sogar etwas sagte wie: »Keine Sorge, wir schaffen das gemeinsam, versprochen!«

Doch stattdessen regte sich kein Muskel in Robyns Gesicht. Whitney spürte einen Kloß im Hals. Nein, ich fange jetzt nicht an zu weinen, befahl sie sich in Gedanken. Das wär's noch – dann würde sie nicht nur zu spät, sondern auch mit verheulten Augen auf die Bühne treten. Ihre Mutter würde das mit Sicherheit kein bisschen milder stimmen.

»Es ist alles meine Schuld, ich hätte die Zeit im Blick behalten sollen, es tut mir so unendlich leid«, sagte Robyn auf einmal.

Sofort war der Kloß aus Whitneys Hals verschwunden. Dafür versteiften sich ihre Arme und Beine, ihre Lippen verwandelten sich in zwei schmale Linien. Sie wurde wütend.

Egal, was Whitney verbockte, immer nahm Robyn die Schuld

auf sich. Ob es der Teller war, den Whitney beim Spülen vor lauter Lachen fallen ließ, weil ihr Robyn vom Esstisch aus eine witzige Anekdote erzählte, oder der Englischtest, den Whitney beim ersten Mal nicht mitschreiben konnte, weil sie nach dem Tag am See mit Robyn krank geworden war. Jedes Mal hatte sich Robyn bei ihr entschuldigt und sich verantwortlich für das gefühlt, was geschehen war. Eine Zeit lang hatte Whitney das süß gefunden. Doch mittlerweile kam sie sich dadurch vor wie ein Kleinkind, als ob sie nicht in der Lage wäre, auf sich selbst aufzupassen und für ihr Verhalten einzustehen. Genau so war es auch jetzt.

Sie hatte sich für den Nachmittag mit Robyn verabredet. Robyn hatte eine Woche in Los Angeles verbracht, um ihre Tante zu besuchen. Nur zweimal hatten sie für ein paar wenige Minuten miteinander am Telefon sprechen können. Umso neugieriger war Whitney gewesen, was Robyn alles erlebt hatte, und vor allem, wie ihr Los Angeles gefallen hatte. Sie selbst war noch nie dort gewesen, aber nach allem, was sie wusste, war L. A. das genaue Gegenteil von New York und doch mindestens genauso aufregend.

In erster Linie war es aber schlicht die Sehnsucht gewesen, die Whitney dazu verleitet hatte, den Tag mit Robyn zu verbringen. Sie wollte ihre Freundin unbedingt in die Arme schließen, sie ansehen und ihre Stimme hören, einfach Zeit mit ihr verbringen. Das konnte unmöglich noch weiter warten – obwohl Whitney klar gewesen war, dass es knapp werden würde mit dem Auftritt.

»Hör auf damit, und halt die Klappe«, schnauzte Whitney Robyn jetzt an. Es klang wütender, als sie wollte. Rasch wandte sie ihren Blick hinüber zur Fahrerseite. Selbst im Profil sah sie Robyn an, dass die Worte auf sie wie ein Schlag ins Gesicht gewirkt haben mussten. Sie war zu weit gegangen, und es tat ihr leid, ihre Freundin so zu sehen.

Doch ihrem Ärger darüber, dass ihr ständig abgesprochen

wurde, selbst für ihr Handeln Verantwortung zu übernehmen, konnte das kaum etwas anhaben. Whitneys Wut hinderte sie daran, sich zu entschuldigen oder etwas anderes Versöhnliches zu sagen. Am Ende würde sie wieder die Beherrschung über ihren Tonfall verlieren und alles nur noch schlimmer machen. Also schwieg sie.

Sie drehte sich, soweit sie konnte, nach rechts zum Beifahrerfenster, als ob sie Robyns Anwesenheit einfach würde ausblenden können, wenn sie sie nur aus ihrem Blickfeld verbannte. Und mit ihr die widerstreitenden Gefühle in ihrer Brust: Scham über die Verspätung, Wut darüber, bemuttert zu werden, und gleichzeitig das schlechte Gewissen, weil sie wusste, dass sie Robyn unrecht tat. Sie selbst hätte sich schließlich auch mitverantwortlich gefühlt, wäre sie an der Stelle ihrer Freundin gewesen. Seufzend lehnte Whitney die Stirn gegen die Scheibe des Beifahrerfensters.

Robyn bog gerade von der Amsterdam Avenue in die Columbus Avenue ein. Whitney bemerkte erst jetzt, dass sie schon mitten in Manhattan waren. Sie war so in Gedanken versunken gewesen, dass sie die vorbeirauschende Landschaft, die irgendwann in Häuser, Siedlungen und Blocks übergegangen war, nur als immer gleiches Flimmern im Augenwinkel wahrgenommen hatte.

Es war nicht mehr weit bis zu *Mikell's*, nur noch etwas weiter die Straße hinunter bis zur Ecke 97th Street, höchstens zwei oder drei Minuten. Whitneys Blick ging erneut auf ihre Armbanduhr. 19.53 Uhr. Das würde reichen, um nur fünf Minuten zu spät auf die Bühne zu treten. Sie seufzte laut auf. Gott sei Dank!

Als sie kurz darauf das schwarze Markisendach mit dem Namen des Klubs in Großbuchstaben und der Ziffernfolge 760 darauf erspähte, schnallte sie sich ab und drehte sich um. Vom Rücksitz angelte sie sich ihre kleine Reisetasche, in der sie ihr Outfit für den heutigen Abend fein säuberlich verstaut hatte: eine weiße

Stoffhose mit lockerem Schnitt und einen dünnen schwarzen Pullover mit kurzen Armen, den sie dieses Mal etwas unter die Schultern ziehen wollte, um ihre silberne Kette besser in Szene zu setzen. Es war ihr Standardoutfit. Schick genug für einen Auftritt vor Publikum, aber nicht zu elegant für einen Nachtklub, gleichzeitig modisch und zurückhaltend, wie es für eine Backgroundsängerin angemessen war. Whitney liebte das Outfit, sie fühlte sich wohl darin.

Robyn schaltete die Warnblinkanlage ein, bremste ihren Wagen herab und brachte ihn schließlich direkt vor dem Markisendach zum Stehen. Whitney ignorierte das Hupen hinter ihnen. Mit der Reisetasche auf ihrem Schoß wandte sie sich Robyn zu, suchte ihren Blick und sagte: »Danke, ohne dich hätte ich das nicht geschafft ...«

»Nip, alles ist gut, jetzt ist nicht die Zeit für große Danksagungen, los, los, los!«, unterbrach Robyn sie und scheuchte sie mit den Händen aus dem Wagen.

Für einen kurzen Moment kam sich Whitney vor wie die überfütterte und flauschige Katze Lucky ihrer Tante Mae, die sie ständig von der Couch im Wohnzimmer verscheuchte. Da musste sie lachen. Es dauerte nur ein paar Sekunden, ehe Robyn mit einstieg und der Innenraum des Ford Pinto von schallendem Gelächter erfüllt war.

»Nun los jetzt, sonst war alles für die Katz«, brachte Robyn zwischen Lachen und Japsen nach Luft hervor. Whitney stieß die Beifahrertür auf, sprang aus dem Auto und lief zum Eingang des Mikell's.

Der Türsteher erkannte sie gleich und trat einen Schritt beiseite, Whitney durchquerte den Vorraum, rannte an der Bar vorbei zu dem Gang, an den die Toiletten und der Backstagebereich grenzten. Vor der Tür zur Garderobe blieb sie stehen, streckte ihre linke Hand in Richtung Klinke aus und drehte dabei das Handgelenk ein wenig in ihre Richtung. 19.59 Uhr. Sie hatte es tatsächlich geschafft.

Plötzlich öffnete sich die Tür mit einem raschen Schwung nach innen. Augenblicklich machte Whitney einen Satz nach hinten und stieß einen leisen Schrei aus. Cissy hatte sich vor ihr aufgebaut.

»Mommy, es tut mir so leid, ich habe völlig die Zeit aus den Augen verloren, das kommt nie wieder vor, fest versprochen ...«

Whitney verstummte augenblicklich, als ihr Blick in das Gesicht ihrer Mutter gewandert war und sie deren Ausdruck sah. Ihr lief ein Schauer über den Rücken. Am liebsten hätte sie noch einen Satz nach hinten gemacht. Aber eine laute Stimme rief ihr im Kopf zu, diesem Reflex auf gar keinen Fall nachzugeben. Nach Cissys Miene zu schließen, hätte sie ihrer Tochter ohne zu zögern mit einem Ruck den Kopf abgerissen.

Die Augen ihrer Mutter waren eiskalt. Die Lippen hatte sie zu zwei schmalen Linien zusammengepresst. Hätte sie keinen roten Lippenstift aufgetragen, wären ihre Lippen gar nicht mehr als solche zu erkennen gewesen. So deuteten wenigstens zwei rote Striche an, dass sich dort ihr Mund befand.

Whitney hätte viel dafür gegeben, wenn ihre Mutter in diesem Moment ihrer Wut einfach Luft gemacht hätte: eine laute Standpauke oder zumindest das Versprechen, eine solche später zu Hause zu bekommen. Das Verbot, beim nächsten Auftritt mit auf der Bühne dabei zu sein. Hausarrest. Selbst eine Ohrfeige wäre ihr lieber gewesen, als jetzt in die kalten Augen ihrer Mutter zu blicken.

»Ich will das nicht hören«, sagte Cissy. »Es ist 20 Uhr, unsere Show beginnt, komm mit!« Sie wandte sich von Whitney ab und ging an ihr vorbei in Richtung Bühnenaufgang.

Verdattert schüttelte Whitney leicht ihren Kopf. »Aber, Mommy, ich muss mich noch umziehen!«, rief sie hinterher.

Ruckartig blieb ihre Mutter stehen. Sie drehte sich um und ging ein paar Schritte zurück auf ihre Tochter zu. Whitney spürte, wie sich die Härchen in ihrem Nacken aufstellten.

»Brülle hier nicht so herum, du bist nicht mehr fünf Jahre alt«, sagte Cissy. Ihr Tonfall war ruhig. Beinahe zum Fürchten ruhig. »Es ist nicht die Schuld des Publikums, dass du zu spät bist. Warum sollte es dann auf dich warten? Mir ist völlig egal, was du anhast, du bist zum Singen hier. Das Publikum hat Geld bezahlt für eine Cissy-Houston-Show, und ich werde meine Show nicht verspätet anfangen, weil eine meiner Backgroundsängerinnen die Uhr nicht richtig lesen kann. Hier, nimm das, wisch dir den Schweiß aus dem Gesicht, und dann nichts wie los.«

Cissy hielt ihrer Tochter ein Taschentuch entgegen. Sie hatte bei ihren Auftritten immer eines dabei, manchmal sogar ein zweites zur Reserve, das sie in ihrem BH deponierte.

Whitney streckte die Hand nach dem Taschentuch aus und tupfte sich damit über das Gesicht. Dann sah sie an sich hinunter: Weiße Adidas-Turnschuhe, die von dem sandigen Boden des Branch Brook Parks, in dem sie am Nachmittag mit Robyn spazieren war, eigentlich mehr grau als weiß waren. Helle Levi's Jeans, die an den Oberschenkeln ganz ausgewaschen und dadurch beinahe weiß erschienen, an den Knien prangten zwei große Löcher, aus denen Fransen das Schienbein hinunterhingen. Ein schwarzes T-Shirt, das auch schon mal bessere Tage gesehen hatte.

»Mommy, sieh mich an, ich kann so doch nicht auf die Bühne gehen! Was werden die Leute über mich denken?«

»Das hättest du dir überlegen sollen, bevor du dich dazu entschlossen hast, zu spät zu kommen«, erwiderte Cissy, immer noch mit ruhiger Stimme. »Ich habe dich zu einer disziplinierten jungen Dame erzogen, und ich lehre dich auch beim Singen, dass Disziplin die Basis von allem ist. Du wirst das Publikum nicht enttäuschen, indem wir zu spät beginnen, Whitney.«

Wie unter einem Schlag zuckte Whitney zusammen. Cissy sprach ihre Tochter nie mit ihrem richtigen Vornamen, Whitney, an. Niemand aus ihrer Familie oder von ihren Freunden tat das. Alle nannten sie Nippy oder Nip. Als Whitney nun ihren Namen aus dem Mund ihrer Mutter hörte, wurde ihr klar, dass es keine weitere Diskussion geben würde.

Wieder drehte sich Cissy um und gab dem Ansager ein Zeichen, seinen Job zu tun. Währenddessen stand Whitney immer noch auf demselben Fleck, in ihrer Hand das von Schweiß durchtränkte Taschentuch, die Augen erschrocken aufgerissen. Sie hörte, wie der Ansager den Namen »Cissy Houston« in den Saal rief, wie das Publikum begeistert applaudierte, der Stoff von Cissys Kleid raschelte, als diese sich in Bewegung setzte. Sie beobachtete, wie ihre Mutter dann ein paar Sekunden abwartete, wie bei einem Stoßgebet kurz nach oben blickte, schließlich den Saum ihres silbernen Rockes ein wenig anhob und mit drei selbstbewussten Schritten hinter dem schwarzen Samtvorhang verschwand. Das Publikum jubelte.

Dann drängten sich Robby, der Pianist, und Sam, der sie mit dem Hals seiner Gitarre leicht anrempelte, an Whitney vorbei zum Bühnenaufgang. Auch sie stiegen die Stufen zur Bühne empor, hoben den Vorhang zur Seite und traten hinaus. Jetzt fehlte nur noch Whitney. Doch sie stand wie angewurzelt da.

Noch immer schwebte ein Keim Hoffnung in ihr, dass ihre Mutter nicht ernst meinte, was sie soeben gesagt hatte. Dass sie sich doch noch schnell fünf Minuten in der Garderobe zurechtmachen könnte. Dass sie nicht in diesem erbärmlichen und schlampigen Outfit, das den Namen »Outfit« gar nicht verdient hatte, auf die Bühne gehen musste. Hätte sich ein Loch vor Whitney auf dem Boden aufgetan, sie wäre, ohne eine Sekunde zu überlegen, einfach hineingesprungen, nur um der Situation zu entkommen.

Cissy Houstons Stimme erklang im Raum. Am Piano stimmte Robby die ersten Töne an. Und schließlich löste sich Whitney aus ihrer Starre. Sie atmete einmal tief ein und wieder aus, nahm die paar Schritte bis zum schwarzen Vorhang und betrat mit zerrissenen Levi's Jeans die Bühne.

Kapitel 7

Oktober 1982

»Schade, dass du nicht da bist.«

Whitney seufzte. Ihr fiel gar nicht auf, dass sie diesen Satz jedes Mal sagte, wenn sie den Telefonhörer abnahm und sich am anderen Ende Robyn meldete. Stunden später, wenn sie den Hörer wieder auflegte und damit das Gespräch beendete, sprach sie ihn noch mal. Es war immer dieser Satz anstelle von »Hallo« und »Tschüs«.

Es war schon spät an diesem Dienstagabend, als das Telefon klingelte. Zehn Minuten lang hatte Whitney schon danebengesessen und auf das Scheppern des alten Apparats ihrer Eltern gewartet. Als es dann endlich so weit war, hatte sie so schnell zum Hörer gegriffen, dass das erste Klingeln mittendrin abgewürgt wurde. Auf gar keinen Fall wollte sie ihre Mutter wecken, die vorhin erst ins Bett gegangen war und vermutlich schon schlief. Cissy hasste es, wenn etwas sie aus dem Schlaf riss. Es gab jedoch noch einen anderen, viel wichtigeren Grund, der Whitney so schnell zum Hörer stürzen ließ: ihre unbändige Freude, Robyns Stimme zu hören.

Nicht einmal zwei Tage war es her, dass sie zuletzt miteinander gesprochen hatten. Aber Whitney kam es wie eine Ewigkeit vor. Seitdem sie im Sommer die Highschool abgeschlossen hatte und immer mal wieder tagelang nichts zu tun hatte, außer an ihrem Gesang zu feilen, fand sie es noch unerträglicher als zuvor, dass Robyn während der Collegesemester nur alle paar Wochenenden nach Newark kommen konnte. Selbst das klappte viel zu oft nicht, weil dann häufig Spiele von Robyns Basketballmannschaft stattfanden. Und da Robyn das College mit einem Basketballstipendium besuchte, hatten die Turniere Vorrang.

»Ich fliege nächste Woche nach St. Barth«, sagte Whitney nun. »Eine Fotostrecke für *Seventeen*.«

Seitdem sie im vergangenen Jahr zusammen mit einem weißen Mädchen in der Novemberausgabe des Teenagermagazins auf dem Cover erschienen war, wandte sich *Seventeen* regelmäßig an ihre Agentur, um sie für einen Job zu buchen. Der Titel damals war ein Wagnis: Sie war die erste Schwarze Frau, die mit lachendem Gesicht auf der Frontseite abgedruckt worden war. Die Ausgabe wurde zu einer der meistverkauften des Jahres – und Whitneys Kalender war auf einmal immer besser ausgelastet mit Modelaufträgen.

»Das ist fantastisch, gratuliere!«, rief Robyn euphorisch.

»Danke.«

»Weißt du schon, in welche Klamotten sie dich stecken werden?«

»Nein.«

»Ist denn noch ein anderes Model dabei, weißt du das?«

»Nein.«

»Und wie sieht es mit dem Honorar aus, das wirst du doch wohl wissen, oder?«

»Nein.«

Es wurde still in der Leitung. Nur das gleichmäßige Atmen von Robyn nahm Whitney wahr.

»Mensch, Nip, was ist los mit dir? Freust du dich denn gar nicht, nicht mal ein klitzekleines bisschen?«, fragte Robyn schließlich.

Wieder war es still. Freute sie sich denn wirklich nicht? Whitney musste über die Frage nachdenken. Es war ein Modeljob auf St. Barth, Shuttle zum Flughafen und zurück, die Flüge, selbst Hotel und Verpflegung vor Ort – alles wurde bezahlt. Sie brauchte einfach nur pünktlich da zu sein und Stylisten, Make-up-Artisten und Fotografen ihre Arbeit machen zu lassen.

Whitney erschauderte. Sie entwickelte zunehmend eine Abneigung gegen die Modelbranche. Immer öfter passierte es, dass sie sich überhaupt nicht mehr wie ein Mensch fühlte, sondern wie ein Ding, das man eben brauchte, um ein hübsches Foto zu machen. Eine Mischung aus Leinwand und Puppe.

Einmal kam sie nach einem Shooting zu Robyn nach Hause in ihr Zimmer auf dem College, das sie sich mit einem anderen Mädchen aus ihrer Basketballmannschaft teilte. Auf dem Kopf trug sie ein klebriges, müffelndes schwarzes Knäuel, das einmal ihre Haare gewesen waren. Die Stylisten hatten ihr so viel Gel, Haarspray, Pomade und wer weiß noch was in die Haare geschmiert, dass ebenjene ein Eigenleben entwickelt hatten. Immerhin war tatsächlich ein wunderschönes Foto herausgekommen – Robyn hatte es sich ausgeschnitten und mit einem Magnet an ihrer Kühlschranktür befestigt, wie Whitney bei ihrem nächsten Besuch festgestellt hatte.

Aber während der gesamten Prozedur, um ihre Haare in dieses Knäuel zu verwandeln, kam sie sich erniedrigt vor. Niemand sagte ihr, wie der Plan für ihre Frisur aussah. Niemand fragte sie, ob irgendetwas ziepte – und es ziepte nicht nur, es tat höllisch weh. Niemand bemerkte, wie sie vor Schmerzen das Gesicht verzog und gleichzeitig gegen die Tränen ankämpfte, um ja nicht das Make-up zu verschmieren. Niemand erklärte ihr hinterher, wie sie ihre Haare wieder säubern und entwirren konnte. Es scherte sich einfach niemand um sie. Nach dem Shooting machte sich Panik in Whitney breit, dass sie ihren Kopf würde kahl rasieren oder ihre Haare zumindest auf wenige Zentimeter kürzen müssen, um das Stylingknäuel wieder loszuwerden.

Mit tränenüberströmtem Gesicht hatte sie abends an Robyns Tür geklopft und war ihr sofort in die Arme gefallen, als sie öffnete. Es kostete Robyn viel Mühe, Whitney zu beruhigen, und noch viel mehr Zeit, ihre Haare von dem schmierigen Zeug zu befreien, bis sie sich wieder so weich anfühlten wie zuvor.

Nach diesem schrecklichen Shooting hatte Whitney viel über das Modeln nachgedacht. Sie war kurz davor gewesen, die Nummer ihrer Agentur zu wählen und ihren Modelvertrag zu kündigen. Es erschien ihr unvorstellbar, auch nur noch ein einziges Mal eine ähnliche Situation durchzustehen.

Doch schon bald war sie froh, dass sie irgendetwas davon abgehalten hatte. Eine leise Stimme in ihr, ein Gefühl. Whitney war schon immer gut darin gewesen, auf ihren Bauch zu hören.

Seitdem sie nicht mehr zur Highschool ging, sang sie zwar noch häufiger im Background bei Auftritten ihrer Mutter. Doch das warf kaum Gage ab – sie brauchte unbedingt noch einen anderen Job, einer, der Geld brachte und ihr gleichzeitig möglichst viel Zeit zum Singen ließ. Dafür war das Modeln perfekt. Egal, wie sie sich dabei fühlte. Für das Ziel, irgendwann vom Singen leben zu können, war es das wert, beschloss Whitney.

»Doch, eigentlich freue ich mich schon auf St. Barth«, antwortete sie schließlich auf Robyns Frage.

Das war sogar die Wahrheit, wie sie sich eingestand. Aber

noch größer als ihre Freude, in ein paar Tagen den Sand der Karibikinsel unter ihren Füßen zu spüren und mit zugekniffenen Augen in Richtung der strahlenden Sonne zu blinzeln, war ihre Schwermut darüber, Robyn deshalb nicht besuchen zu können. Eigentlich war das Whitneys Plan für die kommende Woche gewesen. Doch stattdessen würde sie auf St. Barth wahrscheinlich nicht einmal die Möglichkeit haben, sie anzurufen.

»Ich werde dich zum Flughafen bringen und dich wieder abholen«, sagte Robyn. »Dann können wir uns trotzdem kurz sehen. Mach dir keinen Kopf, das wird super! Du wirst gar keine Zeit haben, mich zu vermissen, weil du viel zu beschäftigt sein wirst, alles toll zu finden. Wenn du nicht gerade am Set sein musst!«

Robyn hatte recht. Wie immer. Jetzt kam sich Whitney albern vor, dass sie in ihren Gedanken ein solch riesiges Drama heraufbeschworen hatte. Ein paar Tage hin oder her, was würde das schon ausmachen? Es gab wirklich Schlimmeres, als auf St. Barth zu arbeiten, vor allem, weil sich Whitney recht sicher war, dass sie dort vergleichsweise viel Zeit für sich haben würde. Normalerweise planten Agenturen einen üppigen Zeitpuffer ein, falls der Flug Verspätung hatte, falls ein Koffer mit dem Equipment verloren ging, falls das Wetter nicht ganz ideal war – nur hatte Whitney es noch nie erlebt, dass ein solches »falls« tatsächlich auch einmal eingetreten war. Für sie bedeutete das also: Freizeit.

»Hallo? Nip? Bist du noch da?«

Robyns Stimme holte Whitney wieder in die Gegenwart zurück.

»Ja. Tut mir leid, ich war in Gedanken.«

»Und was sagst du nun zu meinem Vorschlag?«

»Welchen Vorschlag?«

»Na, dass ich dich zum Flughafen bringe und dich von dort auch wieder abhole.«

Eigentlich buchte Whitneys Agentur meistens ein Flughafenshuttle für die Models und die restliche Crew. Aber das war ihr egal, dann würde es eben ohne sie fahren. Sie könnte die anderen auch erst am Gate treffen. Das würde zwar wahrscheinlich nicht so gerne gesehen, aber was soll's. Robyn zu sehen, war ihr wichtiger. Auch wenn es nur für eine Autofahrt war.

»Das ist eine Superidee«, sagte sie also, und dieses Mal klang ihre Stimme ehrlich.

Sie stand von dem unbequemen Holzstuhl auf, auf dem sie saß. Ihr Rücken schmerzte, das Stechen hatte sich schon bis zum Nacken hinaufgebohrt, und ihre Beine waren kurz davor, einzuschlafen. Das passierte jedes Mal, sobald sie länger als nur ein paar Minuten auf diesem Stuhl saß. Trotzdem nahm sie immer wieder darauf Platz – immer dann, wenn sie traurig war oder sich einfach so schlecht fühlte. Als ob sie mit den Rückenschmerzen ihr Unwohlsein verstärken wollte, um das Leid im ganzen Körper spüren zu können.

Mit einer geübten Handbewegung zog Whitney an dem langen Telefonkabel, das säuberlich aufgewickelt auf dem Boden lag. Dann schob sie sich mit dem Hörer in der Hand vorsichtig zu ihrem Bett hinüber und warf sich quer auf die Matratze. Augenblicklich spürte sie, wie sich der Schmerz in ihrem Rücken zusammenzog, bis sie ihn kaum mehr wahrnehmen konnte. Sie drehte sich auf die Seite in Richtung Tür. Ihr Blick fiel auf ihre Reisetasche mit in Rosé ummantelten Henkeln, die sie daneben deponiert hatte.

Die Tasche selbst war in einem wunderschönen Schokoladenbraun gehalten, klein genug, dass sie sie gut tragen konnte, aber trotzdem groß genug, um alles Nötige verstauen zu können. Und sie war aus Büffelleder gefertigt – hübsch, praktisch und stabil zugleich. Darauf hatte Whitney beim Kauf geachtet. Mittlerweile musste sie so häufig für ihre Jobs reisen, ständig war sie unterwegs, dass sie irgendwann befand, dass es sich nicht lohnte, die Reisetasche ordentlich wegzupacken. Seitdem war ihr Platz neben der Zimmertür.

Ach, es wird schon alles gut, sprach sie sich nun Mut zu. Nicht nur würde sie Robyn noch kurz sehen, bevor ihr Flug nach St. Barth ging, sondern sie könnte sich sogar vor dem Transfer mit dem Flughafenshuttle drücken, wenn stattdessen Robyn sie dorthin brachte. Dabei war es gar nicht der Shuttleservice an sich, den Whitney nicht leiden konnte. Es waren die Leute, die auf diesem Wege mit ihr zusammen zum Flughafen fuhren: überdrehte, oberflächliche, sich wichtig fühlende Leute aus der Modelbranche und die Models selbst, von denen fast alle völlig humorbefreit, dumm oder so zugedröhnt waren, dass eine normale Unterhaltung absolut unmöglich war. Manchmal waren sie auch alles gleichzeitig. Das einzig Positive, das Whitney diesen Zusammenkünften abgewinnen konnte, war die Erkenntnis, dass sie niemals so sein wollte. Und dass Vorurteile manchmal eben doch zu hundert Prozent zutrafen.

Aber egal, dieses Mal würde sie ja darum herumkommen. Auf St. Barth selbst würde sie sich auf ihren Job konzentrieren müssen und ansonsten allein die Insel erkunden. Da würde ihr zum Glück nur wenig Zeit bleiben, den Wahnsinn der anderen Crewmitglieder ertragen zu müssen. Das hieß, dass sie eigentlich nur den Hin- und den Rückflug auszuhalten hatte – und am Flughafen würde sie schon wieder Robyn sehen und mit ihr nach Hause fahren. Whitney lächelte. Doch fast im selben Moment verpuffte ihre Zuversicht. Ihr war etwas eingefallen.

»Sag mal, hast du diese und nächste Woche nicht dein Trainingscamp für die nächste Saison? Wie willst du es da denn schaffen, auch noch mein Flughafentaxi zu spielen?«, fragte sie in den

Telefonhörer, den sie sich zwischen Ohr und Schulter eingeklemmt hatte.

Sie hörte, wie Robyns Atem schwerer und gleichzeitig schneller wurde. Es klang beinahe wie ein Röcheln. Doch sie sagte nichts.

Whitney richtete sich vom Bett auf. Jedes Mal, wenn Robyn bisher in diese sonderbare Atmung verfallen war, stimmte irgendetwas nicht. Das wusste Whitney genau. Ihrer Freundin musste etwas auf dem Herzen liegen, über das es ihr schwerfiel, zu sprechen. Würde sie jetzt nachhaken, dann würde sich Robyn gedrängt fühlen, und das wäre es gewesen – sie würde anfangen, von ihren neuen Basketballschuhen zu erzählen. Oder von der schicken Mütze von der Frau, die heute Morgen im Bus vor ihr saß. Oder von irgendwas anderem völlig Belanglosen. Ein anderes Thema, das war die Hauptsache.

Also schwieg auch Whitney. Stattdessen presste sie den Hörer des Telefons so fest gegen ihr Ohr, dass es ihr schon bald wehtat. Auf keinen Fall wollte sie überhören, wenn sich Robyns Atmung wieder veränderte und sie leise etwas vor sich hin wisperte. So gut kannten sie sich, so lief es immer ab. Dann war es wichtig, dass Whitney noch einmal wiederholte, was ihre Freundin zuvor gemurmelt hatte, und am Ende mit ihrer Stimme nach oben ging, um ein Fragezeichen zu markieren, das bedeuten sollte: Stimmt das so? Hast du das gerade eben gesagt? Erst dann würde Robyn anfangen, so richtig zu erzählen, was sie bedrückte.

Doch es passierte nichts. Whitney ließ sich nicht aus der Ruhe bringen. Keinen Mucks gab sie von sich, sie saß aufrecht und steif auf ihrem Bett – wie ein Fuchs auf der Jagd kurz vor dem Absprung, um seine Beute zu fangen. Ihr Blick wanderte zu der Uhr an der Wand vor ihr. Es war kurz nach halb zwölf nachts. Sie verfolgte den Sekundenzeiger, wie er Schlag für Schlag seine Kreise um die weiße Scheibe zog. Jedes Mal, wenn er auf die Ziffer Zwölf traf, schien die Uhr zu zittern, dabei rutschte nur der Minutenzeiger mit einem Ruck weiter nach oben.

»Asäst dufon, wennis Kolsch abrä?«, durchbrach Robyn mit einem kaum verständlichen Murmeln endlich die Stille.

Wurde auch Zeit, dachte sich Whitney. Obwohl sie die ganze Zeit die Uhr beobachtet hatte, wusste sie nicht, wie lange es gedauert hatte, ehe Robyn endlich mit der Sprache herausrückte. Sie blinzelte ein paarmal. Ein paar Minuten waren es sicher gewesen, denn ihre Augen waren trocken geworden, so lange hatte sie wie hypnotisiert auf die Wanduhr gestarrt. Sie kniff die Augen zusammen, sodass sich zwischen ihrer Stirn zwei Falten bildeten, und wiederholte in ihren Gedanken Robyns Kauderwelsch.

Als Whitney schließlich begriff, was ihre Freundin da soeben gesagt hatte, riss sie die Augen weit auf.

»Was hältst du davon, wenn ich das College abbreche?«, formulierte sie laut.

»Ja«, antwortete Robyn.

Whitney war irritiert. Sie konnte sich nicht erklären, woher ihre Freundin auf einmal diese Idee hatte. Sie liebte doch das College, jahrelang hatte sie sich auf der Highschool den Hintern aufgerissen, um genau dieses Basketballstipendium zu bekommen. Robyn hatte ihr alles darüber erzählt. Seit einem Jahr war sie Kapitänin ihrer Mannschaft – zum einen, weil sie die beste Spielerin war, zum anderen, weil sie von allen übrigen Mitspielerinnen respektiert und gemocht wurde. Das Basketballspielen war für Robyn das, was für sie, Whitney, das Singen war. Das hatte Whitney fest angenommen.

»Du bist kurz vor deinem letzten Collegesemester, deine Noten sind super, deine Dozenten halten große Stücke auf dich«, sagte Whitney. »Wieso willst du das auf einmal alles wegwerfen?«

Sie bemühte sich sehr, ihre Stimme so wenig vorwurfsvoll wie möglich klingen zu lassen. Doch ihre Überraschung über Robyns Frage konnte sie nicht verbergen.

»Ich will gar nichts ›auf einmal wegwerfen‹ – ich denke darüber schon sehr lange nach.«

Wenn sie gekonnt hätte, dann hätte Whitney ihre Augen noch weiter aufgerissen und ihre Stirn noch mehr in Falten gelegt. Sie verstand die Welt nicht mehr. Wieso wusste sie das nicht? Warum hatte Robyn nie zuvor auch nur Andeutungen in diese Richtung gemacht? Und weshalb hatte sie nicht bemerkt, dass ihrer Freundin solch fundamentale Gedanken durch den Kopf gingen? Sie merkte, wie ihre Schläfen anfingen zu pochen. Ein Vorbote, dass sie schon bald von ihren wiederkehrenden Kopfschmerzen geplagt sein würde.

Whitney schüttelte den Kopf. Jetzt musste sie sich auf das Wesentliche konzentrieren: Robyn wollte vom College ohne Abschluss abgehen. Da war es erst einmal egal, wieso sie Whitney nicht von Beginn an in ihre Pläne eingeweiht hatte.

»Ist denn etwas vorgefallen? Wollen sie dich aus dem Stipendienprogramm werfen?« Das war die erste mehr oder weniger plausible Begründung, die Whitney eingefallen war. Vor ein paar Monaten hatte Robyns Trainer ein paar Gramm Gras in ihrem Spind gefunden. Hätte er nicht so viel von ihr und ihrem sportlichen Können gehalten, hätte er es den Leuten vom Stipendienprogramm gemeldet, und sie wäre umgehend rausgeschmissen worden. Doch so beließ er es bei einer Standpauke, nach der Robyn unter Tränen bei Whitney anrief, und einer Verwarnung. Ein zweites Mal würde sie nicht so einfach davonkommen, das hatte ihr Trainer deutlich gemacht. Und ohne Stipendium kein College – so einfach war das.

Niemals hätte sich Robyns Familie die Studiengebühren aus

eigener Tasche leisten können. Whitney wusste, dass Geld immer schon ein großes Thema bei den Crawfords war.

»Nein, das ist es nicht«, sagte Robyn jetzt.

»Geht es um den neuen Trainer? Oder war irgendwas mit den anderen Mädchen aus deinem Team? Oder hast du eine Prüfung verhauen?«

»Nein, es ist nichts *passiert* oder so.«

»Aber irgendwas muss doch sein – niemand schmeißt einfach so das hin, was seit Jahren der Lebensmittelpunkt ist! Und dann auch noch ein halbes Jahr vor dem Abschluss!« Whitney stand kurz davor, die Beherrschung zu verlieren. Es machte sie wahnsinnig, dass Robyn bei einem so wichtigen Thema einen Eiertanz hinlegte, anstatt klar und deutlich zu sagen, was los war.

»Ich weiß einfach nicht mehr, wozu ich das alles mache. Es gibt keine NBA für Frauen, und ich will auch keine Trainerin werden, das macht mir keinen Spaß. Ich will Basketball spielen, aber was bringt mir das, wenn ich damit kein Geld verdienen kann? Warum sollte ich jetzt also noch ein halbes Jahr hier durchziehen, trainieren und alles geben, wenn es doch letztlich nirgendwohin führt? Noch dazu, wenn du meine Hilfe gebrauchen könntest«, platzte es mit einem Mal aus Robyn hervor.

Doch Whitney verstand nicht. Alle Aspekte, die ihre Freundin gerade aufgezählt hatte, hatte sie doch von Beginn an gewusst. Warum störte es sie ausgerechnet jetzt so sehr, dass sie ihr Studium abbrechen wollte? Und was hatte das damit zu tun, dass Whitney ein paar helfende Hände guttun würden?

»O. k., Robyn ... aber ... wieso ...«

»Ich glaube an dich, Nip. Du bist eine großartige Sängerin, wenn nicht sogar die großartigste unserer Zeit. Du hast die Chance, auf allen Bühnen dieser Welt zu stehen und die Leute mit deiner Stimme zum Strahlen zu bringen, das weiß ich einfach.

Aber du stockst. Du bist gerade so viel fürs Modeln unterwegs, um dir bald eine eigene Wohnung leisten und ausziehen zu können, dass du viel weniger singst, als du es müsstest, um es zu schaffen. Und zwar nicht nur irgendwie so ein bisschen, sondern bis nach ganz oben. Du brauchst jemanden, der dich unterstützt, der dir bei der Organisation aller Termine hilft, damit es so effizient wie möglich ist. Du brauchst eine Mitbewohnerin, damit du die Miete nicht ganz allein stemmen musst. Und du brauchst das alles jetzt. Ich möchte diejenige sein, die all das für dich ist. Also noch einmal: Was hältst du davon, wenn ich das College abbreche?«

Jetzt war Whitney endgültig baff. Robyn schien ja wirklich schon lange darüber nachzudenken.

»Robyn«, setzte Whitney schließlich an, »diese Entscheidung kann ich dir nicht abnehmen.«

Sie wusste, dass das die einzig richtige Antwort war, die sie in diesem Moment hatte geben können. Doch gleichzeitig hätte sie am liebsten gerufen: »Ja, mach das, unbedingt, gleich morgen früh, ich brauche dich wirklich – du hast in allem recht!« Ihr anfängliches Unverständnis hatte sich in eine regelrechte Begeisterung verwandelt. Aber sie schaffte es, den Impuls zu unterdrücken, dem euphorischen Gefühl nachzugeben. Richtig war nicht immer das, was man am liebsten hätte, fand Whitney.

Sie kam sich egoistisch und kindisch vor, weil ihr Robyns Vorschlag so gut gefiel. Niemals könnte sie von ihr verlangen, für sie das College abzubrechen. Da war es völlig egal, ob ihr das Studium eine bessere Aussicht für einen Job verschaffte oder nicht. Es war einfach eine Entscheidung, die sie nicht treffen konnte. Oder wollte.

»Ich könnte mich einarbeiten in die Materie, psychologische Ratgeber lesen und jede Menge Denkarbeit erledigen, sodass du den Raum hast, um dich voll und ganz auf das Singen zu konzentrieren – ich wäre so etwas wie deine persönliche Assistentin«, sagte Robyn.

»Diese Entscheidung kann ich dir nicht abnehmen.« Whitney wiederholte nur, was sie zuvor schon gesagt hatte.

Eine ganze Weile sprach keine der beiden ein Wort. Mit jeder Sekunde, die in dieser Stille verstrich, kam es Whitney so vor, als ob ihr Herz schneller und lauter pochte. Hoffentlich hört Robyn das nicht, dachte sie.

Alles in ihr jubelte bei dem Gedanken, Robyn immer an ihrer Seite zu haben. Robyn fehlte ihr schrecklich, wenn sie 1.500 Kilometer von ihr weg auf dem Monmouth College war. Als ob ein Teil von ihr abhandengekommen wäre. Wenn sie zusammen waren, dann merkte Whitney jedes Mal, wie sie sich von Minute zu Minute stärker fühlte, mutiger und glücklicher.

Wieder blickte Whitney zur Wanduhr und verfolgte mit ihren Augen den zuckenden Gang des Sekundenzeigers.

»Ich will das machen, ich werde das College noch in diesem Semester abbrechen«, sagte Robyn schließlich.

Whitney sprang vom Bett auf. Sie strahlte über das ganze Gesicht.

»In Ordnung. Dann werde ich morgen früh gleich eine Zeitung kaufen und mal schauen, was der Wohnungsmarkt in Newark so hergibt für uns.«

Kapitel 8

Januar 1983

»Mommy, ist alles in Ordnung mit dir?«, fragte Whitney zögerlich. Der Husten ihrer Mutter klang schrecklich. Und in weniger als einer Stunde würden sie sich auf den Weg nach Manhattan machen müssen, denn am Abend würde Cissy im Sweetwater's eine Soloshow spielen. Doch wie sollte das funktionieren, wenn sie alle 15 Minuten in eine Hustenattacke geriet und danach ihre Stimme noch heiserer klang als zuvor?

»Es wird schon werden, ich muss nur meine Stimme schonen«, gab Cissy zurück. Sie lag auf dem Sofa im Wohnzimmer, dick eingemummelt in eine grüne Wolldecke, um ihren Hals hatte sie einen gemusterten Seidenschal gewickelt. Whitney saß ihr schräg gegenüber auf einem der zwei Sessel, die im gleichen Stil gehalten waren wie das Sofa: schwarzes Veloursleder mit wild gemusterten Dreiecken, Kreisen und anderen geografischen Formen darauf, die Armlehnen rund und weich gepolstert, genau wie die Sitzflächen.

Cissy hatte fast den gesamten Tag in dieser Position verbracht, zumindest hatte Whitney sie genau so vorgefunden, als sie sich am Vormittag aus dem Bett geschält und die Treppen hinabgestiegen war. Wie oft sie wohl dort auf dem Ledersofa saß und die Wand anstarrte, so wie es Whitney heute beobachtet hatte, als sie ins Wohnzimmer kam? Sie machte sich Sorgen um ihre Mutter.

Ihr Vater war vor ein paar Wochen ausgezogen, seit der Trennung war Cissy allein in dem riesigen Haus in der Dodd Street. Whitney wollte nicht, dass sich ihre Mutter einsam fühlte. Doch jedes Mal, wenn Whitney sie besuchte und fragte, wie es ihr ging, winkte sie mit einer Handbewegung ab und wechselte das Thema. Whitney musterte ihre Mutter. Sah so jemand aus, der traurig war? Whitney seufzte.

Seitdem sie auf dem Sessel im Wohnzimmer saß, hatte Cissy zwei Kannen Fencheltee getrunken und eine halbe Packung Halspastillen gelutscht. Trotzdem erinnerte ihre Stimme Whitney zunehmend an die Rufe eines Walrosses – mit Cissy Houston hatten die krächzenden und rauen Laute kaum noch etwas zu tun.

»Ach Liebes, bitte sei so lieb, und bring mir noch mal einen Fencheltee, ja?«

Whitney nickte, griff sich im Aufstehen die leere Teekanne vom Wohnzimmertisch und ging in die Küche. Als sie dort mit Wasserkessel, Fenchelblättern und Teesieb herumhantierte, wünschte sie, Gary wäre hier. Oder ihr Vater. Egal wer, Hauptsache einer von ihnen. Beiden gemeinsam war, dass sie eine beruhigende Wirkung auf Whitney hatten. Und die hätte sie in diesem Augenblick gut gebrauchen können.

Würde es ihrer Mutter weiterhin schlechter gehen, ahnte sie schon, was kommen würde: Cissy würde fragen, ob Whitney an ihrer statt den Leadgesang übernehmen würde. Und dann wäre es plötzlich Whitney, die vorne auf der Bühne unter dem großen hellen Scheinwerferlicht auf dem Hocker neben dem Mikrofon Platz nehmen und die Show abliefern würde. Allein bei der Vorstellung daran wurde Whitney schlecht.

Sie liebte es, mit ihrer Mutter gemeinsam bei deren Soloauftritten auf der Bühne zu stehen. Die Klubs waren klein, und doch kannte sie jeder, der auch nur ein bisschen Ahnung von Soul, Jazz oder Gospel hatte. Meistens waren sie im Sweetwater's, so wie heute Abend, manchmal aber auch im *Reno Sweeney's* oder im *Mikell's*. Aber immer stand Whitney im Hintergrund, dort, wo der Scheinwerfer weniger hell schien und die Aufmerksamkeit nicht ganz so brannte. An dem Mikrofonständer neben ihr stand oft ihr Bruder Gary. Seitdem er bei den Denver Nuggets rausgeschmissen worden war, weil er bei einem Drogentest positiv aufgefallen war, tat er das immer öfter. Gemeinsam sangen sie dann im Background zu den Liedern, die ihre Mutter performte.

Ein paarmal schon hatte Whitney längere Soloparts in einzelnen Liedern übernommen. Das gefiel ihr. Sie konnte ihrer Stimme dann einen völlig anderen Raum ermöglichen als während des Gesangs im Background. Aber die Schritte nach vorne ins Rampenlicht zu gehen und eine ganze Show allein als Leadsängerin durchzuziehen, mit dem Publikum zu sprechen, zu merken, worauf es wie reagierte, möglicherweise die Setliste spontan anzupassen und mit den anderen Musikern auf der Bühne zu interagieren – das war noch einmal eine ganz andere Nummer, fand Whitney. Eine, die ein paar Nummern zu groß für sie war.

Das kochende Wasser pfiff durch die Öffnung des Teekessels. Whitney zuckte zusammen – und die Vorstellung von ihr selbst auf der Bühne, wie sie ihre kranke Mutter vertrat, war mit einem Schlag wieder verschwunden. Sie goss das Wasser in die Kanne zu den Fenchelsamen und kehrte zurück ins Wohnzimmer.

Als sie um das Sofa herumging, fiel ihr Blick auf ihre Mutter. Es dauerte nur den Bruchteil einer Sekunde, bis Cissy Whitney wahrnahm. Doch Whitney war sich sicher, dass sich in diesem Moment ihr Gesicht veränderte. Gerade eben noch hatte sie gar nicht mehr krank ausgesehen, mit verträumten Augen und einem leichten Lächeln hatte sie aus dem Fenster geblickt, die Decke war ein wenig tiefer gerutscht. Doch jetzt, mit einem Mal, als ob ihre Mutter einen Schalter umgelegt hätte, war da wieder dieses Häuflein Elend auf dem Sofa, das so geschwächt und kränklich aussah. Wie um diesen Eindruck zu bestätigen, fing Cissy nun an zu husten.

»Danke, Nippy«, sagte sie, als die Attacke wieder vorüber war und Whitney ihr eine Tasse voll dampfendem Fencheltee reichte. Sie pustete und fixierte Whitney über den Rand der Tasse hinweg mit einem Blick, der Bestimmtheit und Sanftmut gleichzeitig enthielt. Als Whitney ihn bemerkte, zuckte sie zusammen. Sie wusste, was jetzt kam.

»Ich werde heute wohl etwas mehr Unterstützung auf der Bühne brauchen als sonst«, flüsterte Cissy. Ihre Stimme klang schon weniger walrossartig als noch vor ein paar Stunden. Vielleicht würden Fencheltee und Hustenpastillen doch noch den Abend retten, dachte Whitney.

»Du und Gary, ihr müsst mir bitte helfen und ein paar mehr Teile beim Singen übernehmen als sonst, o. k.?«

Whitney war überrascht. Sie hatte fest damit gerechnet, dass ihre Mutter endlich zugab, wie schlecht es ihr tatsächlich ging, und sie bitten würde, an ihrer Stelle den Auftritt zu übernehmen. Doch eine solch beinahe schon lächerlich kleine Bitte, wie sie Cissy nun formuliert hatte, hatte sie nicht kommen sehen.

Einerseits war sie erleichtert darüber. Andererseits machte sie sich Sorgen – in diesem Zustand sollte ihre Mutter nicht auf der Bühne stehen und erst recht nicht singen. Was, wenn das am Ende alles nur noch schlimmer machte und ihre Stimme für längere Zeit ausfiel oder sogar einen bleibenden Schaden nahm? Whitney wusste, dass Sängerinnen Erkältungen und Husten besser nicht auf die leichte Schulter nehmen sollten. Auch nicht, wenn sie Cissy Houston hießen.

»Ich tue alles, um dir zu helfen, natürlich! Und Gary mit Sicherheit auch – das sollte gar keine Frage sein«, antwortete Whitney schließlich. »Aber ... Mommy ... bist du dir denn sicher, dass du heute Abend überhaupt singen kannst?«

»Nein. Aber uns wird schon etwas einfallen.«

Whitney spürte, wie sich auf ihrer Nase Schweißperlen bildeten. Wie konnte ihre Mutter nur so ruhig bleiben?

»Hier, ich habe die Setliste ein bisschen angepasst, bei den meisten Songs ist der Leadgesang nicht ganz so prominent, wie wir es normalerweise halten. Dafür ist der Backgroundgesang stärker. Geh sie lieber noch einmal durch, damit du alles sicher kannst.«

Cissy hielt Whitney einen Zettel hin, auf dem die Titel von 14 Liedern standen. Fast alle stammten von ihrer jüngsten Solo-Platte – Whitney kannte sie in- und auswendig. Die Studioaufnahmen lagen vier Jahre zurück, bei einigen von ihnen war sie mit dabei gewesen. Seitdem zählte »You're The Fire« zu einem ihrer Lieblingssongs, auch heute noch. Das Lied war die perfekte Mischung aus Disco und Soul: eine Up-Tempo-Nummer, bei der man keine Sekunde die Füße stillhalten konnte und die gleichzeitig so viel Herz und Leidenschaft in sich trug, dass einem die tanzenden Beine ganz weich wurden. Whitney lächelte und spürte dem Gefühl, wie sehr sie den Song liebte, noch einen Moment nach.

Dann war da noch »Jump To It« von Aretha Franklin, eine der jüngsten Singleauskopplungen der großen Sängerin. Der Song ging mehr in die Poprichtung, als man es von der Souldiva gewohnt war. Aber Whitney liebte ihn – wie alles von Aretha Franklin. Sie verehrte das Können dieser Frau.

Jedes Mal, wenn sie nicht genau wusste, welche Platte sie auflegen sollte, weil sie ihre Stimmung nicht richtig definieren konnte, griff sie in das Regal mit der üppigen Auswahl von Aretha-Franklin-Platten. Egal, welche am Ende auf Whitneys Plattenspieler landete, für sie war es immer genau die richtige.

Ihre Mutter sang regelmäßig im Background von Aretha Franklin, sowohl auf Tour als auch für Studioaufnahmen. Die beiden Frauen kannten sich seit vielen Jahren, und Whitney konnte sich noch ganz genau daran erinnern, wie sie die Sängerin zum ersten Mal getroffen hatte. Sie war fünf oder sechs Jahre alt gewesen, als ihre Mutter als Teil von *The Sweet Inspirations* mit Aretha im Studio an neuen Songs arbeitete. Sie war damals oft mit dabei und durfte bei den Aufnahmen zusehen – Aretha hatte sie schon bald »Tante Ree« genannt, weil sie ihren ganzen Namen nicht aussprechen konnte. Whitney lachte auf bei dem Gedanken. Wenn ihr damals jemand gesagt hätte, dass sie Jahre später selbst im Background von Aretha singen würde, hätte sie die Person ohne zu zögern für verrückt erklärt.

Jetzt schüttelte Whitney leicht den Kopf. Sie konnte es immer noch kaum glauben. Auf fünf Songs von den Aufnahmen der letzten beiden Aretha-Franklin-LPs war ihre eigene Stimme verewigt, »Jump To It« war einer davon. Bevor sie sich stoppen konnte, stimmte sie den Song an.

»Jump, jump, jump to it!
Jump, jump, jump to it!«

Mit einem Lachen begann Cissy, im Takt zu schnipsen. Whitney summte die Melodie des Songs weiter, während sie die restliche

Setliste studierte. Sie war beeindruckt von Cissys geplanten Liedern für den heutigen Abend. Ein tolles Verhältnis aus tanzbaren Songs mit eingängigen Refrains und gefühlvollen Balladen, bei denen der Gesang das wichtigste Instrument war.

Doch je länger Whitney die Setliste in den Händen hielt, desto stutziger wurde sie. Es kam ihr so vor, als ob dort eine Auswahl ihrer Lieblingssongs stand – jeden davon hatte sie auf Platte. Jedenfalls konnte sie nicht erkennen, dass bei dieser Liste an Liedern der Leadgesang weniger dominant erschien als der der Backgroundsängerinnen.

Merkwürdig, dachte sie, während sie den Blick hob und misstrauisch ihre Mutter musterte. Die hatte ihre Augen geschlossen, ihr Atem ging gleichmäßig und ruhig. Irgendwas stimmt hier nicht, schoss es Whitney durch den Kopf. Unruhig rutschte sie auf dem Sessel hin und her in der Hoffnung, dass Cissy darauf reagieren würde. Doch nichts geschah.

Whitney unterdrückte ein Seufzen und stand lautlos mit dem Zettel in der Hand auf. Wieder blickte sie skeptisch auf ihre Mutter. Nach einer Weile schüttelte sie schließlich den Kopf. Cissy würde schon ihre Gründe dafür haben, dass sie sich für diese Setliste entschieden hatte, befand Whitney und machte sich auf den Weg die Treppen hinauf in ihr altes Kinderzimmer. Noch immer standen dort die vielen Boxen mit all ihren Platten, obwohl sie schon seit einigen Wochen mit Robyn zusammen in einem schicken kleinen Appartement in Woodbridge, New Jersey, wohnte. Oft hatte sie sich geärgert, dass sie die Platten noch nicht in die neue Wohnung geschafft hatte. Doch jetzt war sie froh darüber. So konnte sie noch einmal jedes der Lieder anhören und die Texte durchgehen.

...

»Los jetzt, Beeilung!«

Es gab nur weniges, was Whitney nerviger fand als ihre Mutter, wenn sie sich in Zeitnot wähnte. Nichts konnte ihr dann schnell genug gehen, und vor allem konnte man ihr nichts recht machen. Ihr Tonfall in solchen Situationen erinnerte Whitney an eine herrschsüchtige Gräfin, die nichts Besseres mit sich anzufangen wusste, als ihre Bediensteten von einem Eck ins andere zu kommandieren. Dabei merkte Cissy nicht einmal, wie viel mehr Zeit sie verloren, weil sie durch ihre Art eine solche Unruhe stiftete – und oft genug gerieten sie erst dadurch überhaupt in tatsächliche Zeitnot. So wie jetzt.

Es war Abend geworden, John und Gary hatten geklingelt, um Whitney und Cissy für den Auftritt im Sweetwater's abzuholen. Sogar ein paar Minuten vor der vereinbarten Uhrzeit hatten sie an der Tür gestanden. Dass Whitney ihre schwarze Hose nicht finden konnte, wäre also überhaupt kein Problem gewesen – wenn Cissy nicht dabei gewesen wäre.

»Nimm doch einfach das Kleid da, das silberne, darin siehst du toll aus«, hatte sie gesagt, ehe Whitney überhaupt eine Minute nach ihrer Hose gesucht hatte. Noch war ihr Tonfall gewohnt freundlich gewesen. Doch in Cissys Augen hatte bereits eine Ungeduld geblitzt, die Whitney klar zu verstehen gab: Wenn du nicht in ein paar Sekunden so weit bist, dann setzt es hier gleich was.

Whitney aber wollte nicht das silberne Kleid tragen. Sie stand in ihrem Zyklus wenige Tage vor der Periode, fühlte sich aufgebläht und unwohl in ihrer Haut. Da war ihr einfach nicht nach einem engen Kleid mit tiefem Rückenausschnitt zumute, das noch dazu mit Pailletten besetzt war – rundum ein recht auffälliges Kleidungsstück. Alles in ihr verlangte nach der schwarzen Hose, ihrer Jederzeit-Wohlfühl-Hose. Und sie musste unbedingt etwas tragen, in dem sie sich wohlfühlte. Nur das würde ihr die notwendige Sicherheit verschaffen, um sich ganz allein auf ihren Gesang konzentrieren zu können. Völlig egal, wie albern und unnötig ihre Mutter die Suchaktion in diesem Moment gefunden hatte, sie wusste ganz genau, was sie brauchte. Es war also wichtig gewesen, die verdammte Hose zu finden.

»Ich bin ja schon da, ich bin ja schon da!«, rief Whitney, als sie die Treppe hinunter zur Haustür lief, die schwarze Hose gut verstaut in ihrer kleinen Reisetasche aus Veloursleder. In der Tasche hatte Whitney natürlich erst ganz am Schluss nachgesehen; sie hatte vergessen gehabt, dass sie sich ihr Outfit schon am Abend zuvor zurechtgelegt und dort hineingepackt hatte. Nun flitzte sie an ihrer Mutter vorbei, die in der Türschwelle stand. Cissy hatte die Lippen fest zusammengepresst und tippte ungeduldig mit den Schuhen auf das Parkett.

»Wurde ja auch Zeit, Fräulein ...«

Komisch, auf einmal klingt ihre Stimme fast so, als ob nie etwas gewesen wäre, dachte Whitney. Sie blieb stehen, drehte sich um und setzte schon an, etwas zu sagen, als Cissy sie vor sich herscheuchte. Whitney klappte den Mund wieder zu und setzte sich kommentarlos neben Gary nach hinten auf die Rückbank.

»So, habt ihr nun alles? Kann es losgehen?«, fragte John, eine Hand am Lenkrad.

»Kann losgehen!«, antwortete Cissy keuchend, nachdem sie sich auf dem Beifahrersitz hatte fallen lassen.

»Geht es dir gut, Cissy?«

»Ja. Nun fahr schon!«

Whitney beobachtete den liebevollen Blick ihres Vaters, mit dem er ihre Mutter bedachte. Trotz der Trennung unterstützte er Cissy wie gehabt bei ihrer Karriere und fuhr sie zu fast all ihren Auftritten in Manhattan – erst recht, wenn Whitney und Gary im Background sangen.

Verstanden hatte Whitney die Trennung von Anfang an nicht. Zwar hatten ihre Eltern immer häufiger miteinander gestritten, aber Whitney fand, dass es dabei nie um etwas Fundamentales gegangen war. In einer Ehe stritt man sich eben, das gehörte für sie dazu. Aber sich deshalb zu trennen und damit ein Versprechen zu brechen, das man vor den Augen Gottes gegeben hatte – bis dass der Tod uns scheidet –, so schlimm war es doch gar nicht gewesen! Und wenn sie dann sah, welche Blicke sich die beiden zuwarfen, wenn sie sich unbeobachtet fühlten, dann verstand sie die Trennung schon gleich zweimal nicht. Mit einem stummen Seufzen schloss sie die Augen und lehnte den Kopf gegen die Fensterscheibe.

...

Eine gute Stunde später standen die vier in der Garderobe des Sweetwater's. Während Whitney und Gary ihre Kleidung für den Auftritt auspackten und glatt strichen, wartete Cissy am anderen Ende des Raums und hielt sich an John fest – sie hustete so stark, dass sie leicht schwankte.

Whitney warf Gary einen Blick zu. Auch er sah zu ihrer Mutter, die Stirn in Sorgenfalten gelegt. Als ob er Whitneys Blick gespürt hätte, wandte er sich ihr zu. Nachdem sie sich eine Weile so angesehen hatten, richtete er sich plötzlich auf.

»Mom, du kannst so nicht auftreten. Nippy sollte heute Abend singen«, sagte er mit ruhiger Stimme. »Sie sollte an deiner Stelle vorne auf der Bühne stehen.«

Whitney zuckte zusammen, als ob Garys Vorschlag ihr einen Blitz durch den Körper gejagt hätte. Entsetzt starrte sie ihren Bruder an.

Cissy seufzte. Sie suchte Whitneys Blick und hielt ihn fest.

Dann sagte sie: »Gary hat recht, Nippy, ich kann so einfach nicht singen. Du musst die Show heute übernehmen, und Gary singt allein im Background. Wir sind dem Publikum schuldig, dass sie eine einwandfreie Darbietung bekommen.« Sie zögerte. Noch immer fixierte sie ihre Tochter, als sie schließlich weitersprach: »Du bist so weit, es ist an der Zeit für dich. Bitte tu das für mich.«

Garys Worte schienen wie ein Stichwort für Cissys Hustenanfall gewesen zu sein: Mit einem Mal war er vorüber, als sie mit heiserer Stimme ihre Worte an Whitney richtete, während sie ein paar Schritte auf ihre Tochter zuging.

Am liebsten wäre Whitney die gleiche Anzahl an Schritten zurückgewichen. Doch nicht nur stand sie mit dem Rücken dicht an der Spiegelfront, vor der sie sich eigentlich gerade zurechtmachen wollte, sondern sie war auch erstarrt – ein Reh, das beim Überqueren einer Fahrbahn plötzlich von einem Autoscheinwerfer erfasst wurde. Sie spürte, dass sie drei Augenpaare erbarmungslos fixierten.

»Ich ... weiß ... nicht ... Mommy ...?« Es dauerte, bis sich Whitneys Anspannung so weit gelöst hatte, dass sie erst zu ihrem Vater, dann zu Gary und schließlich zu ihrer Mutter sehen konnte. Sie spürte, wie sich die Poren auf ihrem Nasenrücken öffneten und langsam alles mit Schweißperlen bedeckten.

»Wenn ich nicht davon überzeugt wäre, dass du es kannst, dann würde ich Garys Vorschlag nicht unterstützen.«

»Aber Gary hat doch keine Ahnung«, protestierte Whitney.

»Du hast mit Chaka Khan auf Bühnen gestanden, die zehnmal so groß sind wie die hier – mit Chaka Khan! Das da draußen wird dich nicht einmal große Mühe kosten, du wirst es sehen!«, fasste Gary nach.

»Aber doch nur als Backgroundsängerin ...«, erwiderte Whitney, ihre Stimme wurde leiser.

»Du hast doch schon einige Male im Vordergrund gestanden und solo gesungen!«, klinkte sich John ein.

»Aber doch nur in der Kirche«, murmelte Whitney. Ihr »Aber« war noch leiser geworden als zuvor.

»Gott hat dir diese Stimme gegeben, sie ist ein Geschenk, ein Privileg. Du hast sie, damit sie gehört wird!«, sagte Cissy.

»Aber Talent ist nicht alles«, zitierte Whitney ihre Mutter, wobei ihre Stimme immer unsicherer wurde, so als ob sie selbst nicht mehr richtig an ihre Einwände glauben würde.

»Es ist dein Traum, Nippy. Alles, worauf du in den letzten Jahren hingearbeitet hast, führt zu diesem Punkt, an dem du das erste Mal deinen eigenen Auftritt hast«, sagte Gary.

»Aber ...«

»Du kannst das, ich weiß es, wir alle hier wissen es, und wir glauben an dich.«

Whitney riss den Kopf hoch, als sie die letzte Aussage hörte. Es war Robyn, die gesprochen hatte. Sie war plötzlich in der offenen Tür zur Garderobe aufgetaucht und blickte nun fest in Whitneys Augen.

Whitney hatte völlig vergessen, dass Robyn nach ihrer Schicht im Burgerladen ins Sweetwater's nachkommen wollte. Je länger sie ihrer Freundin in die Augen sah, desto mehr stellte sich eine Ruhe in ihr ein, die sich langsam in ihrem Körper ausbreitete. Als hätte Robyn sie mit ihren Worten warm zugedeckt und würde nun mit ihrem Blick kontrollieren, ob die Decke auch wirklich an allen Seiten dicht abschloss. Sogar der Schweiß auf Whitneys Nase trocknete allmählich, ohne dass sich neue Perlen dazugesellten.

»Einverstanden«, beschloss Whitney schließlich.

Ohne ein weiteres Wort zu sagen, widmete sie sich dem Inhalt ihrer kleinen Veloursledertasche und verschwand damit hinter einem Raumtrenner. Sie zog Turnschuhe, Jeans und Sweatshirt aus und schlüpfte in die schwarze Hose, eine dunkelrote Bluse und schwarze, relativ flache Pumps. Dann ging sie zum Spiegel, tupfte sich mit einem Taschentuch den übrigen Schweiß vom Gesicht, brachte mit ein paar Handgriffen ihren dunkelbraunen Afro in Form und verließ die Garderobe. Sie wollte raus, hinauf auf die Bühne, jetzt gleich. Bevor sie es sich doch noch anders überlegte.

. . .

Der Applaus hallte noch in Whitneys Kopf nach. Als sie den langen, schmalen Flur entlangschritt, der von der Bühne zur Garderobe führte, fühlte sie sich wie auf Wolken. Sie lachte über das ganze Gesicht. Da erkannte sie, dass ihr von der anderen Seite des Flurs, der ein Stück weiter nach rechts in den Saal des Klubs abzweigte, ihre Mutter entgegenkam. Whitney wollte schon auf sie zustürzen, als sie den Mann an Cissys Seite bemerkte. Er trug eine große Brille, die ihm bis über die Augenbrauen reichte, und unter dem dunkelbraunen Anzug ein weißes Hemd mit lila Krawatte. Whitney hatte ihn noch nie zuvor gesehen, erst recht nicht hier. Das wäre ihr sofort aufgefallen: Der Mann war weiß. Hier im Sweetwater's war fast niemand weiß. Es war ein Klub für Soul- und Jazzmusik. Es kam schon einmal vor, dass sich ein Weißer hierher verirrte – im Schlepptau eines Schwarzen.

Aber dieser Typ dort, mit dieser riesigen Brille, die sein halbes Gesicht bedeckte, war nicht im Schlepptau von Cissy. Es hatte eher den umgekehrten Anschein, auch wenn Whitney nicht erklären hätte können, wieso sie diesen Eindruck hatte. Als er näher kam, sah sie, dass er über das ganze Gesicht strahlte. Augenblicklich fühlte sich Whitney unwohl.

»Du warst großartig! Ich bin so stolz auf dich!«

Cissy breitete die Arme aus und fiel ihrer Tochter um den

Hals, als sie vor ihr stand. Whitney drückte die Hände auf den Rücken ihrer Mutter und sah über ihre Schulter zu dem Mann, der etwas hinter Cissy stand und sie immer noch anstrahlte.

»Deine Interpretation von ›The Greatest Love Of All‹ war die beste, die ich kenne!«, sagte der Mann. »So etwas habe ich wirklich noch nie in meinem Leben gehört, das war fantastisch!«

Es war eine merkwürdige Situation: Da stand Whitney in diesem dunklen engen Flur im Backstagebereich eines Nachtklubs mitten in Manhattan, umklammert von ihrer Mutter, die ihr zum ersten Mal im Leben gesagt hatte, dass sie stolz auf sie war, während sie ein weißer mittelalter Kerl, dem sie noch nie zuvor begegnet war, anstrahlte und ihren Gesang in den höchsten Tönen lobte.

Da löste sich Cissy von ihr, wandte sich zu dem Mann und schob ihn nach vorne, sodass er direkt vor Whitney stand.

»Nippy, darf ich dir vorstellen: Das hier ist Clive Davis – Clive, das ist meine Tochter«, Cissy zögerte eine Sekunde und sagte dann: »Whitney Houston.«

Irritiert sah Whitney von ihrer Mutter zu diesem Typen mit dem Namen Clive Davis. Clive Davis, Clive Davis, Clive Davis ... irgendwoher kannte sie diesen Namen ... Clive Davis? Oh mein Gott, Clive Davis!, schoss es ihr plötzlich durch den Kopf, natürlich! Clive Davis, Gründer von Arista Records, Entdecker von Janis Joplin, *Blood, Sweat & Tears*, Santana, Billy Joel, Patti Smith – und vor allem: *The Chambers Brothers*. Whitney war fasziniert von dem Sound der Gruppe, seit sie zum ersten Mal eines ihrer Lieder auf Platte gehört hatte. Sie hatten es geschafft, ihr Können aus den vielen Gospeljahren ihrer Kindheit und Jugend hin zur Soulmusik weiterzuentwickeln und es mit Folk-Elementen zu verbinden. Das taten sie jedoch auf eine völlig neue Art und Weise: härter, rockiger, es war so etwas wie Psychedelic-Soul-Folk. Und: In der

Ursprungsbesetzung bestand die Band aus vier Schwarzen Männern. Der Mann, der es ihnen ermöglicht hatte, auch vor einem weißen Publikum zu spielen, stand nun vor Whitney und streckte ihr die Hand zur Begrüßung entgegen. Noch immer strahlte er über das ganze Gesicht. Und Whitney ergriff seine Hand.

Teil II

Kapitel 9

28. Februar 1994
23.30 Uhr

»Wirklich?«, fragte sie der Barkeeper. Whitney verkniff sich ein Rollen mit den Augen. Jedes Mal erntete sie irritierte Blicke und ungläubige Nachfragen, wenn sie eine Cola Light bestellte. Als ob das kein standesgemäßes Getränk für die Reichen und Schönen wäre und es ein ungeschriebenes Gesetz gäbe, dass Promis auf Events nur etwas mit Alkohol trinken dürften – paradoxerweise galt das erst recht, wenn der prominente Ehemann ein offensichtliches Alkoholproblem hegte.

Wenn du wüsstest, dachte Whitney, während sie sich Bobbys Totalausfall bei Clives Party im vergangenen Jahr in Erinnerung rief. Er war so betrunken gewesen, dass er nicht nur etliche Gäste bis aufs Blut beleidigt hatte, sondern er hatte sogar versucht, hinter die Bar zu gelangen und zwei Flaschen Champagner zu stehlen. Als ihn ein Barkeeper daran hinderte, hatte er Gläser auf den Boden geschmettert. Wenn Whitney ihn nicht beruhigt hätte, dann wäre er bestimmt noch auf den Barkeeper losgegangen.

»Ja, bitte einfach eine Cola Light«, bestätigte sie jetzt und schenkte dem Mann ein Lächeln, als ob seine Nachfrage sie nicht geärgert hätte.

Während der Barkeeper sich von ihr wegdrehte und anfing, im Kühlschrank mit ein paar Flaschen herumzuhantieren, schauderte Whitney. Während Bobby bei der Party letztes Jahr tobte, war sie hochschwanger gewesen und hatte sich an jenem Abend ohnehin nicht wohlgefühlt. Dann noch Bobby in solch einem Zustand zu sehen und Schlimmeres verhindern zu müssen, war zu viel für sie gewesen. Zurück in ihrer Suite, weinte sie die ganze Nacht. Zum Glück war am nächsten Tag Robyn da, um sie zu beruhigen. Wer weiß, wie lange sie sonst geweint hätte.

Clive hatte sie versprechen müssen, Bobby nie wieder mit zu einer seiner Partys zu bringen.

Wortlos stellte der Barkeeper nun eine kleine Flasche Cola Light und ein schmales hohes Glas vor Whitney ab. Mit einem dankenden Nicken nahm sie beides entgegen. Mit Alkohol hatte sie noch nie viel anfangen können. Die Drinks auf Promipartys wie dieser waren meistens so stark gemixt, dass sie beinahe augenblicklich betrunken gewesen wäre, hätte sie auch nur ein paar Schlucke davon genommen. Dann hätte sie augenblicklich Kopfschmerzen, würde zu viel plaudern und weinerlich werden. Dann doch lieber eine Cola Light.

Whitney entfernte sich ein paar Schritte von der Bar und ließ den Blick über die vielen Gäste schweifen. Von Gary war nichts zu sehen. Er war sofort einverstanden gewesen, als sie ihn gefragt hatte, sie heute Abend zu begleiten. Whitney hatte ihn sogar noch darum gebeten, den Abend stets an ihrer Seite zu bleiben. Es gab nur wenig, was sie so sehr hasste, wie allein auf einer Party zu stehen, während alle um sie herum den größten Spaß ihres Lebens zu haben schienen. Als Antwort hatte Gary ihr nur in den Arm geknuffte, wie er es tat, seitdem sie klein waren, und ein Lächeln aufgesetzt. Vorhin hatte sie sich nur für einen kurzen Moment von ihm weggedreht. Seitdem war er wie vom Erdboden verschluckt. Was soll's, dachte sich Whitney jetzt. Sie atmete einmal tief durch, schüttelte sich, wie um den aufkeimenden Ärger loszuwerden, und nippte vorsichtig am Glas. Sie ärgerte sich, dass sie nicht nach einem Strohhalm verlangt hatte. Hätte sie einen Cocktail bestellt wie alle anderen, wäre bestimmt einer selbstverständlich gewesen.

»Meine Liebe, da bist du ja!«

Whitney erkannte die Stimme sofort. Ohne einen Moment zu zögern, wandte sie sich zu ihr um und strahlte.

»Clive!«

Clive Davis trug eine getönte Pilotenbrille und einen schwarzen Dior-Anzug. Darunter blitzten ein weißes Hemd und eine purpurne Krawatte hervor, aus der Brusttasche des Jacketts ragte ein Zipfel eines ordentlich gefalteten purpurnen Einstecktuchs hervor. Wow, dachte Whitney. Sie liebte Clives Outfit. Wie er es immer schaffte, eine solch auffallende bunte Garderobe zu tragen, bei der trotzdem alles perfekt zusammenpasste, faszinierte sie.

Clive erwiderte Whitneys Strahlen und kam mit weit ausgebreiteten Armen auf sie zu.

»Und ich dachte schon, du lässt mich im Stich!«, sagte er mit gespielt vorwurfsvoller Stimme, während sie sich umarmten.

»Niemals, das weißt du doch ganz genau.«

Whitney spürte ein Grummeln im Magen. Sie ärgerte sich. Clive wusste ganz genau, wie sehr sie ihn mochte. Und diesen Umstand nutzte er aus, um sie regelmäßig zu seinen Events zu locken, obwohl er wusste, wie unwohl sie sich dabei fühlte. Natürlich war das Whitney nicht erst jetzt klar geworden. Normalerweise schaffte sie es, nicht zu viel darüber nachzudenken. Doch wenn er damit auch noch so kokettierte wie gerade eben, dann regte sie das auf.

Allerdings war jetzt nicht der richtige Zeitpunkt, um sich zu ärgern. Sie dachte an Gary, der sie einfach hatte stehen lassen. Ihn würde sie sich später vorknöpfen können. Doch bei Clive traute sie sich das nicht. Musikalisch nicht einer Meinung mit ihm zu sein, das war eine Sache. Und selbst dabei hatte es Jahre gedauert, ehe sie es auch einmal wagte, ihm zu widersprechen und ihre eigenen Vorschläge auch ohne seinen Segen durchzuziehen. Vor vier Jahren dann war sie bei »I'm Your Baby Tonight« zum ersten Mal als Produzentin aufgeführt. Mittlerweile verstand sie Clive und sich beinahe als ebenbürtige Produzentenpartner.

Ihn nun aber außerhalb der Musik zu kritisieren oder zurechtzuweisen, das war eine andere Nummer. Obwohl sie schon so viele Jahre zusammenarbeiteten, von einem Karrierehöhepunkt zum nächsten sprangen – sie hatte keine Ahnung, wer Clive Davis abseits des Business war. Wie würde er reagieren, wenn er von einer Schwarzen Frau, die halb so alt war wie er, zurechtgewiesen wurde? Sie wollte es lieber nicht wissen.

»Eine tolle Party wieder! Ich muss dich wirklich bewundern, wie du das jedes Jahr aufs Neue schaffst«, sagte Whitney, als ob sie nicht wüsste, dass hinter der Organisation von Clives Pre-Grammy-Event ein professionelles Team steckte. Sie nahm einen Schluck von ihrer Cola Light und sah dann wieder zu Clive. Er hatte einen Whiskey Sour in der Hand, das Glas war fast voll. Bestimmt hatte er noch keinen einzigen Schluck davon genommen, sondern das bisschen, das fehlte, beim Gehen und Leute-Begrüßen verschüttet. Whitney hatte nur ein einziges Mal gesehen, dass er tatsächlich einen Drink zu sich genommen hatte. Das war an dem Tag im März 1986 gewesen, als sie ihn abends noch im Studio traf. Sie hatten gerade erfahren, dass Whitneys Debütalbum die Spitze der Billboard-Charts erreicht hatte.

Aber aus irgendeinem Grund war Clive trotzdem auf jeder Party mit einem Glas Whiskey Sour unterwegs, noch nie hatte Whitney ihn ohne gesehen. Vielleicht, um nicht aus der Reihe zu fallen, so wie sie selbst es jedes Mal mit ihrer Cola Light tat. Es war sicherlich einfacher, nicht ständig darauf angesprochen zu werden, warum zum Teufel man denn keinen ordentlichen Drink oder wenigstens einen Rotwein trank.

»Geht es dir gut, Darling?«, fragte Clive. So nannte er Whitney immer, wenn er das Gefühl hatte, mit ihr stimmte etwas nicht. »Ich merke doch, dass dich irgendwas beschäftigt. Schieß los!«

Eigentlich hätte sich Whitney schon längst daran gewöhnt haben müssen. Sie schien für Clive ein offenes Buch zu sein: Er merkte sofort jede Abweichung von ihrem Gemütszustand in die eine oder andere Richtung – jede Extrafreude, jeden Extrakummer. Doch trotzdem zuckte sie immer wieder zusammen und fühlte sich ertappt, wenn er sie so unverfroren darauf ansprach wie gerade eben.

»Nein, nein! Alles ist in bester Ordnung!«, rief Whitney mit einem Lachen. Das Spiel war zu einem Running Gag geworden, nur dass er nicht witzig war: Clive merkte, dass sie etwas bedrückte, und fragte danach, Whitney stritt alles ab, Clive fragte noch einmal nach, Whitney stritt wieder ab, Clive beharrte abermals auf seiner Frage – und erst dann öffnete sie sich ihm. Whitney wusste, dass das albern war. Aber sie konnte trotzdem nicht anders, sie war einfach nicht in der Lage, sofort und direkt offen zu reden. Und Clive schien sich an diese Routine gewöhnt zu haben, oder es hatte ihn zumindest nie gestört. Noch nie hatte er Whitney darauf angesprochen, sich beschwert oder ihr vorgehalten, sie würde sich anstellen. Es schien, als wüsste er ganz genau, dass sie nicht anders konnte.

»Das glaub ich dir nicht. Ich sehe dir doch an, dass etwas in dir vorgeht, Darling. Was ist es?«

»Wirklich, Clive, alles ist in bester Ordnung.«

»Nein, das glaube ich dir nicht. Na los, trau dich, was ist es?«

Whitney seufzte. Sie kam sich blöd vor. Nicht wegen des verbalen Pingpongspiels, sondern aufgrund ihrer Sorge. Selbst wenn sie es nur in ihrem Kopf sagte, klang es irgendwie lächerlich. Aber es änderte nichts daran, dass sie so fühlte. Sie wandte ihren Blick ab und schaute in ihr Glas Cola Light, das noch nicht einmal halb leer war.

»Wegen morgen Abend ...«, fing Whitney endlich an, »... das ist bescheuert, ich weiß ...«, sie räusperte sich, »... aber ... also, ich bin echt nervös ...«, wieder räusperte sie sich, »... ich kann mich nicht erinnern, wann ich das letzte Mal so nervös war. Ich glaube, ich war es einfach noch nie so sehr wie vor morgen Abend.«

Whitney konnte sich nicht erklären, warum sie überhaupt so angespannt war. Viermal hatte sie bei den Grammys schon performt, von 1986 an jedes Jahr in Folge. Aber vielleicht war genau das der Grund: Der letzte Grammy-Auftritt lag fünf Jahre zurück – und dieses Mal würde sie nicht nur als Sängerin auf der Bühne stehen, sondern sie würde es als Sängerin und Schauspielerin tun, die eine der erfolgreichsten Nummern eines Soundtracks präsentierte, und zwar zu genau dem Film, in dem sie die weibliche Hauptrolle spielte: »Bodyguard«. Das war so viel mehr – es fühlte sich einfach anders an als sonst.

Clive hatte noch nichts erwidert. Er hatte sie nur die ganze Zeit über beobachtet, sein Gesicht war ausdruckslos. Früher hätte sie das verunsichert, mittlerweile wusste sie, dass er immer so aussah, wenn er intensiv über etwas nachdachte. Schließlich war er es nun, der seufzte. Dann legte er einen Arm um Whitney und sagte: »Ich verstehe, warum du nervös bist. Das darfst du auch sein. Der Auftritt morgen ist etwas Besonderes, auch für mich. Aber ich weiß ganz genau, dass es eine Performance gab, vor der du so viel nervöser warst, als du es jetzt bist. Oder wahrscheinlich jemals sein wirst. Ich weiß es, weil ich dabei war.«

Clive machte eine Pause, während Whitney ihren Blick wieder hob und fragend eine Augenbraue hochzog.

»Die Merv Griffin Show 1983.«

Kapitel 10

Juni 1983

Sie waren zu langsam. Viel zu langsam. Doch Whitney lächelte brav weiter, während sich der Eindruck in ihr verfestigte, dass die Band bei ihrer Interpretation von »Home« mit jeder Sekunde noch langsamer spielte. Es war die letzte Probe, die die Musiker allein, ohne ihren Gesang, durchführten. Dann sollte noch ein weiterer Durchgang mit ihr folgen. Whitney graute es mit jeder Minute mehr davor. Und erst recht vor dem heutigen Abend, an dem der eigentliche Auftritt bevorstand: ihre erste Performance im landesweiten Fernsehen. Sie, Clive und Cissy waren zu Gast bei der Merv Griffin Show.

Eigentlich hatte sie sich auf den Tag gefreut. Nein, im Grunde war sie außer sich vor Freude: Noch nie zuvor war sie in einem Fernsehstudio gewesen. Allein deshalb war sie schon gespannt. Sie hatte Clive extra darum gebeten, ein wenig früher kommen zu dürfen als er und ihre Mutter, um sich etwas umzusehen. Er machte ein paar Telefonanrufe und sagte ihr dann schließlich, dass sie um 14 Uhr an der Pforte jemand abholen käme, er und Cissy würden zwei Stunden später eintreffen.

Dazu kam dann noch der Auftritt selbst, dem sie entgegenfieberte. Clive kannte Merv Griffin schon ewig, wie er ihr einmal erzählt hatte. Regelmäßig besuchte er ihn in seiner Show und plauderte über Musik und das Business, über diesen Sänger oder jenes neue Album. Aber dass er in Begleitung von einem seiner Schützlinge kam, war noch nie vorgekommen.

»Wir brauchen das, die Leute müssen dich kennenlernen, dich singen hören«, hatte Clive Whitney gesagt, als er zum ersten Mal von seinem Plan erzählte, zusammen mit ihr die Merv Griffin Show zu besuchen. »Uns bringt das beste Album nichts, wenn niemand weiß, dass es existiert – dass du und deine Stimme existieren.«

Das klang plausibel für Whitney. Doch wie in den meisten Fragen hatte sie das Bedürfnis gehabt, sich erst einmal mit Robyn auszutauschen. Ihre Freundin war sofort begeistert gewesen, und als Whitney später an jenem Tag der Dodd Street einen Besuch abstattete, teilte auch noch Cissy die Freude darüber und versprach sogar, sie zu begleiten. Also stand es nicht länger zur Debatte: Sie sagte für den Auftritt zu.

Doch jetzt bereute Whitney zutiefst, sich darauf eingelassen zu haben. Wie zum Teufel sollte sie eine perfekte Performance abliefern, wenn die Band den Song zu langsam spielte? Denn perfekt musste es schon sein, das hatte sie sich fest vorgenommen. Und wiedererkennbar: Sie würde auffallen müssen, um sich in den Köpfen der Leute einen festen Platz zu sichern. So viel hatte sie von Clive schon gelernt, mit PR kannte er sich bestens aus. Nur *gut* zu singen, war da nicht genug, denn *gute* Sängerinnen gab es zuhauf. Sie musste besser singen als die anderen, mehr sein als gut, sie musste auffallen, sonst wäre alles umsonst gewesen.

Aber dafür war es notwendig, dass die Band im richtigen Tempo spielte. Anders würde selbst sie niemals die Noten halten können, und selbst wenn: Es wäre einfach die falsche Geschwindigkeit für die Melodie – das wäre, als ob Robyn versuchen würde, ihren alten Ford Pinto auf 160 Kilometer die Stunde zu beschleunigen. Irgendwie würde es schon funktionieren, und doch wäre nicht zu leugnen, dass das Auto für eine solche Geschwindigkeit nicht gemacht war. Der ganze Wagen würde unerträglich knarzen und knattern, der Motor würde wie eine Waschmaschine im höchsten Schleudergang klingen, und das Lenkrad würde flattern, sodass es schwierig wäre, das Auto gerade in der Spur zu halten. Kurz: Es wäre eine schlechte Idee, den Ford Pinto auf 160 zu jagen – ebenso wie den Song so zu spielen, wie die Band es gerade tat.

Clive und Cissy waren noch nicht hier. Wären sie es, hätte einer von beiden bestimmt eingegriffen. Aber so war Whitney auf sich allein gestellt. Niemals hätte sie etwas gesagt, das auch nur annähernd nach Kritik geklungen hätte. Das waren schließlich professionelle Musiker – vielleicht keine sonderlich guten, aber dennoch standen sie hier nun einmal bei jeder Show. Das war ihr Job, sie spielten wahrscheinlich schon seit Jahren in dieser Konstellation. Whitney hingegen war nur eine 19-jährige Sängerin, die niemand kannte.

Jetzt wischte sich Whitney mit dem Handrücken den Schweiß von der Nase. Der Abend würde ein Desaster werden.

»Und, klingt super, oder?«

Whitney zuckte zusammen, als sie die Stimme dicht hinter sich hörte.

»Oh, entschuldige, ich wollte dich nicht erschrecken. Ich bin Clark, der Aufnahmeleiter.«

»Hi, ich bin Whitney«, sagte sie und schüttelte Clarks Hand, die er ihr zur Begrüßung entgegenstreckte.

»Klingt super, oder?«, wiederholte er seine Frage und fuhr,

ohne eine Antwort abzuwarten, fort: »Ich bin krasser Fan von ›Wizard of Oz‹ und diesem Song. Habe mich riesig gefreut, als ich gelesen habe, dass du ihn performen wirst.«

»Ähm, ja, alles super. Ich liebe das Lied auch ...«, stammelte Whitney. Wäre das ihre Chance gewesen, etwas zu sagen? Ein kleiner Hinweis, dass die Band zu langsam spielte? Dieser Clark schien nett zu sein. Ein junger Typ, dennoch älter als sie, vielleicht um die 30. Er trug weiße Sneaker, dunkle Jeans, ein dunkles Shirt und ließ beim Lächeln seine gepflegten Zähne aufblitzen. Im Vergleich zu den übrigen Leuten am Set, die Whitney schon kennengelernt hatte, machte er einen weniger überheblichen Eindruck. Ellen zum Beispiel, die sie an der Pforte abgeholt hatte, kam nicht nur 15 Minuten zu spät und entschuldigte sich nicht einmal dafür, sondern reichte ihr weder die Hand, noch unterhielt sie sich mit ihr. Ein kurzes aufgesetztes Lächeln zur Begrüßung, dann hatte sie sich umgedreht und war zum Aufzug gehetzt. Whitney musste beinahe laufen, um mit ihr Schritt zu halten.

Im vierten Stockwerk angekommen, war sie aus dem Fahrstuhl geschossen und den Flur entlanggeeilt. »Küche ist hier rechts, dort sitzt die Regie, da drüben die Autoren, hier vorne geht's rüber zum Studio, der Wartebereich für die Gäste ist gleich um die Ecke und die Damentoilette da hinten. Ich muss jetzt weiter, wir sehen uns!«, hatte sie über die Schulter hinweg zu Whitney gesagt und war verschwunden. Auch mit den anderen Leuten, denen sie bisher über den Weg gelaufen war, wurde sie nicht richtig warm. Es herrschte eine distanzierte Atmosphäre. Whitney fühlte sich fehl am Platz.

Bei Clark nun war das anders. Sie mochte ihn, obwohl sie erst ein paar wenige Worte miteinander gewechselt hatten. Irgendwas hatte er an sich, das sie dazu brachte, ihm vertrauen zu wollen.

»Dein erster Fernsehauftritt?«, fragte er jetzt und zog dabei seine buschigen und dennoch perfekt geformten Augenbrauen zu einem leichten Bogen nach oben. Er ist echt hübsch, schoss es Whitney durch den Kopf.

»Ja, ich bin bisher nur in Klubs aufgetreten, auch hier in Manhattan, gleich um die Ecke im –«

»Oha! Dann bist du bestimmt mächtig aufgeregt!«

»Ja, schon ... vor allem, weil die Band –«

»Ganz schön einschüchternd ist? Auf jeden Fall! Die machen alle schon seit so vielen Jahren Musik, das muss man auch erst mal schaffen.«

»Ja, selbstverständlich. Aber ... findest du nicht, dass sie den Song gerade –«

»Perfekt gespielt haben? Mach dir keine Sorgen«, Clarks Lächeln wurde noch ein wenig breiter, er legte den rechten Arm um Whitneys Schultern und zog sie zu sich heran, sodass ihre Gesichter nur noch ein paar Zentimeter trennten. »Bei so einem hübschen Mädchen wie dir fällt der eine oder andere schiefe Ton eh nicht auf.«

Whitney erstarrte. Sollte das gerade ein Kompliment gewesen sein? Müsste sie sich nun bedanken? Weshalb zog er sie so nah zu sich heran, obwohl sie sich doch überhaupt nicht kannten? Und warum ließ er sie nie ausreden? Sie fühlte sich unwohl und vor allen Dingen überfordert. Sie entschied, freundlich weiterzulächeln, und hoffte, dass er sie dann irgendwann einfach wieder loslassen würde.

Doch stattdessen zog er sie noch ein wenig zu sich heran, sodass seine Lippen dicht an ihrem Ohr waren.

»Falls doch was schiefgeht und du danach ein bisschen Zuspruch brauchst, komm einfach in mein Büro – mein Name steht an der Tür, gleich da hinten«, er deutete mit dem Arm in eine

Richtung hinter Whitneys Kopf, »ich bin unheimlich gut im Trösten.«

Whitney starrte ihn an. Er grinste breit. Allerdings fand sie es jetzt alles andere als sympathisch, sondern es kam ihr eher vor wie eine schmierige Grimasse. Am liebsten hätte sie ihm eine geknallt. Was dachte er nur, wer er war? Und was dachte er, was sie für ein Mädchen war? Oh, wenn nur Robyn hier wäre und das gerade miterlebt hätte, sie hätte ihm schon längst die Meinung gesagt. Aber vielleicht war es auch besser so, denn eine wichtige Person gleich bei ihrem ersten landesweiten Fernsehauftritt vor den Kopf zu stoßen, war sicher nicht besonders klug. Whitney unterdrückte ein Schaudern. Wie sollte sie sich nur aus dieser Situation befreien, ohne Gefahr zu laufen, dass Clark es als Respektlosigkeit oder Unhöflichkeit auffasste?

»Whitney, da bist du ja!«

Es war Clives Stimme, die aus einigen Metern Entfernung zu ihnen drang. Augenblicklich löste Clark seine viel zu feste Umarmung. Whitney drehte sich um.

Clive war in Begleitung von Cissy. Als sie den Blick ihrer Mutter sah, zuckte sie zusammen. Ihre Augen funkelten gefährlich, die Lippen hatte sie schmal zusammengepresst, es wirkte, als ob sie um einige Zentimeter größer wäre als sonst. Whitney lief ein kleiner Schauer den Nacken hinab.

»Clive, wie schön, dich mal wieder hier zu sehen«, flötete Clark, »ich habe schon Bekanntschaft gemacht mit deiner Kleinen.«

Whitney wich einen kleinen Schritt von ihm, als er ihr in die Schulter knuffte. Noch immer lächelte sie.

»Ich an deiner Stelle würde diese talentierte junge Frau nicht als ›Kleine‹ abtun, Clark. Sie ist eine der besten Sängerinnen unserer Zeit. Findest du nicht, das verdient ein wenig mehr Respekt?«

Whitneys Herz setzte einen Schlag aus, ehe sie ein Seufzen unterdrückte. Sie war erleichtert. Es war, als ob Clive ihr damit ein schweres Gewicht von den Schultern genommen hätte. Was für ein Glück sie hatte, dass er anders war als alle anderen hier am Set. Wie er es immer schaffte, Leute in ihre Schranken zu weisen, bestimmt und bedachtsam zugleich, ohne dabei in eine unhöfliche Tonlage zu wechseln, imponierte ihr. Ein Ekel wie Clark so elegant abzuwehren, konnte nur er. Whitney spürte, wie ihr Tränen aufstiegen. Sie fing Clives Blick auf und formte mit ihren Lippen ein lautloses »Danke«, bevor sie schnell ihre Augen schloss und den Kopf senkte. Niemand sollte mitbekommen, wie nah ihr die Situation ging. An diesem Set hätte es sowieso niemand verstanden.

»Äh, ja klar, natürlich Clive, so war das ja nicht gemeint! Wir haben ja nur ein wenig rumgealbert, oder, Whitney?«

Clark sah Whitney wieder mit diesem Grinsen an, das sie zuvor noch als sympathisches Lächeln empfunden hatte. Doch inzwischen sah sie darin nur noch eine leere und aufgesetzte Grimasse.

»Und Sie sind?«, fragte Clark und wandte sich Cissy zu.

»Die Mutter von Ihrer ›Kleinen‹, Cissy Houston.«

Whitney lief ein Schauer den Rücken hinab, so eisig sprach ihre Mutter. Der Hand, die Clark ihr zur Begrüßung entgegenstreckte, schenkte sie keine Beachtung. Stattdessen fixierte sie ihn mit kaltem Blick, die Lippen immer noch zu einer feinen Linie zusammengepresst.

Es dauerte nicht lange, ehe Clark etwas mehr Abstand zwischen sich und Whitney brachte. Dieses dämliche Grinsen trug er immer noch im Gesicht, es wirkte auf Whitney wie einbetoniert.

Wie hatte solch eine gruselige Fratze nur ihre Sympathie wecken können? Sie hatte sich gewaltig getäuscht in Clark, das war ihr jetzt klar.

»Ja, o. k., gut. Nett, dass Sie alle hier sind«, sagte Clark, als ob nichts wäre, »ich muss dann auch mal weiter, die anderen Gäste für heute Abend begrüßen. Wir sehen uns!«

Das musste man den Fernsehleuten lassen, dachte Whitney, niemand konnte sich schneller davonstehlen als sie.

Na ja, immerhin hatte sie die letzten paar Minuten nicht an den Auftritt gedacht und damit auch nicht an die Band, die zu langsam spielte. Doch jetzt war das unangenehme Gefühl umso stärker zurück, und die Nervosität schien ein Loch in ihren Bauch zu bohren. Mit einer schnellen Bewegung des Handrückens wischte sie sich über die Nase.

. . .

Die Generalprobe war genau so, wie Whitney vermutet hatte: schrecklich. Es war ihr vorgekommen, als ob die Band noch langsamer gespielt hätte. Das stimmte zwar wahrscheinlich gar nicht. Aber dennoch war sie ins Straucheln geraten, hatte einige Töne nicht so lange halten können, wie die Band es durch ihr Tempo vorgegeben hatte. Dadurch war sie immer wieder kurz davor gewesen, aus dem Rhythmus zu kommen.

»Klang super!«, rief ihr Frank, der E-Gitarrist und wohl so etwas wie der Chef der Band, nun zu.

Das kann nicht euer Ernst sein, dachte Whitney. Es musste doch jemand gehört haben, wie furchtbar das gerade geklungen hatte. Ihr war nach Heulen zumute. So hatte sie sich ihren ersten Fernsehauftritt nicht vorgestellt. Wahrscheinlich würde es ohnehin ihr letzter werden. Es war ihr gerade eben nicht einmal im

Ansatz möglich gewesen, ihr Können zu zeigen. Ja, wahrscheinlich hatte es trotzdem nicht völlig schlecht geklungen, das musste sie sich eingestehen. Ansonsten wäre es zumindest der Band aufgefallen, und irgendjemand hätte etwas zu ihr oder zumindest Clive gegenüber gesagt. Aber es war auch nicht umwerfend gewesen, ohne einprägsame Wirkung, nichts Wiedererkennbares. Die Performance war eben nicht *perfekt* gewesen, sondern *gewöhnlich*, ganz gut vielleicht, das schon – aber genauso gut, wie es tausend andere Sängerinnen eben auch konnten. Das war nicht genug, um dorthin zu gelangen, wo sie hinwollte: nach ganz oben.

»Das geht so nicht, Clive. Die Band, das Tempo ...«, hörte Whitney ihre Mutter flüstern, als sie sich den beiden nun näherte. Er nickte.

»Ihr habt es also auch gehört? Mommy, Clive, was soll ich denn nur tun?« Whitney war erleichtert, dass die beiden ihrer Meinung waren, hatte sie doch zuvor nicht mit ihnen über ihre Zweifel sprechen können. Nach dem unschönen Moment mit Clark war aus dem Nichts eine gewisse Hektik unter den Fernsehleuten ausgebrochen. Plötzlich hatte sie eine Frau unwirsch am Arm gepackt und gesagt: »Hey, Whitney, schön, dass du da bist, jetzt geht's los! Es gibt noch eine Probe mit Band und dir zusammen, aber wir haben heute nur Zeit für einen Durchlauf, also mach was draus.«

Sie hatte Whitney auf die Bühne vor die Band gezogen, das Mikrofon vor ihr überprüft, ihr auf die Schulter geklopft, wie um ihr Glück zu wünschen, und sich dann neben einen der zahlreichen Kameramänner gestellt. »Achtung! ›Hero‹ mit der Merv Griffin Band und Whitney Houston – fertig, wenn ihr es seid!« Und schon hatte die Band mit dem Einzählen begonnen.

Als Whitney jetzt ihre Mutter und Clive erreichte, brannte es ihr unter den Nägeln, *irgendwas* zu unternehmen, damit der Auftritt später nicht so schlimm wie die Generalprobe werden würde. Bei dem Gedanken an die Liveshow spürte sie wieder dieses Loch im Bauch, das sie zu verschlucken drohte.

»Macht euch keine Sorgen, ich kümmere mich darum«, sagte Clive ruhig. »Ich kenne Frank und seine Leute, die sind eigentlich okay. Zumindest wenn es nicht um eine Ballade wie ›Hero‹ geht. Wir kriegen das schon hin.«

Clive schenkte Whitney ein aufmunterndes Lächeln. Dann machte er sich auf zu Frank, dem E-Gitarristen. Sie hatte richtiggelegen, er war tatsächlich der Bandleader, notierte sie sich gedanklich.

Doch gegen Whitneys schlechtes Gefühl konnte Clives Vorhaben nichts ausrichten. Sosehr sie ihm auch vertraute und seine Art bewunderte, wie er mit Menschen sprach und dann jedes Mal genau das von ihnen bekam, was er wollte – in diesem Fall erschien es ihr unmöglich, dass er die Band dazu bringen konnte, im richtigen Tempo zu spielen.

»Mommy, ich hab Angst. Ich glaube, das wird nichts ...«

Mit dem Blick hielt Whitney Clive fixiert, während sie mit der einen Hand den Arm ihrer Mutter umklammerte und sich mit der anderen den Schweiß von der Nase abtupfte. Da nahm Cissy auf einmal die beiden Hände ihrer Tochter und baute sich so vor ihr auf, dass Whitney Clive nicht mehr sehen konnte.

»Sieh mich an, Nippy«, sagte sie. Whitney drehte den Kopf leicht und blickte in die entschlossenen Augen ihrer Mutter. »Mach dir keine Sorgen, hörst du? Auf Clive ist Verlass, er wird es regeln. Und ich bin auch noch da, aber das Wichtigste ist: Gott ist bei dir, hab Vertrauen in ihn!«

Für eine Weile stand Whitney da, ohne die kleinste Regung von sich zu geben. Sie fühlte sich plötzlich geborgen, so, wie Cissy sie mit ihrem unbeirrten Blick einfing – wie ein kleines

Mädchen, das gerade ins Bett getragen und zugedeckt worden war, ein Streicheln über den Kopf, ein Kuss auf die Stirn. Nichts konnte diesem Mädchen etwas anhaben. Allmählich beruhigte sie sich, endlich fühlte es sich nicht mehr so an, als ob ihr das Herz jeden Moment aus der Brust springen könnte. Alles würde gut werden.

»Sie werden darauf achten, den Song schneller zu spielen.« Es war Clives Stimme, die aus Cissys Hinterkopf zu kommen schien. Whitney beugte sich ein wenig zur Seite und sah ihn, wie er wieder zurück zu ihnen kam.

»Einfach so? Mehr hat Frank nicht gesagt? Er war nicht eingeschnappt oder hat abgestritten, dass das Tempo falsch war?«, fragte Whitney, als er nahe genug bei ihnen war. Sie wollte sichergehen, dass niemand sonst etwas von ihrer Unterhaltung mitbekommen konnte.

»Nun ja, das nun auch wieder nicht. Aber ich bin absolut sicher, dass du keine Probleme haben wirst.« In Clives Stimme lag eine solche Überzeugung, dass Whitneys Skepsis sich auflöste. »Cissy, kann ich dich einen Moment sprechen?«, schob Clive hinterher.

Cissy schenkte Whitney ein Lächeln und drückte aufmunternd ihre Hand, bevor sie mit Clive in eine Richtung verschwand, in der Whitney den Cateringbereich vermutete. Schon ein paarmal hatte sie zuvor beobachtet, wie aus genau jener Richtung Leute mit kleinen Resten von belegten Sandwiches ins Studio zurückgekehrt waren.

Ihr blieb nur kurz Zeit, um zu grübeln, über was Cissy und Clive wohl gerade sprachen – was konnte es nur sein, das sie nicht mitbekommen sollte? –, schon stand eine kleine Frau mit knallroten Lippen vor ihr. Das Headset, das sie auf dem Kopf trug, saß wie eine Krone auf ihren langen blonden Haaren. Um die Hüfte hatte sie eine Art Gürtel geschlungen, an den unzählige Täschchen angenäht waren, aus denen Pinselköpfe ragten.

»Whitney, da bist du ja endlich!«

Die blonde Frau mit der Headsetkrone stellte sich auf ihre Zehenspitzen und umarmte Whitney, gab ihr erst ein Küsschen auf die linke, dann eins auf die rechte Wange und strahlte schließlich zu ihr empor. Sie war mehr als einen Kopf kleiner, und die langen Haare, die ihr bis über den Gürtel mit den vielen Pinseln reichten, nahmen ihr optisch locker noch einmal weitere fünf Zentimeter.

»In 30 Minuten geht die Show los, hopphopp«, flötete die Frau weiter und gab Whitney einen Klaps auf den Po. »Wir machen mal schnell Kostüm und Maske, das wird mega!«

Whitney kam es so vor, als ob sie diese Frau kennen müsste, als ob sie von Kindesbeinen an Freundinnen wären, so wie sie mit ihr sprach. Das irritierte sie. Sie hatte die Frau mit der Headsetkrone noch nie zuvor gesehen.

»Na, komm endlich, los!«, rief ihr die Frau im Umdrehen zu, als sie bemerkte, dass Whitney ihr nicht folgte.

...

Whitney stand im Dunkeln. Clark hatte sie von der kleinen Frau mit den langen blonden Haaren in der Maske abgeholt. Sie hatte sich nicht getraut, sie nach ihrem Namen zu fragen. Vielleicht war sie ihr zuvor an diesem Tag doch schon begegnet, und sie hatten sich einander vorgestellt? Auf einmal war Whitney sich nicht mehr sicher gewesen, und in ein Fettnäpfchen wollte sie auf gar keinen Fall treten. Also hatte sie lieber nicht nachgefragt. Stattdessen hatte sie die Frau in ihren Gedanken Headset-Lady getauft und es nur ein paar Minuten später bereut, als ihr der Fantasiename laut über die Lippen gestolpert war.

»Was meinst du?«, fragte ebenjene prompt, das freundliche Lächeln war aus ihrem Gesicht verschwunden.

»Hast du Lady Di gesehen?, habe ich gefragt. Du weißt schon, Lady Diana, die Prinzessin aus England. Sie war doch neulich zu Besuch im Weißen Haus, ich habe dazu was im Fernsehen gesehen...«

Whitney war von ihrer Improvisationskunst selbst überrascht gewesen – und die Headset-Lady war sofort darauf eingegangen. Ihr Lächeln war zurückgekehrt, und im Nu hatten sich die beiden in einer Unterhaltung über den modernen und gleichzeitig eleganten Kleidungsstil der Prinzessin von Wales befunden. Whitney mochte die Headset-Lady.

Wenig später hatte Clark für ein jähes Ende der Plauderei gesorgt, als er sie für die Show abholte. Es war wie ein Schalter, den er bei Whitney umgelegt hatte, als er das Wort »Show« sagte: Auf einmal war sie wieder in der Nervosität gefangen gewesen – und die Sorgen um die Band, die ein zu langsames »Hero« spielen würde, waren stärker als je zuvor zurückgekehrt.

Clark hatte Whitney hinter die Kulissen geführt, nur ein paar Meter entfernt von der Bühne und der Band. Dort hatte Cissy bereits auf sie gewartet. Da gingen auch schon die Lichter aus. Und der Applaus brandete auf.

»Mein nächster Gast hat solche Superstars groß gemacht wie Barry Manilow, Melissa Manchester, *Chicago*, *Simon & Garfunkel*, Janis Joplin – die Liste ist endlos.« Es war Merv Griffin, der an einem Tisch saß und in eine der vielen Kameras sprach. Das Scheinwerferlicht fiel nun auf sein grau meliertes Haar, er trug einen dazu passenden grauen Anzug und eine rote Krawatte. Whitney hatte ihn vor ein paar Tagen nach einer Show im Sweetwater's kurz kennengelernt, als Clive mit ihm dort gewesen war. Doch an diesem Tag war es nun das erste Mal, dass sie ihn sah.

»Heute«, sprach Merv weiter, »hat er seine neueste Entdeckung mit dabei, sie ist – um es in zwei Worten zu sagen: einfach atemberaubend. Ich möchte, dass Sie mit mir diesen großartigen Mann begrüßen, vielleicht ist er das größte Genie, das die Plattenindustrie je kannte. Der Chef von Arista Records: Clive Davis.«
Das Publikum klatschte, Clive trat hinter den Kulissen hervor und nahm neben Merv auf einem grauen Sofa Platz. Er war leger gekleidet, zumindest für seine Verhältnisse. Denn seine graue Stoffhose hatte eine andere Farbe als sein dunkelblaues Jackett. Aber auf Krawatte und Einstecktuch hatte er trotzdem nicht verzichten wollen. Seine dunkelbraunen Haare waren lichter geworden in den vergangenen sechs Monaten, die Whitney Clive nun schon kannte. Auf der Kopfkrone trug er sie so frisiert, dass die verbliebenen Strähnen die kahleren Flächen verdeckten. Oder zumindest schien er zu denken, dass sie es taten.

»Clive, schön, dass du da bist. Erzählt doch mal: Als Plattenboss, nach was suchst du da?«, stellte Merv seine erste Frage, als der Applaus verklungen war.

»Nun ja, ich suche nach Einzigartigkeit. Wenn ich jemanden sehe, der auch nur einen Funken von einer solchen Einzigartigkeit hat, dann weiß ich: Das ist es. Es mag ein Klischee sein, aber sobald ich diesen Funken spüre, weiß ich sofort, dass ich in der Gegenwart von jemand ganz Besonderem bin.«

»Du beschreibst genau das, was ich neulich gespürt habe, als du mich zu einer Show von Whitney Houston mitgenommen hast.«

»Ja, stimmt. Ich habe dich mitgenommen, damit du dir selbst ein Bild von ihr machen kannst.«

Whitney erinnerte sich gut an den Abend. Während die beiden Männer vor den Fernsehkameras ins Plaudern kamen, schweiften ihre Gedanken ab. Clive hatte ihr nicht Bescheid gegeben, dass er zu ihrer Show im Sweetwater's vorbeikommen würde. Eigentlich tat er das immer. Er besuchte nicht jede ihrer Shows, meistens sang sie nach wie vor ohnehin nur im Background von Cissy, da gab es dann auch gar nicht so viel zu hören von ihr. Doch seitdem sie Clive kannte, kam es auch immer häufiger vor, dass sie einen Soloauftritt hatte. Oft sang sie ein paar Songs vor den Shows ihrer Mutter, bevor der Abend und die Bühne dann an Cissy übergingen. Eine gute halbe Stunde, länger hatte Whitney noch nie allein gespielt.

An jenem Abend jedenfalls hatte sie nicht schlecht gestaunt, als sie nach ihrem Auftritt vor der Garderobe auf Clive und Merv gestoßen war. Sie kannte Merv aus dem Fernsehen. Die Art, wie er seine Gäste veralberte, aber dabei nie respektlos wurde, wie er ernste Gesprächsthemen mit Humor verknüpfte, ohne taktlos oder unsensibel zu wirken – sie und Robyn liebten seine Late Night Show einfach.

Als Merv dann auf einmal vor ihr stand, als sie überhaupt nicht damit gerechnet hatte und gedanklich schon zu Hause bei Robyn auf der Couch war, verschlug es ihr die Sprache. Sie hatte ihm die Hand geschüttelt, »Hiiiiiiii, Mr ... Griffin« gestammelt und war sich unglaublich dämlich dabei vorgekommen. Unmöglich, dass er nicht gemerkt hatte, welch ein Fan sie von ihm war.

Nachdem sie sich umgezogen hatte, nahmen die drei im Sweetwater's noch einen gemeinsamen Drink; Clive bestellte einen Whiskey Sour für sich, den er am Ende des Abends kaum angerührt haben sollte, Whitney nahm eine Cola Light und Merv ein Glas Rum, Marke El Dorado, 21 Jahre alt.

»Du hast sie bei Arista unter Vertrag genommen.« Es war Mervs Stimme, die Whitney jetzt aus den Gedanken an ihre erste Begegnung holte.

»Das ist richtig«, sagte Clive.

»Du wirst vermutlich ein Album mit ihr machen ...«
»Das ist richtig.«
»Sie ist bezaubernd, sie ist erst 19 Jahre alt, oder?«
»Auch das ist richtig. Wenn jemand sagen würde, wir brauchen jemanden in diesem Alter, der elegant ist, sinnlich und unschuldig, der eine unglaubliche Bandbreite an Talenten besitzt, aber ebenso Mut und ein gutes Herz – meiner Meinung nach wäre diese Person Whitney Houston. Es ist ihr natürlicher Charme, der haut einen einfach um. Entweder du hast so was, oder eben nicht. Und sie hat es.«
»Absolut! Und hier ist sie nun: Whitney Houston!«

Das Publikum begann zu klatschen, und Cissy flüsterte: »Los, Nippy, du musst jetzt raus – und mach dir keine Sorgen! Wir haben hier hinten alles im Griff. Versprochen.« Sie gab Whitney einen Kuss auf die Wange und bedeutete ihr mit einer Geste, tief durchzuatmen.

Mit ernster Miene nickte Whitney und blickte auf den langen silbernen Mikrofonständer, der einsam in der Mitte der Bühne stand. Es kam ihr vor, als ob er bis zum Mond reichte. Dann atmete sie durch den Mund aus, setzte ein Lächeln auf und trat nach vorne ins Scheinwerferlicht.

Whitney trug einen knöchellangen schwarzen Rock, der locker ihre High Heels über den schwarzen Strümpfen umspielte, und eine knallige lila Bluse, schulterfrei mit Puffärmeln. Ein schwarzer Gürtel betonte ihre schmale Taille. Die kurzen Haare hatte ihr die Headset-Lady brav nach hinten gekämmt und nur oben auf der Kopfkrone ein wenig toupiert, fast hätte man meinen können, sie trüge eine Dauerwelle statt ihres natürlichen Afrohaars, das sie vor ein paar Tagen mit einem Färbemittel aus dem Supermarkt etwas aufgehellt hatte. Um den Hals trug sie eine dezente goldene Kette, passend zu den goldenen Ohrsteckern. Lippen und Lider schimmerten in Flieder. Sie fühlte sich schön.

Aus einem Impuls heraus winkte sie dem Publikum zu, als sie auf das Mikrofon zusteuerte, doch dann durchfuhr sie plötzlich ein Gedanke: War das doof? Durfte man im Live-Fernsehen überhaupt winken? Schnell senkte sie den Arm wieder, da setzte auch schon das Klavier ein. Als sie am Mikrofon stand, faltete sie die Hände vor der Brust zusammen und schloss die Augen.

Mit einer schnellen Bewegung ihrer Hand wischte sie sich über den Nasenrücken. Sie hoffte, dass das Make-up den Schweiß im Gesicht vor den Kameras verbergen konnte und dass der Stoff ihrer Bluse dick genug war, um den Auftritt zu überstehen, ohne dass sich unter ihren Armen und am Rücken Schweißränder abzeichnen würden. Aber eigentlich war das nebensächlich. In diesem Moment hätte sich Whitney auch mit schweißdurchtränkter Kleidung auf die Bühne gestellt, wenn ihr garantiert worden wäre, dass die Band im richtigen Tempo spielte. Ihr Herz pochte immer schneller.

Hinter ihr führte eine Stufe zu dem Teil der Bühne, auf dem die Band mit ihren Instrumenten Platz genommen hatte. Ein transparenter glitzernder Vorhang machte aus ihnen schemenhafte Figuren, mehr war von ihnen nicht zu erkennen.

Es dauerte nur ein paar Takte, ehe sie die Gewissheit überkam: Es war zu langsam. Das Klavierspiel, es war immer noch zu langsam. Mist, so ein verdammter Mist, dachte Whitney. Jetzt kann nur noch Gott helfen, bitte, Allmächtiger, hilf mir, durch dieses Stück zu kommen, Amen. Dann setzte sie mit dem Gesang ein.

»*When I think of home,*

I think of a place,
where there's love overflowing.«

Whitney konnte sich nicht konzentrieren. Die Worte kamen wie ein Reflex über ihre Lippen, ohne dass sie hätte sagen können, was sie überhaupt bedeuteten. Sie fühlte sich abgekapselt von ihrem eigenen Gesang, und zwar auf die schlechteste Art und Weise, die sie sich vorstellen konnte. Als ob in ihr ein Roboter wäre, der eigentlich sang, und sie nur den Mund öffnen und schließen musste, damit diese maschinenhafte Stimme zu hören war. Doch ein Roboter hatte kein Gefühl, er *verstand* die Worte zwar, aber er konnte sie nicht *spüren*, es war ein gefühlloser Gesang.

»*I wish I was home,*
I wish I was back there,
with the things I've been knowing.«

Schlagartig merkte Whitney jedoch, wie sich etwas veränderte. Das Tempo, das das Klavier bis dahin allein vorgegeben hatte, war mit dem Einsetzen von Schlagzeug und Bass schneller geworden. Es dauerte nur drei oder vier Takte, dann war die Musik genau so, wie sie sein sollte.

Sie hatte nicht die leiseste Ahnung, was geschehen war, warum Frank und seine Leute die Geschwindigkeit nun doch angezogen hatten, aber in diesem Moment war es Whitney auch egal. Adrenalin schoss in ihren Körper und durchflutete sie. Jetzt würde alles klappen, da war sie sich sicher. Jetzt konnte sie den Song so singen, wie sie es vorhatte, ohne Gedanken an irgendetwas sonst. Jetzt konnte sie die Geschichte von »Hero« über die Unsicherheit, die man auf der Schwelle zu einem neuen Lebensabschnitt spürt, nicht nur singen. Geht man mutig weiter Schritt für Schritt in die neue Zukunft und schafft sich dort ein neues Zuhause, oder kehrt man lieber dorthin zurück, wo alles bekannt ist? Endlich konnte Whitney die Worte des Songs ganz und gar *sein*.

...

Es war, als seien die Rocky Mountains von ihren Schultern geplumpst: Mit dem tosenden Applaus des Publikums war auch die letzte Last von Whitney abgefallen. Sie hatte es tatsächlich geschafft. Zumindest glaubte sie das – von dem Moment an, als sie ins richtige Tempo gekommen war, konnte sie sich an nichts mehr erinnern. Für gewöhnlich war das ein gutes Zeichen, so viel hatte sie aus all den Solo-Performances aus der Vergangenheit schon lernen können: Am besten war sie dann, wenn hinterher der Auftritt in ihrem Kopf wie gelöscht war. Denn dann war sie wirklich eins mit dem Song geworden.

Wie in Trance strahlte sie jetzt ins Publikum, formte mit ihren Lippen immer wieder ein lautloses »Danke schön«, als auch schon Merv und Clive an ihrer Seite standen, sie beglückwünschten und umarmten. Der Applaus nahm nicht ab, durch das grelle Licht der Scheinwerfer konnte sie sogar ein paar Menschen erkennen, die aufgestanden waren. Wow, dachte Whitney in diesem Moment. Zu mehr war sie nicht in der Lage.

...

Als sie wenig später hinter der Bühne, wo sie nicht einmal zehn Minuten vorher mit weichen Knien gewartet hatte, in Cissys Arme stürzte, liefen ihr Tränen über die Wangen. Sie konnte sich nicht erinnern, jemals zuvor so erleichtert gewesen zu sein. Klar war sie nervös gewesen, unglaublich nervös sogar. Aber wie sehr sie von der Angst geplagt war, zu versagen, einfach nicht gut genug zu sein, das Publikum nicht begeistern zu können – das wurde ihr erst jetzt bewusst, als aller Druck von ihr abgefallen war.

»Mommy!«, flüsterte Whitney, ihr Kopf lag auf Cissys Schulter, die Arme immer noch um sie geschlungen.

»Ich habe dir doch versprochen, dass alles gut gehen wird. Die Band war das Problem, nicht du. Und das haben wir doch super hinbekommen, oder? Hast du gesehen, dass ich hinter dem Vorhang dirigiert habe?«

Jetzt war Whitney baff. Sie löste sich aus der Umarmung und sah überrascht in Cissys Augen.

»Nein ... was? Du hast sie dirigiert? Sie spielten zu langsam, ganz am Anfang, das weiß ich noch ... und auf einmal war alles so, wie es sein sollte.« Sie starrte ihre Mutter an, als ihr dämmerte, was sie gerade gehört hatte. »Das warst du?«

Cissy nickte. »Clive und ich haben vor deinem Auftritt darüber gesprochen. Sein Gespräch mit Frank war ... na ja, nicht so ergiebig. Also haben wir kurzerhand beschlossen, dass ich das einfach machen werde, sollten sie wieder zu langsam spielen.«

Jetzt strömten die Tränen nur so über Whitneys Wangen. Obwohl sie Cissy bei jenem Abendessen vor fast drei Jahren davon überzeugen konnte, dass sie Sängerin werden wollte, dass das ihre Bestimmung war, obwohl Cissy damit einverstanden gewesen war und Whitney im Gesang trainierte und sie ihre feste Backgroundsängerin geworden war, obwohl sie das erste Treffen mit Clive arrangiert hatte und an dem heutigen Abend bei Mervs Show dabei war – Whitney war das Gefühl nie losgeworden, dass ihre Mutter sie nicht in dieser Branche haben wollte. Dass sie irgendwann dem allen einen Riegel vorschieben würde. Und Whitney nichts dagegen würde unternehmen können.

Doch jetzt war sie sich sicher: Sie hatte all den Rückhalt, den sie brauchte, um es bis ganz nach oben zu schaffen.

Kapitel 11

Oktober 1983

»Genau so, jetzt hast du den Dreh raus mit den Höhen am Ende – wunderbar!«

Whitney hörte Clives Stimme durch die Sony-Kopfhörer, die sie auf den Ohren hatte. Bei ihrer schmalen Statur wirkten die Kopfhörer noch wuchtiger, als sie ohnehin schon waren. Sie wandte den Kopf zur Seite und sah Clive durch die dicke Glasscheibe, wie er vor dem Mischpult saß und mit den Lippen jene Worte formte, deren Klang laut und klar durch die dicht abschließenden Muscheln des Kopfhörers an ihre Ohren drangen.

»Am besten, du hörst es dir mal eben selbst an«, sprach Clive weiter. »Aber ich glaube, wir haben's jetzt.«

Neben Clive saß Jermaine Jackson. Er trug schwarze Jeans und ein schwarzes Hemd, bei dem die drei oberen Knöpfe geöffnet waren und so den Blick auf sein volles Brusthaar freigaben. Auf seinem Drehstuhl war er bis zur Kante nach vorne gerutscht und hatte den Oberkörper weit nach hinten an die Rückenlehne gelehnt, sodass er neben dem aufrecht sitzenden Clive für Whitney in der Aufnahmekabine wie ein Kind aussah. Er wippte mit seinem Stuhl leicht von rechts nach links, als ob er es nicht ertragen könnte, auch nur für einen Moment still zu sitzen. Sein Kiefer bewegte sich auf und ab, die Lippen leicht geöffnet – selten hatte Whitney ihn bisher ohne Kaugummi im Mund erlebt. Aber das hatte nicht viel zu bedeuten, schließlich war heute erst das zweite Mal in ihrem Leben, dass sie Jermaine überhaupt gegenüberstand.

Whitney nickte, um Clive damit zu signalisieren, dass sie ihn verstanden hatte. Erwartungsvoll wandte sie sich Jermaine zu. Bisher hatte er kaum etwas gesagt. Vor ein paar Stunden, als sie und Clive schon seit einiger Zeit besprachen, wie sie am besten ihre Parts von »Take Good Care Of My Heart« einsingen sollte, war er aufgetaucht. Routiniert hatte er ihr einen Handkuss zur Begrüßung gegeben und war mit einem schnellen »Hi, Whitney – wie geht es dir?«, ohne eine Antwort abzuwarten, wie schon am Tag zuvor in der Aufnahmekabine verschwunden.

In den darauffolgenden Stunden hatte Whitney meist neben Clive am Mischpult gesessen, während Jermaine dort in der Aufnahmekabine gestanden hatte und seine Parts des Lieds einsang. Fünf, sechs, sieben Stunden – Whitney hatte wie immer im Studio das Zeitgefühl verloren und konnte nicht sagen, wie lange die Aufnahmen überhaupt dauerten.

Sie bewunderte, wie unglaublich professionell er arbeitete. Nach jedem Take war er sofort nach draußen zu Clive und ihr gekommen, um sich anzuhören, was er soeben eingesungen hatte. Er war selbstkritisch und sagte präzise, was er beim nächsten Take anders haben wollte und wie das zu erreichen war.

Whitney fand, er war zu hart zu sich. Eigentlich war immer Michael ihr Liebling der *Jackson Five* gewesen. Aber als sie Jermaine nun so auf der anderen Seite der Glasscheibe hatte singen hören, sah, wie sich sein Gesicht zu den Worten bewegte, wie sich sein ganzer Körper fließend und elegant dem Rhythmus der Musik anpasste, da hatte sie gedacht: Ji singt besser als Michael. Noch besser.

Als sie sich am späten Abend im Studio nach getaner Arbeit verabschiedet hatten, hatte Jermaine Whitney umarmt. Es war ihr so vorgekommen, als ob er sich dabei mehr an sie schmiegte, als sie es von Umarmungen mit Leuten, die sie im Grunde kaum kannte, gewohnt war. Sie hatte sich nicht viel dabei gedacht. Vielleicht war das einfach die Art, wie er eben Menschen umarmte. Eigentlich fand sie es sogar schön. Ihn umgab eine leicht süßlich riechende Note – das war ihr zuvor gar nicht aufgefallen. Der Geruch erinnerte Whitney an Sandelholz. Sie ertappte sich dabei, wie sie ihren Kopf etwas tiefer in seiner Schulter vergrub, nur um noch ein bisschen mehr von diesem Duft einatmen zu können.

Als sie sich voneinander lösten, hatte er Whitney in die Augen gesehen. Es waren bestimmt nur wenige Sekunden gewesen, ehe er sich umgedreht hatte und im Fahrstuhl verschwunden war. Doch ihr war es wie eine Ewigkeit vorgekommen. In dem Licht hatten seine dunkelbraunen Augen beinahe schwarz geschimmert. Es lag Sehnsucht in seinem Blick. Und noch etwas. Aber sie konnte nicht sagen, was es war, nur, dass es ihr gefiel. Sehr. In diesem Moment hätte sie viel dafür getan, wenn er sie nur noch ein paar Augenblicke länger so angesehen hätte und nicht schon gegangen wäre. Regungslos hatte sie dagestanden und ihm hinterhergesehen. Sie hatte immer noch die schon längst geschlossenen Fahrstuhltüren fixiert, als sie Clives Hand auf ihrer Schulter wieder in das Hier und Jetzt zurückholte.

»Du solltest auch zurück in dein Hotel gehen, Nippy«, hatte er gesagt. »Morgen sind deine Parts dran, es wird bestimmt ein langer und anstrengender Tag. Ich habe dir schon ein Taxi gerufen, es müsste jeden Moment da sein, unten, vor dem Haupteingang«, hatte er in dem väterlichen Tonfall, den er Whitney gegenüber häufig anschlug, hinzugefügt.

Whitney hatte genickt, war zurück in den Aufnahmeraum gegangen, hatte sich ihre Jacke und Handtasche gegriffen, Clive noch umarmt und war dann selbst im Aufzug verschwunden. Sie hatte keinen Ton mehr herausgebracht. Dieser Blick von Jermaine, er hatte sie völlig aus der Bahn geworfen. Und dass sie im Aufzug noch ein wenig von seiner Sandelholznote riechen konnte, hatte die Sache auch nicht besser gemacht.

Jetzt hatte Jermaine noch immer nichts auf Whitneys fragenden Blick hin erwidert. Verunsichert blieb sie stehen. Sie kannte die Etikette nicht: Sollte sie jetzt einfach zurück ins Studiozimmer kommen, wie es Clive gesagt hatte? Oder musste sie noch abwarten, was Jermaine zu sagen hatte? Schließlich war es sein Album, für das sie hier gerade ein paar gemeinsame Songs aufnahmen. Und, na ja, es war immerhin *Jermaine Jackson*, dem sie da gegenüberstand. Bestimmt hatte er etwas anzumerken. Warum sagte er denn nicht einfach was, *irgendwas*?

Whitney merkte, wie sich Irritation in ihr breitmachte. Seit gut zwei Stunden stand sie hier vor dem Mikrofon, sang einen Take nach dem anderen, mal so, mal anders, so, wie Clive und sie es gestern besprochen hatten. Sie wollten möglichst viele verschiedene Varianten haben, um sich dann in Ruhe alles anhören und gemeinsam entscheiden zu können, welche Interpretation am besten zu Jermaines Aufnahmen passte. Doch der hatte kein einziges Mal etwas zu Whitney gesagt. Ein paarmal hatte er nach einem Take genickt, zwei- oder dreimal auch den Kopf geschüttelt. Was wollte dieser Mann bloß?

Nach und nach wandelte sich Whitneys Irritation über Jermaines Verhalten in Ärger. Er wusste doch ganz genau, dass das Whitneys erste Aufnahmen in einem Studio für ein Projekt mit ihrem Namen waren! Wieso sagte er nicht einfach, was ihm nicht passte?

»Ji, was meinst du?« Whitney war überrascht über ihre eigene Frage, kaum hatten die Worte ihren Mund verlassen. So direkt und auffordernd war sie eigentlich nicht. Erst recht nicht in Situationen, die ihr nicht vertraut waren, und gegenüber Menschen, die sie kaum kannte. Mist, dachte sie jetzt. Hoffentlich nimmt er mir das nicht übel.

Endlich sah Jermaine auf und traf ihren Blick. Da war sie wieder, diese Sehnsucht. Sie traf Whitney wie ein Blitz. In ihrem aufkeimenden Ärger hatte sie diesen Blick völlig vergessen. Langsam tauchten kleine Schweißperlen auf ihrer Nase auf. Oh nein, nicht jetzt, dachte Whitney. Fehlte nur noch, dass sie rot wurde. Wie peinlich. Sie nahm sich fest vor, seinem Blick standzuhalten, auf gar keinen Fall wollte sie sich als Erste abwenden.

Jermaine beugte sich etwas nach vorne über das Mischpult, streckte den Arm aus und drückte den Knopf, der dafür sorgte, dass Whitney hören konnte, was im Studiozimmer gesprochen wurde.

»Hey ... ja, super. Whitney ... echt klasse. Komm erst mal raus, dann ... hören wir zusammen rein ...« Jermaine sprach langsam. Es schien, als ob er nicht so recht wusste, was er eigentlich sagen wollte. War das Verunsicherung? Nein. Unmöglich konnte man als Mitglied der *Jackson Five* verunsichert sein, egal, von wem oder was.

»O. k., alles klar«, antwortete Whitney zögerlich. Noch immer erwiderte sie Jermaines Blick. Erst als er die Hand von dem Knopf nahm, sich wieder in seinem Stuhl zurücklehnte, nach seiner Kaffeetasse griff, sodass sein Gesicht dahinter verschwand, wandte auch sie sich ab. Sie setzte die Kopfhörer ab und ging zur Tür, die die Aufnahmekabine vom Studio trennte.

»Ich glaub wirklich, wir haben's jetzt«, begrüßte Clive sie mit einem Strahlen über das ganze Gesicht.

Whitney zog die Augenbrauen nach oben. Dieser Clive da vor ihr, er erinnerte sie an einen Schuljungen, der so lange die Auslage in einer Eisdiele angeschmachtet hatte, bis er eine Extrakugel Eis abgestaubt hatte und sich nun voller Freude über diesen riesigen Eisberg hermachte. So ausgelassen hatte sie ihn noch nie zuvor erlebt. Eigentlich war er bekannt dafür, ein eher reservierter und zurückhaltender Mann zu sein. Er sagte schon, wenn ihm etwas gefiel, und auch, wenn das Gegenteil der Fall war. Jedoch brachte er seinen Gemütszustand allein mit Worten zum Ausdruck – Tonlage und Mimik hingegen blieben immer gleich: freundlich zugewandt und sympathisch. Offensichtlich aber hatte Whitney noch nicht alle Seiten an ihrem Förderer und Plattenboss entdeckt.

»Ich glaube sogar, das wird die beste Aufnahme, die ich bis jetzt in diesem Jahr gehört habe.« Jetzt lachte Clive ein glucksendes Lachen.

Whitney lächelte zurück. Mehr, um nicht unhöflich zu wirken, als dass ihr tatsächlich danach zumute war. Sie vertraute Clive und seinem Urteil, das schon. Aber wenn es um ihren Gesang ging, wollte sie sich lieber selbst eine Meinung bilden – unbedingt musste sie die Takes hören, die sie über die vergangenen Stunden hinweg eingesungen hatte. Alle. Mehrere Male. Am besten mit Stift und Block vor sich, um sich ein paar Notizen machen zu können.

Unsicher ließ sie ihren Blick zwischen Clive und Jermaine hin- und herwandern. Jermaine hielt noch immer seine Kaffeetasse in der Hand. Sie war leer. Doch er fixierte das Innere der Tasse, als ob es dort einen spannenden Blockbuster zu sehen gäbe – hatte er überhaupt bemerkt, dass sie neben ihm stand?

Ein Klopfen unterbrach Whitneys Gedanken. Sie drehte sich zur Tür um und sah durch die Glasaussparung den Kopf von Mrs Roberts.

Mrs Roberts war Clives Sekretärin, eine herzliche rundliche Frau Ende 50, die grau melierten Haare immer zu einem strengen Dutt hochgebunden, der an ihr aber auf unerklärliche Weise überhaupt nicht streng wirkte. Meistens trug sie ein Kostüm, jeden Tag in einer anderen Farbe. Heute war es kobaltblau. Von dem Moment an, als Whitney sie kennengelernt hatte, hatte sie Mrs Roberts gemocht. Sie umgab etwas Fürsorgliches, ohne dass sie dabei zu bemutternd wirkte.

Als Clive sie nun mit einer lockeren Handbewegung zu ihnen winkte, öffnete sie die Tür, streckte den Kopf herein und sagte: »Mr Davis, bitte entschuldigen Sie die Störung, aber ein Anruf erwartet Sie, und ich befürchte, das kann unter gar keinen Umständen warten.«

Clive nickte. »Alles klar, vielen Dank, Mrs Roberts, ich komme gleich mit. Ihr zwei könnt ja schon mal ohne mich anfangen. Ji, du weißt ja, wie alles funktioniert, nicht wahr?«

Jermaine löste seinen Blick von der Kaffeetasse, deren Boden er immer noch anstarrte, und richtete ihn schließlich auf Clive. Statt ihm zu antworten, zeigte er nur einen Daumen nach oben in seine Richtung.

»Ich halte es kurz, versprochen!«, hörte Whitney Clive noch rufen, als er schon auf dem Flur war und hinter Mrs Roberts in Richtung seines Büros davoneilte.

»Wollen wir loslegen?«

Whitney zuckte kurz zusammen. Jermaines Stimme war auf einmal ganz nah. Lautlos war er aufgestanden und hatte sich seitlich hinter Whitney gestellt, die noch immer die Tür im Blick hatte. Sein Mund war auf Höhe ihres Ohres. Als sie sich zu ihm umdrehte, war ihr Gesicht nur wenige Zentimeter von seinem entfernt.

Sein Kopf überragte den ihren gerade einmal um zehn Zentimeter, aber Whitney kam es so vor, als ob Jermaine viel größer wäre. Vielleicht lag das an seinen Haaren, die er üppig toupiert trug, überlegte sie. Oder an seiner Statur. Er war breit, viel breiter, als sie ihn von Fotos und Fernsehshows in Erinnerung hatte. Bestimmt trainierte er.

»Entschuldigung, ich wollte dich nicht erschrecken«, sagte Jermaine jetzt. Er lächelte. Dann führte er seine Hand an Whitneys Schulter und schob sie sanft in Richtung des Stuhls, auf dem er gerade eben noch selbst gesessen hatte. Er stellte sich hinter sie und legte auch seine zweite Hand auf ihrer anderen Schulter ab, als sie sich hinsetzte. Whitney schauderte, als er mit seinen Händen ihre nackte Haut berührte. In der Aufnahmekabine war es stickig gewesen, sodass sie ihre Strickjacke schon bald abgelegt hatte. Darunter trug sie ein ärmelloses schwarzes Top.

»Ist dir kalt?«, fragte Jermaine und glitt mit seinen Händen über ihre Schultern die Oberarme hinab. Augenblicklich bekam Whitney eine Gänsehaut. Ihr Herz schlug schneller, und ihre Wangen wurden heiß.

»Ähm ... ja. Hier draußen ist es dann doch ganz schön viel kühler als da drinnen ...« Wenn er ihr schon eine Ausrede für ihr Schaudern auf dem Silbertablett servierte, sollte sie diese auch annehmen, fand Whitney.

Sie wandte den Kopf nach hinten und blickte zu Jermaine hinauf. Noch immer hielt er seine Hände an ihre Oberarme. Es war kein fester Druck, die Berührung war sanft, seine Hände waren weich und groß – trotz seiner Behutsamkeit konnte Whitney spüren, welche Kraft in diesen Händen schlummerte. Sie unterdrückte ein weiteres Schaudern.

»Ich ... sollte vielleicht ... meine Strickjacke ...«, stammelte sie. Sie schaffte es nicht, ihren Blick von Jermaine zu lösen. Sie wollte ihn nicht lösen, wollte nicht, dass seine Hände sie losließen, dass er sich entfernte, dass er sich wieder abwandte. Moment. Was war das hier eigentlich? Zuerst sprach er über Stunden hinweg kaum zwei Sätze zu ihr, kommentierte ihre Takes mit einem Nicken oder Kopfschütteln, er sah sie nicht einmal richtig an – und auf einmal hatte Whitney den Eindruck, als ob seine Augen magnetisch auf die ihren wirkten, so fest und eindringlich, wie er sie ansah. Diese Augen, diese unglaublich schönen dunkelbraunen Augen ... Whitney konnte keinen klaren Gedanken mehr fassen.

»Wo ist deine Strickjacke, Liebes?«

»Meine Strick... was ...?«

»Deine Strickjacke. Du sagtest, dass dir kalt ist und du wohl besser deine Strickjacke anziehen solltest. Wo ist sie denn? Dann bringe ich sie dir.«

»Ach so, ja. Mir ist kalt. Stimmt. Meine Strickjacke. Richtig. Ich glaube, ich habe sie in der Kabine liegen lassen.«

Jermaine löste erst seine Hände von Whitneys Armen, dann seinen Blick, ehe er sich umdrehte und in Richtung Aufnahmekabine ging.

Hatte er sie gerade »Liebes« genannt? Hatte Jermaine Jackson, *der* Jermaine Jackson, sie, die unbekannte kleine Whitney Houston aus Newark, mit »Liebes« angesprochen? Unmöglich. Sie musste sich verhört haben.

Sie sah ihm nach, wie er mit festen Schritten um das Mikrofon in der Kabine herumging und nach ihrer Strickjacke griff, die sie dort auf einem Hocker abgelegt hatte. Als er sich mit der Jacke in den Händen umdrehte, lächelte er sie wieder mit diesem Lächeln an, in dem nun noch mehr Sehnsucht lag.

Galt jene Sehnsucht ihr? Nein, Unsinn, wies sich Whitney zurecht. Bestimmt sah er jeden so an, dachte Whitney. Sie nahm sich vor, darauf zu achten, wenn Clive zurück war. Jetzt aber musste sie sich erst mal zusammenreißen.

»Du hast ein unglaublich schönes Lächeln«, sagte Jermaine, als er wieder bei ihr stand.

Whitneys Wangen begannen erneut zu brennen. Sie hatte gar nicht bemerkt, dass sie sein Lächeln erwiderte, und griff sich jetzt mit der Hand an den Mund, wie um zu überprüfen, ob sie tatsächlich lachte. Sofort ließ sie ihre Hand wieder sinken. Was tat sie denn da nur? Er musste ja wirklich denken, sie sei völlig verrückt. Sich im Gesicht herumtatschen, während es feuerrot glühte und sie ihn anstarrte – na toll.

»Schon gut, du musst nichts darauf antworten. Hier, deine Strickjacke.« Jermaine hielt ihr die Jacke hin.

Langsam stand Whitney von ihrem Stuhl auf. Sie war verunsichert. Irgendwas passierte hier gerade, und sie hatte keine Ahnung, was es war.

Wortlos nahm sie die Jacke entgegen, trat einen Schritt zurück und wandte Jermaine den Rücken zu, um besser hineinschlüpfen zu können. Als sie sich wieder umdrehte, bemerkte sie, dass er sie beobachtete. Nur war sein Blick um einige Zentimeter nach unten gerutscht und hing nun an ihrer Körpermitte. Ohne dass es ihr bewusst war, ließ sich Whitney Zeit, die Knöpfe ihrer Strickjacke zu schließen. Ihr gefiel es, wie er sie ansah. Doch gleichzeitig verwirrte es sie noch mehr.

Jetzt stand sie vor ihm, mit zugeknöpfter Strickjacke, die Arme seitlich hinunterhängend, das Gewicht gleichmäßig auf beide Beine verteilt, unschlüssig, was sie nun tun sollte. Jermaine löste seinen Blick von ihrem Körper, ging an Whitney vorbei zum Mischpult und griff zu einem der Sony-Kopfhörer.

»Am besten, du setzt dich erst mal hin und setzt den hier auf«, sagte er. »Dann hören wir uns deine letzte Aufnahme an. Ich finde, die ist am besten gelungen.«

Whitney folgte seinen Anweisungen und nahm wieder auf dem Stuhl Platz. Jermaine setzte sich den Kopfhörer auf, nahm einen zweiten und reichte ihn an sie weiter. Er stellte sich hinter sie, beugte sich über ihre Schulter und drückte eine Folge von Schaltern und Reglern auf dem Mischpult, die Whitney nicht verstand. Sie hatte keine Ahnung, welcher der Knöpfe was bewirkte, für sie sah jeder Griff auf dem Mischpult völlig willkürlich aus. Fasziniert verfolgte sie die starken Hände, wie sie dort ihr Werk vollbrachten. Dann hörte sie die ersten Töne von »Take Good Care Of My Heart«.

Sie liebte diesen Song. Es war etwas zwischen Ballade und Up-Tempo. Poppig mit viel Keyboard und einer eingängigen Melodie, doch durch das Saxofon im letzten Drittel trug er auch Souelemente in sich. Es ging um eine erste Liebe, eine Huldigung an dieses einmalige Gefühl, aber gleichzeitig auch eine Warnung, wie einnehmend und zerbrechlich sie sein kann. Der Song war weder das eine noch das andere, nicht einfach einer bestimmten Schublade zuzuordnen. Das gefiel Whitney.

In dem Take, den sie nun auf den Ohren hatte, sang sie die ersten Verse ihres Parts in einer tieferen Oktave als Jermaine, kam gegen Ende der Strophe in eine höhere Tonlage – bis zum Refrain, den sie gemeinsam noch ein Stückchen höher sangen.

Jermaine hatte sich wieder aufgerichtet, doch Whitney spürte seinen Atem in ihrem Nacken. Sie konnte sich nur schwer auf ihren Gesang konzentrieren.

Ein Teil von ihr hätte sich am liebsten umgedreht und ihn zurechtgewiesen. Er hatte doch schließlich Clive angefragt, nachdem er ihren Auftritt in der »Merv Griffin Show« gesehen hatte.

Unbedingt wollte er mit ihr für sein bevorstehendes Album ein Feature aufnehmen, unbedingt wollte er die Stimme dieser Whitney Houston auf seiner Platte für alle Ewigkeit festhalten. Er hatte sie sogar extra von Newark nach Los Angeles in sein Studio einfliegen lassen, um eine ganze Woche gemeinsam an drei Tracks zu arbeiten. Flug, Hotel, Verpflegung – alle Kosten übernahmen er und sein Management. Möglicherweise würde sogar eine kleine Gage für sie herausspringen oder der eine oder andere Live-Auftritt mit ihnen beiden zusammen.

Doch Whitney beschlich immer mehr das Gefühl, dass die Pläne für seine nächste LP nicht das Einzige war, das ihn umtrieb. War das wirklich möglich?

Als sie ihre Stimmen ein zweites Mal den Refrain singen hörte, nahm sie wieder das Gewicht seiner Hände auf ihren Schultern wahr. Erst ruhten sie dort mit dem gleichen sanften Druck wie zuvor. Aber schon bald begann er, mit dem Daumen seiner rechten Hand auf und ab zu streichen. Ganz langsam, es war nur eine zarte Berührung, gleichmäßig, immer auf und ab. Doch Whitney spürte sie am ganzen Körper.

Sie schloss die Augen. Da entfuhr ihr ein Seufzer, so leise, dass Jermaine ihn unmöglich durch die dicken Sony-Kopfhörer hindurch hören konnte. Und trotzdem erschrak Whitney. Sie riss die Augen auf. Der Seufzer war ihr peinlich. Den Song jedenfalls, den nahm sie nun endgültig nicht mehr deutlicher wahr als das leise Gedudel in dem Fahrstuhl, der sie heute Morgen ins 17. Stockwerk von diesem Gebäude gebracht hatte.

»Whitney, das Lied ist längst aus.«

Es war Jermaine, der die Worte in Whitneys Ohr hauchte. Vorsichtig hatte er an beiden Seiten ihren Sony-Kopfhörer nach außen gebogen, sodass sie ihn hören konnte.

Sie zuckte vor Schreck zusammen. Dann griff sie an die Seiten ihres Kopfs, wo Jermaine noch immer den Kopfhörer ein paar Zentimeter von ihren Ohren entfernt festhielt. Als sie seine Handrücken zu fassen bekam, sprang sie von ihrem Stuhl auf und drehte sich zu ihm um, sodass sich seine Hände lösten.

Da stand sie nun, mit diesem riesigen Kopfhörer, den sie mit den Händen umklammert hielt, ihre Nasenspitze berührte fast seine – kein Stückchen war er zurückgewichen, als Whitney aufgestanden war. War es seine Absicht, dass sie so nahe beieinanderstanden? Hatte er es darauf angelegt? Was sollte das alles? Was wollte er?

Als sie den Blick hob und Jermaines dunkelbraune Augen traf, wich ihr alle Farbe aus dem Gesicht. Ihr Mund fühlte sich auf einmal unglaublich trocken an, als ob sie seit Tagen nichts getrunken hätte. Innerhalb von Sekunden hatte sich die Frequenz ihres Herzschlags vervielfacht, ihr Atem wurde lauter, auf der Nase bildeten sich wieder kleine Schweißtropfen.

Jermaine begann zu lächeln. Seine Zähne waren unglaublich weiß. Doch gleichzeitig auch nicht zu weiß, er hätte das perfekte Zahnmodel sein können, schoss es Whitney durch den Kopf. Waren ihre Zähne auch so? Bestimmt nicht. Auf keinen Fall durfte sie jetzt zurücklächeln. Wenn Ji sah, wie normal und nicht perfekt weiß ihre Zähne waren, würde er sich bestimmt abwenden. War auf ihrem Sandwich vorhin nicht auch Schnittlauch? Hatte sie ein Stückchen davon zwischen den Zähnen? Bestimmt! Sie hatte immer Schnittlauch zwischen den Zähnen, sobald sie etwas von dem Kraut gegessen hatte. Nein, sie durfte jetzt wirklich unter gar keinen Umständen lächeln.

»Hey, Liebes, was ist los? Du siehst nicht gut aus, ist alles in Ordnung?«

Jermaines Stimme war genauso perfekt wie seine Zähne. Sie war fest und tief, doch mit einem warmen Timbre, das Whitney in diesem Moment zum Schmelzen brachte. Wieder entfuhr ihr ein leises Seufzen. Dieses Mal hatte es Jermaine gehört. Sie sah, wie seine Augen funkelten und sein Lächeln noch breiter wurde. Verdammt noch mal!

»O. k., ich glaube, du brauchst eine Pause. Das war auch ganz schön viel da drin.« Jermaine machte mit dem Kopf eine Bewegung in Richtung Aufnahmekabine. »Ich hole dir mal schnell eine Flasche Wasser, danach geht's dir bestimmt wieder besser.«

Schon hatte sich Jermaine umgedreht und war ein paar Schritte zu der kleinen Anrichte neben der Tür gegangen, auf der Kaffee, Wasser und Cola bereitstanden. Whitney nickte stumm, obwohl er sie gar nicht mehr sehen konnte. Sie beobachtete, wie sich Jermaine eine Flasche Wasser schnappte und zu ihr zurückkam. Vor ihr blieb er stehen, nahm ihre rechte Hand und legte die Flasche dort hinein. Dann schloss er seine eigenen Hände darum.

Whitney spürte, dass er ihr in die Augen sah. Doch sie fixierte die Wasserflasche. Sie traute sich nicht, den Blick zu heben. Denn dann würde etwas passieren. Das spürte sie. Mehr noch: Sie wusste es einfach. Doch es durfte nichts passieren. Das wäre ... nicht gut. Oder?

Wieder fiel es Whitney schwer, klar zu denken.

»Whitney ...«, flüsterte Jermaine.

Es war, als ob der Klang ihres Namens aus seinem Mund einen Knopf gedrückt hätte, der sie ihren Blick heben ließ.

Die Sehnsucht in Jermaines Augen war nun unübersehbar. Und das andere in seinem Blick, das sie am Tag zuvor nicht hatte deuten können – jetzt fiel es ihr wie Schuppen von den Augen: Es war Hunger, eine Gier, die sie zu verschlingen drohte.

Langsam legte er mit seinem Kopf die wenigen Zentimeter zurück, die sie ohnehin nur voneinander trennten, sodass seine Lippen die ihren berührten. Er küsste sie.

Seine Lippen waren weich. Die erste Berührung war sanft, wie ein Test, um sicherzugehen, ob sie auch wirklich einverstanden war. Dann trat er mit seinem restlichen Körper an sie heran, legte seine Hände an ihre Hüften und zog sie noch näher zu sich heran. Jetzt küsste er sie fester, seine Lippen bewegten sich schneller – es lag etwas Forderndes darin.

Whitney gab sich allem hin. Ihr Kopf war leer. Ob dieser Kuss ein paar Sekunden, Minuten oder schon Stunden andauerte, sie hatte keine Ahnung. Es war ihr auch egal. Ihr war alles egal, nur Jermaines Lippen waren in diesem Moment wichtig.

Klirr.

Whitney schrak zurück, die Augen hatte sie weit aufgerissen. Ihr Blick fiel auf den Boden, wo sich um sie und Jermaine herum eine Pfütze Wasser mit Scherben darin gebildet hatte.

»Ich ... oh nein! Es tut mir so leid, Ji, das wollte ich nicht ... deine Schuhe ... alles nass ... Bitte entschuldige. Das wollte ich nicht!«

»Es ist doch nichts weiter passiert, alles gut.«

»Aber ... deine Schuhe, schau, deine Wildlederschuhe ... sie sind ruiniert. Und es ist meine Schuld ... es tut mir so leid, ich erstatte dir das natürlich ...«

Jermaine lachte. »Mir gefällt Wildleder eh nicht mehr, jetzt habe ich endlich einen richtigen Grund, die Schuhe zu entsorgen. Ich muss dir also danken.«

Whitney sah ihn ungläubig an. War das ein Scherz? Bevor sie die Schuhe mit Glasscherben und Wasser eingesaut hatte, sahen sie aus, als ob er sie erst gestern gekauft hätte. Das dunkle Grau passte perfekt zu seiner hellgrauen Chinohose und dem schwarzen leichten Pulli – er trug keine Kleidung, er trug ein Outfit. Er hatte es mit Bedacht ausgewählt, jedes einzelne Teil davon. Wieso waren ihm dann seine Schuhe jetzt so egal?

»Nun guck nicht so, ich meine das ernst. Mach dir keine Sorgen, Liebes, alles in Ordnung.«

»O. k. ...«, flüsterte Whitney.

»Bleib, wo du bist. Nicht, dass du in eine Scherbe trittst und dich verletzt. Ich hole jemanden, der das sauber macht.«

»O. k. ...«

Jermaine ging mit vorsichtigen Schritten, um sich nicht selbst eine Scherbe durch die Schuhsohle zu bohren, zur Tür. Er hatte schon die Hand ausgestreckt, da hielt er plötzlich inne.

»Ji, bist du doch in eine Scherbe getreten? Ist alles in Ordnung?«

Langsam drehte er sich um und kam auf Whitney zu. Als er vor ihr stand, wurde sein Gesicht erneut von diesem Lächeln überzogen, an dem sie sich nicht sattsehen konnte. Er lehnte sich nach vorne, gab ihr einen Kuss auf die Stirn und lehnte seinen Kopf seitlich an ihren. Mit einer sanften Bewegung strich er ihr die Haare zurück und kam mit den Lippen ganz nah an ihr Ohr heran.

»Komm heute Abend zu mir, ins Beverly Hills Hotel, Zimmer 304.«

Ohne jede Eile löste er sich wieder von ihr, fing ihren Blick auf und zwinkerte ihr zu. Whitney kam es so vor, als ob sie die Gier in seinem Blick nun beinahe hätte greifen können. Sie starrte ihn immer noch an, als die Tür längst hinter ihm zugefallen war.

Kapitel 12

Januar 1984

Whitney ließ die Tür hinter sich ins Schloss fallen.
»Ich bin zu Hause!«, rief sie in den Flur hinein.
Sie fühlte sich erschöpft. Es war ein langer Tag gewesen. Clive hatte sie schon um acht Uhr am Morgen ins Studio beordert, er war völlig aus dem Häuschen, weil er einen neuen Song hatte, den er ihr unbedingt zeigen wollte. »How Will I Know« hieß er: moderates Tempo, gut tanzbar, starke Keyboard-Line, toller Text. Einfach ein richtig guter Song über diese besondere Unsicherheit, wenn man verliebt ist, aber noch nicht weiß, ob das Gegenüber genauso empfindet.

Whitney war sofort begeistert gewesen, als Clive ihr das Lied zum ersten Mal vorspielte. Obwohl sie nun schon seit einem guten Jahr intensiv zusammenarbeiteten, fand sie es jedes Mal aufs Neue erstaunlich, dass er immer wieder neue Songs fand, von denen sie sofort überzeugt war. Nur manchmal ließ er Songs auch wieder fallen, weil er selbst Zweifel hatte: Kam Whitneys Stimme wirklich in ihrem ganzen Glanz zur Geltung? War die Melodie eingängig genug? Der Text gut genug? Solche Songs fielen eigentlich immer nach ein paar Probeaufnahmen wieder raus, oder er gab in Auftrag, dass sich die Musikarrangements noch einmal ändern mussten. Er hatte von allem eine absolut genaue Vorstellung, nichts ging bei ihm durch, wenn es nicht perfekt war. Und ein sehr guter Song – denn das waren sie alle, mit denen Clive ankam – war eben kein perfekter. Whitney vertraute seinem Urteil voll und ganz.

»How Will I Know« war ein perfekter Song. Alles an ihm fühlte sich richtig an, es passte einfach. Trotzdem war es ein anstrengender Tag gewesen. Sie hatten einige verschiedene Tonlagen ausprobiert, in denen sie den Song performen konnte. Wahrscheinlich würde es die höchste Variante werden, doch eine finale Entscheidung hatte Clive noch nicht getroffen.

So viel wie an diesem Tag hatte Whitney seit Wochen nicht gesungen. Clive hatte sich die Grippe eingefangen, die ihn erschreckend lange außer Gefecht gesetzt hatte. Und ohne ihn gab es keine neuen Songs. Alles, was sie und die Arbeiten an ihrem Debütalbum betraf, wanderte zuerst über seinen Tisch. Endlich konnte es jetzt weitergehen!

Mit zwei geübten Kicks ihrer Füße ließ sie ihre Stiefel im Flur fallen. Sie hatte sie zwei Nummern zu groß gekauft, aber sie waren heruntergesetzt gewesen und nur noch in dieser Größe da. Es war Whitney egal, dass sie seitdem alle paar Schritte kurz davor war, einen der Stiefel zu verlieren. Immerhin dauerte es nie lange, sie an- und auszuziehen.

»Robyn, bist du zu Hause? Ich muss dir unbedingt von heute erzählen, du wirst es nicht glauben, mit was für einem Goldstück Clive dahergekommen ist. Du wirst den Song lieben, das weiß ich ganz genau! Kannst du morgen im Studio vorbeikommen, damit ich ihn dir zeigen kann? Du musst ihn unbedingt hören …«

Mitten im Satz brach Whitney ab, als sie gerade durch die Tür ins Wohnzimmer treten wollte und Robyns Blick traf. Sie saß auf der Couch, die sie erst in der vergangenen Woche gekauft hatten. Robyn hatte die Beine eng zu sich herangezogen, die Arme darum geschlungen und den Kopf auf den Knien abgelegt. Sie sah hundeelend aus. Whitney kannte den Gesichtsausdruck nicht. Noch nie hatte sie ihre Freundin so gesehen. Wie konnte das sein? Robyn war der Mensch in ihrem Leben, den sie am besten kannte. Schließlich wohnten sie mittlerweile schon fast ein Jahr zusammen in dem kleinen Drei-Zimmer-Appartement in Woodbridge, New Jersey, und sahen sich jeden Tag.

»Robyn, was ist ...«

»Jermaine Jackson hat vorhin für dich angerufen. Er lässt ausrichten, dass er dich liebt.«

Whitney ließ den Schlüsselbund fallen, den sie noch immer in den Händen hielt. Er knallte auf ihre Zehen, der Stoff ihrer dünnen Baumwollsocken dämpfte den Aufprall kaum. Doch sie spürte den Schmerz gar nicht, den die spitzen Schlüssel verursacht hatten.

Sie starrte Robyn an. Was hatte sie eben gesagt? Wer hatte für sie angerufen? Ji? Hier, bei ihr zu Hause? Und warum hatte er mit ihr, Robyn, einer ihm wildfremden Person, darüber gesprochen, was er für Whitney empfand? Er liebte sie? Was? *Waswaswas?* Das ergab alles keinen Sinn. Sie musste Robyn falsch verstanden haben.

Whitney schüttelte den Kopf. Dann bückte sie sich, um ihre Schlüssel vom Boden aufzuklauben, ging zurück in den Flur und legte sie in die kleine Holzschale, die Robyns Mutter ihnen beiden zum Einzug geschenkt hatte. Von ihren eigenen Eltern hatte es kein Einweihungsgeschenk gegeben. Bis heute war Whitneys Mutter noch kein einziges Mal hier gewesen. Wenn sie Cissy einlud – zum Kaffee, zum Abendessen, zum Lunch, um ihr eine neue

Aufnahme für das Album zu zeigen, um einen Ratschlag für die Wandfarbe in der Küche zu bekommen –, schlug sie jedes Mal aus.

Jetzt hängte Whitney ihren Mantel an die Garderobe und atmete tief durch. Alles klar, ganz ruhig bleiben, gleich klärt sich alles, versuchte sie, sich in Gedanken zu beruhigen. Es funktionierte nicht, ihr Herz pochte wie verrückt. Was soll's, dachte sie sich. Dann kehrte sie zurück ins Wohnzimmer zu Robyn.

»O. k., noch mal von vorne, ich war gerade noch nicht richtig anwesend im Kopf. Ich hatte einen echt anstrengenden Tag. Also: Was hattest du gesagt?«, fragte Whitney. Sie stand in der Türschwelle und lächelte Robyn an, die sich keinen Zentimeter bewegt hatte. Es schien, als ob sie ihre kauernde Haltung auf der neuen Couch lieb gewonnen hätte.

»Ich sagte: Jermaine Jackson hat vorhin für dich angerufen. Er hat gesagt, dass er dich liebt.«

»O. k.«

»O. k.? Wie ›o. k.‹? Nichts ist ›o. k.‹! Sag nicht einfach ›o. k.‹, wenn es gar nicht ›o. k.‹ ist!«

»O. k.«

»Nip, Herrgott noch mal, lass das!«

»Ist ja gut, o. k. – ich meine, nicht o. k., aber ja, ich hab verstanden. Mann, Robyn, ich weiß einfach nicht, was ich sagen soll. Tut mir leid.«

»Wieso entschuldigst du dich bei mir? Was tut dir leid? Dass du mit keiner Silbe erwähnt hast, dass du eine Affäre mit Jermaine Jackson hast?« Robyn lachte. Es war ein schiefes Lachen, hektisch und überschnappend. Auch das hatte Whitney noch nie an ihr gehört. Erst dieser verstörte Blick auf ihrem Gesicht, jetzt dieses schrille Gelächter – was war los mit ihr?

Sauer war Robyn nicht, das wusste Whitney. Denn wenn sie es

war, dann sprach sie kein Wort. Stattdessen zog sie ihre Brauen zusammen, sodass ihre Wimpern in sie überzugehen schienen und sich zwei tiefe Falten zwischen ihren Augen bildeten, und sie wandte sich schnell ab von ihrem Gegenüber. Sie flüchtete regelrecht, wenn sie wütend war. Doch nichts davon tat Robyn in diesem Augenblick. Nein, verärgert schien sie nicht zu sein.

»Ich weiß auch nicht, irgendwie hatte ich eben das Gefühl, als ob du eine Entschuldigung erwarten würdest«, sagte Whitney.

Prompt stoppte Robyn ihr merkwürdiges Lachen. Jetzt gruben sich tatsächlich zwei Falten zwischen ihre Brauen.

»Das heißt, du entschuldigst dich nicht, weil dir etwas tatsächlich leidtut, sondern weil du möglichst schnell aus der Nummer rauskommen willst und einfach das tust, wovon du denkst, dass es jemand erwartet?«

Whitney wusste nicht, was sie darauf erwidern sollte. Robyn hatte recht. Eine Entschuldigung musste ernst gemeint sein, alles andere war respektlos. Auf keinen Fall wollte sie sich Robyn gegenüber so verhalten, war sie doch schließlich der wertvollste Mensch in ihrem Leben.

Doch die Sorge, Robyn würde schlecht über sie denken, sich von ihr abwenden, die Angst, ihre Freundschaft könnte an einem Streit zerbrechen, war so groß, dass sie keinen klaren Gedanken mehr fassen konnte. Die Vorstellung, Robyn zu verlieren, stellte alles andere in den Schatten. Und dann sagte sie Dinge, die die Situation nur noch schlimmer machten.

»Mann, Nip, was ist los mit dir? Ich erkenne dich überhaupt nicht wieder. Das passt alles nicht zur dir.«

»Ich ... weiß auch nicht ...«

»Wie lange läuft das schon zwischen dir und Ji, hm? Seit wann schläfst du mit ihm? Na los, sag es mir. Oder denkst du, das ginge mich nichts an?«

Mit gequältem Gesichtsausdruck sah Whitney zu Robyn. Jede der Fragen fühlte sich an wie ein Messerstich in ihren Bauch. Es tat weh. Ihr wurde schwindelig.

»Nip, ich bin deine beste Freundin, deine Vertraute, ich bin an deiner Seite. Egal, was zwischen uns mal war, das wird sich nicht ändern. Niemals. Hörst du? Aber du hast da was mit einem verheirateten Mann angefangen! Mit einem Vater von zwei kleinen Kindern! Es ist falsch, was du da tust. Du tust damit Menschen weh. Ist dir das egal?« Die zwei Falten zwischen den Brauen waren aus Robyns Gesicht verschwunden. Sie hatte sie gegen Sorgenfalten auf ihrer Stirn eingetauscht.

»Du bist gar nicht ... unseretwegen wütend?«, fragte Whitney ungläubig.

Robyn schüttelte den Kopf. »Unseretwegen?«, fragte sie, wobei sie die Bewegung wiederholte. »Wir waren uns einig, als wir das zwischen uns beendet haben. Wir haben beide gesagt, dass es für deine Karriere besser so ist, dass unsere Freundschaft wichtiger ist als das, was uns darüber hinaus miteinander verband. Wir sind kein Paar! Nip, ich habe überhaupt kein Recht, sauer auf dich zu sein, weil du mit jemand anderem schläfst. Darum geht es überhaupt nicht.«

»Nicht ...?« Whitney verstand die Welt nicht mehr. Es war schließlich erst ein paar Wochen her, dass sie eines Abends lange miteinander sprachen – und beschlossen, den romantischen Teil ihrer Beziehung zu beenden.

Der Impuls war zwar von ihr ausgegangen, sie war diejenige, die das Gespräch mit Robyn gesucht hatte. Mit dem Unterschreiben des Plattenvertrags bei Arista war ihr immer mehr bewusst geworden: So konnte es mit Robyn und ihr nicht weitergehen. Mit jedem Tag, der verging, lernte sie neue Leute aus dem Musikbusiness kennen. Produzenten, Sängerinnen und Sänger, Songwriter, früher oder später hätte es irgendjemand mitbekommen. Sie konnte nicht verbergen, welch ein enges Verhältnis sie mit Robyn verband. Bei allen wichtigen Treffen war Robyn mit dabei, darauf bestand Whitney. Sie vertraute auf den klugen Kopf ihrer Freundin, mit dem sie ihr zuverlässig half, Entscheidungen zu treffen.

Clive gab die Richtung vor, doch auf dem Weg gab es immer wieder kleine Hürden, die sie ohne seine Hilfe nehmen musste: das Verhandeln von Gagen für Auftritte oder Backgroundaufnahmen im Studio, das Auswählen von Outfits, die Entscheidung für ein Management, die Konditionen dafür – bei allem war Robyn diejenige, die sich informierte, Alternativen gegeneinander abwog und Whitney schließlich zu einer Entscheidung riet.

Doch mit jedem Mal, das Robyn mit ihr zusammen auf Terminen auftauchte, hatte Whitney das Gefühl, die Leute wurden misstrauischer. Und das, obwohl sie beide penibel darauf achteten, sich nicht zu berühren, wenn andere dabei waren. Aber es half nichts, irgendwann kam trotzdem das erste Mal die Frage: »Diese Robyn, hübsches Mädchen, muss man schon sagen. Ihr beide seid sehr hübsch, ja, ja, das ist schon eine sehr besondere Freundin, die du da hast, oder?«

Es war ein Bekannter von Clive, der das gefragt hatte. Dabei betonte er das Wort »Freundin«, als ob es besonders schwer auszusprechen wäre. Andrew Maroon war einer von Clives Angestellten und arbeitete als Produzent für Arista. Eigentlich hatte er mit Whitney nicht viel zu tun, er war für andere Sängerinnen und Sänger zuständig. Doch Arista war wie eine Familie, jeder schaute mal bei jedem vorbei, war zumindest grob in alle anderen Projekte, die im Haus vor sich gingen, involviert. Und so war auch Andrew Maroon schon einige Male bei Probeaufnahmen und Auftritten von Whitney dabei gewesen, als auch Robyn dort war.

Es war nicht das erste Mal, dass Andrew einen Spruch über sie und Robyn hatte fallen lassen. Manchmal hatte Whitney auch bemerkt, wie er sie beobachtete und dabei die Stirn in Falten legte. Er müsste nur einmal gegenüber der falschen Person eine Vermutung äußern, und schon wäre das Gerücht im Umlauf.

»Wenn die Leute das rauskriegen, werden sie uns nie wieder in Ruhe lassen«, hatte Whitney an jenem Abend zu Robyn gesagt, an dem sie ihre romantische Beziehung beendeten. Sie würden sich damit nur selbst Steine in den Weg legen. Dann hatte sie Robyn ein kleines Geschenk überreicht, eine schieferblaue Bibel. »Robyn, ich will eines Tages Kinder haben, ich will heiraten und vor Gott meine Liebe schwören. Wenn wir so weiterleben wie bisher, dann landen wir beide in der Hölle.«

Es war Whitneys fester Glaube. Am Anfang konnte sie ihn noch gut beiseiteschieben, ihn damit abwinken, dass Gott niemals etwas verurteilen würde, was sich so gut und rein anfühlte. Und das tat es, wenn sie mit Robyn zusammen war.

Aber das war nicht so geblieben. Sie konnte sich nicht mehr erinnern, wann genau es begann. Doch irgendwann bemerkte sie ein flaues Gefühl, wenn sie an einem ruhigen Abend in der Bibel las. Und mit jedem Mal, dass sie das tat, wurde es stärker.

»Ich will auch nicht in die Hölle«, hatte Robyn damals geantwortet. Sie sah nicht überrascht aus, als Whitney das Gespräch eröffnete. Wahrscheinlich hatten sie ähnliche Gedanken umgetrieben, vermutete Whitney. So verschieden sie in vielerlei Hinsicht auch waren, wenn es um das ging, was in Gottes Augen recht und unrecht war, vertraten sie selten zwei unterschiedliche Ansichten.

Sie hatten sich lange umarmt und einander geschworen, auf alle Zeit füreinander da zu sein. Dass sie immer ehrlich zueinander sein wollten und sie immer über alles miteinander sprechen könnten. Dass nichts ihre Freundschaft entzweien würde, nicht einmal das Ende ihrer romantischen Beziehung.

Doch trotz allem war Whitney von der Überzeugung getrieben worden, dass es Robyn zutiefst verletzen würde, wenn sie mit ihr über ihre Affäre mit Jermaine gesprochen hätte. Also hatte sie es nicht getan. Die gesamten vergangenen drei Monate, die sie sich nun schon mit ihm traf, hatte sie Robyn gegenüber kein einziges Wort darüber verloren.

»Du bist also wirklich nicht sauer, weil ich mit jemand anderem zusammen bin?«

»Nein. Es tut weh, das schon. Die Vorstellung, dass du mit jemand anderem das teilst, was wir einmal geteilt haben, das tut weh. Aber das ist meine Sache, und das würde ich dir niemals zum Vorwurf machen.« Robyn sprach mit fester Stimme. Whitney kannte diesen Tonfall. Paradoxerweise trat er immer dann zutage, wenn ihr etwas wirklich naheging.

»Aber wo ist dann das Problem?«

»Er ist verheiratet, Nip. Jermaine ist verheiratet und Vater von zwei Kindern.«

Robyns Worte trafen Whitney wie ein Dolchstoß. Natürlich wusste sie von Jermaines Ehe und seinen Kindern. Einmal hatte sie Hazel Gordy sogar kennengelernt, als sie im vergangenen Oktober bei den gemeinsamen Aufnahmen für Jermaines neues Album in L. A. dem Studio einen Besuch abstattete. Hazel war eine hübsche Frau, und sie lächelte ein sympathisches Lächeln, als sie ihr zur Begrüßung die Hand reichte. Whitney mochte sie.

Doch in ihrem Kopf brachte sie es einfach nicht zusammen, dass ebenjene Frau und Jermaine eine Ehe führten. Und dass das sie, Whitney, zu »der Anderen« machte.

»Ich weiß, aber ...«, setzte Whitney an.

»... nichts ›aber‹. Es ist falsch. Ich kann gar nicht begreifen, warum ich dir das überhaupt sagen muss. Du bist doch diejenige, die an die Ehe glaubt! Die sagt, wie wertvoll eine Ehe ist, ein

Schwur vor Gott, einander treu zu sein bis zum Tod. Wie kannst du dann etwas tun, das eine Ehe gefährdet? Du bist Teil eines Ehebruchs, ausgerechnet du, verdammt!«

»Aber es ist Ji«, antwortete Whitney, ihren Kosenamen für Jermaine betonte sie dabei mit einem lang gezogenen »i«. Dann verschränkte sie die Arme vor der Brust, wie um damit Robyns verurteilende Worte von sich abzuschirmen.

»Ja, und?«

»Robyn, es ist Jermaine Jackson, von dem wir hier sprechen. Jermaine Jackson! Und er findet *mich* toll. Wie könnte ich so jemanden abweisen? Er ist ein Star! Die ganze Welt kennt ihn. Und er interessiert sich für *mich*! Jermaine Jackson!«

»Hörst du dir eigentlich selbst zu?«

»Ja, aber ...«

»... Nip, das ist doch ...«

»... aber *du* hörst mir offensichtlich nicht zu. Er liebt mich, Robyn. Ji hat gesagt, dass er mich liebt.«

Robyn war erstarrt. Nur ihre Augen bewegten sich, sie hüpften leicht hin und her, als ob Robyn einmal in Whitneys linkem, dann in ihrem rechten Auge nach etwas suchen würde und nicht glauben konnte, dass es weder in dem einen noch in dem anderen zu finden war. Langsam nahm sie ihre Arme, die sie noch immer um ihre Knie geschlungen hatte, zurück, führte die Füße auf den Teppich, einen nach dem anderen, und stand auf. Kaum merklich schüttelte sie den Kopf.

»Nun hör doch zu, Nip, das ist ...«

»Du hörst mir jetzt endlich zu! Was soll das überhaupt, dass du denkst, du kannst dich hier vor mich hinstellen und mir sagen, was richtig und was falsch ist? Du hast doch überhaupt keine Ahnung, du kennst Ji gar nicht! Und im Moment glaube ich, dass du mich vielleicht auch gar nicht mehr kennst.«

Mit jeder Silbe wurde Whitneys Stimme lauter und ihr Herzschlag schneller. Schnell wischte sie sich den Schweiß von der Nase – dieses Mal kam er nicht zum Vorschein, weil sie nervös oder aufgeregt war. Sondern weil eine Wut, die sie so noch nie erlebt hatte, in ihr aufstieg.

Natürlich war das nicht das erste Mal, dass sie und Robyn in einen Streit gerieten. Sie hatte jeden einzelnen davon gehasst. Aber dass sie bei einer Auseinandersetzung so in Rage geriet, wie es gerade geschah, war noch nie geschehen.

Was sollte das auch, wie Robyn sie hier vorführte? Als ob Whitney die böse Ehebrecherin wäre, die wie verrückt durch die Gegend streifte, immer auf der Suche nach einem verheirateten Mann, den sie um ihren Finger wickeln konnte. Als ob es die größte Freude in ihrem Leben wäre, einen Keil zwischen ein Ehepaar zu treiben. Als ob ihr alles egal wäre, außer ihr eigenes Glück – egal, welchen Preis andere dafür zahlen mussten. Solch ein Unsinn!

»Solch ein Unsinn«, wiederholte Whitney ihren letzten Gedanken nun laut. »Du hast wirklich überhaupt keine Ahnung, was du da redest. Ji liebt mich, er hat es mir selbst gesagt. Seine Ehe mit Hazel läuft nicht mehr, schon seit Jahren. Er wird sich von ihr trennen und die Scheidung einreichen, die Kinder können bei ihr bleiben, und Ji wird für alle Kosten aufkommen. Auch das hat er mir gesagt. Er liebt mich, Robyn, und wir werden ganz offiziell ein Paar sein, sobald genügend Gras über die Trennung gewachsen ist.«

Robyn brach in schallendes Gelächter aus. Es klang noch schriller als zuvor. Sie hörte gar nicht mehr auf. Wie ein Wolf beim Heulen legte sie den Kopf in den Nacken, da liefen ihr auch schon Tränen aus den Augenwinkeln.

Nun war es Whitney, die erstarrte und ihre Freundin mit fassungslosem Blick ansah. War sie verrückt geworden? Für einen kurzen Moment keimte Sorge in ihr auf. Vielleicht war irgendetwas passiert, das Robyn so durcheinandergebracht hatte, sodass sie nun völlig neben der Spur war? Doch als Robyn dann den Kopf wieder nach vorne schob, ihre Augen öffnete und sich sofort zwischen ihren Brauen die zwei Zornesfalten eingruben, war Whitneys Sorge wieder verflogen.

»Das glaubst du doch nicht wirklich, oder? Mann, Nip, er ist zehn Jahre älter als du – er ist einfach ein verdammter Scheißkerl mit zu viel Geld, der denkt, mit seinem Promistatus könne er sich alles rausnehmen, was er will. Und du bist das talentierte hübsche Mädchen, das auf seinen bekannten Namen angewiesen ist, um in seiner eigenen Karriere vorwärtszukommen. Da ist überhaupt kein Gleichgewicht zwischen euch, was Macht angeht. Er ist hier«, Robyn hob die rechte Hand über ihren Kopf, »und du bist hier«, die andere Hand hielt sie sich vor die Brust, »und das nutzt er schamlos für sich und seinen Sexhunger aus. Wieso kannst du das nur nicht sehen?«

Whitney konnte nicht fassen, was Robyn gerade eben gesagt hatte. Jetzt unterstellte sie ihr nicht nur, eine herzlose Ehe- und Familienzerstörerin zu sein, sondern obendrein sollte sie nun auch noch das dumme Mädchen sein, das sich ausnutzen ließ, ohne es zu merken?

Wenn Robyn wirklich so über sie dachte, dann wusste sie nicht, weshalb sie noch miteinander befreundet waren. Auf keinen Fall wollte sie jemanden in ihrem Leben haben, der solch schlechte Dinge über sie dachte. Und erst recht wollte sie eine solche Person nicht ihre beste Freundin nennen, ihre Vertraute, ihren Lieblingsmenschen.

Ohne ein weiteres Wort zu sagen, drehte sich Whitney auf dem Absatz um und stürmte in den Flur. Sie konnte Robyn nicht mehr in die Augen blicken, das war nicht mehr ihre Freundin, die sie dort sah. Unmöglich konnte sie auch nur eine weitere Sekunde im selben Raum sein wie sie. Sie schlüpfte in die zu großen Winterstiefel, schnappte sich ihren Wintermantel vom Garderobenhaken, riss die Tür auf und verschwand in die Kälte des Winterabends.

Kapitel 13

1. März 1994
11 Uhr

Whitney nahm einen Schluck aus ihrer Kaffeetasse. Neben ihr saß Carl, sie spürte seinen Blick.

»Er schmeckt dir also immer noch, mein Caffè Americano di Carl«, sagte er und lachte.

»Aber natürlich, Mensch, Carl, das ist doch der einzige Grund, warum ich immer wieder nach L. A. komme: um gemeinsam mit dir deinen Meisterkaffee zu trinken!«

Jetzt lachten sie beide.

»Entschuldigen Sie, Sir, Mrs Houston. Ich möchte Sie ungern stören, aber da ist ein Anruf für Sie, Mr Adams, und ich befürchte, das kann leider nicht warten. Es ist Mr Trimble vom Zoll.«

Whitney drehte sich um und sah eine junge Frau, die nervös von einem auf das andere Bein tänzelte. Sie schenkte ihr ein Lächeln.

»Verdammt, schon wieder? Was hat denn nun schon wieder nicht geklappt? Ist es der Whiskey aus Schottland? Ach, Nippy, es tut mir leid, da muss ich schnell rangehen. Ich beeile mich!«

Noch bevor Whitney etwas sagen konnte, war Carl der jungen Frau hinterhergeeilt und hinter einer Tür verschwunden, neben der auf einem Schild »Büro« stand.

Ihre erste Begegnung mit Carl lag schon einige Jahre zurück. Damals machten sie und ihr Team auf ihrer ersten großen Tour, der »The Greatest Love Tour«, Station in L. A. Es war am frühen Morgen nach dem Konzert gewesen, als sie sich zum ersten Mal mit Carl unterhalten hatte, zufällig.

Wie so oft auf jener Tour hatte sie sich mit Robyn, Gary und noch ein paar anderen engen Vertrauten aus der Crew backstage verschanzt und ein wahres Drogenfest gefeiert: Erst ein paar Lines Kokain, laute Musik, tanzen, singen, lachen, Zigaretten, manchmal noch etwas von dem Koks hinterher, und am Ende machten zwei, drei Joints die Runde, um wieder runterzukommen. Manchmal hatte Gary oder einer der anderen noch etwas MDMA oder Pilze dabei, einmal auch ein Fläschchen mit LSD-Tropfen. Aber das interessierte Whitney nicht. Wenn sie ab und an ein bisschen Koks sniefen und Marihuana rauchen konnte, vielleicht ab und an noch etwas Hasch, dann war sie sehr zufrieden damit. Von allem anderen wollte sie lieber die Finger lassen.

In jener Nacht jedoch hatte sie wohl ein bisschen zu viel Koks und ein bisschen zu wenig Marihuana erwischt. Als sich gegen vier Uhr früh nach und nach alle in ihre Hotelzimmer zurückgezogen hatten und so auch Whitney bald im Bett lag, starrte sie mit weit aufgerissenen Augen die Zimmerdecke an. Ihre Gedanken sausten, so schnell, dass sie gar nicht hätte sagen können, was sie überhaupt dachte. Sie wurde unruhig, tippte mit den Fingern auf die Bettdecke und in den Pausen dazwischen trommelte sie ihre Füße gegeneinander, wie in einem Mantra. Wie lange das so ging, wusste sie nicht, sie hatte jedes Zeitgefühl verloren. Aber irgendwann hielt sie es nicht mehr aus, krabbelte aus dem Bett, schlüpfte in Jeans und warf sich irgendein Sweatshirt über, das auf dem Boden lag und von dem sie sich gar nicht sicher war, ob es ihres war. Dann schnappte sie sich den Schlüssel von ihrem Appartement und machte sich auf den Weg zur Hotelbar.

Draußen machte sich schon der Morgen bemerkbar, der Himmel wurde allmählich grau. Eigentlich wusste sie nicht, was sie hier unten überhaupt wollte. Die letzten Gäste des Abends an der Bar waren schon verschwunden und die ersten Gäste des Frühstücks noch nicht hier – außer Whitney und dem Kerl hinter der Bar war niemand da. Jener Kerl stellte sich als Carl vor, als sich Whitney an den Tresen setzte und unruhig im Raum umherblickte, unschlüssig, was sie nun tun sollte.

Carl stand gegenüber von ihr, die perfekt gewachste Mahagoniholztäfelung der Bar zwischen ihnen. Obwohl Whitney immer noch Schwierigkeiten hatte, ihren Gedanken zu folgen, beschlich sie das Gefühl, dass Carl sofort Bescheid wusste, als sich ihre Blicke trafen. Schnell senkte sie den Kopf und folgte stattdessen mit ihren Augen den feinen Linien der Holzmaserung der Theke. Niemand sollte bemerken, was in ihr vorging.

»Ich weiß, was du jetzt brauchst«, hatte Carl gesagt.

Er drehte sich um und hantierte an ein paar Gerätschaften herum. Nach ein paar Minuten stellte er eine dampfende Tasse Caffè Americano vor ihr ab.

»Hier, trink das. Es hilft.«

»Ich weiß, du meinst es nur gut, aber ich brauche jetzt sicher keinen Kaffee«, sagte Whitney und schob die Tasse ein wenig von sich weg. Koffein war das Letzte, das sie in ihrem Zustand wollte.

»Vertrau mir«, entgegnete Carl und rückte die Tasse wieder zurück.

Whitney hob den Blick. Carl lächelte. Er war älter als sie, vielleicht Ende 30 oder Anfang 40. Seine Augen waren von einem satten Grün und strahlten etwas aus, das Whitney sofort das Gefühl gab, als würden sie sich seit Ewigkeiten kennen. Und er war Schwarz. Bis auf den einen oder anderen Pagen hatte Whitney im Beverly Hills Hotel ausschließlich Weiße gesehen.

Sie zog die Tasse näher zu sich heran und nahm einen Schluck. Der Kaffee schmeckte herrlich. Eigentlich trank Whitney nicht oft Kaffee und erst recht keinen Caffè Americano. Wenn überhaupt, dann tat sie es, wenn ihr ein langer Arbeitstag mit vielen Terminen bevorstand. Das Koffein, so redete sie es sich zumindest ein, half ihr, den Tag zu meistern.

Doch Carls Caffè Americano war kein gewöhnlicher Kaffee, er war ein Erlebnis. Augenblicklich spürte sie auf ihrer Zunge ein angenehm mildes und zugleich kräftiges Aroma. Sie nahm noch einen Schluck, und das Gefühl floss mit dem Kaffee ihre Kehle hinunter. Es strömte in ihre Körpermitte und breitete sich von dort überallhin aus.

Ihr Herzschlag beruhigte sich, ihr Atem floss gleichmäßiger, und endlich war ihr auch nicht mehr so unglaublich heiß. Carls Kaffee war ein echtes Zaubergetränk! Whitney wurde skeptisch. Wie sollte ein Caffè Americano trotz Koffein dazu führen, ruhiger zu werden und sich wohlzufühlen? Das war unmöglich. Mit zweifelndem Blick suchte sie in Carls Augen nach einer Antwort.

»Es ist wirklich nur ein Caffè Americano, ich schwöre auf das Leben meiner Tochter Katie.« Carl legte seine linke Hand auf die Brust, die rechte hob er mit der Handfläche nach vorne neben das Gesicht. »Es ist eine Mischung aus Arabica- und Robustabohnen, sie stammen aus unterschiedlichen Anbaugebieten im Hochland.« Er zählte auf: »Brasilien, Kolumbien, Argentinien und Indien. Ich mache die Mischung selbst aus den Kaffeebohnen, die wir bestellen. Habe lange hin und her probiert, bis ich das perfekte Verhältnis heraushatte.«

»Meinst du das ernst?«

»Natürlich! Oder denkst du etwa, ich hätte etwas davon, wenn ich Whitney Houston an der Hotelbar des Beverly Hills irgendetwas unterjubeln würde? Ich könnte meinen Job verlieren, wenn ich so etwas tun würde.«

»O. k., ich glaube dir.«

»Gut. Solch eine Mischung oder was Vergleichbares kriegst du nicht, wenn du normal bestellst. Nirgendwo. Die Bohnen sind wirklich sehr besonders, teuer und schwer zu beschaffen. Aber ich wollte unbedingt einen Kaffee finden, der nicht nur gut schmeckt oder wach macht, sondern der zeigt, was Kaffee sonst noch kann. Nämlich dafür sorgen, dass man sich so fühlt, wie du es gerade tust.«

Whitney hielt die Kaffeetasse vor ihr Gesicht, sodass sie das Aroma noch besser riechen konnte. Sie hätte Carl gerne ein paar Fragen zu seinem Spezialkaffee gestellt, woher er sich als Barmann überhaupt damit auskannte, wieso ihm Kaffee so wichtig war. Zumindest bedanken hätte sie sich wollen. Aber sie schaffte es nicht, etwas zu sagen. Stattdessen sah sie ihn an und hoffte, dass in ihren Augen genug Dankbarkeit lag.

»Ich sag dir was: Wenn du hier bist, dann bekommst du ab sofort jedes Mal einen solchen Kaffee von mir«, Carl nickte in Richtung der Kaffeetasse in Whitneys Hand, »komm einfach hier runter zu mir an die Bar, und ich bringe dir einen ›Caffè Americano di Carl‹ –versprochen, immer, wenn du hier bist.« Er hatte auf die silberne Kaffeedose gezeigt, die er vor sich abgestellt hatte.

Jetzt lächelte Whitney bei der Erinnerung und schnupperte wie damals genüsslich an der dampfenden Flüssigkeit. Seit dieser ersten Begegnung mit Carl an jenem frühen Morgen freute sich Whitney jedes Mal besonders, wenn sie im Beverly Hills in L. A. abstieg. Sie ließ ihre Assistentin Laura vorab in Erfahrung bringen, ob Carl während ihres Aufenthalts Dienst hatte. Meistens traf das zu. Dann verabredete sie sich mindestens an einem Morgen mit ihm an der Bar, damit sie gemeinsam einen ›Caffè Americano di Carl‹ trinken konnten.

»Tut mir leid, dass ich dich so lange hab warten lassen«, sagte Carl jetzt. Er war etwas außer Puste, als er sich neben Whitney auf den Barhocker fallen ließ. »Als Barchef hat man einfach keine fünf Minuten Ruhe mehr.«

»Du bist Chef? Carl, das ist ja großartig, ich gratuliere dir! Wieso sagst du das erst jetzt?« Whitney strahlte ihn an. Sie freute sich für ihn. Obwohl sie sich nur ein paarmal im Jahr sahen und das meistens sogar nur für eine Plauderei, die selten länger als eine halbe Stunde dauerte – trotzdem hatte sie Carl über die vergangenen Jahre hinweg gut kennengelernt. Er war zu einer Konstante in ihrem Leben geworden. Dabei erzählte sie wenig von sich und wollte dafür umso mehr über Carl wissen: seine Frau Ellen, seine Tochter Katie, die vor zwei Jahren mit Tobey noch einen Bruder bekommen hatte, den Rest seiner Familie, seine Freunde, seine Hobbys, seinen Job. Whitney wusste mittlerweile ziemlich gut Bescheid über Carl.

Sie genoss es, mit ihm Gespräche führen zu können, in denen es nicht um sie ging, nicht um ihren jüngsten oder nächsten Auftritt, nicht um irgendwelche Gerüchte, die von den Klatschmagazinen verbreitet wurden. Carl stellte nie Fragen. Nicht, weil er desinteressiert war, sondern weil er sie und ihre Bedürfnisse respektierte. Und in den Momenten, in denen sie sich trafen, brauchte sie niemanden zum Zuhören, sondern jemanden, der mit ihr, Nippy, plauderte – nicht mit Whitney Houston, dem Superstar mit der einzigartigen Stimme, über den die ganze Welt irgendeine Meinung hatte.

»Ja, ach, ist keine große Sache«, sagte Carl und machte eine abwinkende Geste. »Trotzdem: danke schön. Aber es kommt alles mit seinem Preis ...«

Whitney verstand nicht, auf was er anspielte. Sie kniff die Augen zusammen und legte den Kopf etwas schief. »Wie meinst du das?«, fragte sie schließlich.

Carl presste seine Lippen gegeneinander, senkte den Kopf und rieb sich mit der Hand einige Male über die kurz geschorenen Haare.

»Dein Afro! Was? Du hast ihn deshalb ... wegen dem Job ...? Du trägst deshalb keinen Afro mehr?« Whitney hatte sich etwas nach vorne gelehnt und sprach mit leiser Stimme.

Sie hatte sofort bemerkt, dass Carl seinen kurzen Afro seit ihrer letzten Begegnung gegen eine sehr akkurat geschorene Kurzhaarfrisur getauscht hatte. Aber sie hatte sich nichts dabei gedacht. »Aber was hat dein Job mit deinen Haaren zu tun? Ich meine, du arbeitest hier schließlich schon so viele Jahre und hattest immer einen Afro. Wieso sollte das auf einmal nicht mehr gehen?«, fragte Whitney.

Carl seufzte und schüttelte leicht den Kopf, als ob er es immer noch nicht richtig fassen könnte. »Als ich nur hinter der Bar stand, war der Afro kein Problem. Zumindest für die meisten Gäste nicht. Aber jetzt habe ich viele Gespräche und Verhandlungen mit Lieferanten, Spirituosenmarken und Innenarchitekten – als Schwarzer mit einem Afro wirst du da überhaupt nicht ernst genommen. Das ist ein ganz anderer Schlag von Menschen.«

»Ist denn was passiert?«

»Bei meinem ersten Meeting wurde ich nicht ins Gebäude gelassen, weil man mir nicht geglaubt hat, dass ich der Barchef des Beverly Hills bin.«

»Was?«

»Und als ich ein paar Tage später einen Termin mit dem Chef

einer Destillerie hier ganz in der Nähe hatte, hat er mir nach dem Handschlag erst mal in den Haaren herumgewuschelt – weil er ja schon immer mal einen Afro anfassen wollte, hat er gesagt. Nach ein paar weiteren Tagen stand dann für mich fest: Die Mähne muss ab, wenn ich ernst genommen werden will.«

Carl zuckte mit den Schultern und leerte seine Kaffeetasse mit einem letzten Zug.

Ungläubig schüttelte Whitney den Kopf. Wie konnte Carl so ruhig bleiben? Er war ein feiner Kerl, immer zu allen höflich und zuvorkommend, sprach mit ruhiger und angenehmer Stimme und vor allem: Er war unglaublich gut in dem, was er tat. Dass manch ein Weißer das nicht sehen wollte, war lächerlich. Wie konnte das sein? Was zum Teufel hatte sein Afro mit seiner Leistung zu tun? Es war 1994, verflucht!

»Wie kannst du nur so ruhig bleiben?«, sprach Whitney ihre ersten Gedanken laut aus, während sie eine Faust ballte und auf den Tresen vor ihr schlug. Sie war wütend. »Carl, das ist echt wahnsinnig, was dir passiert ist! Dass hier kaum Schwarze arbeiten, ist eine Sache. Dass du dann aber als Chef so behandelt wurdest, nur weil du einen Afro getragen hast – du musst damit unbedingt an die Öffentlichkeit gehen! Ich kann mein Management um einen Kontakt zu den Medien bitten!« Fragend zog Whitney die Augenbrauen nach oben.

»Ach, schon o. k.«, sagte Carl daraufhin und machte eine abwinkende Geste. »Letztlich sind es ja nur Haare, nicht wahr?« Er lachte. »Aber wieso bist du so überrascht? Jetzt erzähl mir nicht, dass du nie irgendwas an deinem Äußeren geändert hast, um den Weißen besser zu gefallen.« Jetzt war er es, der die Augenbrauen hochzog. Dann spezifizierte er: »Gerade du als Schwarze im Showbusiness! Mit Sicherheit hast du tausend Geschichten auf Lager, habe ich recht?«

Carl nickte in Richtung von Whitneys dunkelbraunen Haaren, die ihr – noch geglättet vom Vorabend – über die Schulter hingen.

Kapitel 14

September 1984

»Und? Wie findest du ihn?«

Whitneys Herz pochte ihr bis zum Hals. Mit jeder Sekunde, die sie und Robyn »You Give Good Love« angehört hatten, war sie aufgeregter geworden. Sie konnte kaum abwarten zu erfahren, was ihre Freundin über den Song dachte.

Jede Faser ihres Körpers war angespannt. Auf ihrem Stuhl vor dem Mischpult war sie bis zur Kante vorgerutscht, während sich Robyn neben ihr gerade tiefer in den knautschigen Lederstuhl sinken ließ. Whitney beugte sich mit dem Oberkörper noch etwas weiter nach vorne, ihr Blick huschte von Robyns Augen und ihrem Mund hin und her, als ob sie Sorge hätte, verpassen zu können, wenn sie anfing zu reden.

»Nun sag schon! Wie findest du ihn?« Die Stille fand sie unerträglich. Am liebsten wäre sie aufgesprungen, hätte Robyn an den Armen gepackt und geschüttelt, sodass sie endlich etwas sagte. *Irgendwas!* Hauptsache, sie müsste ihr Schweigen nicht noch eine Sekunde länger aushalten.

Robyn schüttelte den Kopf. Es war eine kleine Bewegung von links nach rechts, mehr ein Zucken als ein Schütteln.

»Nip, ich weiß nicht, was ich sagen soll ...«

Sofort fühlte sich Whitneys Körper eiskalt an. Ihre Gesichtszüge glitten ihr nach unten, nur ihre Augenbrauen wanderten Millimeter um Millimeter nach oben. Ihre Augen füllten sich mit Tränen.

»Was? Oh nein, nein, Nip«, rief Robyn. Jetzt war sie es, die tatsächlich von ihrem Stuhl aufsprang. Sie kniete sich neben Whitney, nahm ihre Hand und blickte ihr in die Augen. »Du hast mich falsch verstanden: Ich weiß nicht, was ich sagen soll, weil mich der Song gerade völlig umgehauen hat. Er ist großartig, Nip, wirklich, größer als großartig!«

Whitney kniff die Augen etwas zusammen und fixierte Robyn. Wenn sie etwas beschönigte oder sogar überhaupt nicht die Wahrheit sagte, dann begann ihr linkes Augenlid zu zucken. Je größer die Lüge, desto stärker das Zucken. Doch ihr Gesicht zeigte keine solche Regung. Stattdessen strahlte Robyn sie an, ihre Augen leuchteten. Und trotzdem, sie musste sichergehen.

»Meinst du das wirklich so?«

»Natürlich! Habe ich schon jemals gelogen, wenn es um deine Musik ging?« Sie machte eine Pause, dann sagte sie: »Habe ich dich generell schon jemals angelogen?«

Nein, das hatte sie nicht. Whitney hatte nicht den leisesten Zweifel daran. Das Zucken von Robyns Augenlid hatte sie immer nur gesehen, wenn sie mit anderen sprach. Vor ein paar Wochen zum Beispiel, als ihr Vermieter sie beide eines Abends abfing und fragte, ob sie sich eine Katze angeschafft hätten. Er könne schwören, neuerdings gelegentlich ein Miauen zu hören, wenn er an ihrer Wohnungstür vorbeikam. Robyn hatte ihm, ohne eine Miene zu verziehen, in die Augen geblickt und gesagt: »Nein, Mr Meyer, natürlich nicht – das muss der Fernseher gewesen sein.« Einmal hatte ihr Lid dabei gezuckt, Whitney stand neben ihr und hatte es genau gesehen.

Später, allein in der Wohnung, waren sie lachend und erleichtert an der Wand heruntergerutscht: Drei Wochen zuvor hatten sie in der Tierhandlung die Straße hinunter MisteBlu und Marilyn gekauft. MisteBlu war ein schwarzer Kater mit einer weißen Schwanzspitze, als ob er sie in einen Eimer mit weißer Farbe getaucht hätte. Marilyn war rot gestreift und schleckte mit ihrer kleinen Zunge sofort die Hände von Robyn und Whitney ab, sobald sie sie auf dem Schoß hatten und streichelten.

Die beiden hatten es sich auf der Couch gemütlich gemacht, die beiden Katzen zwischen sich, als Robyn sagte: »Eigentlich haben wir nicht einmal gelogen. Wir haben uns schließlich nicht *eine* Katze angeschafft. Sondern zwei.« Wieder waren sie in Gelächter ausgebrochen.

Doch dass Robyns Augenlidzucken jemals Whitney gegolten hätte, nein, das war wirklich noch nie vorgekommen. Im Gegenteil: Manchmal war sie so unerbittlich ehrlich mit Whitney, dass sie sich wünschen würde, ihre Freundin wäre bei einigen Dingen etwas verhaltener und würde zumindest ab und zu Worte wählen, die vielleicht nicht ganz die Wahrheit trafen, doch dafür auch weniger schmerzhaft waren.

Ihr kam der Abend in den Sinn, als Robyn sie wegen ihrer Affäre mit Jermaine zur Rede gestellt hatte. Niemals zuvor war sie so sauer auf sie gewesen wie an jenem Abend – und war es auch seitdem nicht mehr. Ein Urteil über die Männer in ihrem Leben, das stand ihr einfach nicht zu. Das stand niemandem zu außer ihr selbst, fand Whitney. Und erst recht war es nicht in Ordnung, wenn ihr Robyn auch noch ungefragt die Meinung um die Ohren peitschte.

Whitney war für einige Tage nach Newark geflüchtet, in ihr Elternhaus in der Dodd Street. Ihre Mutter war für zwei Wochen weg, auf Tour mit Aretha Franklin, und so war niemand da gewesen außer ihr. Das Haus kam ihr riesig vor, vor allem im Vergleich zu den beschaulichen drei Zimmern, die sie sich mit Robyn in Woodbridge teilte. Sie blieb fünf Tage. Das war die längste Zeit ohne Kontakt zwischen den beiden Freundinnen, seitdem sie sich kannten. Whitney war schnell klar gewesen, dass sich Robyn nicht bei ihr entschuldigen würde. Denn wenn ihr etwas leidtat, dann brauchte sie nie lange, um ihren Fehler einzusehen und ein Gespräch zu suchen, in dem sie um Verzeihung bat.

Als Whitney am fünften Tag in der Dodd Street das Gefühl hatte, all ihren Ärger über Robyns Verhalten hinuntergeschluckt zu haben, fuhr sie zurück nach Woodbridge. Weder sie noch Robyn hatten auch nur ein Wort über ihren Streit verloren. Stattdessen umarmten sie sich, Waffenstillstand. Doch Whitney hatte beschlossen, das Thema Männer Robyn gegenüber ab sofort auszusparen.

Und so hatte sie ihr auch nicht erzählt, als ihre Affäre mit Jermaine nur ein paar Wochen nach ihrem Streit vorüber war. Nachdem sie sich noch für eine weitere Session im Studio getroffen hatten, dieses Mal in Manhattan, um ihren Aufnahmen einen letzten Schliff zu verpassen, blieb sie über Nacht in seinem Hotelzimmer. Das war das letzte Mal, dass sie ihn gesehen hatte. Er rief nicht mehr an, und wenn es Whitney bei ihm probierte, landete sie bei seiner Assistentin, die ihr irgendeine Ausrede ins Telefon säuselte, die sie von Anfang an nicht geglaubt hatte.

Eigentlich hätte sie gerne mit Robyn darüber gesprochen. Sie war enttäuscht und verletzt von Jermaine. Sie verstand nicht, warum er sich so verhielt, begriff nicht, was geschehen war, dass er anscheinend alles, was er ihr jemals gesagt und versprochen hatte, vergessen hatte. Aber auf keinen Fall wollte Whitney riskieren, mit Robyn noch einmal in einen solchen Streit zu geraten. Nie wieder. Dazu kam, dass sie zu stolz war, um zuzugeben: Robyn hatte wohl mit allem, was sie ihr an den Kopf geworfen hatte, recht behalten.

»Erde an Nip, bitte kommen, hallo, hallo!«

Whitney zuckte zusammen, als sie den leichten Druck von Robyns Hand spürte, die ihr Handgelenk umfasst hielt.

»Was?«, murmelte Whitney.

»Wo warst du denn gerade? Alles o. k.?«

»Ja, ich ...«

»Nip, der Song ist fantastisch! Er passt perfekt zu dir! Die Art, wie du ihn singst – war es deine Idee, die Bridge zum Refrain höher zu singen? Das ist Wahnsinn! Schau, ich habe immer noch Gänsehaut.«

Robyn zog den Ärmel ihres Sweatshirts bis zum Ellbogen und zeigte Whitney ihren Unterarm.

»Na, dann ist es ja gut, dass der Song meine erste Solo-Single des Albums werden wird. Also ziemlich sicher zumindest«, sagte Whitney und strahlte über das ganze Gesicht.

Ohne ein weiteres Wort zu sagen, fiel Robyn ihr um den Hals. Whitney fühlte sich erleichtert. Sie spielte jeden der Songs, die sie aufnahm, Robyn vor. Oft nahm sie auch die Textblätter mit nach Hause und ging sie abends auf der Couch mit ihr durch. Gemeinsam besprachen sie dann, wie sie welche Stelle singen könnte, was gut und was weniger gut war.

Robyn hatte weder Erfahrung im Produzieren, Management oder als Gesangstrainerin – wobei ihr Whitney immer sagte, welch schöne Stimme sie hätte. Sie war sich sicher, wenn ihre Freundin Interesse daran hätte, könnte sie auf jeden Fall eine erfolgreiche Backgroundsängerin werden. Aber jedes Mal hatte Robyn abgewunken, sie wollte stattdessen alles, was in ihrer Macht stand, dazu beitragen, um Whitneys Karriere voranzutreiben. Und das tat sie, indem sie ihr bei jeder Entscheidung, die es zu treffen gab, zur Seite stand.

Niemand kannte sie besser als Robyn, sie wusste genau, welche Musik Whitney am liebsten hörte, welche Passagen ihr in welchem Song am besten gefielen, welche Sängerinnen sie wofür verehrte – ihre Meinung war genauso wichtig wie die von Clive. Whitney traf keine Entscheidung, die ihre Karriere anbelangte, die sie zuvor nicht mit Robyn besprochen hatte. Wenn sie von »You Give Good Love« auch nur einen Hauch weniger begeistert gewesen wäre, dann hätte sie Clives Vorschlag, den Song als erste Single zu veröffentlichen, sobald das Album erschienen war, nicht zugestimmt.

»Ich bin so stolz auf dich. Das ist die richtige erste Single für dich, nichts könnte besser passen«, flüsterte Robyn, die ihre Arme immer noch fest um Whitney geschlungen hielt, den Kopf hatte sie auf ihre Schulter gelegt.

Ein Klopfen an der Tür ließ die beiden erschrecken. Schnell löste sich Robyn von Whitney, während sie rief: »Ja, bitte?«

Die Tür öffnete sich, und Simone trat einen Schritt herein. Sie war Clives zweite Sekretärin, nur ein paar Jahre älter als Whitney und Robyn, groß, schlank, immer ein bisschen zu stark geschminkt, mit ein bisschen zu stark toupierten Haaren, aber unglaublich nett.

»Hey, ihr beiden«, sagte Simone jetzt und blickte mit einem verhaltenen Lächeln zwischen ihnen hin und her. »Clive musste leider schon weiter zu seinem nächsten Termin, deshalb bat er mich, euch zu sagen, was Arista heute Morgen in der Wochenkonferenz beschlossen hat.«

Sie war nervös und wurde es mit jedem Wort, das sie sprach,

mehr. Das konnte Whitney ihren Augen ansehen, die erst immer hektischer zwischen ihr und Robyn hin und her sprangen, bevor sie den Blick schließlich zu Boden richtete und dort ihre Füße zu fixieren schien. Es war, als ob sie sich nicht traute, eine der beiden anzusehen, als sie nach einer Pause schließlich weitersprach.

»Es geht um deine Haare, Whitney. Clive und die anderen finden, du sollst sie so tragen wie Vanessa Williams. Ihr wisst schon, die ehemalige Miss America. Clive hat mir aufgetragen, einen Termin in dem Friseursalon auszumachen, in dem auch Diana Ross' Haare gemacht werden. Der Termin ist in einer Stunde, hier ist die Adresse.« Simone kam noch ein paar Schritte nach vorne und streckte Whitney einen Zettel entgegen. Noch immer hielt sie ihren Blick starr nach unten gerichtet.

Whitney nahm Simones Hand vor ihrem Gesicht gar nicht wahr. Was hatte sie da eben gesagt? Es ging um ihre Haare? Was sollte mit ihren Haaren, so wie sie waren, nicht stimmen? Sie verstand nicht, was das gerade sollte.

Nach einer Weile, in der weder Whitney noch Robyn etwas gesagt hatten und auch keine von ihnen den Zettel entgegennahm oder sonst irgendwie auf das reagierte, was sie eben gesagt hatte, räusperte Simone sich. Vorsichtig hob sie den Blick und sah zu Whitney.

»Du weißt, wie Vanessa Williams aussieht, oder?«, fragte sie mit leiser Stimme.

Natürlich wusste Whitney das. Der Wettbewerb lag etwas mehr als ein Jahr zurück, sie und Robyn hatten sogar die Übertragung live im Fernsehen angesehen. Nicht, weil sie sich sonderlich für Schönheitswettbewerbe interessierten, sondern weil sie sich gerne über den Teil lustig machten, in dem die Kandidatinnen nach ihren Talenten gefragt wurden.

Sie fanden es albern, dass der Wettbewerb seit einigen Jahren versuchte, mit den feministischen Bewegungen in der Gesellschaft mitzugehen und die Frauen nicht mehr nur als Schönheiten vorzuführen, sondern auch ihren Charakter und Intellekt in die Punktebewertung mit einzubeziehen. In den Augen von Whitney und Robyn war die Wahl zur Miss America einfach das, was sie war: ein Schönheitswettbewerb. Die Versuche, daraus etwas weniger Oberflächliches zu machen, schien ihnen unsinnig.

Doch mit Vanessa Williams wurde zum ersten Mal von vielen Seiten eine Afroamerikanerin als Kandidatin mit den besten Chancen für einen Sieg gehandelt, allein das war ein Grund für die Freundinnen gewesen, den Wettbewerb zu verfolgen.

Jetzt nickte Whitney. »Ja, ich weiß, wer Vanessa Williams ist.« Ihr kamen die schulterlangen, glatten Haare in den Sinn, mit denen sie Vanessa Williams damals zum ersten Mal im Fernsehen gesehen hatte. Sie trug die Haare voluminös nach außen geföhnt, bestimmt hatte eine ganze Dose Haarspray dafür gesorgt, dass alles an Ort und Stelle blieb. Eine solche Frisur war damals wie heute modern, sie entsprach dem, was gemeinhin als »schön« galt.

Doch keine Schwarze Frau konnte ihre Haare so tragen, ohne zuvor eine langwierige Prozedur auf dem Friseurstuhl über sich ergehen zu lassen.

Whitney erinnerte sich deshalb so gut an Vanessa Williams' Frisur, weil sie nach der Sendung mit Robyn darüber gesprochen hatte. Es war auffällig: Seit Schwarze Kandidatinnen in den 1970er-Jahren überhaupt erstmals zum Wettbewerb zugelassen worden waren, hatte es keine Einzige von ihnen auch nur unter die besten drei geschafft. Doch kaum trug eine von ihnen die Haare auf die gleiche Art, wie sie auch all die weißen Frauen frisiert bekamen, änderte sich das.

Robyn und Whitney hatten an jenem Abend lange diskutiert,

ob sich Vanessa Williams lieber hätte weigern sollen, mit dieser Frisur aufzutreten. Oder war es vielleicht sogar ihre eigene Idee gewesen? So oder so: Hatte sie mit dieser Frisur ihre Herkunft verleugnet, ihre Schwarze Kultur? Oder waren gewisse Kompromisse nun einmal einfach notwendig, um als Person of Color im Leben erfolgreich zu sein?

»Nippy, es tut mir echt leid, das muss sich mies für dich anfühlen«, sagte Simone, immer noch mit dem Zettel vor Whitneys Gesicht in der Hand.

Dass Simone das als weiße Frau sagte, bedeutete Whitney viel. Sie fühlte sich verstanden in dieser Sache, obwohl sie noch kein Wort darüber verloren hatte, außer dass sie Vanessa Williams kannte. Das konnte sie nicht von vielen weißen Menschen sagen.

Sie rang sich ein gequältes Lächeln ab und nahm Simone den Zettel mit der Adresse des Friseurladens aus der Hand. »Danke, Simone, ich weiß es zu schätzen, dass du das sagst.«

Simone erwiderte Whitneys Lächeln, das mehr einer Grimasse glich, mit einem nicht weniger halbherzigen Lächeln. Dann nickte sie ihr zu, machte auf dem Absatz kehrt und war schon hinter der Tür aus dem Zimmer verschwunden.

»Ich will das nicht«, sagte Whitney und blickte zu Robyn.

»Das verstehe ich, Nip, aber ...«

»Nein, wenn du ein ›aber‹ sagst, dann verstehst du eben nicht.«

»Doch, das tue ich, natürlich tue ich das!«

»Clive sagt mir damit, dass ich es so, wie ich aussehe, nicht schaffen werde. Nicht den ganz großen Sprung. Völlig egal, wie gut ich singe, mit wem ich ein Feature aufnehme, wie viele Promo-Termine ich mache. Damit ...«, Whitney wuschelte sich durch ihre kinnlangen krausen Haare, »werde ich es niemals schaffen. Nur sagt er es mir nicht mal ins Gesicht, sondern er schickt Simone dafür. Ich will das nicht, Robyn. Ich will die Leute mit meinem Gesang umhauen, nicht mit meinen Haaren!«

»Nip, schau mich doch an, ich hab doch die gleichen Haare: Glaube mir, wenn ich dir sage, dass ich dich verstehe. So gern ich Clive auch habe, aber das über deinen Kopf hinweg anzuordnen und dann nicht einmal persönlich mit dir darüber zu sprechen, ist natürlich nicht in Ordnung.«

Robyn saß wieder neben Whitney in einem der knautschigen Lederstühle. Ihre Miene war finster. Sie atmete tief ein, dann sprach sie weiter: »Aber trotzdem: Clive würde niemals etwas tun, was dir oder deiner Karriere schadet. Er will, dass du es schaffst, bis ganz nach oben. Und wenn die Leute eine blöde Föhnfrisur sehen müssen, bevor sie merken, was für eine begnadete Sängerin du bist, dann ist das *jetzt* so. Am Anfang. Das heißt nicht, dass das für immer so bleibt. Lass uns also zum Termin fahren, wir werden uns erst mal alles erklären und uns beraten lassen. Mehr nicht. Aber wir sollten hinfahren.«

Eine ganze Weile noch sah Whitney ihre Freundin schweigend an. Dann nickte sie schließlich.

...

»Puh, na, schauen wir mal, das wird eine Menge Arbeit.«
»Ja, da, hier an den Seiten, da hat sie ja fast gar nichts.«
»Das können wir ebenso gut ganz abrasieren.«
»Auf jeden Fall.«
»Und die Farbe ...«
»Ja, die Farbe ...«
»... die können wir auf keinen Fall so lassen ...«
»... das muss dunkler, was soll das überhaupt sein? Beige?«

»Egal, wie es heißt. Es ist echt nicht schön. Können wir so nicht lassen.«

»Dunkler also, ja. Aber nicht schwarz.«

»Nein, nicht schwarz. Das wäre zu dunkel.«

»Da könnte sie auch gleich die krausen Haare behalten.«

»Ja, macht dann auch keinen Unterschied mehr. Aber dunkler als dieses Beige, das muss sein.«

»Dunkler als das Beige, ja.«

Whitney spürte, wie in ihren Augen Tränen aufstiegen. Robyn hatte ihr auf der Taxifahrt in den Friseursalon gesagt, dass es nur ein Beratungstermin war, sie müsse noch nichts endgültig entscheiden. Wie ein Mantra hatte Robyn das wieder und wieder gesagt. Das hatte sie beruhigt. Ein Schritt nach dem anderen.

Doch jetzt saß sie hier, auf dem Friseurstuhl, wo sich diese zwei schrecklichen Stylistinnen über sie hermachten, als ob sie gar nicht da wäre. Als ob da eine Puppe säße, die überhaupt nicht hören und verstehen konnte, was die beiden da über sie sprachen.

Natürlich ging es nur um Haare, Whitney war da noch nie sonderlich eitel gewesen. Aber es waren dennoch *ihre* Haare, es war ein Teil von ihr, von ihr als *Mensch*. Es war respektlos, wie die zwei Frauen über ihren Kopf hinweg sprachen. Sie hatten sich nicht einmal vorgestellt oder wenigstens Hallo zu ihr gesagt, als sie zu ihr kamen.

Robyn hatte das Reden übernommen und erklärt, um was es bei der Beratung gehen sollte. Whitney war trotz des guten Zuredens ihrer Freundin während der Herfahrt immer noch zu getroffen gewesen, um viel zu sagen. Aber das war noch längst kein Grund, jetzt einfach so zu tun, als ob sie unter diesem Kopf gar nicht existieren würde. Es war schrecklich.

Die Scham vermischte sich mit einem rasant auflodernden Zorn. Was bildeten sich diese Frauen ein? Was bildete Clive sich ein? So miserabel, so unbedeutend und machtlos hatte sie sich erst einmal gefühlt, seit sie mit Clive zusammenarbeitete. Die Erinnerung traf sie mit solcher Macht, dass sie würgen musste. Damals war es um die Fotoaufnahmen für das Cover ihres Albums gegangen. Whitney hatte sich schnell von Clives Idee überzeugen lassen, für ihr Album-Covershooting Gary Cross als Fotografen zu engagieren: Zwar hatte der Mann gemischte Schlagzeilen gemacht, als er vor einigen Jahren die gerade mal zehnjährige Brooke Shields nackt fotografiert hatte, aber Whitney musste zugeben, dass er Talent hatte.

Als sie nach dem Shooting einige Zeit später schließlich die ersten Abzüge zur Ansicht zu Hause im Briefkasten fand, war sie begeistert gewesen. Gary Cross hatte sie genau so getroffen, wie sie sich selbst sah: eine junge, lebensfrohe Frau, elegant, doch nicht extravagant – die Fotos waren echt. Das war wirklich sie darauf.

Sie trug eine einfache Perlenkette und dazu passende hängende filigrane Ohrringe, das sandfarbene Wickelkleid ließ ihre rechte Schulter und den rechten Arm frei und betonte zusammen mit dem pfirsichfarbenen Hintergrund perfekt ihren Hautton. Ihr Blick war direkt in die Kamera gerichtet, die Lippen leicht geöffnet.

Sie gefiel sich auf den Abzügen. Und auch Robyn war sofort hingerissen – sie waren sich einig: Das waren die perfekten Fotos.

Doch ein paar Wochen später erzählte ihr Robyn eines Abends, dass sie einer der Manager von Arista, Jamal, beiseitegenommen hatte. Er hatte ihr gesagt, dass die überwiegende Meinung bei Arista wäre, dass Whitney auf den Fotos nicht freundlich genug aussehen würde, weil sie darauf nicht lachte oder wenigstens lächelte. Sie käme »zu Schwarz« rüber – auch wenn Jamal selbst nicht dieser Meinung war, wie er gegenüber Robyn mehrere

Male betont hatte. Aber er war auch selbst Schwarz, als einer der wenigen Manager der Plattenfirma.

Whitney war zutiefst verletzt, vor allem, weil das bedeutete, dass Clive nicht ehrlich zu ihr gewesen war. Wenn ihm die Fotos nicht gefielen, wieso hatte er dann nichts zu ihr gesagt? Und was sollte das überhaupt bedeuten, »zu Schwarz«? Sie fühlte sich, als ob sie etwas falsch gemacht hätte, aber gar nichts dafür konnte. Sollte sie sich beim nächsten Mal hell anmalen? Sie war nun einmal Schwarz. Daran war nichts falsch.

Sie hatte viel geweint an jenem Abend, und Robyn hatte alle Mühe gehabt, sie zu beruhigen. Später hatte Whitney noch erfahren, dass die Fotos nur deshalb durchgewunken worden waren, weil einer der Juniorassistenten Mist gebaut hatte und Clive die Fotos gar nicht vorgelegt worden waren. Als er sie dann zum ersten Mal gesehen hatte, war es zu spät gewesen und Whitneys freigegebene Aufnahmen bereits in Druck.

Sie hatte gehofft, nie wieder eine ähnliche Situation erleben zu müssen. Und jetzt saß sie hier, während zwei wildfremde weiße Frauen über ihren Kopf hinweg das aufzählten, was in ihren Augen Whitneys Makel waren.

Es reichte.

»Entschuldigen Sie, aber haben Sie sich denn jetzt ein Bild machen können?«, sagte Whitney nun. »Ich habe es ein bisschen eilig, mein Taxi wartet draußen schon.« Es kostete sie große Überwindung, ruhig zu sprechen. An Robyns Blick hatte sie bemerkt, dass auch sie kurz davor gewesen war, einzugreifen und die »Beratung« abzubrechen. So dankbar Whitney ihr dafür auch war, sie wollte die Situation selbst regeln. Robyn konnte nicht immer da sein und sie retten, wenn es ihr mal nicht gut ging.

»Äh, ja, also, eigentlich ...«

»... ja, eigentlich sind wir fertig ...«

»Mhm, soll ich noch mal erklären? Also ...«

»Vielen Dank, aber wenn Sie mich nicht mehr brauchen, dann besprechen Sie den Rest bitte mit meiner Assistentin«, sagte Whitney und deutete mit einer Handbewegung auf Robyn. Dann stand sie auf und verließ den Friseursalon.

Sie lief bestimmt zehn Minuten vor dem Laden auf und ab, bis Robyn endlich vor ihr stand.

»Was hat da so lange gedauert? Robyn, ich kann das nicht machen. Hast du gesehen, wie sie über meinen Kopf hinweg gesprochen haben? Das war so demütigend«, sprudelte es aus Whitney hervor.

»Ja, es hätte nicht mehr viel gefehlt, und ich wäre den beiden an die Gurgel gesprungen. Aber, Nip, hör mir zu ...«

»Nein, Robyn, nichts ›aber‹. Hier gibt es kein ›aber‹. Wenn ich das mit mir machen lasse, dann ist das nicht nur ein Gespräch über meinen Kopf hinweg gewesen. Sondern eine Entscheidung, die über meinen Kopf hinweg gefällt worden ist. Wenn es einmal passiert, dann wird es das immer wieder. Ich will das nicht.«

Immer noch tigerte sie auf dem Gehweg auf und ab, Robyn hatte Mühe, mit ihr Schritt zu halten.

Was sollte das? War Robyn nicht auf ihrer Seite? Sie hatte sich noch nie gegen Clives Entscheidungen und Arista aufgelehnt. Selbst wenn ihr nicht immer alles exakt zugesagt hatte, was Clive beschloss – zum Beispiel, als sie mit Jermaine noch einmal ins Studio sollte, nachdem er sie hatte fallen lassen –, Whitney hatte sich nie widersetzt. Sie vertraute Clives Urteil. Wenn er etwas entschied, dann, weil er es für notwendig hielt.

Doch hier hatten er und Arista eine Grenze überschritten. Es ging nicht darum, ein paar Stunden mit einer Person in einem Raum zu sein, die sie am liebsten nie wieder in ihrem Leben gesehen hätte. Im Grunde war das mit Jermaine auch gar nicht so schlimm gewesen, was waren schon ein paar Stunden. Es ging um etwas Tieferes: ihre Haare, die so waren, wie sie waren, weil sie Schwarz war.

»Nip, das waren zwei Biester, die es nicht verdient haben, auch nur mit dem kleinen Finger irgendwas an deinen Haaren zu machen.« Robyn hatte es geschafft, Whitney am Arm zu fassen und sie damit zum Stehen zu bringen. »Deshalb habe ich auch gerade eben mit Carol Porter gesprochen, siehst du, da, die Frau mit dem lila Haarband.«

Langsam drehte Robyn Whitney so, dass sie durch die Fensterscheibe des Ladens eine Frau sah, die ihr zuvor gar nicht aufgefallen war. Sie trug einen Afro, um den Kopf hatte sie ein violettes Tuch gewickelt.

»Sie kennt sich im Gegensatz zu den zwei Biestern aus. Chemische Glättungsmittel gibt es bei ihr nicht. Sie will nichts mit Gewalt niederringen. Sie hat mir gesagt, dass eine Haarverlängerung für dich auch einige praktische Vorteile bieten würde. Zum Beispiel würden die Extensions deine echten Haare vor den heißen Scheinwerferlichtern schützen, und wenn du bald auf Promo-Tour bist, wird es viel einfacher und schneller für dich sein, sie zu pflegen – ich finde, du solltest das tun, bei ihr, und nur bei ihr.«

Ungläubig sah Whitney zwischen Robyn und Carol mit dem lila Haarband in ihrem Afro hin und her.

»Dass Arista dich überhaupt nicht mit einbezogen hat in die Entscheidung, war nicht richtig. Und ich verspreche dir, ich werde das gleich morgen ansprechen«, fuhr Robyn fort.

Whitney schluckte, immer noch war sie so aufgeregt, dass sie kaum sprechen konnte. »Ja, das geht so nicht, ich bin doch schließlich hier, wieso reden die dann nicht einfach mit mir!«

»Nip, ich steh absolut hinter dir. Immer. Aber Clive kennt das

Business. Wir vertrauen ihm, o. k.? Und das, was Carol mir gerade über die Haarverlängerung erzählt hat, wie viel Zeit du dir dadurch sparen kannst – du würdest es nicht nur tun, um bei einem größeren weißen Publikum besser anzukommen. Sondern auch für dich.«

Für eine ganze Weile erwiderte Whitney den Blick ihrer Freundin, ohne ein Wort zu sagen. Sie war plötzlich sehr müde. Mit einem Seufzen schloss sie die Augen. Schließlich rang sie sich ein Nicken ab.

Kapitel 15

Februar 1985

»Nip, wach auf! Nip, sie spielen ihn, wach auf! Nip, sie spielen ihn!«

»Was ...?« Langsam öffnete Whitney die Augen. Robyn hatte sich über sie gebeugt und rüttelte an ihrer Schulter. Whitney hatte Schwierigkeiten, sich zu orientieren. Die vergangenen Monate war sie ständig für ihre Promo-Tour unterwegs gewesen, von Interview zu Interview gejagt, eine Stadt nach der anderen, von Auftritt zu Auftritt. Ein paarmal war sie auch nach Europa geflogen, einmal für einen Auftritt in einer britischen Fernsehshow, das andere Mal für Interviews nach Barcelona, Venedig und Berlin. Irgendwann hatten für sie alle Hotelzimmer gleich ausgesehen. Wenn Robyn nicht jeden Morgen mit ihr das Tagesprogramm durchgegangen wäre und ihr sicherheitshalber vor den Terminen noch einmal zugeflüstert hätte, wo sie überhaupt war – sie hätte es einige Male nicht gewusst.

Aber wo war sie jetzt? Atlanta? Orlando? Chicago? Washington, D. C.? Oder waren sie noch an der Westküste? Oder war sie zu Hause?

»Robyn ... was ... wo sind wir?«

»Mann, Nip, erstens: zu Hause. Zweitens: Das ist völlig egal. Hör doch, sie spielen ihn, im Radio, sie spielen ihn!«

Noch einmal schüttelte Robyn sie durch. Dann sprang sie auf, eilte zur Zimmertür, nur um dort wieder kehrtzumachen und die drei Schritte zurück zu Whitney ans Bett zu nehmen. Mit einer schwungvollen Bewegung schlug sie Whitneys Bettdecke zurück, drehte sich um und lief ganz aus dem Zimmer.

»Nun mach endlich, los! Bevor er vorbei ist und du alles verpasst hast!«, rief sie über die Schulter, als sie schon auf dem Flur war.

Whitney rieb sich die Augen. Sie fröstelte. Was musste Robyn auch einfach ihre Decke wegziehen. Das war kindisch und albern. Und auch einfach gemein. Immerhin wusste sie doch von allen Menschen am besten, wie anstrengend es gerade für sie war, wie viele Termine sie pro Tag wuppte, und zwar, ohne sich auch nur einmal über irgendetwas zu beklagen. Egal, was es war, das wievielte Interview mit den immer gleichen Fragen sie gerade führte, sie machte es mit einem Lächeln. Warum ließ Robyn sie nicht einfach schlafen, wenn sie doch zu Hause waren und deshalb wohl immerhin für heute kein Termin anstand?

»Nip, wo bleibst du? Komm schon! Du wirst es sonst bereuen! Es ist schon der Refrain – hörst du?«

Wieder war es Robyns Stimme, die durch das Appartement hallte. Sie wohnten erst seit ein paar Wochen hier. Robyn hatte es geschafft, das Management davon zu überzeugen, Whitney mehr Geld pro Monat auszuzahlen. Damit konnten sie ihre kleine Wohnung in Woodbridge gegen eine größere in Fort Lee, New Jersey, tauschen. Es war ein Luxushochhaus, das Appartement lag im 16. Stock mit einer atemberaubenden Aussicht auf die George Washington Bridge. An besonders klaren und sonnigen Tagen konnte man sogar die Umrisse des kleinen roten Leuchtturms auf der anderen Seite des Hudson River in Manhattan erkennen.

Doch Whitney war so viel unterwegs gewesen und Robyn immer an ihrer Seite, dass sie noch keine Zeit gehabt hatten, um sich ordentlich in ihrem neuen Zuhause einzurichten. Whitney hatte zwar schon eine Innenarchitektin ausgesucht, die das Appartement nach ihren und Robyns Vorstellungen einrichten sollte. Aber solange sie und Robyn sich noch nicht mit ihr getroffen und ihr die Wohnung gezeigt hatten, würde nichts passieren. Whitney wollte nicht, dass die Architektin mehr oder weniger blind Möbel und andere Einrichtungssachen kaufte, ohne dass sie beide mit ihr ein paar grundlegende Wünsche besprochen hatten. Es sollte schließlich ihr Zuhause werden – und gerade weil sie nicht oft da sein würde, war es ihr umso wichtiger, dass sie sich wohlfühlte, wenn sie es denn dann mal war.

Also hatten sie und Robyn erst einmal alle Möbel aus der alten Wohnung mitgenommen. Aber das war viel zu wenig, um den vielen Platz, den sie jetzt hatten, zu füllen. Deshalb hallte es in jedem Raum.

»*Never stopping, I was always searching*«

Moment, dachte Whitney. Obwohl die Musik und der Gesang hallten, die Stimme und die Instrumente kaum voneinander zu unterscheiden waren, kam ihr das, was sie hörte, bekannt vor.

»*For that perfect love*«

Mit einem Ruck richtete sie sich im Bett auf, die Augen weit aufgerissen. Konnte das wirklich sein?

»The kind that girls like me dream of«

Oh mein Gott! Ja! Das war sie! Das war ihre Stimme! Das war ihr Song!
»Robyn! Ist das …?«, brüllte sie über den Hall hinweg.
»Ja! Komm endlich hierher! Ich kann das Radio nicht noch lauter stellen!«
Whitney sprang aus dem Bett und rannte den Flur in die Richtung entlang, aus der sie die Musik hörte, als ob der Teufel sie jagen würde. Es dauerte keine 20 Sekunden, ehe sie im Wohnzimmer ankam. Dort stand Robyn an der Theke, die die offene Küche vom Rest des Zimmers trennte, neben ihr das Radio. Sie strahlte Whitney an.

»It's so good, take this heart of mine into your hands
You give good love to me
It's never too much!«

Er war es tatsächlich. Das war ihr Song, die erste Singleauskopplung aus ihrem Debütalbum.
Vor knapp drei Wochen war das Album erschienen, »You Give Good Love« eine Woche später. Doch es war das erste Mal, dass Whitney das Lied im Radio hörte. Das erste Mal, dass sie sich überhaupt im Radio singen hörte.
Da stand sie nun, regungslos in ihrem überlangen weißen Schlafshirt, auf der Türschwelle zwischen Flur und Wohnzimmer, die Augen immer noch weit aufgerissen, der Mund stand ihr leicht offen. Sie konnte es nicht fassen. Langsam bahnte sich eine Träne den Weg ihre Wange hinab.
Die Promo-Tour lief gut bislang, eigentlich besser als nur gut, wenn sie ehrlich war. Schon bald würde eine längere Etappe in

Europa folgen. Sollten die Termine dort genauso erfolgreich verlaufen wie die bisherigen in Nordamerika, würden Australien, Neuseeland und Kanada folgen. Und ein paar Termine in Asien waren auch schon im Gespräch. Es war also nur eine Frage der Zeit gewesen, ehe die ersten Radiosender auch ihre Single spielten.

Doch in der Hektik der vergangenen Wochen und Monate hatte sie überhaupt keinen Gedanken daran verloren. Ihr Song im Radio – darüber nachzudenken, dazu war ihr keine Zeit geblieben.

»Und das war Whitney Houston mit ›You Give Good Love‹, der ersten Single ihres Debütalbums. Ich sage euch: Von dieser bezaubernden jungen Frau werden wir noch viel hören. Sie ist nicht nur der neue Schützling von Musik-Mogul Clive Davis, der sie bei Arista unter Vertrag genommen hat. Sondern – hört hin: Habt ihr jemals eine solche Stimme gehört? Dagegen schaut selbst jemand wie Aretha Franklin fast schon klein ...«

Mit einem Ruck am Regler hatte Robyn die Stimme der Moderatorin aus dem Radio zum Schweigen gebracht. Sie ging ein paar Schritte auf Whitney zu.

»Und?«, fragte sie. Ihre Augen leuchteten erwartungsvoll.

Whitneys Blick wanderte zum Radio. Robyn hatte den Apparat extra so platziert, dass die Lautsprecher in die Richtung zeigten, in der ihr Zimmer lag. Dann sah sie wieder zu ihrer Freundin, die immer noch mit euphorischer Miene vor ihr stand.

»Klang ziemlich cool, oder?«, sagte Whitney schließlich mit distanzierter Stimme.

»Ja ...«, antwortete Robyn. Sie zog die Stirn in Falten und fuhr fort: »Also, sie haben deinen Song gespielt, zum ersten Mal, das ist doch schon ein bisschen mehr ...«

»Ich ärgere dich doch nur«, unterbrach Whitney sie und begann zu lachen.»Das war fantastisch! Und ich hätte es verpasst, wenn du nicht gewesen wärst. Ich kann's gar nicht glauben. Robyn, das da gerade eben war *ich* im Radio, das war *mein* Song!«

Es dauerte ein bisschen, ehe Robyn verstand und sich die Falten wieder aus der Stirn zu wischen schien. Whitneys Lachen wurde immer überschwänglicher, als Robyn schließlich einstieg. Eine ganze Weile standen die beiden so da, zwei, drei Meter voneinander entfernt, und lachten.

»Ich bin so stolz auf dich«, brachte Robyn japsend hervor. Sie war außer Atem.

Nur langsam beruhigte Whitney sich, bis sie schließlich ganz still war. Ihre fröhliche Miene tauschte sie gegen ein ernstes Gesicht. Sie suchte Robyns Blick.

»Und ich bin stolz auf *dich*«, sagte sie dann.»Robyn, du bist nicht nur die beste Freundin, die ich je haben werde, sondern auch die beste persönliche Assistentin, die ich mir nur wünschen kann. Du hilfst mir so sehr, in allem – es ist nicht mein Erfolg, es ist unser gemeinsamer Erfolg.«

Ohne die Augen von ihr abzuwenden, ging Whitney auf Robyn zu und schloss ihre Freundin in die Arme. Sie drückte sie fest an sich, als ob nichts sie jemals entzweien könnte. Das tat sie zu selten. Überhaupt sagte sie ihr zu selten, welch große Stütze sie war. Es stimmte: Egal, wie gut sie singen und performen konnte, welch fantastische Produzenten und Manager sich um sie scharten – wenn Robyn nicht an ihrer Seite wäre, dann hätte sie es niemals bis hierhin geschafft. Davon war Whitney überzeugt. Und sie hätte erst recht nicht die geringste Chance, es bis an ihr eigentliches Ziel zu schaffen: nach ganz oben.

Da spürte Whitney etwas Feuchtes an der Schulter. Robyn schniefte. Jetzt drückte Whitney ihre Freundin noch fester an sich.

»Wir beide, für immer – o. k.?«, flüsterte sie.

»Ja. Für immer.«

Als sich die beiden schließlich voneinander lösten, standen sie sich noch eine Weile schweigend gegenüber und sahen einander einfach nur an. In diesem Moment hätte Whitney platzen können vor Glück. Egal, ob das da im Radio gerade eben ein Vorbote von dem war, was die Zukunft für sie und ihre Karriere noch bereithielt, solange sie Robyn in ihrem Leben hatte, würde sie glücklich sein.

Ob sie wohl noch ein Paar wären, wenn die Umstände andere wären? Es war nicht das erste Mal, dass diese Frage durch Whitneys Kopf huschte. Manchmal kam sie, ganz unvermittelt, so wie in diesem Augenblick. Eine Antwort war sie sich immer schuldig geblieben, auch jetzt.

»Danke, Nip«, unterbrach Robyn Whitneys Gedanken. In ihrer Stimme lag so viel Liebe, dass Whitney eine Gänsehaut bekam. Sie antwortete mit ihrem strahlenden Lächeln.

»Hey, sag mal, ich habe heute Morgen schon ein paar Anrufe erledigt«, sprach Robyn weiter und wandte sich ab in Richtung Theke, auf der mehrere Stapel von Unterlagen neben dem Telefon aufgereiht waren. »Es ist eine Anfrage für dich reingekommen, von Nancy Reagan.«

Whitney zog ihre Brauen nach oben. Sie war irritiert. Nancy Reagan? Die Frau des Präsidenten der Vereinigten Staaten von Amerika?

»Nancy Reagan?«, wiederholte sie schließlich laut.

Robyn blätterte in den Unterlagen, die den zweithöchsten Stapel auf der Theke vor ihr bildeten. Als sie aufsah und Whitneys fragenden Blick sah, lachte sie.

»Also, es war jetzt nicht die First Lady persönlich, mit der ich telefoniert habe.«

»Dann war es eine andere Nancy Reagan, oder was meinst du?« Whitney war nicht weniger irritiert durch Robyns Erklärung, die eigentlich gar keine gewesen war.

»Nein. Die Anfrage hat schon mit *der* Nancy Reagan, unserer First Lady, zu tun. Ich habe mit ihrem Management telefoniert.«

»Nancy Reagan hat ein Management?«

»Nicht sie direkt. Aber für eine Kampagne arbeitet sie mit einem Team von PR-Managern zusammen. Mit einer davon habe ich vorhin telefoniert. Sie behauptet, sie hätte vor zwei Wochen schon eine schriftliche Anfrage gestellt. Ich glaube ihr das ja nicht so recht, denn ich habe hier definitiv nichts herumliegen«, Robyn machte eine Geste über die vielen Dokumente vor ihr, »aber das ist ja eigentlich auch egal, jetzt hat sie jedenfalls angerufen.«

Whitney hatte immer noch keine Ahnung, worauf Robyn hinauswollte. Warum rief eine Frau aus dem Managementteam einer Kampagne von der First Lady bei ihr an? Und warum behauptete sie, ihr Briefe geschickt zu haben? »Ich verstehe immer noch nicht, um was es geht?«

»Nancy Reagan ist doch die Schirmherrin von dieser Anti-Drogen-Kampagne – du weißt schon, das Plakat, an dem wir neulich in Manhattan an der Fifth vorbeigelaufen sind. Das gehört da auch dazu.«

Whitney erinnerte sich. Es war ein weißer Kreis auf grünem Hintergrund, von links unten nach rechts oben war er durchgestrichen, wie ein spiegelverkehrtes Verbotsschild mit anderen Farben. Ober- und unterhalb des Strichs stand »Just say no« – »Sag einfach Nein«.

Ein paarmal schon hatte Whitney in den vergangenen Wochen abends, wenn sie vor dem Schlafengehen im Hotel noch durch das Fernsehprogramm zappte, Auftritte von der First Lady gesehen, in denen sie für die Kampagne geworben hatte. Jedes

Mal stand sie dabei an einem Pult, an dessen Vorderseite ein solches Poster zu sehen war.

»Ja, aber was hat das jetzt alles mit mir zu tun? Was war denn jetzt die Anfrage?«, fragte Whitney. Allmählich wurde sie ungeduldig. Warum druckste Robyn so herum und sagte nicht einfach, was los war?

Robyn wurde nervös, das konnte Whitney ihr ansehen: Sie tappte von einem auf den anderen Fuß, als ob der Boden heiß und sie barfuß wäre.

»Also ... es geht eben um die Kampagne ...« Wieder geriet Robyn ins Stammeln.

»Robyn, nun sag schon: Um was geht's?«

Endlich sah Robyn von dem Papierstapel vor sich auf und blickte zu Whitney. »Sie wollen dich bei der Kampagne dabeihaben. Es soll einen Song geben mit mehreren Musikern, ein bisschen so wie bei Bob Geldorf und seiner *Band Aid*. Es soll eine Mischung aus sehr bekannten Gesichtern und jungen, aufstrebenden Talenten sein. Und sie fragen eben, ob du einen Teil des Songs übernehmen würdest.«

Whitney schwieg. Eine ganze Weile sah sie Robyn regungslos an. Im Gesicht ihrer Freundin lag Unsicherheit, alle paar Sekunden fixierte sie das jeweils andere Auge von Whitney. Immerhin tapste sie jetzt nicht mehr auf den Füßen hin und her.

»O. k.«, unterbrach Whitney schließlich die Stille. »Ich bin dabei.«

»O. k.?«, wiederholte Robyn und ging am Ende mit der Stimme gleich mehrere Oktaven hinauf, als ob sie dadurch klarmachen wollte, dass sie als Antwort etwas mehr erwartete.

»Ja, ›o. k.‹, was willst du denn sonst noch wissen?«

Robyn schüttelte den Kopf. Whitney merkte, dass sich ihre Freundin wand – am liebsten wäre es ihr wahrscheinlich gewesen, wenn sie in ihren Unterlagen einfach einen Haken hätte setzen und eine kurze Notiz machen können, dass sie sich demnächst bei der PR-Frau melden sollte, und wäre dann zu einem anderen Gesprächsthema übergegangen. Aber das konnte Robyn nicht, es war nicht ihre Art. Egal, wie unangenehm ihr etwas war: Sie sprach es an, sobald sie das Gefühl hatte, Whitney könnte einen Schaden davontragen, wenn sie es nicht tat. Selbst damals, als die Affäre mit Jermaine zur Sprache kam und eigentlich von vornherein klar war, dass Whitney ihn verteidigen und sie verletzen würde – es konnte sie nicht davon abhalten, sich der Konfrontation zu stellen.

»Nippy, das ist eine Kampagne gegen jede Art von Drogen«, setzte Robyn nun an. »Aber du nimmst Drogen. Das ist falsch.«

»Aber es weiß doch niemand davon«, sagte Whitney. »Und Nancy Reagan hat doch völlig recht mit der Kampagne. Nur bin ich ja nicht abhängig, ich bin nicht eine von denen, an die sie sich richtet.«

»Du verstehst nicht, was ich meine«, sagte Robyn. Wieder schüttelte sie den Kopf.

»Dann erklär's mir!«

Whitney konnte wirklich nicht verstehen, was Robyn damit sagen wollte. Ja, hin und wieder snieften sie zusammen ein bisschen Koks. Aber sie machten sich nicht mehr selbst auf den Weg in zwielichtige Ecken von Washington Heights, um etwas zu besorgen, so wie sie es früher getan hatten. Es ergab sich nur hin und wieder einmal die Gelegenheit dazu, nämlich dann, wenn Gary etwas mitbrachte – und das tat er nicht jedes Mal. Seitdem Whitney auf Promo-Tour unterwegs war, sahen sie Gary ohnehin seltener.

»Es ist doch egal, wer was weiß, und auch, was du wie oft tust. Es geht um das Prinzip Glaubwürdigkeit, und zwar auch dir selbst gegenüber: Du würdest das genaue Gegenteil von dem tun, was du vorgibst zu tun. Du lügst damit sowohl die Öffentlichkeit als auch dich selbst an. Und wenn du mich fragst, finde ich Letzteres sogar schlimmer.«

»Robyn, hör mal: Dort, wo wir hingehen, können wir die Drogen sowieso nicht mitnehmen«, sagte Whitney. Sie gab ihrer Freundin ja recht. Wie immer eigentlich. Nicht umsonst stand Robyn an ihrer Seite – sie hatte einfach den kühleren Kopf. Ihre Entscheidungen waren durchdachter und besonnener als ihre eigenen. Meistens jedenfalls. Aber in diesem Fall, wo lag da das Problem?

»Das sagst du, seitdem du bei Arista unterschrieben hast. Und trotzdem kam das Kokain bisher immer mit. Ganz zu schweigen von dem Gras.«

Robyn ließ ihren Blick hinüber zu dem kleinen Tisch vor dem Sofa schweifen. Whitney folgte ihm. Auf dem Tischchen lagen ein paar Cannabiskrümel, daneben Longpapes und ein Grinder zum Mahlen der getrockneten Blüten. Auf dem Teppich davor stand eine Bong, gut 40 Zentimeter hoch, am Hals war das Glas blau, rot und grün gefärbt. Es waren die Überbleibsel vom gestrigen Abend.

Hatte Robyn vielleicht doch einen Punkt getroffen? Ja, wenn sie unterwegs waren, hatte Whitney noch nie etwas davon mitgenommen. Das war ihr zu riskant. Entweder es ergab sich und sie kam vor Ort an ein bisschen Gras oder Koks. Oder sie nahm eben ein paar Tage nur mit Zigaretten vorlieb.

Doch zu Hause hatten sie und Robyn immer ein paar Gramm getrockneter Marihuanablüten, die für zwei, drei Tage ausreichten. Länger allerdings auch nicht. Sie rauchten beinahe jeden Abend. Mal war es ein bisschen mehr, mal nicht. Aber weniger als einen Kopf rauchten sie selten.

»Wenn du für die Kampagne zusagst, dann weißt du, was wir zu tun haben«, sprach Robyn nun weiter. »Ansonsten solltest du absagen. Ich kann sagen, dass es wegen anderer Termine nicht geht, es würde deinem Ruf also nicht schaden.«

Whitney nickte langsam. Sie ging hinüber zu dem kleinen Wohnzimmertisch und griff zu der Packung Camel-Zigaretten, die unter den Longpapes verdeckt lag. Mit geübten Fingern fischte sie sich Zigarette und Feuerzeug heraus, klemmte das eine zwischen die Lippen und zündete es mit dem anderen an. Dann nahm sie einen tiefen Zug und ließ den Rauch durch die leicht geöffneten Lippen langsam wieder entweichen.

Sie musste nicht weiter über das nachdenken, was Robyn gerade eben gesagt hatte. Sie wusste, dass ihre Freundin recht hatte. Weiterhin davon zu sprechen, die Drogen nicht mitzunehmen nach dort oben, wo sie mit ihrer Karriere hinwollte, das war vielleicht bequem und einfach zu sagen. Aber seit sie den Plattenvertrag in der Tasche hatte, stieg sie jeden Tag ein kleines bisschen höher. Und die Drogen waren immer dabei gewesen.

Irgendwann musste sie eine Abzweigung nehmen, an dem sie diesen Ballast loswurde. Ansonsten würde sie eines Tages zwar vielleicht oben angekommen sein. Allerdings würden die Drogen dafür sorgen, dass sie nicht lange dort blieb. Oder aber das Zeug würde es von vornherein gar nicht dazu kommen lassen, sodass sie den Zenit niemals erreichte.

»Lass uns damit aufhören, Robyn«, sagte Whitney schließlich, nachdem sie einen weiteren tiefen Zug von der Zigarette genommen hatte. »Ein für alle Mal. Schluss damit.«

»Einverstanden«, stimmte Robyn zu. Sie sah erleichtert aus, als Whitney ihren Blick wieder zurück zu ihr wandern ließ.

»Und wegen der Just-say-no-Kampagne von Nancy Reagan, bitte sag den Leuten dort, dass ich dabei bin.«

Kapitel 16

März 1986

Whitney war sich noch immer unsicher. Konnte sie das wirklich durchziehen? Sollte sie? Doch Robyn hatte ganze Arbeit geleistet und seit Wochen auf Whitney eingeredet. Whitney hatte jedes Mal abgewunken. Bis heute Morgen.

»Arista hat einen neuen Scheck geschickt«, hatte Robyn anstelle eines »Guten Morgen« gesagt, als sie sich zu ihr an den großen Esstisch gesetzt hatte. Whitney liebte diesen Tisch. Er war aus amerikanischem Kirschbaumholz – ein unglaublich schönes, beinahe rötliches Holz, an dem sie sich einfach nicht sattsehen konnte. Die vier Tischbeine waren einem antiken Stil nachgebildet, oben und unten waren sie mit den dafür typischen Ein- und Auswölbungen gedrechselt. Drei Leute konnten bequem nebeneinander an der Längsseite Platz nehmen, so groß war er. Eigentlich viel zu groß für ihr Appartement in Fort Lee. Schließlich saßen immer nur Robyn und sie dort, da hätte eigentlich auch ein kleineres Modell ausgereicht.

Doch der Esstisch erinnerte Whitney an den ihrer Eltern, den sie sich zugelegt hatten, als sie in die Dodd Street gezogen waren.

Wenn ihre Mutter nicht gerade auf Tour unterwegs war oder eine Soloshow in Manhattan spielte, saß die ganze Familie jeden Abend an dem reichlich gedeckten Tisch. Cissy und James an den Stirnseiten, Whitneys Brüder Gary und Michael auf der einen Breitseite, sie selbst auf der gegenüberliegenden. Sie erzählten sich von ihrem Tag, diskutierten über die jüngste Predigt von Pater Simon, darüber, ob der neue Wagen der Nachbarn nun schöner oder weniger schön war als der alte, oder über Probleme in der Schule, wenn es mal welche gab. Und das Essen, das meistens ihr Vater James zubereitete, schmeckte jedes Mal köstlich. Whitney erinnerte sich gern an jene Abende zurück.

Nun war Robyn ihre Familie, die sie jeden Tag um sich hatte, mit der sie ihr Leben teilte. Whitney wollte unbedingt, dass ihre kleine Zweierfamilie auch einen solchen Ort in ihrem Zuhause hatte. Dafür brauchte es einen großen Holztisch.

Nachdem sie den ersten Scheck für ihre Debütplatte von Arista bei der Bank eingelöst hatte, spazierte sie mit einem Foto der Familie Houston, auf dem sie sich um den Tisch versammelt hatten, in eine Schreinerei in Yonkers, New York City.

Die Schreinerei war ihr zufällig mal aufgefallen, als sie mit Robyn im Auto unterwegs war. An jenem Tag hatten sie einen langen Umweg ins Studio in Kauf genommen, weil eine Massenkarambolage ihre übliche Route unpassierbar gemacht hatte. Und auf jenem Umweg fiel Whitneys Blick direkt auf die kleine unscheinbare Schreinerei an der Nepperhan Avenue, Ecke Elm Street, als Robyn gerade ihren Ford Pinto an einer roten Ampel zum Halten gebracht hatte. Zwei Wochen später hatte sie im Laden gestanden und den Holztisch in Auftrag gegeben.

»Nip? Hallo, hallo – ist da drinnen jemand?«

Whitney zuckte zusammen, als sie Robyns Stimme plötzlich hörte. Sie blickte von der Tischplatte auf und sah, wie ihre Freundin mit beiden Armen hin und her wedelte wie ein Scheibenwischer und dabei lachte.

»Mann, Nip, morgens bist du wirklich mehr Zombie als Mensch«, brachte Robyn zwischen ihrem Lachen hervor. »Hier«, sprach sie weiter, goss aus der Kanne, die vor ihr stand, eine zweite Tasse bis zum Rand voll und schob sie auf die andere Seite des Tisches, »trink erst mal einen Kaffee.«

Wortlos nahm Whitney die Tasse entgegen und nippte ein wenig an dem heißen Getränk. Robyns Kaffee schmeckte wunderbar. Eigentlich war Whitney nie eine große Kaffeefreundin gewesen. Meistens fand sie, dass da einfach etwas heißes Flüssiges bitter schmeckte. Doch als sie zum ersten Mal von Robyn eine Tasse serviert bekam, änderte sich ihre Meinung schlagartig. Sie hatte nicht die leiseste Ahnung, was Robyn beim Kaffeekochen anders machte als sie selbst oder alle anderen Menschen auf dieser Welt. Es war ihr auch egal, solange sie jeden Morgen eine oder zwei Tassen für sie mit kochte. Sie nippte ein weiteres Mal, blies ein wenig kalte Luft in die Tasse und nahm schließlich einen großen Schluck. Augenblicklich fühlte sie sich schon viel wacher.

»Also, noch mal: Arista hat einen neuen Scheck geschickt«, wiederholte Robyn ihre Worte von vorhin.

»O.k., cool.«

»Das ist schon ein wenig mehr als cool.«

»Wieso? Cool ist doch gut.«

»Ja, eben. Gut reicht hier aber nicht. Es ist grandios!«

Whitney sah in Robyns leuchtende Augen, die vor Euphorie herauszufallen drohten, so kam es ihr vor. Doch sie zuckte nur mit den Schultern.

»Nip, das ist der erste Tantiemenscheck. Das heißt, deine Plattenverkäufe haben den Vorschuss, den Arista dir gezahlt hat, schon eingespielt. Und wenn ich mir die Höhe des Schecks anschaue, dann hast du nicht nur zehn Platten mehr verkauft – das sind großartige Neuigkeiten! Deine ganze harte Arbeit der letzten Monate, jetzt zahlt sie sich endlich aus!«

Whitney hörte, was ihre Freundin sagte. Sie war nicht doof, natürlich verstand sie, dass ein Tantiemenscheck tolle Nachrichten waren. Aber ihr war das Geld einfach nicht sonderlich wichtig. Solange es ausreichte, um die Raten für ihre Wohnung, Essen und Robyns Gehalt zu bezahlen, war sie zufrieden. Mehr brauchte sie nicht.

»Ich höre dich ja. Und ich freue mich darüber, wirklich. Aber was erwartest du jetzt von mir? Dass ich einen Freudensalto hinlege?«, sagte Whitney und lachte. Sie sah, wie auf Robyns Gesicht ein strenger Ausdruck erschien. Doch sauer war sie nicht, das wusste Whitney sofort. Es war eher etwas Nachdenkliches und Sorgenvolles, das ihre Freundin umtrieb.

»Robyn, was ist los? Das war doch nur ein Scherz!«

»Ja, ja, das habe ich schon verstanden.«

»Was hast du dann?«

»Ich denke nach …«

»Und über was?«

»Über deinen Scheck …«

»Was gibt es denn da zum Nachdenken?«

Whitney unterdrückte ein Seufzen. Dieses Frage-Antwort-Spiel, dieses mühselige Herausziehen von Informationen, die am Ende überhaupt keine waren – sie konnte es nicht leiden, wenn Robyn so war. Das tat sie immer, wenn sie über etwas grübelte. Dafür war Whitney zu ungeduldig. Warum konnte sie nicht einfach sagen, was in ihrem Kopf vor sich ging?

»Robyn? Hallo?«

»O.k., ich hab's.«

»Du hast was?«

»Eine Idee.«

»Mann, Robyn, jetzt mach es mir doch bitte nicht so schwer.« Jetzt schaffte Whitney es nicht, ihr Seufzen zu unterdrücken. Unruhig rutschte sie auf ihrem Stuhl von links nach rechts. Es machte sie nervös, wenn jemand herumdruckste, wie es Robyn in diesem Moment tat. »Was ist denn nun deine Idee? Los, raus mit der Sprache!«

Robyn lehnte sich ein Stück nach vorne und strahlte Whitney an. Nervös begann Whitney, mit den Knien zu wippen, während sie gespannt den Blick ihrer Freundin erwiderte.

»Ich habe eine Idee, was du tun kannst, damit das hier realer für dich wird.« Wieder wedelte Robyn mit dem Tantiemenscheck hin und her.

Whitney schüttelte den Kopf. »Aber ich sehe ihn doch klar und deutlich gerade vor mir«, sagte sie schließlich. »Wie soll er denn noch realer werden?«

»Nein, nein. Real wird er erst, wenn du ihn auch wirklich einlöst.«

Whitney legte die Stirn in Falten. »Warum soll ich ihn einlösen, wenn ich aber gerade gar nichts brauche?« Sie hatte nicht die leiseste Ahnung, auf was Robyn hinauswollte.

»Weil das wichtig ist.«

»Aber *wieso*?«

»Damit du weißt, wo du stehst.«

»Wie, ›wo ich stehe‹?«

»O. k., weißt du was?« Robyn schüttelte den Kopf, während sie aufstand.

»Nein, ich weiß wirklich gar nichts«, antwortete Whitney, mit jedem Wort wanderten ihre Brauen mehr in Richtung Stirn.

Robyn ging um den Tisch herum und stellte sich vor Whitney, die Hände legte sie sanft auf ihren Schultern ab. Ihr Blick war so klar und euphorisch, so überzeugend und voller Tatendrang – in diesem Moment hätte ihr Whitney sogar geglaubt, wenn sie ihr offenbart hätte, der Osterhase zu sein.

»Nip, vertraust du mir?«

»Ja.« Whitney musste keine Sekunde überlegen, ehe sie antwortete.

»Dann zieh dich an und komm mit.«

• • •

Nicht einmal 15 Minuten später saß Whitney auf dem Beifahrersitz neben Robyn in deren altem Ford Pinto. Schnell hatte sie sich die Zähne geputzt, das Gesicht gewaschen und ihre schlüsselbeinlangen Haare mit einem Band zusammengebunden. Dann hatte sie sich die nächstbesten Jeans angezogen und einen schwarzen Strickpulli übergestreift, war in ihre Nike-Sneakers und den dunkelbraunen gefütterten Trenchcoat geschlüpft, als sie auf einmal Robyns Hände von hinten auf den Schultern gespürt hatte, die sie mit behutsamem und dennoch bestimmtem Druck in Richtung Haustür schoben.

»Wo fahren wir denn hin, Robyn?« Mit unsicherer Stimme durchbrach Whitney das Schweigen. Robyn hatte kein Wort gesagt, seitdem sie die Küche verlassen hatten. Whitney vertraute Robyn. Natürlich! Doch mit jeder weiteren Minute, die verstrich, ohne dass sie wusste, was ihre Freundin im Schilde führte, pochte ihr Herz schneller. Sie wurde nervös.

»Robyn? Wo fahren wir hin?«, wiederholte Whitney noch einmal ihre Frage, diesmal mit kräftigerer Stimme.

»Vertrau mir einfach. Wir sind gleich da.«

Whitney nickte stumm und wandte sich dem Beifahrerfenster zu. Draußen flogen die Häuser New Jerseys an ihr vorüber. Es war ein grauer Tag, die Straßen waren noch nass. Doch mittlerweile hatte es endlich aufgehört zu regnen. Während der vergangenen Wochen war ein stürmischer Regentag mit eisigen Temperaturen auf den nächsten gefolgt. Whitney fand das schrecklich. Sie war ohnehin noch nie eine Freundin des Winters gewesen. Aber dieser hatte es besonders in sich. Es schien, als wollte er niemals enden. Sie fröstelte schon beim Blick nach draußen. Vielleicht hätte sie doch lieber den dicken Parka anziehen sollen. Und die dicken Wollsocken, die ihr Cissy zu Weihnachten geschenkt hatte.

»Wir sind da«, riss Robyns Stimme sie aus den Gedanken. Whitney zuckte zusammen. Sie hatte nicht bemerkt, wie Robyn eingeparkt und den Zündschlüssel abgezogen hatte. Ihr Blick wanderte wieder nach draußen, sie blickte sich um, doch sie hatte keine Ahnung, wo sie sich befanden. Auf jeden Fall nicht mehr in New Jersey. Dazu hatten die Häuser viel zu viele Stockwerke.

»Los, komm«, flötete Robyn und war mit einem Satz aus dem Ford Pinto ausgestiegen. Mit langsamen Bewegungen, beinahe wie in Zeitlupe, öffnete auch Whitney die Beifahrertür und verließ das Auto. Kaum hatte sie die Tür zugeschlagen, stand auch schon Robyn vor ihr. Sie trug ein breites Grinsen.

»Verrätst du mir jetzt, wohin wir gehen? Und was das alles mit dem Tantiemenscheck zu tun hat?«, versuchte Whitney es noch einmal. Sie konnte sich nicht entscheiden, ob sie sauer auf Robyn war dafür, dass sie sie so lange im Dunkeln ließ. Oder ob sie zurückstrahlen oder ihrer Freundin gleich um den Hals fallen sollte, weil sie diese Geheimniskrämerei eigentlich ziemlich aufregend fand. Das Adrenalin in ihrem Körper wirkte wie ein Aufputschmittel.

»O. k., Nip, pass auf«, sagte Robyn, bevor sie eine Pause einlegte, die Whitney dramatisch lang vorkam. Nach ewigen Sekunden drehte sich Robyn schließlich auf dem Bürgersteig um und breitete die Hände in Richtung des Gebäudes vor ihr aus. »Tada!«, rief sie.

Whitney folgte mit den Augen Robyns Armen. Auf einem Schild las sie den mit filigraner Linie und großen Lettern gezogenen Schriftzug »Weber«. Dann senkte sie den Blick ein wenig und traf auf die Auslagen der Schaufenster. Überall war Schmuck zu sehen. Vor dem Eingang hatte sich ein großer Mann mit schwarzem Anzug und schwarzer Krawatte aufgebaut. Die Arme waren vor der Brust gekreuzt, mit dem Kopf wanderte er in langsamen Bewegungen von rechts nach links – es schien, als ob er die Menschen, die an ihm vorbeiströmten, wie ein Scanner genauestens erfasste, jeden Einzelnen von ihnen.

»Robyn ...?«, stammelte Whitney und wandte sich mit hochgezogenen Augenbrauen ihrer Freundin zu. »Was sollen wir hier?«

»Wir wollen hier gar nichts. Aber *du*.«

»Was ...?«

»Du willst dir ein Schmuckstück kaufen, das du dir vor einem Jahr niemals hättest leisten können. Nichts Prunkvolles oder Kitschiges. Das passt nicht zu dir. Aber eben etwas, das dich für immer an diesen Tag erinnern wird. An den Tag, an dem du deine ersten Tantiemen bekommen hast.«

»Aber ich brauche doch gar nichts.«

»Darum geht es nicht. Du kannst diesen Tag nicht einfach so verstreichen lassen. Du hast die letzten Monate gearbeitet wie eine Maschine. Du hast dir überhaupt nichts gegönnt, weder eine Pause noch irgendetwas, das dir einfach Freude bereitet.«

»Robyn, ich habe eine Wohnung für uns gekauft. Das ist nicht unbedingt nichts.«

»Ja, o. k., das stimmt. Aber das zählt nicht. Eine Wohnung kannst du nicht als Erinnerungsstück dein Leben lang mit dir herumtragen.«

»Aber ...«

»Nip, vertrau mir. Ich bin hier als deine beste Freundin und als deine persönliche Assistentin. Und in beiden Rollen sage ich dir, dass du das unbedingt machen solltest. Wenn du immer nur weiterarbeitest, ohne auch nur einmal innezuhalten, um deinen Erfolg auf dich wirken zu lassen und dich darüber zu freuen, dann wird das auf Dauer nicht funktionieren. Du wirst schneller ausgebrannt sein, als du bis drei zählen kannst, und dich dann fragen, warum du das hier eigentlich tust.«

Schweigend blickte Whitney um sich. Hatte Robyn vielleicht recht? Manchmal, wenn sie abends im Bett lag, völlig erschöpft und gleichzeitig so aufgedreht, dass an Schlafen nicht zu denken war, fragte sie sich tatsächlich schon jetzt, warum sie überhaupt von einem Termin zum nächsten hetzte. Warum sie nicht einfach irgendwo in Manhattan in einem Nachtklub als Backgroundsängerin arbeitete und tagsüber als Kellnerin in einem Diner. Wäre das nicht ein schöneres Leben? Die Gedanken fingen dann meistens schnell an, so ineinanderzuwirbeln, dass sie keinen davon mehr zu fassen bekam. Es war anstrengend, unglaublich anstrengend. Und es verunsicherte Whitney. War sie wirklich auf dem richtigen Weg?

Robyn hatte sie davon noch nie erzählt. Sie hätte gar nicht gewusst, was genau sie sagen sollte. Schließlich konnte sie dieses Gedankenwirrwarr nicht einmal für sich selbst in sinnvolle Worte übersetzen.

»Erinnerst du dich an früher? Als wir für deine Modeljobs von Newark nach Manhattan gekommen sind und an den Nachmittagen die 5th Avenue hinauf- und hinabspaziert sind und uns ausgemalt haben, was wir uns alles kaufen würden, wenn wir genügend Geld hätten? Jetzt hast du genügend. Erfüll der 17-jährigen Nippy ihren Wunsch.« Robyn sprach wieder mit dieser sanften und zugeneigten Stimme, die Whitney überhaupt erst dazu gebracht hatte, in den Ford Pinto zu steigen.

Whitney kniff die Augen zusammen und schüttelte den Kopf. Dann lachte sie auf und rief: »O. k.! Ich mach's!«

Robyn klatschte vor Freude in die Hände und hüpfte ein paar Zentimeter auf und ab. Dann hakte sie sich bei Whitney unter und steuerte auf den stämmigen Anzugmann am Eingang zu. Vor ihm mussten sie notgedrungen haltmachen, er stand direkt vor der Tür.

»Guten Tag, Sir«, sprach Robyn ihn unverwandt an. »Sie kennen bestimmt Whitney Houston hier neben mir. Wir würden uns gerne in Ihrem Laden umsehen, Miss Houston ist auf der Suche nach einer Kette.«

Whitney schaute dem Mann in die Augen und lächelte, was gar nicht so leicht war. Er hatte etwas Furchteinflößendes. Nicht für eine Sekunde verzog er seine Miene, Whitney konnte nicht sagen, ob er sie erkannte oder nicht, ob bei ihm überhaupt etwas klingelte, als Robyn ihren Namen erwähnte. Doch so viel war ihr klar: Wenn sie dem Blick des Mannes nicht standhielt, dann würde er sich keinen Millimeter bewegen. Also sah sie ihn weiter unbeirrt mit ihrem Lächeln im Gesicht an.

Nach einer Ewigkeit, die in Wahrheit nur einen kurzen Augenblick dauern konnte, trat der Wachmann zur Seite. Er öffnete die Tür und bat die beiden mit einer einladenden Geste hinein. »Herzlich willkommen, Miss Houston«, brummte er noch, als Whitney an ihm vorbeiging und Robyn in den Laden folgte.

Drinnen stockte ihr der Atem. Sie hatte in den vergangenen Wochen und Monaten viele Orte gesehen, die vor Prunk nur so trieften. Doch so geballt wie hier – so etwas kannte sie nicht.

Der Raum war weitflächig, ihr altes Appartement in Woodbridge hätte bestimmt zwei- oder dreimal hier hineingepasst.

Überall war der Boden mit weißen Marmorplatten gefliest, er wirkte massiv und zart zugleich. Whitney hatte keine Ahnung, wie das überhaupt möglich sein konnte. Aber es war so. Schnell blickte sie hinab auf ihre Nike-Sneaker. Sie kam sich schäbig vor. Immerhin hatte sie zufällig ihr neuestes Paar gegriffen – das Weiß des Turnschuhs war tatsächlich noch weiß. Hoffentlich hatte sie keinen Schmutz an der Sohle. Sie war sich sicher, dass jeder noch so kleine Krümel einen hässlich auffälligen Fleck auf dem weißen Marmor hinterlassen würde. Sie hoffte inständig, dass die paar Meter von Robyns Ford Pinto über den regennassen Gehsteig hinein in das Geschäft nicht ausgereicht hatten, um die Schuhsohlen zu besudeln. Sie machte zwei kleine Schritte nach vorne und drehte sich so unauffällig wie möglich um – keine Abdrücke auf dem Boden. Vor Erleichterung entfuhr ihr ein leises Seufzen.

»Alles in Ordnung?«, fragte Robyn.

Whitney sah zu ihrer Freundin auf und nickte. Dann ließ sie den Blick weiter im Laden umherschweifen. Es war unglaublich. Alle paar Meter stand eine mannshohe Glasvitrine, die Scheiben blitzblank, die Türen golden umrandet. Der Schmuck darin war auf weiße Polster gebettet. Von überallher strahlte ihr Gold und Silber entgegen. Ohrringe, Armbänder, Ketten, Diademe, Ringe, weiter hinten im Laden konnte sie Uhren erspähen.

Es schien Whitney, als ob es hier alles gäbe, was sich ein wahrer Schmuckfetischist nur wünschen konnte. Sie konnte nicht fassen, dass sie wirklich hier war, umgeben von all diesen prachtvollen und edlen Dingen. Am liebsten hätte sie einen Freudenschrei ausgestoßen. Aber eine innere Stimme hielt sie davon ab. Das würde sich für einen solchen Ort alles andere als schicken.

»Wo sollen wir als Erstes schauen – was möchtest du haben: Ohrringe? Ein Armband? Eine Kette?«, flüsterte Robyn ihr zu. Ihre Stimme drang von ganz nah an Whitneys Ohr, die beiden standen direkt nebeneinander. Robyn hatte wohl genau die gleichen Hemmungen, in normaler Lautstärke zu sprechen, wie Whitney. Als ob zu laute Stimmen dem vielen Gold und Silber etwas anhaben könnten, wie eine Nadel einem Luftballon. Statt zu antworten, zeigte Whitney mit einer knappen Geste ihres Kopfes auf die nächstgelegene Vitrine. Darin lagen silberne Armbänder, ordentlich nebeneinander aufgereiht – eines war schöner als das andere.

»Wie wäre es mit dem hier?« Whitney deutete mit dem Finger auf ein Exemplar mit kleinen länglichen Gliedern, filigran gearbeitet. Gegenüber dem Verschluss unterbrachen zwei Ringe die Gliederkette. Sie waren nicht exakt gleich groß und ineinander verhakt, dadurch erinnerte es Whitney an eine liegende Acht, das Unendlichkeitszeichen. Das passt doch irgendwie, dachte sie sich. Denn so, wie sie Musik betrachtete, war sie erst dann bedeutsam, wenn sie die Zeit überdauerte. Wenn die musikalischen Arrangements, der Text und die Art des Gesangs so zeitlos schön waren, dass die Stücke 50 oder 100 Jahre später immer noch gehört wurden. So sollte auch ihre Musik sein: unendlich.

Robyns Zögern riss sie aus ihren Gedanken.

»Was ist?«, fragte sie ihre Freundin.

»Das kostet nur 500 Dollar«, sagte Robyn so leise, dass Whitney sie kaum hören konnte.

»Na und?«

»Wir sind doch hier, damit du deinen Scheck mit einem Andenken feierst.«

»Ja, aber das tue ich doch gerade. Mit diesem Armband dort.« Wieder deutete Whitney mit einer kleinen Geste ihres Fingers auf das silberne Armband mit den zwei Ringen.

»500 Dollar ist viel zu wenig, Nip. Das hättest du dir auch vor den Tantiemen ohne Probleme leisten können.«

Whitney schüttelte sanft den Kopf. Robyn meinte es nur gut,

das war ihr klar. Und sie hatte bestimmt auch recht. Aber das gerade eben, Robyns Einwand, das war nun wirklich völliger Quatsch.

»Mir gefällt aber das Armband dort. Robyn, es war ja richtig, mit mir hierherzukommen. Aber ich werde nicht einfach irgendetwas kaufen, das möglichst teuer ist, nur weil ich es mir leisten kann. Ich möchte etwas, das zu mir passt, das ich schön finde und bei dem ich mir eben denke: Ja, das ist es. Und das da«, Whitney tippte mit dem Finger in die Luft in Richtung des Armbands, »das ist es.«

Entschlossen blickte sie zu Robyn. Die Miene ihrer Freundin war verdutzt. Whitney musste sich ein Lachen verkneifen – das hatte sie bislang nur selten erlebt. Vielleicht, weil Robyn dieses Talent hatte, immer recht zu haben. Da gab es keinen Grund für sie, verdutzt zu sein. Sie wusste, was Whitney wollte, noch bevor sie selbst es tat. Meistens jedenfalls. Dieses Mal war eine der wenigen Ausnahmen.

»O. k. Einverstanden«, sagte Robyn schließlich. Sie wandte sich wieder dem Armband zu. Nach einer Weile sagte sie: »Es passt wirklich gut zu dir. So zart und zerbrechlich, wie es aussieht, es aber in Wahrheit gar nicht ist. Ich kann es mir richtig gut an deinem Handgelenk vorstellen. Ich hole mal jemanden, damit du es anprobieren kannst.«

Robyn machte auf dem Absatz kehrt und steuerte auf zwei Verkäuferinnen zu, die gerade einen älteren Mann und eine Frau bedienten, die dem Aussehen nach seine Tochter hätte sein können. Erst jetzt fiel Whitney auf, dass sie bestimmt schon zehn Minuten in dem Laden waren und noch keine Mitarbeiterin und kein Mitarbeiter zu ihnen gekommen war und seine oder ihre Hilfe angeboten hatte. Nicht einmal begrüßt hatte sie jemand.

Merkwürdig, schoss es ihr nun durch den Kopf. In einem Luxusgeschäft auf der 5th Avenue mitten in Manhattan, hätte da nicht jemand sofort Spalier stehen müssen? Wurde nicht immer gesagt, dass man in solchen Läden für seinen Einkauf jemanden an die Seite gestellt bekam, der einen ausführlich beriet, ein Glas Champagner reichte oder sonst irgendwelche Annehmlichkeiten bereithielt? Das hatte sie zumindest damals beobachtet, als Robyn und sie als Jugendliche ihre langen Schaufensterbummel die Straße entlang machten und manchmal so lange die Geschehnisse in den Läden durch die Fenster beobachteten, bis der Wachmann am Eingang sie so Furcht einflößend angesehen hatte, dass sie lieber weitergezogen waren.

»Entschuldigen Sie bitte«, hörte sie Robyn die Verkäuferinnen ansprechen. »Könnten Sie uns bitte helfen? Meine Freundin möchte sich gerne eines Ihrer Armbänder genauer ansehen.«

Selbst aus den paar Metern Entfernung konnte Whitney sofort erkennen, dass das Lächeln der Frauen aufgesetzt war. Die eine hatte ihr blond glänzendes Haar am Hinterkopf zu einem eleganten Dutt zusammengeknotet, die andere trug ihre hellbraunen Haare in einer Kurzhaarfrisur. Die Blonde war in ein knallrotes Kostüm gekleidet, passend zur Farbe ihrer Lippen. Die andere in einen eleganten schwarzen Hosenanzug. Nur zwei Schildchen an der linken Brust verrieten, dass sie hier arbeiteten. Beim Anblick der auseinandergezogenen Mundwinkel der Frauen schauderte Whitney.

»Bitte haben Sie Geduld«, sagte schließlich die Braunhaarige, ohne ihr falsches Lächeln zu verlieren. »Wir werden Sie und Ihre Freundin bedienen, wenn Sie an der Reihe sind.«

»Aber Sie sind hier doch zu zweit. Könnte nicht eine von Ihnen bitte meiner Freundin das Armband zeigen?« Robyn war nicht bekannt dafür, schnell nachzugeben. Erst recht nicht, wenn es um etwas ging, das Whitney wollte.

»Miss«, setzte nun die blonde Verkäuferin an und trat einen bedrohlichen Schritt auf Robyn zu. Ihre Augen waren kalt, während ihre Mundwinkel sich weiter auseinanderzogen. Gruselig, dachte Whitney. »Wie meine Kollegin schon sagte: Sie werden dann bedient, wenn Sie an der Reihe sind. Gedulden Sie sich also ein wenig.«

Robyn schien es die Sprache verschlagen zu haben. Das kam so gut wie nie vor. Für ein paar weitere Augenblicke blieb sie regungslos vor den beiden Verkäuferinnen stehen, nur ihr Kopf bewegte sich, indem sie von der einen zur anderen schaute. Dann machte sie kehrt und kam zu Whitney zurück.

»Was sollte das denn gerade?«, wisperte sie ihr zu, die Stirn in Falten gelegt.

Nun war es Whitney, der die Worte fehlten. Ganz leicht schüttelte sie den Kopf. Sie hatte wirklich keine Ahnung.

Es ergab keinen Sinn. Warum wollte man sie ganz offensichtlich nicht bedienen? Völliger Quatsch, dass sich gleich zwei Frauen um nur eine Kundschaft kümmerten, während andere Kundinnen herumstanden und im Zweifel den Laden wieder verließen.

Whitney ließ ihren Blick über die anderen Menschen im Geschäft schweifen. Es waren nur eine Handvoll, wahrscheinlich lag das an der frühen Uhrzeit. Ganz hinten konnte sie einen Mann erkennen, wohl auch ein Verkäufer, weil er gerade eine der Vitrinen öffnete und darin eine Kette arrangierte. Ein paar Meter daneben hielt eine Verkäuferin ein kleines Polster mit großen Ohrsteckern, vielleicht Diamanten, in den Händen und präsentierte es zwei Frauen mittleren Alters in Pelzmänteln. Etwas weiter rechts stand ein zweiter Verkäufer, für Whitney machte es den Eindruck, als wollte er sich verstecken: Er hatte sich so hinter einer hohen Vitrine positioniert, dass er kaum zu sehen war – er stand einfach nur da. Und dann waren da doch die zwei Verkäuferinnen, die sich um den älteren Mann und diese junge Frau bemühten.

Gleich drei Angestellte hätte es also gegeben, die Whitney und Robyn hätten bedienen können. Doch sie alle taten so, als ob sie gar nicht hier wären.

Noch einmal schaute Whitney umher und inspizierte jeden der Anwesenden. Plötzlich dämmerte ihr, was hier vor sich ging. Es war so klar, warum war ihr das nicht gleich aufgefallen? Robyn und sie, sie waren die einzigen Afroamerikanerinnen im Laden. Man wollte sie nicht bedienen, weil sie zwei Schwarze Frauen waren. Eine andere Erklärung gab es nicht: Sie waren an einem der weißesten Orte, die Whitney kannte, mitten auf der 5th Avenue in Manhattan, in einem Luxusladen für Schmuck – wahrscheinlich dauerte es nicht mehr lange, und sie würden ohnehin rausgeschmissen werden, weil die Verkäuferinnen und Verkäufer davon ausgingen, sie könnten sich nichts von dem leisten, was es hier zu kaufen gab. Weiß gegen Schwarz.

Whitney konnte es nicht fassen. Sie wandte sich Robyn zu und fing ihren Blick auf. Ihrer Miene nach zu urteilen war ihr der Grund für das Verhalten des Verkaufspersonals im selben Augenblick klar geworden.

»Bitte entschuldigen Sie, Misses, dass Sie so lange warten mussten«, hörte Whitney eine Männerstimme hinter sich, »leider hat mein Gespräch mit unserer Security-Firma länger gedauert als angenommen, sodass ich eine Weile nicht im Laden sein konnte. Aber jetzt bin ich ganz für Sie da. Wie kann ich Ihnen behilflich sein?«

Whitney drehte sich um. Vor ihr stand ein Mann, um die 60, sein Haar war dicht und schneeweiß, auf der Nasenspitze trug er eine filigrane Brille, über deren Ränder hinweg er seinen Blick zwischen Robyn und ihr hin- und herwandern ließ. Er lächelte.

Ein Schildchen auf Höhe seiner rechten Brust verriet, dass auch er als Verkäufer hier arbeitete. Und: Er war weiß, genau wie alle anderen.

»Guten Tag, Sir«, sagte Whitney schließlich und schenkte dem Mann ein ebenso freundliches Lächeln. »Ich würde mir gerne eines der Armbänder aus der Vitrine dort drüben ansehen. Könnten Sie es mir bitte zeigen?«

»Selbstverständlich! Folgen Sie mir bitte, Miss.«

Der Mann ging die paar Schritte zu der Vitrine, auf die Whitney gezeigt hatte, und streifte dabei weiße Handschuhe über. Dann öffnete er die Glastür der Auslage, wandte sich wieder Whitney zu und fragte: »Welches der Armbänder soll es denn sein, Miss?«

Whitney deutete auf das mit den zwei ineinander verhakten Ringen.

»Oh, eine sehr gute Wahl, Miss, das passt hervorragend zu Ihren schmalen Handgelenken, das sehe ich schon jetzt.«

Er nahm das Armband mitsamt dem Polster, auf dem es lag, aus der Vitrine und hielt es Whitney und Robyn entgegen.

Eine Frauenstimme ließ Whitney zurückschrecken, als sie gerade die Hand nach dem Armband ausgestreckt hatte. »Entschuldigen Sie bitte, Miss, aber Sie sind doch Whitney Houston, oder?«

Whitney hatte nicht bemerkt, dass eine weitere Kundin den Laden betreten hatte. Sie stand nur zwei, drei Meter neben ihr, als sie sich ihr zuwandte.

Die Frau trug ihre blonden Haare zu einer schicken Dauerwelle frisiert, unter dem geöffneten sandfarbenen Trenchcoat konnte Whitney ein Chanel-Kostüm in Blassrosa erkennen, vor ihrem Körper hielt sie mit beiden Händen eine schwarze Chanel-Tasche. Irgendwas an der Frau fand Whitney unglaublich sympathisch. Nicht unbedingt ihr Outfit. Vielleicht war es ihr Blick, ihre

Augen leuchteten hellblau, ihr Blick war offen. Whitney lächelte, als sie antwortete: »Ja, Misses, mein Name ist Whitney Houston.«

»Die Sängerin? ›Saving All My Love For You‹? ›How Will I Know‹? Das sind Sie?« Mit jedem Wort sprach die Frau in dem Chanel-Kostüm ein klein wenig höher.

»Ja, das bin ich.«

»Oh mein Gott, das wird mir keiner glauben.«

Whitney lachte auf.

»Wissen Sie, Miss Houston, meine Tochter – oh, ich hoffe, es ist überhaupt in Ordnung, dass ich Sie einfach so anspreche? Ich hoffe, ich habe nichts falsch gemacht? Ach, doch, das habe ich bestimmt. Sie sind hier ganz privat mit Ihrer Freundin«, die Chanel-Frau nickte Robyn zu und schenkte auch ihr ein Lächeln, »und ich quatsche Sie hier einfach so an …«

»Das ist völlig in Ordnung, Misses. Ich freue mich, Sie kennenzulernen. Wie ist denn Ihr Name, wenn ich fragen darf?« Whitney freute sich tatsächlich. Ein paarmal hatte sie schon mitbekommen, wie Leute tuschelten und dabei ihr Name gefallen war, wenn sie an ihnen vorbeiging. Doch noch nie hatte sie jemand angesprochen, weil sie Whitney Houston war. Wie aufregend! Augenblicklich merkte sie, wie sich auf ihrer Nase die ersten Schweißperlen bildeten.

»Ach, mein Name, wie nett, dass Sie danach fragen. Ich bin Gloria Shawn. Miss Houston, es ist mir eine solche Ehre, Sie kennenzulernen.« Die Frau trat einen Schritt näher und reichte ihr nach einem kurzen Zögern die Hand. Whitney nahm sie und schüttelte sie zur Begrüßung.

»Wissen Sie, Miss Houston, meine Tochter, Kelly ist ihr Name, sie ist noch ein wenig jünger als Sie, nächsten Monat wird sie 19, sie ist ein großer Fan von Ihnen. Ihre Platte läuft bei meiner Tochter den ganzen Tag. Daher kenne ich Ihre Musik. Und ich muss

Ihnen verraten: Mittlerweile bin ich bestimmt ein noch größerer Fan als Kelly!« Gloria lachte kurz auf.

Und Whitneys Lächeln wurde immer breiter. »Wie schön, da scheinen Sie beide ja ein tolles Mutter-Tochter-Gespann zu sein«, sagte Whitney.

»Miss Houston, haben Sie vielen Dank, Miss Houston, wirklich, ich bedanke mich vielmals für Ihre Zeit. Ich muss jetzt unbedingt gleich nach Hause und meiner Tochter alles erzählen, Miss Houston, sie wird sich grün und blau ärgern, dass sie unsere Shoppingtour heute ausgeschlagen hat, Miss Houston, sie wollte stattdessen lieber zu Hause bleiben und Ihre Platte hören, weil sie diese Woche noch gar nicht dazu gekommen ist, Miss Houston, welch eine Ironie, oder?« Wieder lachte die Frau kurz auf. Dann schenkte sie Robyn und Whitney ein Lächeln mit einem tiefen Nicken zum Abschied, drehte sich um in Richtung Ausgang und ging mit raschem Schritt darauf zu.

»Auf Wiedersehen, Mrs Shawn, bitte richten Sie Kelly schöne Grüße von mir aus. Es hat mich sehr gefreut, Sie kennengelernt zu haben«, rief ihr Whitney noch hinterher, aber sie war schon aus dem Laden verschwunden, vielleicht hatte sie es gar nicht mehr gehört.

Whitney wandte sich Robyn zu und flüsterte: »Hast du das gehört? Sie war ein Fan! Von mir! Ich kann es gar nicht fassen! Die beiden hören meine Musik!«

Robyn legte einen Arm um sie und drückte sie fest an sich. Keine Worte der Welt hätten für Whitney besser ausdrücken können, wie stolz ihre Freundin in diesem Moment auf sie war.

»Miss Houston, wie darf ich Ihnen behilflich sein?«

Whitney sah auf und blickte in das Gesicht der braunhaarigen Verkäuferin, die kurz zuvor Robyn so unwirsch abgekanzelt hatte. Ihre Mundwinkel zogen sich jetzt noch weiter auseinander, was ihr falsches Lächeln immer mehr wie eine Grimasse aussehen ließ. Neben ihr stand die blonde Verkäuferin. Wären die beiden Frauen in einem Halloweenkostüm-Wettbewerb gegeneinander angetreten, hätte sich Whitney nicht entscheiden können, welche Miene sie gruseliger fand.

»Miss Houston, darf ich Ihnen vielleicht erst einmal etwas zu trinken anbieten? Wasser? Kaffee? Ein Glas Champagner?«, fragte nun die Blonde.

Auch der andere Verkäufer, der zuvor noch akribisch eine Kette in einer der Vitrinen arrangiert hatte, war mittlerweile zum Vorschein gekommen.

»Miss Houston, ich habe mir erlaubt, schon mal einen Champagner für Sie mitzubringen«, sagte er.

Auf seinen Händen balancierte er ein silbernes Tablett mit einem Glas Champagner. Als ob Whitney ganz allein hier wäre und Robyn, die immer noch neben ihr stand, nicht existierte.

Im Hintergrund konnte Whitney erkennen, dass der andere Verkäufer, der sich vor wenigen Minuten noch vor ihnen zu verstecken schien, mit Kaffeetassen, Wasserflaschen und Gläsern hektisch aus dem Raum hinter einer Tür hervorgelaufen kam, auf der ein Schild mit dem Wort »Personal« prangte.

Alles an der Situation war grotesk. Nur mit Mühe unterdrückte Whitney ein Auflachen. Auf einmal scharwenzelten alle um sie herum, nur weil jemand ihren Namen erwähnt hatte? Wahrscheinlich wusste niemand von ihnen, wer sie wirklich war. Doch wenn eine reiche weiße Kundin bei ihrem Anblick so aus dem Häuschen geriet, dann musste sie ja schließlich wer sein.

»Wo ist denn der nette Herr, der sich gerade eben noch um uns gekümmert hat?«, fragte Whitney schließlich in die Runde. Sie bemühte sich, möglichst neutral zu klingen.

»Ähm ... hier, Miss Houston, ich bin hier ...«, hörte Whitney die Stimme des Verkäufers mit den schneeweißen Haaren. Sie kam aus dem Rücken der zwei Verkäuferinnen und deren Kollegen, die sie mittlerweile umkreisten. Alle trugen sie das gleiche dämliche Grinsen im Gesicht. Whitney war kein aggressiver Mensch, es gab kaum etwas, das sie aus der Reserve lockte, erst recht nicht, wenn es um Menschen ging, die sie gar nicht kannte. Aber bei dem Anblick dieser Grimassen, die so aufgesetzt und falsch waren, da spürte selbst sie, wie das Blut in ihren Adern zu kochen begann.

Niemand von ihnen machte Anstalten, ihren älteren Kollegen, nach dem sie gerade gefragt hatte, hervortreten zu lassen. Wie eine Mauer hatten sie sich zwischen ihm und Whitney aufgebaut.

So trat sie selbst einen Schritt nach vorne und sagte: »Entschuldigung, dürfte ich hier mal bitte durch?«

Sie musste gar nicht hinsehen, um zu bemerken, wie perplex die drei waren. Vor allem die braunhaarige Frau, die direkt vor ihr stand. Aus dem Augenwinkel erkannte sie, wie die Verkäuferin ihr Lächeln verlor. Aber sie alle schoben sich ein wenig zur Seite, sodass Whitney hindurch zu dem Verkäufer mit den weißen Haaren gehen konnte.

»Sir, arbeiten Sie hier auf Provisionsbasis?«, fragte Whitney ihn, als sie vor ihm stand.

Unsicher blickte der Mann zwischen ihr und seinen Kollegen dahinter hin und her. Whitney konnte nicht sehen, welche Blicke oder Gesten sie ihm zuwarfen. Aber sie war sicher, dass es keine ermunternden waren.

»Ich ... also ... ich befürchte, ich kann Ihnen das nicht ...«, stammelte der Mann, ehe Whitney ihm ins Wort fiel.

»Bitte entschuldigen Sie, dass ich Sie einfach unterbreche. Aber das reicht mir schon als Antwort.«

»Miss Houston, Sie müssen bitte entschuldigen, mein Kollege ist noch neu hier ...«, sagte die braunhaarige Verkäuferin.

Whitney drehte sich kurz zu ihr um. In dem Gesicht der Frau prangte wieder ihre furchtbare Lächelgrimasse. Dann wandte sich Whitney wieder dem Verkäufer mit den weißen Haaren zu.

»Ich habe den Eindruck, ich sollte etwas deutlicher werden, damit Ihre Kolleginnen und Kollegen es auch verstehen: Ich kaufe das Armband, das Sie mir freundlicherweise gezeigt haben, entweder von Ihnen. Oder ich kaufe gar nichts hier. Und zwar niemals. Und ich bin sicher, dass es meine Freunde auch nicht tun werden, wenn ich Ihnen von meinem Besuch hier erzähle.«

»Aber Miss Houston, wieso denn? Wir können Ihnen selbstverständlich auch etwas anderes zu trinken anbieten!«, flötete der Verkäufer mit dem Glas Champagner auf dem Tablett in seinen Händen.

Whitney atmete tief ein und lange aus. Schließlich wandte sie sich ihm zu, schaute ihn mit festem Blick in die Augen, tippte mit dem Zeigefinger auf die Haut ihrer Wange und sagte: »Sie wissen ganz genau, wieso.«

...

»Du warst fantastisch«, rief Robyn voller Begeisterung, als die Türen des Ford Pinto hinter ihr und Whitney ins Schloss gefallen waren. »So habe ich dich ja noch nie erlebt! Dass es mir mal die Sprache verschlägt und du so völlig cool reagierst ... Wahnsinn, Nip! Ich bin total stolz auf dich!«

Whitney lächelte und sah auf ihre Hände, die auf ihrem Schoß ruhten. Zwischen den Fingern ließ sie das Armband gleiten. War das gerade eben wirklich passiert? Sie war selbst überrascht von sich. Eigentlich wäre typisch für sie gewesen, gar nichts zu tun und das Armband einfach von einer der Grimassenverkäuferinnen zu kaufen. Wer auch immer dann die Provision bekommen hätte – der Verkäufer mit dem weißen Haar wäre es mit Sicherheit nicht gewesen. Mit aller Kraft hätte sie die Tränen zurückgehalten, zumindest so lange, bis Robyn und sie den Laden verlassen hätten.

Doch so fühlte es sich nun viel besser an. Sie war für sich eingestanden, ja, im Grunde auch für Robyn und für alle anderen Frauen, die aufgrund ihrer Hautfarbe einfach links liegen gelassen wurden. Und dabei war sie nicht einmal unhöflich geworden.

»Ich glaube, das habe ich echt ganz gut hinbekommen da drinnen«, sagte Whitney.

»Auf jeden Fall!«, rief Robyn aus und lachte aus vollem Hals.

Sie beugte sich nach vorne und knipste den Schalter für das Radio an. Es rauschte. Robyn spielte ein wenig an dem Sendersuchknopf herum.

»... und seit heute ist sie nun endgültig ganz oben angekommen: Whitney Houston ist mit ihrem gleichnamigen Album auf Platz eins der Billboard-Charts angekommen – und ich muss dir sagen, Josh: endlich!«, tönte eine Männerstimme aus den kleinen Lautsprechern des Ford Pinto.

»Stimmt, du hast uns ja schon vor fast einem Jahr prophezeit, dass diese junge Frau der neue Star am Pophimmel sein wird. Auweia, oder? Ich sag dir was: Ab sofort sollten wir wohl besser gleich auf dich hören, wenn du etwas sagst«, sprach eine andere Stimme im Radio.

»Ich bitte darum!«, war wieder die erste Stimme zu hören.

»Und den Wahnsinnserfolg dieser fantastischen jungen Frau mit dem Namen Whitney Houston – merken Sie ihn sich, liebe Zuhörerinnen und Zuhörer, denn sie wird nicht zum letzten Mal mit einem Album an der Chartspitze stehen – wie könnten wir diesen

Erfolg anders feiern, als jetzt erst mal ihre aktuelle Single zu spielen? Hier ist ›Greatest Love Of All‹ von Whitney Houston.«

Mit einer kleinen Bewegung ihres Fingers knipste Robyn das Radio wieder aus. Langsam drehte sich Whitney im Beifahrersitz zu ihr hinüber. Keine der beiden hatte auch nur ein Wort gesagt, während sich die zwei Männer im Radio unterhielten. Stattdessen waren Whitneys Augen mit jedem Wort größer geworden, ihre Augenbrauen immer weiter in Richtung Stirn gewandert. Eine Träne lief ihr stumm über die Wange.

Als sie jetzt zu Robyn blickte, war es beinahe so, als ob sie in einen Spiegel sehen würde: Ihre Freundin hatte den gleichen Ausdruck im Gesicht. Nur die Träne fehlte.

Schließlich war es Robyn, die als Erste ihre Stimme wiederfand.

»Nip«, setzte sie mit ruhiger Stimme an, beugte sich ein wenig zu Whitney hinüber und wischte ihr die Träne aus dem Gesicht, »du hast es geschafft.«

Teil III

Kapitel 17

1. März 1994
13 Uhr

Autsch, dachte Whitney und zuckte kurz zusammen. »Oh Gott, entschuldige bitte«, sagte Carol. Im Spiegel sah Whitney, wie Carol beide Arme emporhielt – in der linken Hand ein Glätteisen, in der rechten eine Bürste. Ihr bedauernder Blick traf Whitneys. »Ich bin heute ein Schaf, es tut mir total leid.«
»Mach dir keine Sorgen. Ich habe wirklich schon viel Schlimmeres erlebt, wenn jemand an meinen Haaren arbeitete«, erwiderte Whitney mit einem leichten Lächeln. Das war nicht einmal gelogen. Sie erinnerte sich an damals, als ihr bei einem ihrer Modeljobs ihre Haare zu diesem merkwürdigen Vogelnest frisiert wurden. Unter Tränen war sie nach Hause zurückgekehrt, und nur durch Robyns Engelsgeduld hatten sie irgendwann alle Produkte wieder ausgespült. Trotzdem hatte die Prozedur unglaublich wehgetan, und Whitney war es so vorgekommen, als ob sie dabei büschelweise Haare gelassen hätte.
»Du bist ein Schatz«, sagte Carol und lächelte ein dankbares Lächeln.

»Willst du drüber reden?«, fragte Whitney.

»Mit dir über alles, Nippy. Aber was meinst du genau?«

»Na, warum du dich dafür entschuldigst, heute ein Schaf zu sein. Irgendwas muss ja wohl passiert sein. So kenne ich dich nicht.«

»Ja ...«

»Du musst mir nichts erzählen, ich wollte dich nicht drängen. Aber manchmal hilft reden. Und so, wie es aussieht, werden wir beide wahrscheinlich die nächste Stunde diesen Raum wohl nicht verlassen. Früher ist bestimmt nicht alles fertig für heute Abend.«

Carol hatte Glätteisen und Bürste abgelegt und begann nun damit, die letzten ungeglätteten Partien von Whitneys Haar in Sektionen zu teilen.

Seit gut zwei Jahren schon war Carol Whitneys persönliche Haar- und Make-up-Stylistin. Überall, wo sie war, war auch Carol. Es hatte Robyn viel Überzeugungsarbeit gekostet, ehe Whitney damit einverstanden war, für diese Arbeit jemanden einzustellen. Eigentlich hasste Whitney es, wenn ihr an den Haaren herumgefuhrwerkt wurde – schon der Gang zum Friseur war ihr jedes Mal lästig. Aber der war nur alle paar Wochen oder Monate fällig. Doch fremde Hände auf ihrem Kopf und in ihrem Gesicht vor jedem ihrer Auftritte? Davor hatte ihr gegraut.

Doch mit wachsendem Erfolg war auch ihr Terminkalender stetig voller geworden. Irgendwann redete Robyn täglich auf sie ein, dass sie unmöglich weiterhin alles allein machen konnte. Dass sie die Zeit vor Auftritten nutzen sollte, um zu entspannen, ein wenig zu plaudern, zu lesen oder auch einfach mal, um gar nichts zu tun und Löcher in die Luft zu starren. Sie sollte sich nicht mit Fragen plagen, welches Make-up zum heutigen Outfit am besten passte und welche Frisur sie diesmal machen konnte. Denn das sei das Gegenteil von Entspannen.

Und Robyn hatte ja recht gehabt, das wusste Whitney gleich beim ersten Mal, als ihre Freundin ihr den Vorschlag unterbreitet hatte. Sie war Sängerin und kein Make-up-Artist und auch keine Haarstylistin. Natürlich brauchte sie professionelle Hilfe, wenn sie auf einem solch wichtigen und großen Event wie der Grammy-Verleihung perfekt aussehen wollte wie all die anderen Stars. Die hatten schließlich alle Profis an ihrer Seite. Aber Whitney behagte es schlicht nicht.

Als Robyn eines Tages mit Carol im Schlepptau aufgetaucht war, war Whitney zunächst überhaupt nicht begeistert gewesen. Sie erinnerte sich zwar gut an sie: Damals, als es um die Haarverlängerung ging, auf der Arista bestanden hatte, war es Carol gewesen, der sie ihren Kopf anvertraut hatte. Vom ersten Augenblick an war ihr Carol sympathisch gewesen. Doch hier ging es eben nicht um Sympathie.

Nachdem Robyn sie stundenlang bekniet hatte, war Whitney schließlich einverstanden gewesen damit, dass Carol sie vor dem nächsten Event schminken und frisieren sollte. Sie schaffte es einfach nicht, Nein zu sagen. Carol war so nett, und sie freute sich schon auf einen kleinen Plausch mit ihr. Danach sollte ihr Robyn absagen, davon war Whitney damals fest überzeugt gewesen.

Doch es kam alles ganz anders. Carol war viel mehr als eine angenehme Gesprächspartnerin. Nach ein paar Minuten war es Whitney so vorgekommen, als ob sie sich schon seit Ewigkeiten kennen würden. Als sie Robyn kennengelernt hatte, war es ihr ähnlich ergangen.

Es war aber nicht nur die Unterhaltung, die Whitney genoss. Wider Erwarten fand sie es überhaupt nicht schlimm, als Carol anfing, sie zu frisieren. Im Gegenteil: Sie entspannte sich. Es war wie ein Kaffeekränzchen mit einer sehr guten Freundin, nur gab es statt Kaffee Haarspray und Rougepinsel.

Und: Nach ungefähr eineinhalb Stunden sah sie umwerfend aus. Noch nie zuvor hatte sich Whitney so hübsch und trotzdem ganz wie sie selbst gefühlt. Sie hatte Carol noch am selben Abend eingestellt.

»Ach, es ist wegen Henry«, holte Carols Stimme Whitney wieder in das Hier und Jetzt zurück. »Er hat ... er und ich ... also, er hat um meine Hand angehalten. Er und ich sind verlobt.«

Carol streckte die linke Hand nach vorne aus und hielt sie vor Whitneys Gesicht. An ihrem linken Ringfinger trug sie einen silbernen Ring mit einem hellblauen Saphir, etwas zwischen einem halben und einem Karat groß, drum herum ein Kranz aus kleinen Diamanten. Er passte perfekt zu Carol.

Whitney nahm Carols Hand mit dem Verlobungsring, stand von ihrem Stuhl auf und drehte sich zu ihr um.

»Das ist ja fantastisch, ich freue mich so für dich und Henry! Herzlichen Glückwunsch!«, rief Whitney aus und fiel Carol um den Hals.

»Nippy, du machst ja deine ganze Frisur kaputt«, lachte Carol. Mit einem sanften Druck ihrer Hände brachte sie Whitney wieder zum Sitzen auf den Stuhl zurück.

»Aber wieso erzählst du das denn nicht gleich?«, fragte Whitney.

»Ich ... ich fand das irgendwie unpassend, es dir ausgerechnet heute zu erzählen.«

»Was meinst du damit?«

»Na ja, heute ist dein großer Abend, dein erster Grammy-Auftritt seit wie vielen Jahren? Drei? Vier?«

»Seit fünf Jahren«, murmelte Whitney. Bei dem Gedanken daran spürte sie augenblicklich ein Rumoren in der Magengegend, und ihr Herz begann, schneller zu pochen.

»Wow, 1989 ist echt lange her. Ja, und dann bist du nun auch noch mit dem ›Bodyguard‹-Soundtrack da – mit *deinem* Film! Mensch, Nippy, das ist so groß! Ich wollte nicht, dass es nun auf einmal um mich geht.«

Whitney wusste nicht, ob sie gerührt sein sollte wegen Carols Bescheidenheit und weil ihre Stylistin wusste, wie aufgeregt sie vor dieser Performance war, ohne dass sie auch nur ein einziges Mal darüber gesprochen hatten. Oder ob sie ein schlechtes Gewissen haben sollte, weil ihre Freundin der festen Überzeugung war, ihre eigene Verlobung sei unwichtiger als einer von Whitneys Auftritten. Vielleicht schloss sich das aber auch gar nicht gegenseitig aus.

»Bitte, Carol, denke bitte nie wieder, dass meine Arbeit über dem steht, was in deinem Leben vor sich geht. Das tut sie nicht. O. k.?«

Im Spiegel sah Whitney, wie Carol nickte.

»Und jetzt schieß schon endlich los! Du hast die ganze Hochzeit in deinem Kopf bestimmt schon komplett durchgeplant. Ich kenne dich doch!«

Carol lachte, ihre Wangen färbten sich leicht rot. Da hatte Whitney wohl etwas Wahres angesprochen.

Als Carol zu erzählen begann und sie ihre Hände wieder in Whitneys Haaren vergrub, bemerkte diese sofort, wie gelöst ihre Freundin auf einmal war. Es kam ihr so vor, als ob es Carol zuvor bedrückt haben musste und sie nervös gemacht hatte, ihre Verlobung nicht zu erwähnen. Von einem Schaf konnte jetzt jedenfalls keine Rede mehr sein.

Whitney spürte, wie sie sich mit jedem Wort von Carol mehr entspannte. Selbst die Handgriffe an ihren Haaren fühlten sich an wie eine Kopfmassage. Es war ihr ein Rätsel, wie Carol das schaffte. Whitney schloss die Augen und unterdrückte ein Seufzen. Ganz leise hörte sie eine Stimme in ihrem Kopf, die sie fragte, was Carol eigentlich gerade erzählte. Whitney hatte keine Ahnung. Aber in diesem Moment war es ihr auch egal.

Carols Stimme erschien ihr wie die einer Meditationsführerin: sanft und monoton, mit einer besonderen Art, das Gesagte zu betonen, wodurch sich die Worte irgendwann in eine melodische Abfolge von Tönen verwandelten. Es gab nur noch die Form der Worte, keinen Inhalt mehr. Whitney merkte, wie immer mehr Gedanken von ihr abfielen und mit ihnen all ihre Anspannung, Sorgen und Ängste. Bald fühlte sie sich so gelassen wie schon lange nicht mehr. Jetzt konnte sie ein Seufzen nicht mehr unterdrücken. Sonst fühlte sie sich so nur in den kurzen Momenten, wenn sie auf dem Beifahrersitz im Auto mitfuhr, aus dem Fenster blickte und die Umgebung draußen an ihr vorbeiflog.

Kapitel 18

Januar 1989

Stoisch sah Whitney zu, wie die Hausfassaden und Fußgänger an ihr vorbeihuschten. Schon immer war sie lieber Beifahrerin gewesen, als selbst hinter dem Steuer zu sitzen. Es hatte eine tiefenentspannende Wirkung auf sie, wenn die Umgebung sich veränderte, ohne dass sie selbst etwas tun musste. Sie konnte einfach nur dasitzen und dabei zusehen, wie sich ein Haus gegen das nächste eintauschte, eine Straße gegen eine andere, wie sich innerhalb von ein paar Minuten die gesamte Umgebung so stark ändern konnte, dass es einem vorkam, als ob man in einer ganz anderen Stadt wäre. Und an roten Ampeln ließ sie den Blick über die Passanten schweifen, die eilig die Straße überquerten, und malte sich aus, wie es im Leben dieser Menschen aussehen musste.

Sie erinnerte sich an das eine Mal – war es in Chicago gewesen? Ja, vermutlich, denn an beinahe jeder Kreuzung waren kleine Hotdogbuden zu sehen gewesen, und dafür war Chicago schließlich bekannt. In ihrer Erinnerung saß sie neben Robyn in deren alten Ford Pinto. Bei heruntergekurbelten Fenstern warteten sie an einer Ampel, dass ebenjene auf Grün sprang, als ein gut aussehender Mann über die Straße eilte. Er hatte volles dunkles Haar mit einem penibel gezogenen seitlichen Scheitel und trug einen schicken und sehr teuer aussehenden Anzug. Und in seinen Händen balancierte er 20 Hotdogs – mindestens! Er war so schnell auf der anderen Straßenseite und aus Whitneys Blickfeld wieder verschwunden, dass sie für einen Augenblick unsicher war, ob sie den Typen wirklich gesehen hatte.

Weder hatte sie jemals einen Menschen so schnell gehen sehen, noch konnte sie sich erklären, wie er so viele Hotdogs tragen konnte und dabei anscheinend nicht die geringste Sorge hatte, dass etwas Ketchup auf den teuren Anzug tropfte. Oder noch schlimmer, dass einer der Hotdogs hinunterfiel und bei dem Versuch, ihn noch aufzufangen, auch die übrigen zu Boden purzelten. Mitten auf der Kreuzung vor all den wartenden Autos an der Ampel. Wie konnte er nur so entspannt die Straße in diesem Tempo überqueren? Und überhaupt: Was machte dieser Typ, der so aussah wie ein Manager in der Chefetage einer großen Bank oder Aktienfirma, mitten am Tag mit so vielen Hotdogs in seinen Händen?

Es waren genau solche Momente, weshalb Whitney so gerne auf dem Beifahrersitz saß. Aus dem Auto heraus sah die Welt immer ein bisschen anders aus, ihr fielen Dinge auf, von denen sie sonst nie Notiz genommen hätte – erst recht nicht hinter dem Lenkrad, wenn sie sich auf den Verkehr konzentrierte und die rote Ampel anstarrte in der falschen Hoffnung, sie würde dadurch etwas zügiger auf Grün umspringen.

Je bekannter sie wurde, desto wichtiger war es ihr, nicht mehr selbst zu fahren, wenn es nicht unbedingt sein musste. Robyn hatte ihr einmal gesagt, dass das bei dem einen oder anderen nicht gut ankommen würde: Es konnte ihr als Arroganz ausgelegt werden, als ob sich Whitney schon jetzt, ganz am Anfang ihrer

Karriere, zu fein wäre, um selbst Auto zu fahren. Als ob Autofahren unter ihrer Würde wäre.

Whitney hatte der Vorwurf getroffen, gab es doch kaum etwas, das der Wahrheit ferner sein konnte. Die Momente, in denen sie andere Menschen und ihre Umgebung in Ruhe beobachten konnte, wurden immer seltener. Meistens dauerte es nicht lange, ehe sie erkannt wurde und die Leute sie ansprachen. Sie war zu derjenigen geworden, die beobachtet wurde.

Nur im Auto konnte sie weiterhin sicher sein, dass es dazu nicht kommen würde, und sich deshalb voll und ganz in ihre Rolle als Beobachterin fallen lassen.

»Hey, Nip, ist alles o. k. mit dir?«, riss Robyns Stimme neben ihr Whitney aus ihren Gedanken. »Du siehst irgendwie traurig aus.«

Whitney warf ihrer Freundin hinter dem Steuer einen Blick zu. Robyn hatte ein unglaublich schönes Profil: Ihre Stirn war leicht gewölbt, sanft, die Nase verlief gerade ohne die kleinste Idee eines Höckers nach vorne, dann schloss sich beinahe ein Halbkreis nach innen an, der in ihrer Oberlippe mündete. Von dort ging es wie in Schlangenlinien weiter bis zu ihrem Kinn. Ihr Kiefer zeichnete eine scharfe Kante, die ihr schlanker Hals unterbrach. Niemand hatte so ein ebenmäßiges und perfekt proportioniertes Profil wie Robyn, fand Whitney. Als ob Leonardo da Vinci ihre Freundin im Kopf gehabt hatte, als er seinen vitruvianischen Menschen zeichnete.

»Ich mag den neuen Wagen nicht«, sagte Whitney schließlich. »Er ist viel zu schick für uns.«

Robyn lachte laut auf. »Nun hör aber auf! Du würdest lieber immer noch mit dem alten klapprigen Ford Pinto unterwegs sein, der uns schon so oft im Stich gelassen hat, als mit diesem schicken Range Rover?«

Erst vor ein paar Wochen hatte Robyn den Ford Pinto bei einem Gebrauchtwagenhändler in Zahlung gegeben – 20 Dollar hatte ihr der Autohändler dafür in die Hand gedrückt. Mehr wäre er nicht mehr wert, hatte er zu ihr gesagt. Whitney war skeptisch gewesen, ja fast ein wenig beleidigt, als ihr Robyn davon erzählte. Der Wagen hatte sicherlich ein paar Macken und Schrammen, ja. Aber mehr als 20 Dollar hatte sie schon erwartet. Vielleicht war das ein Frauenpreis, hatte sie sich gedacht. Michael hatte ihr einmal von einem bekannten Autohändler erzählt. Er bot Frauen bei Inzahlungnahmen pauschal immer weniger Geld und teurere Kaufpreise an, vor ihrem Bruder hatte er damit geprahlt, wie leicht er damit durchkomme, wie wenig Ahnung all die Frauen von Autos hätten und wie viel er sich dadurch in die eigene Tasche stecken könnte.

Whitney hatte beschlossen, Robyn lieber nichts von ihrem Verdacht zu erzählen. Sie hätte sich nur aufgeregt und wäre auf sich selbst sauer geworden, ohne dass es an der Situation etwas geändert hätte. Und sie wollte ihr die Freude über ihren neuen silbernen Range Rover nicht verderben, den sie sich gekauft hatte. Trotzdem konnte Whitney ihn nicht leiden.

»Es kommt mir so vor, als ob alle unseren Wagen anstarren. Er ist so groß und auffällig. Mir war es lieber, als wir mit deinem Ford Pinto umherstreifen konnten, ohne dass jemand uns bemerkt hat«, rückte Whitney mit der Sprache raus.

»Nip, das bildest du dir ein, echt mal«, antwortete Robyn, die immer noch lachte. »Mein Ford war so unglaublich alt und klapprig, wenn ich den Motor angelassen habe, dann klang das wie ein startendes Flugzeug, und im Leerlauf qualmte es nur so aus dem Auspuff – *das* war auffällig. Hast du nie bemerkt, wie die Leute uns angeglotzt haben, wenn sie an der roten Ampel an uns vorbeigegangen sind?«

Whitney schaute verdutzt, sie schüttelte den Kopf. »Echt? War das wirklich so?«

»Aber na klar!«

»Das ist mir nie aufgefallen.«

»Ach, du«, sagte Robyn, wobei sie mittlerweile bebte vor Lachen. »Du lebst manchmal wirklich in deiner eigenen Welt und siehst nur das, was du sehen willst – du bist ein Träumerlein!« Sie streichelte Whitney kurz über den Oberarm und zwinkerte ihr zu. Erst jetzt stieg Whitney in das Lachen ihrer Freundin ein.

»O. k., o. k., du hast ja recht.«

»Wie immer also.«

»Na, na! Nicht so vorlaut.« Mittlerweile lachte Whitney so fest, dass sie nach Atem ringen musste.

»Gib's doch einfach zu: Der Range Rover ist eine Veränderung. Und davon hast du gerade so viel in deinem Leben, dass dir selbst so etwas wie ein alter Ford Pinto, der dich seit Jahren begleitet hat, ein bisschen Stabilität und Sicherheit gegeben hat. Es ist völlig o. k., dass du das so fühlst. Aber deshalb ist mein neuer Wagen nicht schlecht.«

Plötzlich blieb Whitney das Lachen im Hals stecken, sie verschluckte sich und musste nach Atem ringen, weil sie so sehr hustete. Sie war völlig baff: Robyn hatte den Nagel auf den Kopf getroffen. Wieder einmal hatte sie bewiesen, dass sie besser Bescheid wusste, was in Whitney vor sich ging, als sie selbst es tat.

In solchen Momenten kam sich Whitney wie ein offenes Buch mit großen dicken Buchstaben vor, in dem ihre Freundin blätterte. Dort konnte sie alles lesen, jede Gemütsregung, jeden Gedanken – alles, was sie gerade umtrieb.

Es hatte sich tatsächlich unglaublich viel verändert im vergangenen Jahr. So viel wie wahrscheinlich noch nie zuvor in Whitneys Leben. Nachdem sie wochenlang auf Promo-Tour kreuz und quer in den USA und für vier Termine in Europa unterwegs gewesen war, war ihr Album im Februar vor 13 Monaten erschienen. Trotz der vielen Interviews im Vorfeld begannen die Radiostationen erst zögerlich, ihre Songs zu spielen. Doch mit den Wochen und Monaten war es immer öfter vorgekommen, dass sie ihre eigenen Songs hörte, wenn sie das Radio anstellte. Die Radiostationen wurden allmählich größer, Anfragen für Interviews und kleine Live-Auftritte wurden mehr. Im Sommer riefen die ersten Fernsehshows bei ihrem Management an. Mit jeder Singleauskopplung waren die Verkaufszahlen besser geworden, ihr Album kletterte langsam, aber stetig die Billboard-Charts weiter nach oben. Immer öfter wurde sie von Fans erkannt – beim Tanken, an der Supermarktkasse, auf dem Weg zu Auftritten, wenn sie das Musikstudio mittags für einen Snack verließ. Irgendjemand erkannte sie jedes Mal.

Das war alles ganz schön viel für Whitney. An manchen Tagen war sie abends so erschöpft von den vielen neuen Eindrücken und Menschen in ihrem Leben, dass sie es gerade noch ins Wohnzimmer auf die Couch ihrer Wohnung in Fort Lee schaffte und augenblicklich einschlief.

Klar gefiel ihr ihr neues Leben – es war aufregend, mal war sie hier, mal dort, mal performte sie einen Song, mal gab sie ein Interview, mal war sie mit Clive im Studio für neue Songs, mal traf sie sich mit Produzenten und Songwritern. Es war wie eine völlig andere Welt, in die sie gefallen war. Nichts davon hatte mehr etwas mit ihrem Leben in der Dodd Street oder mit der Zeit zu tun, als sie mit Robyn in Woodbridge in dem kleinen Dreizimmerappartement wohnte.

Aber die Tatsache, dass es ihr gefiel, änderte nichts daran, dass es auch anstrengend und beängstigend war. Whitney war noch nie der Typ gewesen, der sich mit Veränderungen leichttat.

Sie waren eher ein notwendiges Übel, durch das sie durchmusste, wenn sie ihr Ziel von einer professionellen und erfolgreichen Sängerinnenkarriere erreichen wollte, fand sie.

Jede Fahrt in Robyns Ford Pinto war tatsächlich so etwas wie ein Mini-Urlaub von ihrem neuen und schnellen Leben gewesen. Allein der Geruch nach altem Leder und das Klimpern des Glöckchens von dem kleinen Wollwurm, den Robyn an den Rückspiegel gehängt hatte, wenn die Autotüren zuschlugen – es fühlte sich an, wie nach Hause zu kommen.

Den Wollwurm hatte Whitney gebastelt. Das lag schon viele Jahre zurück, damals ging Robyn noch aufs College und sie selbst zur Highschool. Sie wollte, dass ihre Freundin etwas von ihr bei sich trug, einen Schutzengel, der auf sie aufpasste. Da kam ihr die Idee mit dem Wollwurm. Sie hatte keine Ahnung von Handarbeit, also spazierte sie bestimmt fünfmal in den kleinen Handarbeitsladen an der Ecke Midland Avenue und Everett Street, nur ein paar Hundert Meter von der Dodd Street entfernt. Dort hatte sie Naomi, die Besitzerin, gefragt, die ihr geduldig alles erklärte.

»Kannst du denn den Wollwurm bitte wieder aufhängen?«, fragte Whitney und wandte sich nach links zu ihrer Freundin, »ich verspreche dir, dann freunde ich mich auch mit deinem neuen Wagen an.«

Robyn antwortete mit Schweigen. Ihr Gesicht nahm einen gequälten Ausdruck an, während sie ihren Blick weiter stoisch auf die Straße vor sich gerichtet hielt.

»Was ist?«, hakte Whitney nach. Doch Robyn schwieg weiter.
»Robyn? Was ist denn los?«
»Das geht nicht«, brachte ihre Freundin schließlich hervor.
»Was geht nicht?«
»Das mit dem Wollwurm. Ich kann ihn nicht aufhängen.«
»Warum nicht?«

Wieder blieb Robyn zunächst still. Whitney konnte sehen, wie sie auf dem Fahrersitz nervös hin und her rutschte. Sie wand sich richtig.

»Ich ... habe ... ihn ... nicht ... mehr.«

»Was?«

»Den Wollwurm. Ich habe ihn nicht mehr. Nip, es tut mir so leid! Ich will es dir schon lange sagen, aber ich wusste nicht, wie. Ich hatte einfach nicht den Mut dazu.«

»Was ist denn passiert?« Whitney war verdutzt. Weshalb hatte sich Robyn nicht getraut, ihr zu sagen, dass sie den Wollwurm verloren hatte? Es war doch nicht ihre Schuld.

»Bitte werd nicht sauer, o. k.?« In Robyns Stimme lag Angst.

»Natürlich nicht! Ist doch alles gut, manchmal verliert man eben etwas – das ist blöd, aber da kannst du doch nichts dafür. Ich bin dir nicht böse, Robyn.«

»Nip, ich habe ihn aber nicht verloren.«

Whitney schüttelte den Kopf. Nun verstand sie endgültig nichts mehr. Und sie wurde ungeduldig.

»Was ist denn dann passiert? Mann, Robyn, nun sag schon, und lass dir nicht jedes Fitzelchen aus der Nase ziehen. Ich habe doch schon gesagt, dass ich dir nicht böse bin.«

»O. k., o. k., du hast ja recht. Also gut: Ich habe die alte Ford-Klapperkiste bei dem Händler in Zahlung gegeben, bei dem ich den hier gekauft habe«, sagte Robyn und klopfte bei den letzten Worten mit der Hand auf das Lenkrad des Range Rovers. »Als ich den Ford hingebracht habe, habe ich Susan mitgenommen. Susan ist Grafikerin, sie arbeitet in der Agentur, die das Cover für deine LP zusammengebastelt hat. Wir waren zufällig im selben Fahrstuhl, als ich die ersten Entwürfe abgeholt habe. Wir sind ins Plaudern gekommen – na ja, ich kürze die Geschichte mal ab: Seit ein paar Wochen gehen wir miteinander aus.«

Whitney zog die Augenbrauen hoch. Robyn datete jemanden? Und das schon seit ein paar Wochen? Davon hörte sie zum ersten Mal. Wie konnte sie das verpasst haben? Ihr Herzschlag wurde schneller, und ihr Magen zog sich zusammen.

»An dem Tag, als ich den Termin mit dem Autohändler hatte, waren Susan und ich zum Mittagessen verabredet. Ihre Agentur liegt auf dem Weg, also habe ich sie dort eingesammelt. Wir haben rumgealbert, gelacht und gequatscht, und als wir beim Händler waren, war der Typ in Eile – ich habe den Wurm in dem ganzen Trubel einfach im Ford vergessen, ich habe nicht mehr daran gedacht, ihn vom Rückspiegel abzumachen.«

Der Knoten in Whitneys Magen wurde immer enger, das Herz schien ihr fast aus der Brust zu springen. Sie spürte, wie Ärger ihren Rücken hinaufkroch.

»Und als mir ein paar Tage später aufgefallen war, dass der Wurm weg war, bin ich natürlich sofort wieder zum Autohändler hin. Aber dort haben sie mir nur gesagt, dass ihnen kein Wollwurm aufgefallen und der Wagen längst verkauft wäre. Und die Telefonnummer vom neuen Besitzer wollten sie mir nicht geben, obwohl ich sie angefleht habe, aber das hat alles nichts gebracht. Es tut mir so leid, Nip, ich habe das echt nicht gewollt.«

Robyns Stimme überschlug sich beinahe, ihr Blick war flehend. Aber das war Whitney egal. Sie hätte am liebsten losgeschrien. Doch stattdessen schwieg sie. Sie schaffte es einfach nicht, Robyn ihre Wut entgegenzuschreien. Nicht mehr, jedenfalls.

Das letzte Mal, dass sich Whitney mit ihr gestritten hatte, war damals gewesen, als sie noch in ihrem kleinen Appartement in Woodbridge wohnten. Es ging um Whitneys Affäre mit Jermaine. Seitdem waren die beiden Freundinnen zu der stillen Übereinkunft gekommen, dass sich Whitney noch mehr bemühte, damit

Robyn nichts von ihren Dates mitbekam. Und dass Robyn, sollte sie doch einmal aus Versehen etwas aufschnappen, keinen Kommentar dazu abgab. Unter keinen Umständen, niemals. Es war, als ob Whitneys Liebesleben überhaupt nicht existieren würde. Aber dass auch Robyn jemanden in ihr Leben lassen und daten könnte, dieser Gedanke war Whitney nie in den Sinn gekommen.

Auf einmal wurde Whitneys Atem immer schneller. Sie wurde immer wütender.

Wie hatte Robyn nur den Wurm vergessen können, ihren Wurm, den sie liebevoll für sie gebastelt hatte? Und dann auch noch, weil sie von ihrer neuen Freundin abgelenkt war? Einer Freundin, von der Whitney gerade eben zum ersten Mal gehört hatte? Whitney spürte, dass sich alles in ihr verkrampfte und eine altbekannte Furcht ihr das Atmen erschwerte. Je bekannter sie wurde, desto enger wurde ihr Kreis an echten Vertrauten um sie herum, denen es um Nippy ging – und nicht um Whitney Houston. Sollte sie jetzt auch noch ihre beste Freundin verlieren?

Whitney schossen Tränen in die Augen. Mit einem Mal hatte sich die Wut in Traurigkeit gewandelt.

»Nip, nicht doch«, sagte Robyn. Ihr Blick war gequält, zwischen ihren Brauen tauchten Sorgenfalten auf, in ihren Augen lag eine Mischung aus Verzweiflung und Schuldbewusstsein. »Es war doch keine Absicht, ich war einfach schusselig an dem Tag. Ich wünschte, ich könnte es rückgängig machen und besser aufpassen. Aber das geht nicht.«

Whitney wandte sich von Robyn ab und blickte starr auf die Straße vor ihnen. Sie war verletzt. Es war egal, was Robyn sagte. Sie hörte gar nicht richtig zu. Der Wurm war weg. Robyn hatte ihn aus Unachtsamkeit verloren. Es kam Whitney so vor, als ob mit ihm noch etwas anderes verschwunden war. Irgendetwas fehlte auf einmal.

Sie drehte ihren Kopf ein wenig zurück nach links und sah zu Robyn. Ihre Freundin schien nicht zu bemerken, dass sie sie beobachtete. Sie hatte ihren Blick nach vorne gerichtet, der Verkehr war chaotisch um diese Uhrzeit kurz nach vier Uhr nachmittags. Eigentlich war er in L. A. immer chaotisch. Selbst im Profil konnte Whitney Robyns traurige Miene erkennen. Ihre Augen wirkten schmaler als sonst, die Unterlippe formte einen kleinen Bogen hinab in Richtung Kinn.

Robyn war ihre Vertraute. Ihre Unterstützerin. Von dem Augenblick an, als sie sich im Gemeindezentrum in East Orange zum ersten Mal begegnet waren, lange bevor sie auf Whitneys Gehaltsliste aufgetaucht und ganz offiziell ihre persönliche Assistentin geworden war. Vielleicht hängte Whitney den Wollwurm auch zu hoch auf. Robyn war ihre Seelenverwandte. Würde ein verlorener Wurm daran etwas ändern können? Eher nicht, schoss es Whitney durch den Kopf.

Doch es war einfach nicht mehr so wie früher, als sie fast noch Teenager waren. Als sie ihr von allen Gedanken erzählte, die ihr im Kopf umhergingen. Damals hatte sie das Gefühl gehabt, ein Gedanke war erst dann gedacht, wenn Robyn von ihm wusste. Davor kam es eher einem An-Denken gleich, keinem Denken.

Und Robyn, sie hatte Whitney in all ihre Entscheidungen einbezogen, ganz egal, um was es ging – selbst, als sie sich die kinnlangen Haare zu einer Kurzhaarfrisur abschneiden lassen wollte, hatten sie zuvor stundenlang darüber gesprochen. Die Fürs und Widers gegeneinander abgewogen. Eine afroamerikanische Frau mit kantiger Kurzhaarfrisur, das kam damals, Ende der Siebzigerjahre, für viele einer Provokation gleich. Doch Whitney spürte, dass Robyn eigentlich ganz genau wusste, was sie wollte. Nämlich kurze Haare. Und so bestärkte sie ihre Freundin darin. Egal, was die anderen denken mochten oder sogar sagten.

Die beiden hatten immer ganz genau gewusst, was die jeweils andere gerade umtrieb. Sie waren ein perfektes Team, in jeder Hinsicht.

Wann hatte es aufgehört, so zu sein? *Warum* hatte es überhaupt aufgehört? Warum wusste sie nicht, dass Robyn eine Beziehung führte, und das schon seit Wochen? Whitney wusste keine Antwort.

Plötzlich kam sie sich unglaublich einsam vor. Robyn saß keinen Meter neben ihr, doch in diesem Augenblick hätte sie auch am anderen Ende der Welt sein können. Whitney vermisste sie schrecklich. Diesen unglaublichen Halt, den sie einst verspürte, wenn Robyn bei ihr war, die Sicherheit, dieses Urvertrauen in die Welt, dass am Ende alles gut ausgehen würde – es war nicht weg, nicht richtig. Aber es war ebenso wenig richtig da. Es war anders, das wurde Whitney in diesem Moment klar.

»Ist o. k., Robyn«, sagte sie schließlich. »Ich werde mich schon an deinen neuen Range Rover gewöhnen.«

Kapitel 19

April 1989

»Wann geht es los?«
Whitney drehte sich mit fragendem Blick nach links zu Robyn, die neben ihr saß. Die Hände hatte sie auf den Knien abgelegt, abwechselnd wackelte sie mit ihren Beinen auf und ab. Sie lachte kurz auf.
»In einer guten Viertelstunde erst«, antwortete Robyn.
»So lange noch?«
»Na ja, so lange sind 15 Minuten jetzt auch wieder nicht.«
»Finde ich schon. Da hätten wir ja draußen noch eine rauchen und ein wenig plaudern können.«
Jetzt musste Robyn lachen.
»Nip, ich muss dir morgen echt mal Nikotinpflaster besorgen. Du und dein Rauchen, wenn du so weitermachst, wirst du irgendwann deine eigenen Songs nicht mehr singen können, weil dir der Atem wegbleibt!«
»Ach Quatsch, so schlimm ist es nicht. Du würdest nicht lachen, wenn es wirklich so wäre.«
Robyn legte den Kopf schief und zog ihre Lippen zusammen.

Das tat sie immer, wenn Whitney recht hatte und nicht sie. Ihre Mimik war Eingeständnis genug, sie musste gar nichts weiter sagen.

»Siehst du, ich liege richtig«, zwitscherte Whitney und kniff Robyn in die Wange.

Für ein paar Sekunden sahen sie sich an, ehe beide in schallendes Gelächter ausbrachen.

Damit war für Whitney die hitzige Diskussion, die vorhin im Hotelzimmer beinahe ausgebrochen war, nun endgültig eine Situation, hinter die sie einen Haken setzen konnte – Schwamm drüber.

Robyn hatte mal wieder damit angefangen, dass sie, Whitney, unbedingt eine Pause einlegen müsste. Ihr Leben würde in Hochgeschwindigkeit an ihr vorbeirasen, hatte sie gepredigt. Und das nicht zum ersten Mal. Am Ende, so Robyns Prophezeiung, würden ihre Erinnerungen verschwimmen, bis sie die Jahre nicht mehr auseinander halten könnte. Wenn sie nicht schon vorher zusammengeklappt war, würde es spätestens zu diesem Zeitpunkt passieren.

Doch wie jedes Mal hatte Whitney auch diesmal keine Kapazitäten, um diese Diskussion zu führen. Ja, es war durchaus selten geworden in letzter Zeit, dass sie fröhlich war. Stattdessen fühlte sie sich meistens ausgelaugt und niedergeschlagen. Ihr war sogar selbst schon aufgefallen, dass sie nur noch selten lachte, wenn nicht eine Kamera auf sie gerichtet war oder sie vor einem Publikum auf der Bühne stand.

Wahrscheinlich sah das auch Robyn, wahrscheinlich war das der Grund, warum sie darauf beharrte, Whitney solle für einige Wochen, am besten aber Monate, eine Pause einlegen. Aber Whitney wollte einfach nicht. Nicht jetzt. Dass ihr zweites Album genauso erfolgreich war wie ihr erstes, war wichtig, wenn sie keine schnelle Nummer am Pophimmel gewesen sein wollte. Und der Erfolg geschah nun einmal nicht, wenn man nur hier mal ein Konzert spielte und da mal ein Interview gab. Sie hatte einfach keine Zeit für weniger.

Vielleicht würde sie irgendwann die Kraft haben, um das auch Robyn genau so zu sagen. Bislang hatte sie sich jedes Mal zu müde gefühlt, um sich auf die Diskussion einzulassen, die daraus entstehen würde. Und dass eine Diskussion entstehen würde, da war sie sich sicher. Also winkte sie stattdessen immer mit einer Geste ab und wechselte das Thema. Robyn kannte sie gut genug, um zu wissen, dass sie dann keine Chance hatte, an Whitney heranzukommen.

Und heute Morgen, da hatte Whitney eigentlich sogar gute Laune gehabt, als sie aufgewacht war. Am Abend zuvor war sie schon um halb neun schlafen gegangen, es war gegen elf Uhr am nächsten Tag, als sie die Augen wieder aufschlug. So erholt hatte sie sich seit Ewigkeiten nicht mehr gefühlt. Sie freute sich auf den Tag, darauf, sich mit Robyn zusammen für die »Soul Train Awards« aufzubrezeln – wenngleich sie der Award Show selbst nervös entgegenblickte. Aber noch konnte sie dieses Gefühl erfolgreich ausblenden.

Dass Robyn ausgerechnet an einem solchen Tag wieder mit dem Pausemachen anfing, hatte Whitney geärgert. Hatte sie denn gar nicht bemerkt, wie viel sie schon gelacht hatte, noch ehe die erste Tasse Kaffee leer war? Es hatte sie viel Überwindung gekostet, ihr deshalb nicht über den Mund zu fahren. Stattdessen hatte sie einfach so getan, als ob Robyn gar nichts gesagt hätte – und nachdem ihre Freundin noch ein, zwei weitere Male angesetzt hatte, hatte Robyn schließlich aufgegeben und hatte in Whitneys gute Laune eingestimmt.

»O. k., du hast mich ertappt – eigentlich würde ich auch echt gerne eine Zigarette rauchen«, sagte Robyn jetzt und unterbrach damit Whitneys Gedanken an den heutigen Morgen.

»Na ja, ich glaube, das werden wir nun nicht mehr schaffen«, wandte Whitney ein, »aber vielleicht finden wir ja einen kürzeren Zeitvertreib.«

Sie streckte ihren Rücken durch und zog den Kopf leicht nach oben, um eine bessere Sicht zu haben. Es dauerte nicht lange, bis sie fündig wurde.

»Da vorne, schau«, sagte sie schließlich und deutete mit dem Finger unauffällig nach vorne. »BeBe und CeCe – oh wie toll! Robyn, komm mit, wir müssen unbedingt Hallo sagen!«

Schon war Whitney von ihrem Platz aufgesprungen und drängte sich an ihren Sitznachbarn vorbei, um in den Gang zu gelangen. Kein leichtes Unterfangen – sie trug ein bodenlanges schwarzes Kleid mit langen Ärmeln und einer kleinen Schleppe. Der enge Schnitt betonte ihre schmale Silhouette, ohne dabei »zu viel« zu sein, wie es ihre Mutter Cissy nennen würde. Der Stoff war mit Pailletten bestückt, und Whitney fühlte sich darin wie eine kleine Prinzessin. Der Ausschnitt war für Whitneys Verhältnisse tief, sie war es nicht gewohnt, bei jedem Schritt und jeder Bewegung darauf zu achten, dass nichts zu sehen war, was nicht zu sehen sein sollte. Kurz: Es war nicht unbedingt dafür geeignet, sich meterweit durch eine enge Sitzreihe zu quetschen, in der die Gäste schon Platz genommen hatten.

Aber in diesem Moment war Whitney der Aufwand egal. Irgendwie würde es schon gehen. Auf keinen Fall wollte sie BeBe und CeCe verpassen!

BeBe und CeCe Winans gehörten zu den ersten Gospelstars, die sie kennengelernt hatte, nachdem sie Clive begegnet war und bei Arista ihren Plattenvertrag unterzeichnet hatte. Die Geschwister waren eines Tages ins Studio spaziert, als Whitney an ihren ersten Probeaufnahmen arbeitete. Clive hatte sie einander vorgestellt. Augenblicklich war Whitneys Nase von Schweißperlen überströmt gewesen, sie erinnerte sich daran, als ob es gestern gewesen wäre. Sie hatte die Musik von *The Winans* schon immer geliebt und deren Songs vor allem vor ihren eigenen Soloauftritten in der New Hope Baptist Church rauf und runter gehört, um sich Gesangstechniken abzuschauen.

Für das jüngste Album von BeBe und CeCe war Whitney schließlich zusammen mit ihnen ins Studio gegangen und hatte zwei Songs aufgenommen – am liebsten hätte sie es gehabt, sie wären auf ihrer eigenen Platte erschienen. »Hold Up The Light« war eine schnellere Nummer, perfekt zum Tanzen. »Lost Without You« hingegen eine gefühlvolle Ballade mit einem dominanten Piano. Die kräftige Stimme von BeBe und die klare hohe Stimme seiner Schwester CeCe ergaben zusammen mit Whitneys Timbre eine perfekte Harmonie. In Whitneys Augen waren es zwei fantastische Lieder, die ihrem Kern nach klar dem Gospel zuzuordnen waren und dennoch genügend RnB- und Popelemente enthielten, um ein breiteres Publikum anzusprechen.

Sie war einfach hin und weg von den beiden: Abgesehen davon, dass die beiden musikalisch begnadet waren, hatte sie auch bei jeder Begegnung eine Menge Spaß mit ihnen.

»Hey, CeCe!«, rief Whitney, als sie schließlich den Gang erreicht hatte, und winkte überschwänglich mit dem Arm. Die beiden saßen nur wenige Reihen weiter vorne. »CeCe, hier sind wir!«

Whitney drehte sich kurz nach Robyn um. Irgendwie hatte sie es geschafft, sich schneller an den anderen in der Sitzreihe vorbeizuschieben, und stand bereits hinter ihr.

»Nip, die Leute gucken schon – sei doch etwas leiser, bitte«, sagte Robyn lachend und war dabei mindestens ebenso laut wie Whitney.

Die beiden gingen ein paar Reihen nach vorne in Richtung Bühne, bis sie die Reihe von BeBe und CeCe erreicht hatten.

»Entschuldigen Sie bitte, dürften wir hier mal kurz durch?«, fragte Whitney den Mann, der direkt am Gang saß und ein bisschen aussah wie ein 20 Jahre jüngerer Barry White.

Der Mann lächelte sie an und stand von seinem Klappsitz auf, sodass sie und Robyn leichter vorbeikamen. Eng war es dennoch.

»CeCe, BeBe«, rief Whitney noch einmal.

Endlich schien zumindest CeCe sie zu hören. Sie drehte sich um, und als sie Whitneys Blick traf, sprang sie sofort von ihrem Sitz auf und stieß einen Freudenschrei aus.

»Nippy, oh, wie herrlich es ist, dich zu sehen«, rief sie mit einem Strahlen im Gesicht, wandte sich kurz wieder ihrem Bruder zu und tippte ihm aufgeregt auf die Schulter. »BeBe, schau doch nur, wer da ist!«

Jetzt erst sah auch BeBe auf. Zwar sprang er nicht ganz so agil auf wie kurz zuvor seine Schwester, doch es war nicht zu übersehen, dass er sich mindestens genauso freute.

Als Whitney bei ihnen angekommen war, umarmte sie die beiden herzlich.

»Es ist schon wieder viel zu lange her, seit wir uns das letzte Mal gesehen haben«, sagte Whitney.

»Das kannst du wohl laut sagen!«, stimmte BeBe zu.

»Aber Nippy, an uns liegt es nicht, das weißt du schon, oder?«, ergänzte CeCe ihren Bruder und zwinkerte dabei. »Bei uns jagt nicht ein Auftritt den nächsten, sodass für nichts anderes mehr Zeit bleibt.«

»Ja, da habt ihr wohl gar nicht so unrecht. Robyn liegt mir ständig damit in den Ohren, ich solle mal eine Pause einlegen. Robyn, hörst du?« Whitney drehte sich zu Robyn um, die direkt hinter ihr stand. »Bring doch beim nächsten Mal einfach das Argument, dass ich dann mehr Zeit habe, um CeCe und BeBe zu treffen – vielleicht höre ich dann auf dich!«

Whitney lachte, und die anderen stimmten ein.

»Hast du Clive kürzlich getroffen?«, fragte BeBe.

»Ja, gestern erst. Wir haben damit angefangen, ein paar Vorbereitungen für das nächste Album zu machen. Ich habe ihm gleich gesagt, ohne ein Feature mit euch wird das nichts!«

Wieder lachte Whitney. Sie freute sich so, die beiden zu sehen. Die vergangenen Tage war sie so gestresst gewesen, dass sie überhaupt nicht auf dem Schirm hatte, dass der heutige Abend auch eine Gelegenheit war, die Geschwister zu treffen. Umso schöner fand sie es nun, dass sie die zwei zufällig in der Menge entdeckt hatte und noch ein paar Minuten blieben, um vor der Show mit ihnen zu plaudern. Sie kannte das Geschwisterpaar gut genug, um zu wissen, dass es später wohl nicht mehr dazu gekommen wäre – sie waren bekannt dafür, keine After-Show-Partys zu besuchen und nach Hause zu ihren Familien zurückzukehren, sobald Events vorüber waren.

Sie drückte CeCe noch einmal fest an sich.

»CeCe, bitte versprich mir, dass wir in Zukunft öfter miteinander telefonieren, o. k.? Du fehlst mir. Nur du erzählst die besten Witze über das Familienleben!«

»Aber unfreiwillig«, merkte BeBe an.

»He, was soll das denn heißen?«, fragte CeCe mit gespielter Empörung in ihrer Stimme.

Ein paar Sekunden schauten sich die drei an, ehe sie wieder losprusteten.

»Nip, du stößt die ganze Zeit mit deinem Hinterteil an den Kopf von Bobby Brown«, schaltete sich Robyn dazwischen, legte ihre Hand sanft auf Whitneys Rücken und schob sie ein paar Zentimeter nach vorne.

»Oh, das tut mir sehr leid, Bobby Brown«, sagte Whitney und drehte sich um.

Da saß tatsächlich Bobby Brown. Sie schenkte ihm ein Lächeln und zuckte leicht mit den Schultern. »Ist denn noch alles dran an deinem Kopf?«, fragte sie und legte für ein paar Augenblicke ihre Hand auf ebenjenem ab.

Bobby erwiderte ihr Lächeln, erhob sich von seinem Sitz, nahm dabei ziemlich geschickt Whitneys Hand von seinem Kopf, führte sie langsam zu seinem Gesicht und küsste sie. Dann blickte er wieder auf und traf ihren Blick.

»Mein Kopf kann durchaus etwas mehr aushalten als den zarten und eleganten Hintern einer Whitney Houston«, sagte er und lachte auf. Dann wurde sein Blick intensiver, als er schließlich fortfuhr: »Aber jetzt mal ganz im Ernst: Es freut mich sehr, dass wir uns endlich persönlich kennenlernen. Ich bin Bobby.«

»Whitney«, sagte Whitney, »und das ist meine beste Freundin Robyn – und CeCe und BeBe Winans.«

Wahnsinn! Bobby Brown! Seit der ersten Singleauskopplung von *New Edition* war sie begeistert von dieser Band gewesen. Wenn sie ehrlich war, vor allem von diesem einen unglaublich attraktiven Mann, der sich so viel besser bewegen konnte als die anderen. Es verging eine Weile, ehe sie seinen Namen zum ersten Mal gehört hatte: Bobby Brown.

Von verschiedenen Seiten hatte Whitney mitbekommen, dass er zu viel trank und so gut wie keinen Abend ohne Frau nach Hause ging. Selten wäre es an zwei Abenden dieselbe Frau, so sagte man. Sie hatte sich nie weiter darüber Gedanken gemacht. Warum auch? Doch jetzt fiel es ihr schwer, diese Gerüchte zu glauben.

Das war doch ein höflicher und zuvorkommender Mann, dachte sie sich. Sie war es schließlich gewesen, die ihn gleich mehrere Male angerempelt hatte, ohne überhaupt Notiz davon zu nehmen. Wenn überhaupt bin ich der Rüpel, dachte sie und unterdrückte ein Lächeln. Denn er hatte es einfach geschehen lassen, ohne auch nur den leisesten Mucks von sich zu geben. Und das sollte nun ein schlimmer Kerl sein?

»Hey, Whitney, was hältst du davon, wenn wir uns für einen Drink auf der After-Show-Party verabreden?«, fragte Bobby nun.

Er hatte ein sympathisches Lächeln, es wirkte nicht aufgesetzt, sondern echt. Sie spürte, dass ihr warm wurde unter seinem Blick, er war durchdringend. Es kam ihr so vor, als ob er sie mühelos durchschaute und genau sah, wer sie war.

»Ich konnte gerade eben nicht überhören, dass du an deinem nächsten Album arbeitest«, sprach Bobby weiter, »darüber würde ich unglaublich gerne mehr erfahren. Was sagst du dazu?«

»Na klar, ich würde mich freuen! Robyn und ich sind danach bestimmt noch eine Weile hier. Aber nicht allzu lange, ich bin ziemlich müde, und wenn ich nicht genügend Schlaf bekomme, dann gibt es für mich Ärger von der hier«, sagte Whitney und knuffte Robyn in die Seite.

»Wie schön, ich freue mich«, erwiderte Bobby, zwinkerte ihr zu und drehte sich wieder nach vorne.

Ein Läuten durchdrang den Raum.

»Nip, ich glaube, wir sollten auch wieder zurück auf unsere Plätze gehen«, sagte Robyn ruhig. Und als Whitney noch einen Moment verharrte und Bobby ein weiteres Lächeln schenkte, deutete Robyn wortlos in die Luft, wie um auf den lauten Ton aufmerksam zu machen.

...

»Und die Nominierten in der Kategorie ›Beste RnB-/Urban Contemporary-Single weiblich‹ sind ...«, rief Heather Locklear in das lange schwarze Mikrofon, das auf dem Pult der imposanten Bühne aufgebaut war. »Vanessa Williams, ›The Right Stuff‹.«

Applaus setzte ein, während auf der riesigen Leinwand hinter Heather ein Ausschnitt von Vanessa Williams' Videoclip zur genannten Single auftauchte. Whitney sah gespannt nach vorne zu dem Abbild von Vanessa auf. Jedes Mal, wenn sie ein Video oder einen Auftritt von ihrer Gesangskollegin sah, bewunderte sie die Art, wie sie sich bewegen konnte. Schon damals, als Vanessa vor einigen Jahren zur »Miss America« gekürt worden war, war Whitney deren Körpergefühl aufgefallen. Selbst die mühelosesten Regungen muteten bei ihr wie Tanzen an. Wie schaffte sie das nur?

Da tauchte Vanessa auf der Leinwand auf, wie sie gerade im Publikum saß und im Takt des Liedes kaum merklich mit dem Kopf nickte. Sie trug ihr Haar nicht mehr wie damals zu einer glatten Föhnfrisur mit viel Haarspray, sondern schulterlang mit einer Dauerwelle. Vielleicht war es auch eine Perücke, und wenn nicht, dann hatte ihr Friseur alle Achtung verdient: Dass ihr natürliches Haar kraus war, war kein bisschen zu erkennen.

Whitney mochte die Art, wie Vanessa sang. Ihre Stimme umfasste bei Weitem nicht das Volumen ihrer eigenen, das konnte sie mit Sicherheit sagen. Ihre Technik war nicht sehr ausgefeilt, da gab es keinerlei Überraschungen. Aber das fand Whitney nicht schlimm. Die Rhythmen ihrer Singles waren recht tanzbar, da fiel dem ungeschulten Ohr die fehlende Varianz ihrer Stimme gar nicht weiter auf. Und das, was ihrem Gesang fehlte, machte sie durch ihr Aussehen und ihre Bewegungen allemal wieder gut.

Ein paarmal hatte Whitney Vanessa schon auf Preisverleihungen gesehen, aber immer nur aus der Ferne. Nie hatte sie jemand einander vorgestellt. Sie war froh darum. Noch immer durchfuhr Whitney ein kleiner Schlag, wenn sie den Namen »Vanessa Williams« hörte. Auch wenn sie natürlich überhaupt gar nichts dafür konnte, erinnerte sie Whitney trotzdem an diesen schlimmen Friseurbesuch damals, zu dem sie ihre Plattenfirma verdonnert hatte, weil man ihr Haar als »zu Schwarz« für ein weißes Publikum befand.

Als die Musik im Saal schließlich verebbte und mit ihr allmählich auch der Applaus, tauchte der Bildschirm in ein Schwarz. Dann fuhr Heather fort und nannte die zweite Nominierte: »Karyn White, ›Superwoman‹.«

Das Klatschen im Publikum wurde wieder kräftiger, als Karyns tiefe Stimme aus dem Song den Saal erfüllte, während es nun ihr Videoclip war, der hinter Heather auf der Bühne in Mannshöhe auftauchte.

Whitney begann, mit den Knien auf und ab zu federn. Nicht weil sie »Superwoman« so mitreißend fand, die Ballade gefiel ihr nicht einmal sonderlich gut. Karyn war eine weitaus bessere Sängerin, als sie es in diesem Song zeigen konnte. Die Musikarrangements waren schwach und ließen Karyns Stimme nicht den Raum, den sie verdient gehabt hätte.

Es war der Takt ihres Herzschlags, in dem Whitneys Knie wippten. Schnell. Warum war sie so nervös? Es war schließlich nicht ihre erste Preisverleihung, bei der sie nominiert war. Zu Hause stapelten sich mittlerweile die Trophäen. Ob nun eine mehr oder weniger, hätte ihr eigentlich egal sein können. War es aber nicht.

Als die Award-Show vor zwei Jahren zum ersten Mal stattfand, hatte sie sich wie ein Fremdkörper unter all den anderen gefühlt. Whitney erinnerte sich genau daran. Es war ihr so vorgekommen, als ob alle anderen viel herzlicher miteinander umgegangen waren, als sie es mit ihr taten. Hinterher hatte Robyn zu ihr gesagt, sie hätte sich das nur eingebildet. Doch sie war trotz zweier Nominierungen leer ausgegangen an diesem Abend. Whitney empfand das als Bestätigung für ihren Eindruck.

Im vergangenen Jahr dann hatte sie mit »Whitney« den Preis für das beste Album des Jahres einer Sängerin gewonnen. Aber an ihrem Gefühl, irgendwie nicht richtig zu der »Soul Train«-Community dazuzugehören, hatte auch die Auszeichnung nichts geändert.

»Anita Baker, ›Giving You The Best That I Got‹«, riss die Stimme von Heather sie nun aus ihren Gedanken. Ein weiteres Mal schwoll der Applaus an, als das Video auf der Leinwand erschien und Anita Bakers Stimme durch den Saal hallte.

Whitney liebte Anitas Musik. Mit jedem Song traf sie die perfekte Mischung aus Soul und Jazz und kreierte dadurch ihren ganz eigenen Sound. Und das Timbre ihrer Stimme erst ... Whitney war jedes Mal aufs Neue begeistert, wenn sie Anita Baker singen hörte.

Vor zwei Jahren war Anita Baker eine Newcomerin. Sie hatte gerade ihr erstes Album veröffentlicht, und doch war es Whitney an jenem Abend so vorgekommen, als ob Anita schon so etwas wie ein fundamentaler Bestandteil der »Soul Train Music Awards« gewesen war. Von Beginn an gehörte sie dazu. Jeder schien sie persönlich zu kennen, sie zu umarmen oder über sie zu sprechen. Eigentlich erging es Whitney sonst immer so, nur an jenem Abend nicht. Sie war sich beinahe unsichtbar vorgekommen, es war schrecklich gewesen. Was, wenn sich das nun in diesem Jahr wiederholte?

»Nip, ist alles in Ordnung?«, flüsterte Robyn. Sie hatte sich zu ihrer Freundin hinübergelehnt und die Hand auf ihr Knie gelegt, das weiterhin wild auf und ab wippte. Sofort durchströmte Whitney eine Welle der Beruhigung. Sie atmete tief ein und merkte, wie sich ihr Herzschlag verlangsamte und damit auch das Zappeln ihrer Knie. Dann blickte sie zu Robyn neben sich und schenkte ihr ein Lächeln.

»Jetzt ja«, hauchte sie ihr zu. Robyn erwiderte ihr Lächeln. Eine Weile sahen sich die beiden Freundinnen so an, mit liebevollen Blicken, ohne ein weiteres Wort zu sagen. Schließlich wandte sich Whitney wieder der Bühne zu. Jetzt würde es nicht mehr lange dauern, ehe die Kamera ihr Gesicht einfangen würde. Sie lächelte weiter.

»Und Whitney Houston, ›Where Do Broken Hearts Go‹«, sprach Heather nun in das Mikrofon, als auch schon der Videoclip zur Single auf der Leinwand zu sehen war.

»Buh, buuuh, buuuuuh«, hörte Whitney einen Ruf aus dem Publikum. Bildete sie es sich nur ein, oder war der Applaus tatsächlich um ein ganzes Stück schwächer geworden als zuvor?

»Buh, buuuh, buuuuuh«, stimmten nun auch andere Stimmen in die Rufe mit ein.

Whitney sah ihr eigenes Gesicht auf der Leinwand, wie sie an einer weißen Rose schnupperte. Dann wechselte das Video in eine Schwarz-Weiß-Optik, mit klarem und freudigem Blick stand sie vor einem Studiomikrofon, das von der Decke hing, und sang den Refrain.

»Buh, buuuh, buuuuhh.«

Die Rufe wuchsen zu einem immer klarer klingenden Chor heran. Was war hier los? Geschah das gerade wirklich?

»Whit-ney, Whit-ney, Whit-ney!«

Whitney schien es, als ob jemand ein Messer in ihre Brust jagen würde. Mit jedem Ausruf gab es einen weiteren Stich. Ihr wurde schwindelig. Sie lächelte weiter.

Da verschwand ihr Video, und auf der Leinwand tauchte sie mit ebenjenem lächelnden Gesicht auf, mit dem sie gerade neben Robyn in diesem Saal saß. Am liebsten wäre sie in Tränen ausgebrochen. Nichts, aber auch gar nichts an dieser Situation war richtig. Wieso lächelte sie? Wieso war sie überhaupt in der Lage zu lächeln?

»Whit-ney, Whit-ney!«

Whitney sah ihrem Bildschirm-Ich in die Augen. Sie lächelte, als ob das ihr letzter Anker wäre, der sie vor dem Tränenausbruch bewahren könnte, während sich weiter Stiche in sie bohrten.

Endlich kehrte das Schwarz der Leinwand zurück. Es kam Whitney so vor, als ob ihr Gesicht stundenlang dort zu sehen gewesen wäre. Der schwache Applaus verstummte allmählich und mit ihm die »Buh«- und »Whitney«-Rufe. Auf Whitneys Gesicht lag noch immer ein Lächeln. Es schien wie festgefroren.

»Und die Gewinnerin ist: Anita Baker, ›Giving You The Best That I Got‹!«

Das Publikum jubelte, der Applaus schwoll an, hier und dort sah Whitney Leute von ihren Sitzen aufspringen und begeistert in das Klatschen einstimmen. Auch sie warf die Hände gegeneinander.

»Nip ...«, hörte sie Robyn flüstern, »es tut mir so leid ... bist du o. k.?«

Whitney drehte sich zu ihrer Freundin, immer noch klatschend, immer noch lächelnd. In Robyns Augen lag eine Traurigkeit, die sie noch nie zuvor gesehen hatte. Whitney zuckte unter dem Blick zusammen. Er traf sie wie ein Dolchstoß. Doch sie lächelte einfach weiter.

Eine Weile verlor sich Whitney in den wehmütigen Augen Robyns, ohne auch nur ein Wort zu sagen, als sie spürte, wie ihr eine Träne die Wange hinab- und über ihr Lächeln lief.

»Mir geht es gut, Robyn, mach dir keine Sorgen um mich«, sagte sie schließlich.

Kapitel 20

August 1989

Whitney stand in der Schiebetür zwischen Küche und Terrasse, die in einen weitläufigen Garten überging, und ließ den Blick über ihre Gäste schweifen. Sie seufzte. Alle standen in Grüppchen zusammen, jeder hatte ein Getränk in der Hand, von überallher drangen Stimmengewirr und Lachen zu ihr. Im Pool sah sie ein paar Leute schwimmen. Vielleicht knutschten sie auch, so genau konnte sie es aus der Entfernung nicht erkennen. Aus den Lautsprecherboxen der Musikanlage, die ein paar starke Jungs von der Eventagentur am Vormittag draußen aufgebaut und angeschlossen hatten, drang gerade ein Remix von Chaka Khans »Ain't Nobody«, und einige tanzten sogar dazu, dabei war es mit gerade einmal sieben Uhr abends eine recht frühe Uhrzeit dafür.

Egal, wo sie hinsah, ringsum schienen die Leute eine Menge Spaß zu haben. Ihre Party war schon jetzt ein Erfolg, obwohl die ersten Gäste vor nicht einmal zwei Stunden eingetroffen und noch gar nicht alle von ihnen hier waren.

»Und? Gefällt es dir?« Es war Robyn, die hinter ihr stand und sie ansprach.

Whitney drehte sich zu ihrer Freundin um und strahlte sie an.

»Oh ja! Ach, Robyn, du hattest wie immer recht«, antwortete sie, »vielleicht lerne ich ja irgendwann doch noch, dass ich einfach zu all deinen Vorschlägen sofort Ja sage. Das würde uns doch wirklich eine Menge Zeit ersparen, oder?«

»Das sage ich dir doch schon seit zehn Jahren«, konterte Robyn mit gespielter Entrüstung in ihrer Stimme.

Augenblicklich stimmten die beiden in ein Gelächter ein und fielen sich um den Hals.

»Happy Birthday, Nip«, sagte Robyn.

Zum ersten Mal hatte Robyn die Idee einer großen Party zu Whitneys 26. Geburtstag an Weihnachten erwähnt. Also vor acht Monaten. Zum ersten Mal seit Langem waren sie für mehr als drei Tage am Stück zu Hause gewesen, der nächste Termin stand erst wieder am 2. Januar an. Whitney war traurig gewesen, sie fühlte sich unwohl in diesem großen Haus. Es war schon zwei Jahre her, dass sie das Appartement in Fort Lee verkauft hatte und mit Robyn in das Haus hier am hintersten Zipfel von New Jersey eingezogen war.

Eigentlich wollte sie nicht weg aus Fort Lee, dazu liebte sie das Appartement im 16. Stockwerk mit der unglaublichen Aussicht auf die Washington Bridge und den Hudson River mit seinem kleinen roten Leuchtturm viel zu sehr. Sie konnte sich nicht vorstellen, dass sie sich an einem anderen Ort jemals so zu Hause fühlen konnte. Doch Robyn drängte sie zunehmend, dass ihre Sicherheit dort einfach nicht mehr garantiert werden konnte. Es war ein Luxuswohnhaus, natürlich gab es eine Lobby und zwei Wachmänner an der Eingangstür des Hauses. Aber die waren für alle Bewohnerinnen und Bewohner zuständig, es war logistisch nicht möglich, dass Whitneys eigene Sicherheitsleute irgendwo ihre Posten beziehen konnten.

Whitney hatte das immer abgetan, was sollte schon passieren? Dann stand halt mal ein Fan unten am Eingang, vielleicht schaffte es hin und wieder auch mal jemand bis zur Lobby. Na und?

Erst als auch Cissy mit dem Umzugsthema anfing und nicht lockerließ, lenkte Whitney ein. Wie hätte sie auch anders reagieren können? Wenn sich Robyn und ihre Mutter mal einig waren und mit den gleichen Argumenten versuchten, sie von etwas zu überzeugen, dann hatte das eine ziemliche Wucht. Whitney konnte sich nicht daran erinnern, dass es jemals zuvor zu einer solchen Situation gekommen war.

Doch seit ihrem Umzug war sie so viel unterwegs gewesen, sie hatte überhaupt keine Zeit gehabt, sich in dem Haus einzuleben. Und so war das Haus nie zu ihrem Zuhause geworden. Letztlich hatte Robyn vorgeschlagen, im Sommer eine Geburtstagsfeier zu veranstalten, die gleichzeitig ihre Housewarming-Party sein sollte. Vielleicht würde das ein wenig dabei helfen, damit sie sich in dem riesigen Haus mit dem noch größeren Grundstück drum herum wohler fühlte.

Zuerst war Whitney alles andere als begeistert gewesen von der Idee. Sie ging nach wie vor nicht gerne aus. Selbst auf den After-Show-Partys, zu denen sie eingeladen wurde, ließ sie sich mehr aus Höflichkeit blicken und nicht, weil sie sich wirklich darauf freute. Wenn Robyn sie nicht begleitete, ging sie sowieso nicht hin. Und selbst wenn ihre Freundin dabei war, gehörten sie eigentlich immer zu den Ersten, die wieder verschwanden. Warum sollte nun ausgerechnet sie eine Party schmeißen?

Aber je länger sie darüber nachdachte, desto mehr fand sie Gefallen an Robyns Vorschlag. Ihr 25. Geburtstag hatte quasi nicht stattgefunden. Sie steckte mitten in der »The Moment Of Truth«-Welttournee, sie konnte nicht einmal mehr sagen, in welcher Stadt sie genau war – irgendwo in North Carolina, vielleicht war es aber auch schon Virginia gewesen. Jedenfalls hatte sie in den vergangenen 16 Tagen elf Shows gespielt, und auch an jenem Abend hatte ein Konzert bevorgestanden. Wenn Robyn ihr beim Frühstück nicht gratuliert hätte, hätte sie ihren Geburtstag völlig vergessen.

Ihre Geburtstage hatte sie aber immer gerne gefeiert – nicht groß und auch nicht, um im Mittelpunkt zu stehen. Ihr war es wichtig gewesen, dass sie alle Menschen, die sie liebte, an diesem Tag um sich hatte. Doch sie konnte sich nicht erinnern, wann es zuletzt so gewesen war. Ihr 26. Geburtstag sollte anders werden, wieder ein bisschen mehr wie früher, dieses Versprechen hatte sie sich selbst gegeben.

»Danke, Robyn«, flüsterte sie jetzt ihrer Freundin zu. Noch immer hatte sich keine der beiden aus der Umarmung gelöst. Es musste merkwürdig für die Gäste um sie herum aussehen, wie sie eine halbe Ewigkeit so dastanden. Als Whitney dieser Gedanke kam, nahm sie die Arme von Robyns Rücken und ging einen halben Schritt zurück.

»Schon gut, ein bisschen ist es ja auch meine Einweihungsparty«, sagte Robyn nun und lachte, »ganz uneigennützig war mein Vorschlag also gar nicht.«

»Hier ist ja das Geburtstagskind«, hörte Whitney eine Stimme hinter sich.

Sie drehte sich um und sah in Bobbys strahlendes Gesicht.

»Darf ich?«, fragte Bobby und streckte dabei die Hände aus.

Whitney nickte und ließ sich in seine Umarmung fallen.

»Happy Birthday, meine Hübsche«, sagte Bobby. »Wie du siehst, bin ich mit leeren Händen gekommen. Ich habe die Worte auf der Einladung, dass Geschenke nicht gerne gesehen sind, ernst genommen. War das o. k.?«

Wieder nickte Whitney, als sie von Bobby abließ.

»Na klar, sonst hätte es nicht draufgestanden«, sagte sie.

»Aber wieso? Geschenke sind doch das Beste an Geburtstagen!«

»Nicht, wenn man schon alles hat.«

»Ach ja? Bist du dir sicher, dass das der Fall ist?«

»Ja, mir ist nur wichtig, dass meine Freunde und meine Familie hier sind. Der Rest ist egal.«

»Mir würde da schon die eine oder andere Sache einfallen, die dich bestimmt sehr beglücken würde ...«, raunte Bobby und zwinkerte ihr zu.

Obwohl er seine Stimme gesenkt hatte, war sich Whitney sicher, dass auch Robyn Bobbys Spruch gehört hatte. Schnell drehte sie sich zu ihr um. Oh ja, das hatte sie.

Die Miene ihrer Freundin hatte sich verfinstert. Seit dem einen Date, das sie mit Bobby ein paar Tage nach dem schrecklichen Abend bei den »Soul Train Awards« hatte, war Robyn nicht sonderlich gut auf ihn zu sprechen.

Whitney hatte seine Einladung für ein gemeinsames Essen recht unbedarft angenommen. Bobby war ihr sympathisch, doch ernsthaft interessiert war sie an ihm nicht. Das war sie an einem anderen Mann. Aber es schmeichelte ihr, dass jemand wie er mit seinem Ruf ausgerechnet sie um ein Date bat. Sie, das brave Mädchen mit der Bombenstimme – so dachten zumindest alle von ihr. Sie war neugierig, und ehe sie es sich versah, war ihr ein »Ja« über die Lippen gestolpert.

Am Tag der Verabredung hatte sie Robyn gebeten, für sie in der Apotheke eine Packung Kondome zu besorgen. Sie hatte nicht die feste Absicht, mit ihm zu schlafen. Aber sie wollte sich alle Optionen offenhalten. Ansonsten hätte sie ja auch gleich absagen können.

Doch es kam alles etwas anders, als sie es erwartet hatte. Sie hatte einen unglaublich lustigen Abend mit Bobby. Er hatte einen tollen Italiener in New Jersey ausgesucht, am liebsten hätte sich Whitney in den Teller selbst gemachter Tortellini mit einer Ricottasoße hineingelegt, so gut schmeckte es ihr. Vor lauter Lachen hatte sie nicht mitgezählt, wie viele Gläser Rotwein sie trank – und das tat sie eigentlich immer. Whitney wusste, dass sie nicht viel Alkohol vertrug, deshalb hatte sie sich angewöhnt, mitzuzählen, wenn eine der seltenen Gelegenheiten eingetroffen war und sie etwas trank. Zwei Gläser Wein waren ihr absolutes Maximum. An jenem Abend mussten es mehr gewesen sein. Denn nachdem sie zusammen mit Bobby in einem Taxi zu sich nach Hause gefahren war und sie in ihrem Schlafzimmer angekommen waren, trug sie nur noch ihre Unterwäsche am Körper, Bobby immerhin noch seine Hose. Er küsste sie mit einer solchen Leidenschaft, dass Whitney nur noch daran denken konnte, wie sehr sie ihn wollte. Er machte keine Anstalten, nach der Kondompackung zu greifen, die Robyn recht prominent auf das Nachtkästchen gelegt hatte. Und Whitney verschwendete ebenso wenig auch nur den kleinsten Gedanken an ein Kondom.

Als sie am nächsten Morgen Robyn davon erzählt hatte, waren ihrer Freundin sämtliche Gesichtszüge entglitten. Sie hatte auf Bobby geschimpft, dass er damit seinem Ruf alle Ehre gemacht hätte. Und auf Whitney, dass sie sich auf so eine verantwortungslose Nummer eingelassen hatte.

Whitney selbst war auch nicht unbedingt begeistert von ihrem eigenen Verhalten der letzten Nacht gewesen. Sie benutzte immer ein Kondom. Also, fast immer. Es war bisher höchstens zwei oder dreimal vorgekommen, dass sie es vergessen hatte. Und jetzt eben noch ein weiteres Mal. Doch der Sex mit Bobby war atemberaubend gewesen. Wer weiß, ob es dazu gekommen wäre, wenn sie auf einem Kondom bestanden hätte. Am Ende hätte das noch die ganze Stimmung ruiniert, und Bobby wäre einfach wieder abgehauen. Jetzt war es, wie es nun einmal war. Es würde schon nichts passiert sein. Sie bereute nichts, was an jenem Abend geschehen war, auch wenn sie Robyn gegenüber geschworen hatte, nie wieder so unvorsichtig zu sein. Und als zwei Wochen später ihre Periode einsetzte, wusste sie, dass sie recht behalten hatte: Nichts war passiert, sie hatte alles richtig gemacht.

Der einzige Fehler, wenn man es denn so nennen mochte, war gewesen, dass sie Robyn von dem fehlenden Kondom erzählt hatte. Denn jedes Mal, wenn sie danach Bobby erwähnte, verkrampfte Robyn sich und setzte diese dunkle Miene auf, wie sie es auch in diesem Augenblick gerade tat.

»Du erinnerst dich bestimmt noch an Robyn, oder?«, fragte Whitney, schob Robyn ein wenig nach vorne und blickte zu Bobby.

»Na klar, Robyn, Nippys bessere Hälfte, die den Laden zusammenhält«, sagte Bobby, lächelte Robyn zu und hielt ihr die Hand entgegen. »Es freut mich, dass wir uns wiedersehen.«

Robyn nahm seine Hand entgegen und schüttelte sie. Doch ihrem Gesicht schien die Freundlichkeit abhandengekommen zu sein, die sie sonst an den Tag legte, wenn ihr jemand die Hand reichte.

Whitney spürte, wie ihr Bauch zu brodeln begann. Bobby war ein Freund von ihr. Nach jener Nacht hatte sie die Fronten zwischen ihnen klar gezogen. Bobby hatte nichts dagegen einzuwenden gehabt und seitdem keinen weiteren Annäherungsversuch gemacht. Ein paarmal war sie gemeinsam mit ihm und seinen Freunden aus gewesen, das war witzig, und sie hätte Robyn gerne dabeigehabt. Aber jedes Mal hatte sie sofort abgelehnt und Whitney regelrecht angefleht, es ihr gleichzutun. Wenn sie nur ein einziges Mal mitgekommen wäre, dann wüsste sie, dass Bobby einfach einen albernen Humor hatte und den einen oder anderen Spruch abließ. Sie selbst wusste mittlerweile jedes Mal sofort, ob er etwas ernst meinte oder nicht. Und sein Dahergerede, wie er sie glücklich machen könnte, das war nun mal seine Art, einen Scherz zu machen.

Ach, komm mal wieder runter, dachte Whitney bei sich. Es war ja eine Sache, wenn sie die Geschichte mit dem fehlenden Kondom nicht in Ordnung fand. Aber so zu tun, als ob Bobby der alleinige Schuldige wäre, und noch Monate später ruppig zu ihm zu sein, während sie sich mit ihm angefreundet hatte – das ging einfach zu weit.

So unauffällig wie möglich knuffte Whitney ihrer Freundin den Ellbogen in die Rippen und schob sie mit der Schulter noch ein wenig weiter in Bobbys Richtung.

»Hi, Bobby, wie schön, dass du es zur Party geschafft hast«, sagte Robyn nun. Es schien, als ob sie Whitneys Wink mit dem Zaunpfahl verstanden hätte. Sie hatte sich sogar ihre finstere Miene endlich aus dem Gesicht gewischt und stattdessen ein Lächeln aufgesetzt. Es war nicht ihr Robyn-Lächeln, das Whitney so mochte. Aber immerhin war es keine Lüge, ihre auseinandergezogenen Mundwinkel als Lächeln zu bezeichnen.

»Wer ist denn eigentlich deine Begleitung?«, fragte Whitney. Erst jetzt war ihr aufgefallen, dass hinter Bobby schon die ganze Zeit ein junger Mann stand, der ihm verblüffend ähnlich sah.

»Das ist einer meiner Brüder, Freddy.«

»Herzlichen Glückwunsch zu deinem Geburtstag«, sagte ebenjener und schob sich an Bobby vorbei zu Whitney, um ihr zu gratulieren.

»Ich hoffe, es ist o. k., dass ich ihn mitgebracht habe«, setzte Bobby weiter an. »Er ist gerade zu Besuch bei mir, und ich hätte es nicht o. k. gefunden, ihn den Abend einfach allein zu lassen, um zu deiner Party zu kommen. Aber ich wollte auch nicht absagen, nachdem ich schon zugesagt hatte ...«

In Bobbys Stimme schwang Unsicherheit, das war nicht zu überhören. Whitney fand es süß, dass er sich solche Gedanken darüber machte. Er war wirklich ein feiner Kerl. Sie hoffte, dass auch Robyn sein Tonfall nicht entgangen war. Das musste sie in ihrer Meinung über ihn doch umstimmen, oder?

»Bobby, stopp«, sagte Whitney und lachte dabei, »natürlich ist das in Ordnung, das ist doch überhaupt nicht der Rede wert. Das hier ist eine Party – je mehr Leute wir sind, desto besser.«

Die beiden Brüder bedankten sich mit einem Lächeln.

»Ich hole euch beiden mal ein Bier«, bot Whitney an und war schon zur Schiebetür hinaus auf die Terrasse verschwunden.

Einen Augenblick blieb sie dort stehen und blickte zur Bar auf der anderen Seite. Sie hatte unbedingt eine unter freiem Himmel haben wollen. Es war nicht leicht gewesen, das Planerteam der Eventagentur davon zu überzeugen, und kurz hatte sie schon bereut, überhaupt eine engagiert zu haben. Dabei hatte es Robyn viel Überzeugungsarbeit gekostet, ehe Whitney ihren Segen für die Agentur gab. Viel lieber wäre es Whitney gewesen, alles selbst in die Hand zu nehmen. Doch die Gästeliste war immer länger geworden, und als die Zahl der Einladungen die 200 knackte, hatte auch Whitney eingesehen, dass Profis hierfür besser geeignet waren als sie. Hauptsache, es war garantiert, dass ihre Gäste eine gute Zeit hatten. Und dafür war in Whitneys Augen eine Bar im Freien notwendig. Ich hab ihnen doch gleich gesagt, dass es nicht regnen wird, schoss es Whitney durch den Kopf. Sie grinste trotzig und freute sich, am Ende recht behalten zu haben.

Als sie sich nun durch die Schar an Gästen in Richtung Bar schob, freute sie sich. Jetzt, wo sie mittendrin stand, konnte sie die ausgelassene Stimmung nicht nur sehen, wie vorhin, als sie in der Schiebetür stand und ihren Blick schweifen ließ. Sie spürte, wie die gute Laune der Menge auf sie überging und ihren Körper durchströmte.

»Tolle Party!«, rief ihr Jamal zu, einer der Produzenten von Arista, der wenige Meter entfernt mit ein paar seiner Kollegen beisammenstand. Sie alle hoben ihre Drinks ein wenig höher und prosteten Whitney zu.

»Whitney, was für ein schönes Haus du hast«, hörte sie eine Stimme neben sich. Es war Simone, eine von Clives Assistentinnen. »Ich bin begeistert! Wie lange wohnst du jetzt schon hier?«

»Oh Simone, ich freue mich, dass du auch hier bist«, zwitscherte Whitney und meinte es auch so.

Schon an ihrem ersten Tag, als sie in die Räume der Arista-Studios gekommen war, um mit Clive den Plattenvertrag zu unterzeichnen, hatte sie Simone in ihr Herz geschlossen. Damals war Simone noch relativ neu in der Firma, mit gerade einmal Mitte 20 stach sie wegen ihres jungen Alters zwischen all den anderen Assistentinnen hervor. Ein Blick reichte den beiden, um zu erkennen, dass sich die jeweils andere ebenso wie ein Fremdkörper unter all den alten Hasen vorkam. Sofort hatte Whitney deshalb eine Verbundenheit zu ihr gefühlt.

Entschuldigend lächelte sie die andere Frau an und schob sich weiter: Sie war schließlich immer noch mitten in dem Vorhaben, für Bobby und Freddy zwei Bier zu holen. Vielleicht sollte sie das nicht noch einmal tun, jemandem von ihren Gästen anzubieten, Drinks für sie zu holen. Einerseits gehörte sich das zwar als Gastgeberin, fand Whitney. Andererseits hatte auch niemand etwas davon, wenn sie dafür 15 Minuten brauchte, weil sie auf dem Weg zur Bar ständig von jemandem angequatscht wurde.

Sie winkte Simone kurz zu und steuerte dann weiter ihrem

Ziel entgegen. Ihr Herz klopfte, als sie sich so durch die Menge bewegte. Vielleicht war er ja schon längst da, und sie hatte ihn nur noch nicht entdeckt? Aber würde er nicht erst einmal zu ihr kommen, sobald er da war, Hallo sagen und ihr gratulieren? Oder er hatte wirklich gar nicht vor, auf der Party zu erscheinen. Als sie zuletzt nachgesehen hatte, war von ihm weder eine Zusage noch eine Absage hinterlegt. Und was, wenn er die Einladung gar nicht erhalten hatte?

Whitney schüttelte leicht ihren Kopf, wie um die Gedanken aus ihm zu vertreiben.

»Hi, Marc, wie läuft's?«, fragte sie den Barkeeper mit den stahlblauen Augen und dem Grübchen am Kinn, als sie die Bar endlich erreicht hatte.

Marc stützte die Ellbogen auf den Tresen, lehnte sich etwas zu Whitney und strahlte sie an. Ob er jemals daran gedacht hatte zu modeln?, schoss es Whitney durch den Kopf. Sein Gesicht hätte glatt einer Werbung von Calvin Klein oder für den neuen Männerduft von Dior entspringen können. Aber auch als Barkeeper war gutes Aussehen bestimmt sehr hilfreich – und bei seinem könnte es sogar sein, dass das Trinkgeld so manch eine Modelgage locker überstieg.

Bei dem Gedanken musste Whitney lachen.

»Das sehe ich gerne: Ich bringe dich auch wortlos zum Lachen«, sagte Marc mit gespieltem Stolz in der Stimme. »Zu deiner Frage: Bei mir ist alles bestens, deine Gäste sind große Fans meiner Cocktails, wir mixen hier einen nach dem anderen.«

»Das klingt wunderbar.«

»Was darf ich dir bringen? Einen Long Island Ice Tea? Einen Kir Royal? Oder ein Glas Weißwein?«

»Weder noch. Ich hätte gerne zwei Bier, bitte.«

»Gleich zwei? Da ist aber jemand durstig!«

Wieder lachte Whitney. »Keine Sorge, die sind nicht für mich, sondern für zwei Freunde, die gerade eben gekommen sind, und ich glaube, die sind tatsächlich sehr durstig.«

»... von der Gastgeberin persönlich gebracht, alle Achtung. Das müssen ja zwei sehr besondere Freunde sein«, bemerkte Marc, während er am Kühlschrank hantierte und nur ein paar Augenblicke später zwei geöffnete Flaschen Bier vor Whitney abstellte.

»Danke«, sagte Whitney, schnappte sich die Getränke und machte sich auf in Richtung Küche, wo sie zuvor Bobby und Freddy mit Robyn zurückgelassen hatte.

Sie schlug einen anderen Weg ein, neben der Bar ein paar Stufen hinab zum unteren Garten und an den Apfelbäumen vorbei. Das war zwar nicht der direkte Weg zurück zum Haus, aber sie lief kaum Gefahr, von den anderen Gästen aufgehalten zu werden, denn die tummelten sich allesamt dort drüben zwischen Pool, Terrasse und dem oberen Garten. Außerdem hatte sie dadurch noch eine kleine Pause von dem Trubel, das kam ihr ganz gelegen. So fröhlich ihre Party sie auch stimmte, die vielen Menschen, von denen im Grunde alle mit ihr Zeit verbringen wollten, erschöpften sie dennoch.

Als sie gerade unter einem Ast hindurchtauchte, strauchelte sie einen Moment. »Mist«, entfuhr es Whitney leise. Das hochgewachsene Gras und der unebene Boden im unteren Garten rund um die Apfelbäume waren nicht unbedingt tauglich für ihre weißen Pumps. Sie musste sich ganz schön abmühen, um nicht bei jedem zweiten Schritt umzuknicken und das Bier zu verschütten. Dabei schwitzte sie ohnehin schon: Der weiße Oversize-Blazer, den sie zu einem weißen knielangen Rock und einem weißen engen Top trug, war doch ein wenig zu warm für diesen Sommertag. Aber Whitney hatte sich sofort in das Teil verliebt, als sie es bei

Chanel entdeckt hatte. Sie musste den Blazer unbedingt für ihre Geburtstagsfeier haben.

Es schien eine Ewigkeit zu dauern, ehe Whitney endlich die Schiebetür zur Küche erreichte. Immerhin hatte sie keinen Tropfen Bier vergossen bei ihrer Odyssee durch den Garten.

»Hier, für euch«, sagte Whitney außer Atem und reichte die zwei Flaschen in den Händen an Bobby und Freddy weiter. »Es tut mir echt leid, dass es so lange gedauert hat.«

»Hast du denn auf dem Weg zur Bar einen kleinen Zwischenstopp für einen Trailrun im Wald eingelegt?«, fragte Robyn, während die zwei Brüder ihre Biere entgegennahmen, und prustete los.

»Was ...?«

Irritiert blickte Whitney zu ihrer Freundin.

»Na, deine Schuhe, sie sind voller Erde und Gras«, antwortete Robyn und zeigte mit einem Finger nach unten. »Und dein Make-up ist ganz verschmiert.«

Whitney folgte Robyns Finger und nahm ihre Schuhe in Augenschein. Am Rücken waren die Pumps mit einzelnen Grashalmen übersät, und an den Seiten hatte sich eine schmale Kruste voll Schlamm angesammelt. Es sah fürchterlich aus. Wenn ihr Gesicht mit dem verschmierten Make-up auch nur halb so schlimm aussah wie die Schuhe, dann sollte sie schleunigst einen Spiegel finden.

»Oh ...«, war alles, was Whitney in diesem Moment herausbrachte.

»Komm, gehen wir schnell hoch und richten das«, schlug Robyn vor und hatte schon ihren Arm untergehakt, um ihre Freundin in Richtung Flur zu steuern.

Whitney schaffte es gerade noch, sich zu Bobby umzudrehen und ihm mit der freien Hand kurz zuzuwinken.

»Ist er denn schon hier?«, fragte Whitney dann an Robyn gerichtet. Nur mit großer Mühe schaffte sie es, sich die Panik nicht anmerken zu lassen. »Er kann mich auf keinen Fall so sehen, Robyn, das geht nicht, unter gar keinen Umständen darf er mich so sehen!«

»Nip, beruhige dich – ich habe ihn nirgends gesehen, er ist bestimmt gar nicht da.«

»Oh.« Diesmal hatte sie es nicht geschafft, ihre Gefühle zu verbergen: Noch enttäuschter hätte sie kaum klingen können. Sie wünschte sich so sehr, dass er zu ihrer Feier kam. Je früher er auftauchte, desto besser. Dann hätten sie umso mehr Zeit füreinander gehabt. In diesem Augenblick, mit schmutzigen Schuhen und einem verschmierten Gesicht, hatte sie zwar wirklich keine Lust, in ihn hineinzulaufen. Aber er hätte doch wenigstens schon da sein können, irgendwo unter den anderen Gästen, sodass sie ihn gleich hätte begrüßen können, wenn sie wieder ordentlich aussah. Warum zum Teufel war er denn nur noch nicht aufgetaucht? Wie konnte er nur ihren Geburtstag trotz der Einladung zu ihrer Feier einfach vergessen?

»Na komm, rein mit dir«, sagte Robyn nun und schob sie in das Badezimmer am Ende des Flurs im ersten Stock. Whitney hatte gar nicht bemerkt, wie sie die lang gezogene geschwungene Treppe hinaufgegangen waren.

Sie schleppte sich zur Badewanne, setzte sich auf deren Rand und ließ die Schultern nach vorne fallen. Dann schlüpfte sie aus ihren dreckigen Pumps und starrte auf die Grashalme, die sich mittlerweile mit der verschmierten Erde zusammengetan hatten.

Mit den Füßen schob Robyn die Schuhe zur Seite und kniete sich vor ihr nieder. Sie stützte sich mit den Händen auf den Knien ihrer Freundin ab und suchte ihren Blick.

»Nip, warum tust du dir das an?«, fragte sie schließlich. In ihrer Stimme lag eine Mischung aus Interesse und Sorge, ihre Miene war ernst.

»Was meinst du?«, wich Whitney der Frage aus. Sie wusste ganz genau, auf was Robyn anspielte. Doch sie wollte es nicht wahrhaben. Es war so viel leichter, sich einfach dumm zu stellen.

Robyn seufzte, während sich auf ihrer Stirn noch mehr Sorgenfalten ausbreiteten. Mit einer solchen Miene erinnerte sie Whitney immer ein bisschen an ihre Mutter Cissy. Früher, als sie ihr noch Gesangsunterricht nach der Schule gab, da hatte sie den gleichen Blick, streng und bekümmert, wenn sie das Gefühl hatte, Whitney hätte nicht genügend geübt, weil ihr der Druck zu viel geworden war.

»Ich meine die Sache mit Eddie«, sagte Robyn schließlich.

»Was meinst du?«, wiederholte Whitney ihre Frage von vorhin. Sie fühlte sich erschöpft.

»Das geht jetzt schon seit Monaten so: Meldet er sich und ihr unternehmt etwas gemeinsam, dann bist du der glücklichste Mensch der Welt. Tut er es dann mal wieder nicht, bist du dieses Häufchen Elend, das du auch jetzt gerade bist. Du hast es nicht verdient, dass jemand so mit dir umspringt. Auch nicht, wenn sein Name Eddie Murphy ist.«

Eine Träne lief über Whitneys Wange. Robyn beugte sich zur Seite, riss ein paar Steifen Toilettenpapier aus der Halterung und tupfte sie ihr damit aus dem Gesicht.

»Ich sage ja nicht, dass du ihn sofort in den Wind schießen sollst.« Robyn unterbrach sie. »Wobei mir diese Variante, wenn ich ganz ehrlich bin, gar nicht so unrecht wäre«, gab sie zu. »Aber du musst ihn unbedingt zur Rede stellen und ihm klipp und klar sagen, dass das so nicht geht. Dass er sich mal entscheiden muss: Beziehung Ja oder Nein. Dieses ewige Hin und Her, das ist doch Wahnsinn!«

Eine weitere Träne bahnte sich den Weg über Whitneys Wange zu ihrem Kinn. Diesmal tupfte sie Robyn nicht weg.

»Warum hast du ihn denn nicht einfach noch einmal gefragt, ob er nun zur Party kommt oder nicht, wenn es dir so wichtig ist?«

Whitney schniefte ein paarmal. Sie hatte die Befürchtung, wenn sie jetzt sprechen würde, dann würden alle Dämme brechen und sie endgültig in Tränen ausbrechen. Also schloss sie erst einmal die Augen und atmete ein paarmal tief durch.

»Ich habe mich nicht getraut«, brachte sie schließlich hervor, die Augen immer noch geschlossen.

»Wieso nicht getraut? Was hätte denn im schlimmsten Falle passieren können?«

»Er hätte mir ins Gesicht Nein sagen können«, erklärte Whitney und öffnete erst das eine, dann das andere Auge. »Das hätte ich nicht ertragen.«

»O. k., Nip, ich meine das überhaupt nicht böse, was ich jetzt gleich sagen werde – du weißt, mich interessiert nur, dass es dir gut geht, ja? Aber das, was du da gerade gesagt hast, ist wirklich völliger Unsinn. Zum einen: Ganz egal, was zwischen euch war, ist oder jemals sein wird – aber auf eine Einladung einfach nicht zu reagieren, weder zu- noch abzusagen, das ist einfach unglaublich schlechter Stil. Und zum anderen: Meinst du ernsthaft, wenn du noch mal nachgefragt und er dir persönlich abgesagt hätte, wäre das schlimmer gewesen als die jetzige Situation?« Robyns Hände ruhten auf Whitneys Knien, während sie weitersprach. »Schau dich doch an: Du kauerst völlig verzweifelt mit Tränen im Gesicht auf dem Badewannenrand – und das an deinem Geburtstag auf deiner eigenen Party!«

Whitney sah zu Robyn auf. Ihr Blick verriet nicht den leisesten Zweifel an dem, was sie gerade eben gesagt hatte. Robyn regte sich nicht auf wie bei der Geschichte mit Bobby und dem fehlenden Kondom oder machte ihr Vorwürfe wie damals bei der Affäre mit Jermaine. Sie machte sich Sorgen. Dazu genügte Whitney ein Blick in das Gesicht ihrer Freundin. Konnte es also sein, dass sie diesmal recht hatte?

»Was soll ich tun?« Sie hörte selbst, wie verzweifelt sie klang.

»Erst mal richten wir dich jetzt wieder her.« Robyn stand auf und hielt Whitney die Hände entgegen, damit sie es ihr gleichtat. »Dann streichen wir Eddie für den restlichen Tag aus dem Kopf und genießen deine Geburtstagsparty«, erklärte Robyn weiter ihren Plan. »Jetzt können wir die Sache mit ihm ohnehin nicht klären, deshalb sollten wir uns darüber auch nicht weiter den Kopf zerbrechen. Nicht mehr heute. Und morgen, wenn wir ausgeschlafen und gefrühstückt haben, dann rufst du ihn an und redest mit ihm.«

Whitney griff nach Robyns Händen und rappelte sich vom Badewannenrand auf. Sie strich ihren weißen Blazer glatt und nahm die Schultern noch ein Stückchen weiter zurück, wie um dadurch ein paar Zentimeter größer zu sein. Sie räusperte sich und sagte schließlich mit fester Stimme: »Einverstanden.«

Robyn hatte recht. Sie wollte sich nicht mehr fühlen wie ein Pingpongball, den Eddie umherwarf, wie es ihm gerade in den Sinn kam. So ging man nicht mit einem Menschen um, erst recht nicht, wenn man sich schon so nahegekommen war, wie es bei Eddie und ihr der Fall gewesen war. Und sie wollte unter gar keinen Umständen ihre Feier weinend im Badezimmer verbringen, während dort unten ihre Gäste doch auf sie warteten.

Im Nu hatte Robyn mit ein paar Handgriffen Whitneys Makeup wieder in Schuss gebracht und die Pumps mit einem nassen Lappen sauber bekommen. Von dem Häuflein Elend, das sie gerade eben noch gewesen war, war nichts mehr zu sehen, als sich Whitney jetzt im Spiegel besah.

Ihr Blick wanderte ein wenig nach links zu Robyns Spiegelbild. Ihre Freundin stand schräg hinter ihr und hatte die Hände auf ihrer Schulter abgelegt. Gott sei Dank habe ich Robyn, schoss es Whitney durch den Kopf. In diesem Moment war sie ihr so unglaublich dankbar. Der Abend hätte in einem Desaster geendet, wenn sie nicht bei ihr gewesen wäre.

»Nicht der Rede wert«, sagte Robyn, als ob sie Whitneys Gedanken gelesen hätte. Doch wahrscheinlich hatte sie nur das Offensichtliche ausgesprochen: Die Dankbarkeit stand Whitney über das ganze Gesicht geschrieben. »Los, komm, nichts wie runter, zurück zur Party«, sprach Robyn weiter, »wir machen da jetzt keine Dankesrede draus, sonst fangen wir am Ende noch beide an zu heulen, und wir können wieder von vorne anfangen.«

Für ein paar Augenblicke noch sahen sich die beiden über ihre Spiegelbilder hinweg weiter an, keine gab den leisesten Mucks von sich. Dann prusteten sie los.

Sie lachten noch immer, als sie die Treppen hinab in den Eingangsbereich liefen. Auf den letzten Stufen verstummte Robyn plötzlich. Whitney sah zu ihrer Freundin.

»Was ist los?«, brachte sie lachend hervor.

Doch Robyn blieb ihr eine Antwort schuldig. Verdutzt folgte Whitney dem Blick ihrer Freundin, den sie auf den Treppenabsatz gerichtet hielt. Da blieb auch ihr das Lachen im Halse stecken.

»Eddie ... was ... du ... bist hier ...?«, stammelte Whitney. Es klang mehr wie eine Frage als eine Feststellung, als ob es ebenso gut hätte sein können, dass der warme Sommertag vor ihr eine Halluzination heraufbeschworen hatte, die wie ein exaktes Ebenbild von Eddie Murphy aussah.

»Happy Birthday, Whitney«, sagte Eddie mit einem breiten Lächeln und hielt ihr einen gigantisch großen Strauß weißer Lilien entgegen.

Kapitel 21

April 1990

Es war kalt an diesem Apriltag. Eigentlich nicht kälter, als man es für diese Jahreszeit erwarten würde. Doch die vergangenen Tage waren ungewöhnlich warm gewesen, fast schon sommerlich, sodass die zwölf Grad an diesem frühen Abend eisig wirkten.

Whitney fröstelte, als sie die Haustür hinter sich ins Schloss fallen ließ und zu ihrem Wagen lief. Vielleicht hätte ich doch noch einen Pulli und eine Strumpfhose anziehen sollen?, schoss es ihr durch den Kopf. Da hätte sie schließlich ohne größere Probleme wieder herausschlüpfen können, sobald sie im Auto war. Aber sie war so aufgeregt gewesen, dass sie daran nicht gedacht hatte, als sie noch wenige Minuten zuvor vor dem großen Spiegel in ihrem Ankleidezimmer stand. Sie trug ihr Outfit für diesen Abend und hatte sich von allen Seiten begutachtet.

Ihre Aufmachung bestand aus einem schwarzen Spitzenslip mit dazu passendem BH. Zwischen ihren Brüsten wurde der Stoff von einem silbernen Ring zusammengehalten. Der gleiche Ring fand sich auch an der oberen Naht vorne am Slip. Als sie bei Victoria's Secret in Manhattan auf der Suche nach Dessous für den heutigen Tag gewesen war, war ihr dieses Detail sofort ins Auge gefallen. Sie wollte etwas Besonderes, das gleichzeitig nicht zu aufreizend wirkte, sondern elegant und verführerisch. Und was mindestens genauso wichtig war: Sie wollte im Laden nicht erkannt werden.

Eigentlich bat sie meistens Robyn oder jemand anderen aus ihrem Team, Besorgungen für sie zu erledigen. Doch dieses Mal wollte sie sich lieber selbst darum kümmern. Das Anliegen war ihr zu persönlich, als dass sie einfach irgendjemanden damit hätte betrauen wollen. Und Robyn sollte besser erst gar nichts von ihrem Plan erfahren. Sie wäre bestimmt nicht begeistert gewesen, und auf einen von ihren missbilligenden Blicken hatte Whitney nun wirklich keine Lust.

Also hatte sie letztlich vor ihrer Perückenkollektion gestanden. Sie besaß mittlerweile eine üppige Auswahl davon: Es gab kaum ein öffentliches Event, auf dem sie noch mit ihren echten Haaren erschien. Die Strapazen der vergangenen Jahre – ständiges Föhnen, Haarverlängerungen, chemische Glättungen, Dauerwellen, Glätteisen und jede Menge Stylingprodukte – gingen eben nicht spurlos vorüber, und Whitneys Naturhaar war mittlerweile ziemlich kaputt. Mit Perücken konnte sie viel flexibler sein, heute ihr Haar kurz und lockig tragen und schon morgen schulterlang und glatt.

Irgendwann war Robyn auf die Idee gekommen, dass sie sich auch eine »Britney-Perücke« zulegen könnte – eine Perücke, durch die sie niemand mehr in der Öffentlichkeit als Whitney Houston erkennen würde. Robyn hatte dieses Alter Ego »Britney« getauft.

Gemeinsam hatten sie überlegt, wie die Perücke aussehen sollte. Es musste eine Farbe und eine Frisur sein, mit der Whitney niemals auf einem Event erscheinen würde. Schnell hatten sie sich auf etwas geeinigt: lange glatte Haare in einem blond-goldenen Farbton.

Am nächsten Tag rief Robyn einen der besten Salons im Bereich Kunsthaar in ganz New York an und gab die Britney-Perücke in Auftrag. Nach nur einer Woche war sie fertig – Celebrity-Bonus, wie Robyn es nannte.

Als Whitney die Perücke zum ersten Mal aufgesetzt und sich im Spiegel betrachtet hatte, da erkannte sie sich selbst kaum wieder. Wenn sie jetzt noch das Make-up weglassen und nur mithilfe eines Augenbrauenstifts die Form ihrer Augenbrauen ein wenig modifizieren würde, sie war sich vollkommen sicher gewesen: Niemand würde sie für Whitney Houston halten.

Eine Gelegenheit, das wirklich auszutesten, hatte sich ihr jedoch nicht geboten. Ein Termin jagte den nächsten, da blieb keine Zeit für einen Ausflug als Britney.

Und so war der Besuch bei Victoria's Secret die Feuertaufe für Whitneys Alter Ego. Sie hatte nicht nur mit Bravour bestanden, sondern auch noch diese wunderschönen Dessous aufgestöbert. Am liebsten hätte sie gleich Robyn von ihrem Erfolg erzählt. Doch das ging ja nicht, sie sollte schließlich nichts von ihrem Vorhaben erfahren, für das sie die neue Unterwäsche besorgt hatte.

Verdammt, jetzt habe ich auch noch den Autoschlüssel drinnen liegen lassen, schoss es Whitney plötzlich durch den Kopf. Da stand sie nun an der Fahrertür ihres dunkelgrauen Porsche 911, hektisch in ihrer Handtasche wühlend, während der kühle Wind sie frösteln ließ und der blöde Schlüssel nicht aufzufinden war. Es half nichts: Sie musste noch einmal den ganzen Weg zurück zum Haus laufen, bestimmt hatte sie den Schlüssel auf der kleinen Anrichte neben der Tür ihres begehbaren Kleiderschranks abgelegt, als sie in den beigen Trenchcoat geschlüpft war. Was für ein Mist, fluchte sie in Gedanken weiter. Sie hatte extra einen Moment abgewartet, als Robyn in ihr Zimmer verschwunden war, um mit ihrer Mutter zu telefonieren – wie jeden Dienstag am späten Nachmittag, wenn sie nicht gerade unterwegs auf Tour oder zu einem anderen Event waren. So hatte sie nicht mitbekommen, wie Whitney aus dem Haus geschlichen und hinüber zur Auffahrt für die Autos gelaufen war. Hoffentlich hatten Robyn und ihre Mutter sich heute besonders viel zu erzählen, und sie würde es schaffen, sich ein zweites Mal unbemerkt davonzustehlen.

Whitney machte den Reißverschluss ihrer Tasche wieder zu und lief zurück zum Haus. Eigentlich hielt sie nichts von Stoßgebeten. Wer Gott in seinem Leben hatte und regelmäßig betete wie sie, der brauchte solche Kindereien nicht. Aber in diesem Moment war ihr ihre Überzeugung egal. Noch nie zuvor hatte sie so sehr gehofft, Robyn nicht über den Weg zu laufen. Da war ihr selbst ein solch kurzer Hilfeschrei in Gedanken gen Himmel nicht zu albern.

Lautlos steckte sie den Schlüssel in das Haustürschloss, öffnete langsam die Tür und lauschte, während sie den Atem anhielt. Nichts war zu hören, nicht der leiseste Mucks. Robyn musste noch in ihrem Zimmer sein und telefonieren, und außer ihr war niemand im Haus. Gott sei Dank! Whitney seufzte vor Erleichterung und schloss geräuschlos die schwere Holztür hinter sich.

Sie schlüpfte aus ihren Pumps, um nicht durch unnötige Geräusche auf sich aufmerksam zu machen, und huschte die Treppe hinauf. Zum Glück war ihr Ankleidezimmer direkt gegenüber dem Aufgang und damit ein gutes Stück entfernt von Robyns Zimmer am anderen Ende des Flurs. Der Autoschlüssel lag tatsächlich auf der kleinen Anrichte neben der Tür. Whitney griff danach und stopfte ihn in ihre Handtasche. Dann schlich sie wieder hinunter ins Erdgeschoss, streifte ihre Schuhe über und glitt lautlos aus dem Haus.

Ohne sich eine Verschnaufpause zu gönnen, eilte Whitney sofort den gepflasterten Weg entlang zur Hofauffahrt, wo ihr Wagen auf dem kleinen Parkplatz abgestellt war. Noch während sie lief, fischte sie in ihrer Handtasche erneut nach dem Schlüssel.

Geschafft, schoss es ihr durch den Kopf, als sie sich endlich auf das weiche schwarze Leder ihres Porsche 911 fallen ließ. Es fühlte sich merkwürdig für Whitney an, ausgerechnet vor Robyn zu fliehen, als wäre ihre Freundin eine Gefängniswärterin. Ohne Robyn würde sie schließlich keine Woche all den Stress und Druck aushalten, die bösen Schlagzeilen, aber auch die Lobhudeleien. Für den Moment schob sie den Gedanken zur Seite.

Whitney ließ den Wagen an und manövrierte den Porsche aus der Parkbucht hinaus und die Auffahrt hinunter zu dem großen Eisentor, das die Straße von ihrem Grundstück trennte. Sie winkte Jeremy zu, einem ihrer Sicherheitsmänner, der tagsüber in dem Häuschen neben der Einfahrt seinen Dienst verrichtete. Mit einem Knopfdruck öffnete er das Tor.

War es vielleicht doch falsch gewesen, Robyn nichts von ihrem Plan zu erzählen? Doch dann erinnerte sich Whitney wieder an jenen Abend, als sie während ihrer Geburtstagsfeier mit ihrer Freundin im Badezimmer gewesen war, Tränen im Gesicht und todunglücklich, weil Eddie noch nicht erschienen war. Es war das erste Mal seit Jermaine gewesen, dass sich Robyn ihr gegenüber so deutlich über eine ihrer Liebschaften geäußert hatte. Und anders als damals bei ihrem Streit wegen Jermaine war es Whitney nun so vorgekommen, als ob Robyn auf ihrer Seite stünde, sie stärken und ihr tatsächlich helfen würde durch das, was sie sagte. Sie kam sich nicht verurteilt vor und hatte nicht das Gefühl, der schlimmste Mensch auf Erden zu sein. Wenn Robyn nicht gewesen wäre, sie hätte ziemlich sicher das Badezimmer für den restlichen Abend nicht wieder verlassen.

Whitney setzte den Blinker und fädelte ihren Wagen in den Verkehr auf der Interstate 78 in Richtung Newark ein. Es war wenig los auf den Straßen, nicht ungewöhnlich für einen frühen Dienstagabend. Das kam ihr gelegen. Eigentlich war sie eine gute Autofahrerin, sie fuhr vorausschauend und immer mit angepasster Geschwindigkeit. In einen Unfall war sie noch nie verwickelt gewesen, nicht einmal eine kleine Schramme oder Beule war ihr beim Ein- oder Ausparken passiert. Doch heute war sie unaufmerksam und nicht bei der Sache – sie war viel zu aufgeregt, als dass sie sich auf einen Verkehr hätte konzentrieren können, der aus mehr bestand als hier und da einmal ein anderes Auto.

Als Eddie schließlich doch noch zu ihrer Feier aufgetaucht war und dann auch noch mit einem riesigen Strauß weißer Lilien, da hatte in ihrem Kopf etwas »Klick« gemacht. Sie war sich so sicher gewesen, wie man es nur sein konnte, dass sein Kommen mehr war als nur ein Hereinschneien. Es bedeutete etwas. Dieses Ding, das da zwischen ihnen lief und keinen Namen trug, vielleicht würde es jetzt endlich etwas Ernstes werden. Für Whitney fühlte es sich so an, als ob sie nun kurz davorstanden, ganz offiziell eine Beziehung miteinander zu führen.

Wenn es nach ihr gegangen wäre, dann wäre es schon längst dazu gekommen. In ihren Augen war Eddie ein fantastischer Kerl: witzig, ohne dabei albern zu sein. Höflich, ohne sich wie ein Spießer zu verhalten. Ein aufmerksamer Gesprächspartner, ohne dies ständig als herausragende Eigenschaft hervorzukehren. Äußerst talentiert in seinem Beruf, ohne dabei arrogant zu sein. Fordernd im Bett, ohne dass es dabei allein um sein Vergnügen ging. Und vor allem: Er wusste ganz genau, wie es war, wenn man keinen Schritt vor die Tür setzen konnte, ohne von Fremden erkannt zu werden. Eddie war der perfekte Mann an ihrer Seite, dieser Gedanke durchkreuzte jedes Mal ihren Kopf, wenn sie ihm in die Augen blickte.

Doch so viel er auch redete, er sprach nie über sie beide und über das, was sie zusammen waren oder sein könnten. Und Whitney selbst konnte den Mut nicht aufbringen, ihn einfach danach zu fragen.

Robyn hatte vollkommen recht, als sie ihr im Badezimmer sagte, sie müsse ihn zur Rede stellen. Doch das war davor, vor dem Auftauchen auf der Party, vor dem Strauß weißer Lilien. Er wäre schließlich nicht gekommen, wenn er damit nicht etwas sagen wollte, da war sich Whitney sicher.

»Möööööp!«

Whitney zuckte zusammen, mit einem Mal war sie wieder völlig im Hier und Jetzt.

Der Fahrer in dem Wagen, der gerade links an ihr vorbeigezogen war, hatte gehupt. Sie war wohl etwas zu weit nach links in Richtung der Spur neben ihr abgewichen.

Puh, das war knapp, dachte sich Whitney. Wo war sie überhaupt? Nicht auf dem richtigen Weg jedenfalls, gerade flog ein Schild am rechten Fahrbahnrand an ihr vorbei, das die Washington Bridge über den Hudson River nach Manhattan in wenigen Hundert Metern Entfernung ankündigte – sie war schon fast in New York! Vor lauter Gedanken an Eddie musste sie die Ausfahrt nach Englewood, New Jersey, verpasst haben. Heute wollte auch gar nichts auf Anhieb funktionieren. Beinahe, als ob das Schicksal nicht wollte, dass sie ihren Plan in die Tat umsetzte.

Whitney schüttelte den Kopf, um den Gedanken zu vertreiben. Sie hatte sich das alles gut überlegt. Es war keine Schnapsidee. Es war ein genialer Einfall, mit dem es ein für alle Mal klappen würde. Endgültig. Ganz sicher!

Sie sah in den Rückspiegel, setzte den rechten Blinker und fuhr die nächste Abfahrt von der Interstate 78 ab, um über die Auffahrt in die entgegengesetzte Richtung wieder hinaufzufahren. Dann knipste sie das Radio an und versuchte, sich auf die Stimme des Moderators zu konzentrieren. Noch einmal sollten ihre Gedanken nicht so weit abschweifen. Am Ende würde es nicht dabei bleiben, dass sie angehupt wurde.

»... acht Jahre nach dem ersten Teil. Eine lange Zeit, aber ich verspreche euch: Das Warten hat sich gelohnt. Eddie Murphy spielt wieder einen fantastischen Reggie Hammond ...«

Whitney zuckte kurz zusammen, als der Radiomoderator Eddies Namen aussprach. Sie fühlte sich, als hätte jemand sie mit einer Nadel gepikst.

»... es ist ein wirklich witziger Film, die Dialoge – meine Herren, das geht zack-zack-zack, Hut ab vor dem Drehbuchautor, so was muss man auch erst mal schreiben können. Aber die Umsetzung, das muss dann natürlich auch stimmen ...«

Bei »Der Prinz aus Zamunda«, da waren Eddies Dialoge auch so, schoss es Whitney durch den Kopf. Den Film hatte sie sich mit Robyn vor zwei Jahren im Kino angesehen, in der Spätvorstellung um halb zwölf abends in einem kleinen Lichtspielhaus in Brooklyn. Von der Handvoll anderer Gäste, die mit ihnen im Saal saßen, hatte sie niemand erkannt. Nur die Frau an der Kinokasse hatte etwas verdutzt geschaut und Whitney ein paar Sekunden länger angesehen, als es beim Kassieren üblich war. Dabei war es aber geblieben. Es waren herrliche zwei Stunden gewesen.

»Wer mal wieder Lust auf etwas Action hat, der fährt mit ›Und wieder 48 Stunden‹ auf jeden Fall auf der richtigen Spur, das verspreche ich euch da draußen. Polizeiarbeit im Drogenmilieu ... Ich denke, mehr muss ich da gar nicht sagen, die Kombination ist mehr als vielsprechend!«

Erneut schweiften Whitneys Gedanken ab: Zwei Wochen nach dem Kinoausflug nach Brooklyn hatte Whitney Eddie persönlich kennengelernt. Es war auf der After-Show-Party von irgendeiner Preisverleihung gewesen, Whitney konnte sich nicht mehr erinnern, welche es war. Jemand hatte sie im Vorbeigehen angerempelt, sie war zur Seite gestolpert und gegen Eddie geprallt. Ein paar der Strasssteine ihres Kleids hatten sich mit den Knöpfen an seinem Ärmel verhakt. Eddie machte einen Scherz, dass er sich Schlimmeres vorstellen könnte, als von nun an an Whitney Houston gebunden zu sein. Es war das erste Mal, dass sie beide miteinander lachten. Auch jetzt konnte sich Whitney ein Grinsen nicht verkneifen.

»… Eddie Murphy in Bestform – eben alles, was ein richtig guter Film braucht. Leute, ich sag's euch, wie es ist: Schaut euch diesen Film an, ihr werdet es ganz sicher nicht bereuen!«

Mit einer abrupten Bewegung schaltete Whitney das Radio wieder aus. Ganz schön unheimlich, dachte sie. Da wollte sie sich von den Gedanken an Eddie durch ein bisschen Radiogedudel ablenken lassen und stolperte dann ausgerechnet über seinen neuen Kinofilm. Wenn das kein Zeichen war …

Sie setzte ein weiteres Mal den Blinker ihres Wagens nach rechts und bog in eine kleinere Seitenstraße ab. Hier war es noch ruhiger. Weit und breit war niemand zu sehen, weder im Auto noch auf den Gehwegen. Nach ein paar Metern stellte sie ihren Porsche am Bordstein ab. Dann bog sie sich den Rückspiegel zurecht, um einen prüfenden Blick auf ihr Spiegelbild werfen zu können.

An den Augen hatte sie nur ein dezentes Make-up aufgetragen und dafür ihre Lippen mit einem kräftigen Korallenrot besonders stark betont. Die Farbe passte perfekt zu ihrem Teint. Die schulterlangen Haare hatte sie sich über Nacht auf große Lockenwinkler eingedreht, sodass sie nun in sanften Wellen bis auf Kinnlänge hinabfielen.

»Alles wird gut«, sagte Whitney zu sich selbst, während sie sich immer noch im Rückspiegel begutachtete. »Er wird sich freuen, ganz bestimmt! Klingle einfach, und wenn du vor ihm stehst, dann öffne den Mantel, und los geht's!«

Sie nickte sich selbst zu, Bestätigung und Ermunterung zugleich. Dann öffnete sie die Wagentür und stieg aus.

Mit Absicht hatte sie den Porsche ein paar Häuser entfernt geparkt. Sie wollte nicht, dass er oder einer seiner Leute ihn vom Haus aus schon sehen konnte. Am Ende hätte das die ganze Überraschung verdorben. Und das war schließlich mindestens der halbe Spaß an der Sache.

Sie strich die Falten auf dem Trenchcoat flach und prüfte, ob auch der Gürtel um ihre Taille fest genug saß. Auf keinen Fall sollte aus Versehen zu sehen sein, was sie unter dem Mantel trug: so gut wie nichts.

Im Grunde war das Ganze die Idee ihrer Mutter gewesen. Das heißt: eigentlich nicht ganz. Cissy hatte vorgeschlagen, Eddie zum Geburtstag mit einem selbst gebackenen Kuchen zu überraschen. Whitney hatte nie viel über Eddie erzählt, über keine ihrer Affären hatte sie je mit ihrer Mutter gesprochen. Sie wusste, dass Cissy keine davon gutheißen würde. Affären waren etwas für leichte Mädchen, die nicht an Gott und ebenso wenig an die Ehe glaubten. Das hatte Whitney sie nicht nur einmal sagen hören.

Doch bei Eddie lag die Sache ein wenig anders. Das meiste hatte Whitney zwar an jenem Abend weggelassen, als sie ihre Mutter in der Dodd Street besuchte und sie beide ein paar wunderschöne Stunden mit reichlich Wein zusammen verbrachten. Aber dass sie sich seit einigen Monaten regelmäßig trafen, dass

Whitney bis über beide Ohren verknallt in ihn war und dass Eddie noch nicht zu hundert Prozent dabei war – das war ihr über die Lippen gestolpert, kaum dass sie den Mund aufgemacht hatte.

»Überrasch ihn doch mit etwas Persönlichem«, hatte Cissy ihr geraten. »Zum Beispiel mit seinem Lieblingskuchen, den du selbst gemacht hast. Das wird ihm zeigen, dass du dich wirklich für ihn interessierst und Zeit für ihn aufbringst.«

Der Vorschlag, Eddie zu seinem anstehenden Geburtstag zu überraschen, gefiel Whitney. Nur das mit dem Kuchen fand sie etwas albern. Ein bisschen mehr Romantik musste es schon sein. Etwas Besonderes, Aufregendes, wodurch ihm deutlich wurde, dass sie sich nicht nur für ihn interessierte, sondern dass er es auch besser für sie tun sollte, wenn er nichts verpassen wollte. Da war ihr diese Szene eingefallen, die sie in irgendeinem Film mal gesehen hatte – da trug die attraktive Hauptdarstellerin nur einen Trenchcoat, der die aufreizenden Dessous darunter verbarg. So wollte sie sein: verführerisch und schön, geheimnisvoll und begehrenswert.

Im Moment war ihr vor allem kalt. Sie fröstelte, als sie den breiten Gehweg entlang zu Eddies Haus schritt. Sie wusste nicht, ob es wegen des kühlen Apriltags war oder ob ihr die Aufregung eine Gänsehaut bescherte. Vielleicht beides.

Sie fühlte sich beinahe wie damals, kurz vor ihrem ersten Auftritt bei Merv Griffin in seiner Show – in ihrem Kopf drehte sich alles, und sie hatte die dumpfe Vorahnung, dass irgendetwas gewaltig schiefgehen würde. Bei Merv war es die Band gewesen, aber jetzt ... ja, was war es jetzt? Wovor fürchtete sie sich eigentlich? Warum hatte sie Sorge, dass etwas Ungutes geschehen würde? Sie konnte sich keinen Reim auf ihren eigenen Argwohn machen.

Plötzlich verharrte sie. Sie schloss die Augen.

»Schluss jetzt«, murmelte sie leise. Sie atmete einmal tief ein und wieder aus, dann legte sie mit entschlossenen Schritten die letzten paar Meter bis zu Eddies Haus zurück. Einmal mehr wurde ihr bewusst, wie unglaublich groß sein Anwesen war. Allein auf dem Rasen davor hätte man problemlos ein Footballfeld untergebracht.

Whitney lächelte, als sie daran dachte, dass es heute das erste Mal sein könnte, dass sie über Nacht bei ihm blieb. Bislang hatte Eddie immer am nächsten Morgen so früh rausgemusst, dass er sie gebeten hatte, zu gehen. Er brauchte eben seinen Schlaf. Es war nicht so, dass Whitney das nicht verstehen konnte. Wer sich ein solch großes Haus leisten konnte, musste eben auch viel arbeiten. Trotzdem war sie jedes Mal enttäuscht gewesen. Aber heute, an seinem Geburtstag, vielleicht war es da anders ...

Schließlich wandte sich Whitney zu der kleinen Klingel neben dem Tor, über ihr hing eine Überwachungskamera. Sie klingelte. Das Herz schien ihr beinahe aus der Brust zu springen, so aufgeregt war sie.

Nichts passierte.

Whitney unterdrückte ein Schnauben: Hatte sie vor lauter Nervosität die Klingel nicht richtig gedrückt? Meine Güte, dachte sie, was macht der Kerl nur mit mir? Mit einem raschen Blick versicherte sie sich, dass die Kamera sie erfasste, bevor sie entschlossen erneut auf die Klingel drückte.

Sie lauschte, als ob sie die Klingelmelodie im Haus hören könnte, wenn sie nur fest genug hinhorchte. Sie lachte kurz auf und schüttelte sachte den Kopf. Als ob die Klingel vom Haus, das bestimmt 100 oder 200 Meter vom Tor entfernt lag, bis hierher hallen würde. Da könnte sie noch so viel lauschen, sie würde keinen Laut registrieren.

Nichts passierte.

Ihr Herzklopfen wurde stärker. Was war hier los? Dieses Mal war sie sich sicher, dass sie die Klingel richtig betätigt hatte. Wieso regte sich dann aber nichts?

Whitney machte ein paar Schritte auf die Mitte des Tors zu und hielt das Gesicht so nah wie möglich an die dicken Eisenstäbe. War Eddie vielleicht gar nicht daheim? Sie kniff die Augen zusammen und versuchte, irgendeine Regung in dem Haus auszumachen. Ein Schatten, der am Fenster vorbeihuschte. Ein Licht, das an- oder ausging. Die Haustür, die aufging. Jemand von Eddies Personal, der über den Hof ging. Irgendwas.

Doch: Nichts passierte.

Whitney kehrte zurück zur Klingel und klingelte ein drittes Mal. Hatte sie sich im Datum geirrt? War heute gar nicht Eddies Geburtstag? Sie schüttelte den Kopf und beantwortete sich damit ihre Frage selbst. Heute Morgen, als der Kaffee noch durch den Filter gelaufen war und sie ein wenig Zeit vertrödeln konnte, hatte sie extra noch einmal einen Blick in den kleinen Wandkalender geworfen, den Robyn neben dem Kühlschrank aufgehängt hatte. Dort stand ohne Zweifel, dass der heutige Tag der 3. April war – und damit Eddies Geburtstag.

Wieder passierte nichts.

Was zum Teufel ging hier nur vor sich? Whitney entfernte sich von der Klingel mit der Überwachungskamera über ihrem Kopf. Sie lief bis ans andere Ende des Tors, blieb stehen und ließ wieder ihren Blick über das gesamte Anwesen schweifen. Es war niemand zu sehen.

Bestimmt war Eddie gerade hinten auf seiner Terrasse, vielleicht hatte er seine Mitarbeiterinnen und Mitarbeiter, die gerade noch bei ihm waren, kurz zu sich gebeten, um miteinander anzustoßen. Niemand hörte die Klingel von dort aus, deshalb war es nur logisch, dass ihr niemand antwortete.

Oder?

Whitney tigerte das Tor entlang wieder zurück zur Klingel. Ihr linkes Augenlid begann zu zucken – ein Tick, der sie über die Jahre in Stresssituationen immer wieder eingeholt hatte –, auf ihrer Nase bildeten sich die ersten Schweißperlen. Sie klingelte, während sie das Haus und das üppige Anwesen davor nicht aus den Augen ließ.

Vielleicht war er auch auf einer Party? Whitney sah auf die Uhr an ihrem linken Handgelenk. 17 Uhr. Viel zu früh, um auf irgendeiner Feier zu sein. Das war sogar zu früh für ein frühes Abendessen in einem Restaurant! Und selbst wenn Eddie ausgehen wollte, um seinen Geburtstag mit Freunden zu feiern, hätte er ihr dann nicht Bescheid gegeben und sie dazu eingeladen? Natürlich hätte er das.

Oder?

Whitney klingelte – zum wievielten Mal? Sie wusste es nicht, es war ihr egal.

Was, wenn Eddie das Tor einfach nicht öffnen wollte? Wenn er sie nicht sehen wollte? Whitney hielt den Atem an, den Blick weiter auf das Haus gerichtet. In ihren Ohren sauste es, ihr wurde schwindelig. Sie blinzelte ein paarmal, um die schwarzen Pünktchen, die vor ihren Augen auftauchten, zu vertreiben.

Nichts passierte.

Wieder schritt sie rastlos das Tor bis zum anderen Ende ab, blieb stehen und starrte mit zusammengekniffenen Augen auf das Haus.

Da! Die Haustür! Da war doch jemand!

Whitney kniff die Augen noch weiter zusammen und reckte ihren Hals, bis ihre Stirn die Eisenstäbe berührte. Gerade eben war jemand zur Tür hinausgetreten. War es Eddie? Es war zu weit entfernt, Whitney konnte es nicht erkennen. Aber wieso ging die

Person nicht einfach an die Gegensprechanlage, wenn sie doch eindeutig gerade eben noch im Haus gewesen war?

Mit langsamen Schritten bewegte sich Whitney zur Mitte des Tors, die Augen weiter auf jenes Menschlein weit jenseits auf der anderen Seite gerichtet.

Das ist doch Mike, schoss es Whitney durch den Kopf. Mike war einer von Eddies Bodyguards, ein massiger Kerl, bestimmt zwei Meter groß und beinahe genauso breit. Er hatte einen federnden Gang, was überhaupt nicht zu seiner gewaltigen Erscheinung passte – aber jetzt sah Whitney durchaus einen Vorteil darin. Ansonsten hätte sie ihn niemals aus dieser Entfernung erkennen können.

Der Typ, von dem sie sich nun sicher war, dass es Mike war, hatte sich auf den Weg die Auffahrt hinunter gemacht, genau dorthin, wo Whitney stand. Erleichtert seufzte sie auf.

Whitney mochte den Kerl, sie hatte ihm den Spitznamen »Mikey-Bär« gegeben. Auf der einen Seite war er unglaublich freundlich Whitney gegenüber, ohne dabei je aufdringlich zu sein, und lächelte sie immer mit seinem schiefen Lächeln an, bei dem sich zwei Grübchen auf seinen Wangen bildeten. Auf der anderen Seite grummelte er oft mit solch tiefer und unverständlicher Stimme vor sich hin, dass er sie in Kombination mit seiner Statur an einen Bären erinnerte.

Aber warum kam er jetzt aus dem Haus und die Auffahrt zu ihr hinunter, wenn er doch auch einfach das Tor mit einem Knopfdruck von dort drinnen hätte öffnen können, wie er es schon viele Male zuvor getan hatte? Wieder formten sich zwei dünne Linien zwischen Whitneys zusammengezogenen Brauen. Es sei denn, dachte sie jetzt, es sei denn, der komplette Klingelapparat war kaputt – keine Klingel, keine Gegensprechanlage, keine automatische Toröffnung. Natürlich! So musste es sein!

Als Mike nur noch gut 50 Meter entfernt war, hob Whitney den rechten Arm und winkte ihm zu. Sie lächelte.

»Und ich dachte schon fast, ich werde hier einfach stehen gelassen«, rief sie ihm mit gespielter Empörung in der Stimme zu. »Aber dass ich nun sogar persönlich von dir abgeholt und zu Eddie chauffiert werde, ist natürlich Entschuldigung genug. Ich verzeih dir, Mike.«

Whitneys Lächeln ging in ein Strahlen über. Doch nur wenige Sekunden und ein paar Schritte von Mike später gefror es in ihrem Gesicht zu einer starren Maske. Irgendetwas stimmte nicht. Nicht nur hatte er nicht zurückgewinkt, sein Lächeln, das er ihr jedes Mal schenkte, wenn er sie begrüßte, es war nicht da. Stattdessen sah Whitney in Mikes traurige Augen, die Mundwinkel hingen ihm leicht hinunter. So hatte sie ihn noch nie gesehen.

»Mike, was ist los? Ist alles in Ordnung? Geht es dir gut? Geht es Eddie gut?« Whitney versteifte sich. Sie war überrascht von sich selbst, so schnell ihre Sprache gefunden zu haben.

Mike senkte seinen Blick und schien die restlichen paar Schritte bis zum Tor seine Schuhspitzen zu inspizieren. Als er vor Whitney stand, zwischen ihnen die dicken Stangen des Eisentors, atmete er ein paarmal tief ein und aus.

Whitney sagte kein Wort.

Mike seufzte, dann sagte er: »Whitney, ich muss dich bitten, wieder zu gehen.« Noch immer sah er auf den Boden vor sich.

Es vergingen unzählige Sekunden des Schweigens, weder Whitney noch Mike sprach ein Wort. Nur Whitneys Atem, der mit jedem Zug ein wenig schneller und lauter wurde, war zu hören. Mike begann, nervös von einem auf das andere Bein zu treten. Whitney hingegen stand wie angewurzelt vor ihm, der Brustkorb hob und senkte sich, mehr nicht. Nicht ein einziges Mal blinzelte sie.

»Whitney ...«, setzte Mike erneut an.

Wieder schien eine Ewigkeit zu verstreichen, in der niemand etwas sagte. Endlich hob Mike seinen Blick und sah Whitney direkt an.

Sie zuckte zusammen. Seine Augen waren nicht nur traurig, es lag echte Trauer in ihnen. Und Mitleid.

»Whitney, bitte, es tut mir schrecklich leid, aber ich muss dich wirklich bitten zu gehen. Ich soll dich bitten zu gehen. Es tut mir leid. Eigentlich steht mir das gar nicht zu, mehr zu sagen. Aber ich mach's trotzdem: Am besten, du kommst auch nicht mehr hierher oder rufst an. Am besten, du machst gar nichts mehr, was irgendwas mit meinem Boss zu tun hat.«

Mike seufzte. Whitney sah, dass seine Augen feucht wurden.

»Du bist eine tolle und wunderschöne Frau, Whitney. Verzeih, dass ich das so frei heraus sage. Aber ich hab dich echt lieb gewonnen, ich glaube, wir beide haben das gegenseitig. Und ich weiß Sachen, die ich dir lieber nicht erzählen möchte. Bitte glaub mir einfach, wenn ich dir sage, dass es das Beste ist, was du machen kannst: Lass Eddie Eddie sein, und vergiss ihn lieber heute als morgen.«

Whitney schluckte. Ihre Augen schmerzten vor Trockenheit, so lange hatte sie schon nicht mehr geblinzelt. Ihr Herzschlag beruhigte sich allmählich, die Schweißperlen auf ihrer Nase waren verschwunden.

»O. k.«, sagte sie schließlich, ohne eine Miene zu verziehen. »Danke, Mike, leb wohl.«

Dann löste sie sich von seinem Blick, machte auf dem Absatz kehrt und ging den Gehweg entlang zurück zu ihrem Wagen. Sie fühlte nichts. Außer ihren schmerzenden trockenen Augen.

· · ·

Whitney zitterte. Ihr war kalt, obwohl ihr der Schweiß von der Stirn strömte. Sie ließ die Haustür hinter sich ins Schloss fallen – ein lautes Klicken hallte in dem Eingangsfoyer wider.

»Nip? Bist das du?«, klang Robyns Stimme durch den Flur. Sie war vermutlich in der Küche oder im unteren Büro, so, wie es sich anhörte.

Whitney antwortete nicht. Alles drehte sich in ihrem Kopf. Tränen liefen ihr lautlos über die Wangen. Sie schniefte und wanderte mit ihrem Blick zu dem Flur, der rechts abging und in die Küche führte.

Wenige Augenblicke später tauchte dort Robyn auf. Bei Whitneys Anblick blieb sie abrupt stehen – Whitney konnte ihr Gesicht nicht richtig erkennen, alles war verschwommen und merkwürdig schräg, als ob sie ihren Kopf schief halten würde.

»Nip ... was ist ... Nip?«, stotterte Robyn. Dann stürmte sie auf ihre Freundin los und schloss sie in die Arme.

»Ich bin so froh, dass du da bist! Wir haben uns solche Sorgen gemacht! Wo bist du die letzten zwei Tage nur gewesen? Wieso hast du nicht angerufen? Ich war krank vor Sorge um dich!«

Robyn löste die Arme von Whitney, noch immer stand sie da, völlig regungslos, nur ihre Schultern und Hände zitterten immer noch, den Blick hatte sie nach vorne ins Leere gerichtet.

»Nip, ist alles o. k.? Nip?«

Es hörte sich an, als ob Robyn hinter einer Wand stehen und von dort zu ihr sprechen würde. Ihre Stimme klang dumpf und weit weg.

»Nip, kannst du mich bitte ansehen?«

Eine Ewigkeit schien zu vergehen, bis Whitney die Bitte ihrer Freundin mental verarbeitet hatte. Schließlich löste sie ihren Blick von der Leere vor ihr und richtete ihn stattdessen auf Robyn.

War das wirklich ihre Robyn, die da vor ihr stand und sie inspizierte? Es schien, als wolle Robyn ihre Hände unter gar keinen Umständen von ihren Schultern nehmen, konnte das sein? Immer wieder entglitt Whitney das Gesicht dort vor ihr.

»O. k., Nip, du musst mir jetzt ganz genau zuhören, ja? Bitte konzentriere dich! Was hast du alles genommen? Kannst du mir das sagen?«

Whitney schwieg.

»Dann anders gefragt, Nip, konzentriere dich bitte, hörst du? Nip, hörst du mich?«

Langsam hob und senkte Whitney den Kopf.

»Vor zwei Tagen, das war ein Dienstag, bist du am späten Nachmittag mit dem Porsche weggefahren. Ich vermute, du bist zu Eddie, weil er Geburtstag hatte. Stimmt das?«

Wieder hob und senkte Whitney langsam den Kopf.

»Und dann bist du irgendwann wieder gefahren, wahrscheinlich nachts, schätze ich. Wohin?«

Whitney dachte an Mike, an sein mitleidvolles und trauriges Gesicht, das sie durch die Eisenstangen von Eddies Eingangstor ansah.

»Es war nicht nachts«, flüsterte Whitney. »Er hat mich nicht reingelassen. Mike hat mich weggeschickt.« Sie hörte ein wütendes Schnauben von Robyn, es klang beinahe wie ein Stier bei einem Kampf, kurz bevor er in die Arena gelassen wird.

»Wohin, Nip, wohin bist du dann gefahren? Was hast du gemacht, nachdem du von Eddies Haus wieder weggefahren bist?«

Whitney versuchte, sich zu erinnern. Doch in ihrem Kopf herrschte Dunkelheit. Sie wusste, dass sie zu ihrem Wagen zurückgegangen war. Dass sie diese überwältigende Leere gespürt hatte, schon bald war sie in jeder Faser ihres Körpers angekommen. Die Leere drohte sie zu verschlucken. Und dann – nichts. Außer ein paar einzelne Bilder. Ein Beutel voller Kokain auf dem

Beifahrersitz. Ihre Hand, die einer anderen Geldscheine in die Hand drückte. Jemand knipste ein Feuerzeug an und hielt die Flamme an den Joint, den sie zwischen ihre Lippen eingeklemmt hatte. Eine Flasche Wein auf einem Glastisch, die sie mit einer Bewegung ihrer Hand umwarf, sodass sich der Wein über den gesamten Tisch hinweg ausbreitete. Ein Kerl, dessen Schritt direkt vor ihrem Gesicht war und der sich gerade an seinem Gürtel zu schaffen machte. Und dann sah sie sich selbst, wie sie in ihr Spiegelbild blickte, die Haare fielen ihr strähnig in die Stirn, die Augen verquollen, darunter hatte sich ihre Wimperntusche zu zwei verschmierten Balken gesammelt, die Lippen bleich – sie legte sich eine Tablette auf die Zunge und griff zu einem Glas mit irgendetwas Flüssigem darin.

»Ich weiß nicht, wo ich war«, flüsterte Whitney schließlich. Sie spürte, wie ihr neue Tränen über die Wangen liefen. Es wurden immer mehr. Das Zittern ihrer Schultern breitete sich auf den Rest ihres Körpers aus. Das Drehen in ihrem Kopf wurde stärker. Sie schluchzte. Dann schloss sie die Augen.

»Nip ...«, hörte sie noch Robyns Stimme, ehe ihre Beine versagten und sie einfach zu Boden sackte. Jetzt weinte sie hemmungslos.

»Nip, alles wird gut, ich bin hier, hörst du mich? Ich bin hier, immer, ich werde nicht weggehen.«

So plötzlich, wie Whitney zusammengeklappt war und aufgeschrien hatte, so plötzlich verstummte sie auch wieder. Nur die Tränen strömten ihr weiter das Gesicht hinunter.

»Warum liebt er mich nicht?«, wimmerte sie, leise, es war kaum zu hören. »Warum liebt er mich denn nicht? Niemand liebt mich. Niemand. Ich bin es nicht wert. Deshalb liebt mich niemand ...«

»Das ist nicht wahr, Nip, vertrau mir, wenn ich dir sage, dass das nicht stimmt – du bist nicht allein«, sagte Robyn. Sie klang bemüht und überfordert.

»Robyn«, schluchzte Whitney weiter, »warum liebt mich denn nur niemand?«

Kapitel 22

1. März 1994
16 Uhr

Kaum war die Tür ins Schloss gefallen, fiel auch Whitneys Lächeln aus ihrem Gesicht. Sie mochte Carol, wirklich, nicht nur als ihre Stylistin, sondern auch als Freundin. Wenn Carol einmal angefangen hatte zu reden, dann war sie so schnell nicht mehr zu bremsen. Das gefiel Whitney. Sie brauchte ihr nur zuzuhören, ab und an vielleicht mal etwas nachzufragen – aber sie musste nichts von sich selbst erzählen.

Zeit mit Carol war für sie wie Zeit mit Carl, dem Barchef des *Beverly Hills* in L. A., wobei sie Carol natürlich beinahe jeden Tag sah, wenn sie nicht gerade am nächsten Album arbeitete oder freihatte. Es waren Zeiten, in denen sie sich wie Nippy fühlte, nicht wie Whitney Houston. Mehr noch: wie eine Version von Nippy, die sie hätte sein können, wenn sie sich nie dazu entschlossen hätte, Profisängerin zu werden. Eine unbekannte Nippy, deren Arbeit nicht mit Grammys ausgezeichnet oder die auf der Straße um Autogramme gebeten wurde. Nicht einmal Bodyguards brauchte diese Nippy. Ein schönes Gefühl.

Doch manchmal fühlte sich Whitney erschöpft von so viel normalem Leben. Es war zu viel. Zu viel von einer Welt, die schon lange nicht mehr ihre war, die so sehr das Gegenteil von dem war, was sie jeden Tag erlebte. Dann brauchte sie dringend Ruhe und wollte einfach allein sein. Nur sie und ihre Gedanken.

Whitney seufzte, als sie von dem Stuhl vor der langen Spiegelfront aufstand und zur gegenüberliegenden Seite des Raums ging. Dort war ein kleines Büfett aufgebaut, ihr Magen knurrte. Ein schlechter Zeitpunkt, schließlich war Carol gerade eben mit dem Make-up fertig geworden. Wenn sie jetzt etwas aß, würde sie dadurch mindestens ihren roten Lippenstift ruinieren. Ganz davon zu schweigen, dass sie schon ihr Kleid für den heutigen Abend trug.

Es war eine bodenlange weiße Robe mit engem Schnitt: Das Kleid betonte ihre schmale Silhouette, ohne dabei zu aufreizend zu wirken. Genau ihr Stil. Der Stoff erinnerte sie an Samt, doch er war viel weicher und eleganter. Wenn das Licht richtig fiel, dann hätte man sogar meinen können, das Kleid wäre mit Strasssteinen oder Pailletten besetzt. Der Ausschnitt war rund und setzte ihre Schlüsselbeinlinie in Szene. Um den Hals hatte sie eine simple Edelsteinkette gelegt.

Aber in diesem Moment war es ihr egal, ob ihr Make-up danach vielleicht nicht mehr perfekt sitzen würde oder ob sie einen kleinen Fleck auf dem Kleid riskierte. Sie hatte den ganzen Tag noch nichts gegessen, wie meistens, wenn ein Auftritt anstand. Dann war sie so auf den Abend fixiert, auf ihre Stimme, ihr Outfit, ihre Haare, auf die Performance, da kam einfach kein Hungergefühl auf, und sie vergaß das Essen. Erst wenn alle Vorbereitungen abgeschlossen waren und sie einen Moment der Ruhe ganz für sich hatte, da bemerkte sie die gähnende Leere in ihrem Magen dafür umso mehr.

Das Büfett war reichlich: eine Käseplatte mit Baguette, Äpfel, Bananen, Kiwis, Melonen – alles in Häppchen geschnitten – und unzählige Beeren, Schnittchen mit diversen Aufstrichen, eine Platte mit Gemüsescheibchen, Schälchen mit Nüssen in vermutlich sämtlichen Sorten, die es gab, Dips, mehrere Flaschen Champagner und französischer Wein, sogar eine kleine Warmhalteplatte mit Hähnchenspießen stand auf dem Tisch.

Viel zu viel für nur eine Person – Whitney schüttelte den Kopf. Ihr wäre lieber gewesen, die Veranstalter würden sie einfach fragen, was sie gerne hätte. Sie würde jedes Mal dasselbe sagen: Mini-Hotdogs, Weintrauben, Wasser mit Kohlensäure und eine kleine Coke Light. Den ganzen Rest rührte sie eh nie an.

Sie griff zu den Beeren und schob sich eine nach der anderen in den Mund. Das erschien ihr die sicherste Variante, um weder Make-up noch Kleid zu ruinieren.

Ihr Blick fiel auf die Uhr, die neben der Tür an der Wand hing. Kurz nach vier Uhr nachmittags. In gut einer Stunde würde es schon losgehen. Bobby würde mit Krissy noch vorbeischauen, sie hatte ihn darum gebeten. Wenn sie so nervös war wie vor diesem Auftritt, dann waren ein paar Minuten mit ihrer Tochter das beste Beruhigungsmittel, das sie sich vorstellen konnte. Sie brauchte das.

Aber Bobby würde mit dem kleinen Mädchen frühestens in einer halben Stunde kommen. Eher noch später, weil er immer zu spät kam. Oft verbummelte er die Uhrzeit, andere Male hatte er keine Lust und tauchte entweder gar nicht auf oder kam mit einer solchen Verspätung, dass er ebenso gut ganz hätte fernbleiben können. Whitney fand das nicht schlimm, er war eben ein spontaner Typ, genau das liebte sie so an ihm. Doch wenn es um ihre Tochter ging, galten andere Regeln. Whitneys Magen zog sich zusammen, als ihr dieses eine Mal in Erinnerung kam, als

Bobby vergessen hatte, mit Krissy vor einem ihrer Auftritte vorbeizukommen.

Es war im vergangenen September gewesen, als sie bei den »American Music Awards« auftreten sollte. Irgendwann hatte sie Carol gebeten, nach ihm und Krissy zu suchen. Doch es war später und später geworden, ohne dass einer von ihnen bei ihr in der Garderobe aufgetaucht war. So musste sie schließlich auf die Bühne, ohne zuvor ihrer Tochter über den kleinen Kopf streicheln und ihr einen Kuss auf die Stirn geben zu können. Sie hatte den Auftritt als einen ihrer schlechtesten in Erinnerung, den sie je abgeliefert hatte.

Als sie backstage dann auf Bobby traf, der im Flur vor ihrer Garderobe auf und ab tigerte, schrie sie ihn an. Zum Glück hatte er Krissy nicht bei sich. Whitney hätte nicht gewusst, ob sie sich vor ihrer Tochter hätte zusammenreißen können, obwohl sie nicht wollte, dass sie mitbekam, wie ihre Eltern sich beinahe an die Gurgel sprangen.

Es war der schlimmste Streit, den sie je mit Bobby gehabt hatte. Zwei Wochen ließ sie ihn nicht in ihrem gemeinsamen Schlafzimmer im Bett neben sich schlafen. Wenn sie sich morgens in der Küche sahen, sagte sie kein Wort zu ihm. Sie würdigte ihn keines Blickes.

Schließlich war es Carol gewesen, die zwischen den beiden vermittelt hatte. Warum, wusste Whitney bis heute nicht. Carol war nie ein großer Fan von Bobby gewesen, auch wenn sie das ihr gegenüber nie laut aussprach. Oft kam es Whitney sogar so vor, als ob Carol es vermeiden würde, im selben Raum wie Bobby zu sein. Dass sie nun etwas unternommen hatte, um das Kriegsbeil zwischen ihnen zu begraben, passte eigentlich gar nicht in dieses Bild.

Doch Whitney hatte Carols Verhalten nicht weiter hinterfragt.

Sie war froh um ihre Hilfe gewesen. Wer weiß, was sonst passiert wäre.

Whitney schüttelte sich, um die Erinnerung zu vertreiben. Ein weiteres Mal griff sie nun nach den Beeren, die Schüssel war schon fast leer. Wieder seufzte sie. Wie schön wäre es, wenn sie mehr Zeit hätte, um sie mit Krissy zu verbringen. Schon oft hatte sie die Eingebung, sich ihre kleine Tochter und Bobby zu schnappen und abzuhauen – weit weg von den Bühnen dieser Welt. Nur sie, ihre Tochter und Bobby, gemeinsam als Familie. Doch so einfach war das Leben nun einmal nicht.

Stattdessen schnappte sie sich nun die letzte Erdbeere und ließ sich vorsichtig auf das Ledersofa neben dem Büfett nieder. Sie warf einen kurzen Blick auf die Uhr, die ihr zeigte, dass immer noch reichlich Zeit zu überbrücken war. Unwillig seufzte Whitney und ließ ihren Blick dann durch den Raum schweifen. Auf dem Tischchen vor ihr lag ein bunter Haufen mit Magazinen, alle sorgfältig wie ein Fächer ausgebreitet.

Sie überflog die Titel, *Vogue*, *Time*, *Rolling Stone*, *Seventeen*, *Elle*, *GQ* – und eine alte Ausgabe der *Fame*. Whitney lief ein Schauer über den Rücken, als sie die vier hohen schlanken Buchstaben auf der Titelseite sah.

Kapitel 23

Oktober 1990

Es klingelte.

»Das muss er sein!«, rief Whitney und lief die Treppe hinab zur Tür. Ihr Herz pochte schon jetzt, sie war angespannt. Eigentlich gehörten Interviews nicht mehr zu den Dingen, die sie nervös werden ließen. Meistens fand sie solche Termine, wenn sie ehrlich war, eher ein wenig lästig. Sie verstand schon, dass es Teil des Jobs war. Klar. Aber die Journalistinnen und Journalisten stellten alle die gleichen Fragen, jedes Mal. Meistens war mindestens eine Frage dabei, bei der sich ihr Gegenüber besonders einfallsreich vorkam. Dann lehnte sich der Interviewer oder die Interviewerin mit dem Oberkörper etwas nach vorne, setzte eine ernste Miene und einen durchdringenden Blick auf, nach dem Motto: »Miss Houston, ich habe perfekt recherchiert, ich kenne Sie besser als all die anderen Presseleute, die nur auf eine reißerische Story aus sind. Ich hingegen bin wirklich an Ihnen interessiert. Deshalb wird es Sie überraschen, dass ich dieses oder jenes weiß – was sagen Sie dazu?«

Allerdings war es nie eine Überraschung. Hinter den Fragen

steckte keine herausragende Recherche oder ein spannender Gedankengang. Immer nur war es das gleiche stumpfsinnige Programm, das abgespult wurde. Und sie antwortete ihnen allen das Gleiche, jedes Mal.

Manchmal zweifelte sie daran, ob die Leute, die die Fragen stellten, wirklich alle von unterschiedlichen Magazinen, Fernseh- und Radioanstalten kamen. Viel zu oft hätte sie genauso gut ein einziges Interview führen können, bei dem die Antworten auf Tonband aufgenommen wurden, und es bei all den zig anderen Gesprächen dann einfach abspielen. Whitney war sich sicher: Niemand hätte einen Unterschied bemerkt.

Am schlimmsten war es, wenn mehr als fünf oder sechs solcher Pressetermine am selben Tag anstanden. Dann wurde ihre Laune bereits am Abend zuvor schlecht, wenn sie ins Bett ging und in Gedanken schon einmal den kommenden Tag durchspielte.

Doch dieses Mal war es anders. Sie war nicht nur aufgeregt und gespannt auf das bevorstehende Interview, sie freute sich sogar darauf.

»Mr Friedman, herzlich willkommen«, begrüßte Whitney den Mann, der neben einem ihrer Sicherheitskräfte hinter der Haustür zum Vorschein kam, als sie sie öffnete. Sie streckte ihm die Hand entgegen, die er mit einem sympathischen Lächeln aufnahm und schüttelte.

»Miss Houston, es freut mich sehr, dass wir uns endlich persönlich kennenlernen. Haben Sie vielen Dank für die Einladung in Ihr Zuhause«, sagte der Mann. Er lächelte immer weiter.

»Kommen Sie nur herein!« Whitney trat einen Schritt zurück und machte eine einladende Geste mit dem Arm.

Roger Friedman war ein rundlicher Mann, seine Augen wirkten klein, aber vielleicht lag das auch nur an der eckigen Brille mit dem schwarzen Rand, hinter der sie lagen. Er trug einen dünnen schwarzen Wollmantel, die Knopfreihe war geöffnet, sodass darunter ein graues Jackett über einem weißen Hemd mit dunkelblauer Krawatte sowie Jeans zu sehen waren. Obwohl sein Haaransatz schon Geheimratsecken offenbarte, schätzte Whitney, dass er nicht viel älter war als sie selbst, Anfang 30, vielleicht Mitte 30. Aber gewiss nicht älter. Dazu wirkte sein Lächeln zu frisch.

»Bitte, geben Sie mir doch Ihren Mantel, dann hänge ich den erst mal weg«, sagte Whitney, »und dann können wir sofort loslegen.« Sie hielt inne und fügte dann mit einem Lächeln hinzu: »Ich freue mich wirklich sehr, wissen Sie, Sie sind der erste Journalist, mit dem ich über ›I'm Your Baby Tonight‹ spreche. Es ist wirklich ein sehr spezielles Album für mich, und deshalb freue ich mich schon ganz besonders auf unser Gespräch.«

Whitney nahm Rogers Mantel entgegen und verschwand mit ihm in dem überschaubaren Garderobenzimmer neben der Haustür, in dem sie die Mäntel und Jacken von Gästen unterbachte.

Als sie zurück ins Foyer kam, hatte Roger ein kleines Notizheft und einen Kugelschreiber gezückt und sah ihr entgegen, immer noch lächelnd.

»Wann wird es denn erscheinen?«, fragte er.

»In einem guten Monat, am 6. November.«

»Das heißt, es ist schon längst alles fix und fertig?«

»Oh ja, schon seit ein paar Monaten. Morgen wird die erste Single daraus erscheinen, sie heißt genau wie das Album selbst, ›I'm Your Baby Tonight‹.«

Roger vermerkte eifrig Notizen in seinem Büchlein und nickte dabei. Whitney war irritiert – er schrieb viel mehr, als sie gesagt hatte. Komisch, dachte sie. Sie spürte Misstrauen in sich aufkeimen. Doch sie entschied sich, dem Gefühl keinen weiteren Raum zu lassen, und schüttelte leicht den Kopf, wie um es zu vertreiben. Wahrscheinlich notierte er sich nur etwas über das Haus oder über ihre Kleidung, schoss es ihr durch den Kopf. Sie wusste, dass der Artikel eine Reportage werden sollte. Da waren schließlich auch solche Details wichtig.

Die Reportage und das Interview dazu in ihrem Haus stattfinden zu lassen, war Clives Idee gewesen. Damit sollte nicht nur der Verkaufsstart für das neue Album angeheizt werden, sondern es sollte auch ein persönliches Porträt über sie sein – so etwas würden die Leute lieben, hatte Clive versichert. Und sie hätte in einem solchen Setting eine bessere Möglichkeit, das Gespräch zu lenken. Und genau das war Whitney wichtig, gerade wenn es um »I'm Your Baby Tonight« ging.

Dieses Mal war sie viel mehr an der Produktion beteiligt gewesen als bei den beiden Vorgängeralben. Es war nicht so, dass sie früher nicht gesagt hätte, wenn ihr ein Song oder die Arrangements dazu nicht gefielen. Und jedes Mal hatte sie sich von den Produzenten auch ernst genommen gefühlt, sodass am Ende immer etwas herauskam, von dem sie voll und ganz überzeugt war. Aber es war eben nur ihre Meinung zu etwas, was schon bestand. Jetzt hingegen war sie von der ersten Idee zu einem Song, von seinem Text, der Melodie, dem Arrangement der Instrumente und dem Lead- und Backgroundgesang bis zum fertigen Stück involviert. Sie hatte das Gefühl, in jedem einzelnen der Tracks steckte viel mehr von ihr als in allen anderen zuvor. Unbedingt wollte sie über das Album sprechen, und zwar nicht auf die oberflächliche Art und Weise, die sie aus all den vergangenen Interviews kannte.

»Kommen Sie, ich zeige Ihnen erst einmal die Küche. Möchten Sie etwas trinken?«, fragte Whitney jetzt und ging voran.

»Oh, das wäre sehr fein, vielen Dank. Da würde ich ein kleines Wasser nehmen.«

»Sie sind aber bescheiden, Mr Friedman!« Whitney lachte, als sie in der Küche ein Glas aus einem der Schränke mit weißer Holzvertäfelung holte. Aus einem anderen schnappte sie sich eine kleine Flasche Wasser, dann stellte sie beides vor Roger ab.

»Vielen Dank«, sagte er. »Miss Houston, ich muss schon sagen, ich bin überrascht: Vor zwei Jahren haben Sie 45 Millionen Dollar mit Aufnahmen und Konzerten verdient, das ist selbst für den durchschnittlichen Rockstar eine enorme Summe. Doch trotzdem machen Sie selbst die Haustür auf, kümmern sich um meinen Mantel und versorgen mich mit Wasser – und nicht etwa jemand von Ihrem Personal. Bei Stars, die nicht annähernd Ihr Einkommen haben, würde das niemals so ablaufen. Warum bei Ihnen?«

Whitney lachte auf. Sofort war ihr Roger noch sympathischer. Das Gespräch lief genau in die Richtung, mit der sie sich wohlfühlte.

»Wissen Sie, ich blende ganz einfach vieles aus. Wenn man anfängt, über all den Hype und das Geld zu viel nachzudenken, dann verfällt man irgendwann diesem ganzen Trubel – und man wird zum Monster. Aber ich will kein Monster sein und auch nie eines werden. Ich möchte ein netter Mensch sein. Und dazu gehört, dass ich meine Gäste selbst empfange und versorge, so wie jeder andere Mensch auch.«

Roger nickte und notierte wieder eifrig in seiner ausladenden hingeworfenen Schrift, was Whitney sagte. Es war beiläufig, wie er das machte, wenn die Farbe seines Kugelschreibers nicht ein solch leuchtendes Orange gewesen wäre, hätte sie es wahrscheinlich überhaupt nicht bemerkt.

»Das ist ja nun schon Ihr drittes Album. Die zwei Vorgänger hätten erfolgreicher nicht sein können. Da muss ein unglaublicher Druck auf Ihnen lasten, oder? Ich meine, was ist, wenn das neue nun weniger gut ankommt?«, fragte er dann und sah zu Whitney auf. Sein Blick wirkte neugierig und ehrlich, er schien wirklich an ihr als Mensch interessiert zu sein. Innerlich jubelte Whitney. Warum konnten nicht alle Interviews so sein wie dieses hier? Gleichzeitig ließ sie sich die Antwort einen Moment durch den Kopf gehen.

»Natürlich ist es ein gewisser Druck – vonseiten der Fans, der Plattenfirma und Produzenten, aber auch von mir selbst. Das will ich gar nicht kleinreden«, setzte Whitney schließlich an. »Doch mein Ziel als Sängerin war nie, so viele Platten wie möglich zu verkaufen und mit so vielen Preisen wie möglich ausgezeichnet zu werden.«

»Aber ein Album, das niemand kauft, und Konzerte, zu denen niemand kommt – das kann's ja auch nicht sein.«

»Selbstverständlich nicht. Aber das habe ich auch nicht behauptet.«

»Sondern?«

»Es ist klar, dass es nicht für alle Ewigkeiten immer höher geht. Irgendwann ist ein Plateau erreicht – wenn man Glück hat, dann bleibt man dort. Aber auch, wenn man unter dieses Plateau sinkt, heißt das ja nicht, dass die Musik überhaupt niemanden mehr überzeugt. Es sind dann eben nur etwas weniger Menschen als zuvor, aber es können immer noch viele sein, denen die Musik etwas bedeutet. Darum geht es mir: Ich möchte mit meiner Musik etwas in den Leuten auslösen, ein Gefühl, eine Verbundenheit. Mir ist es nicht so wichtig, ob ich das bei hundert oder hunderttausend schaffe.«

Wieder nickte Roger, dann senkte er den Blick und schrieb in sein Buch. Wie konnte er sich nur eine solch lange Antwort merken und sie erst danach aufschreiben? Whitney war beeindruckt. Aber wahrscheinlich war es vergleichbar damit, wenn Menschen davon beeindruckt waren, dass sie sich so viele Songtexte und Melodien merken konnte. Für sie selbst war das aber nichts Besonderes – es war schließlich ihr Job. Was für eine Sängerin würde sie abgeben, wenn sie sich nicht einmal an ihre Lyrics erinnern konnte! Und Roger wäre vermutlich ein schlechter Journalist, wenn er sich das Gesagte aus einem Interview nicht merken konnte.

Trotzdem blieb ein unguter Beigeschmack bei Whitney hängen. Eigentlich war sie es gewohnt, dass bei Gesprächen, deren Inhalt in einem Magazin landen würde, ein Aufnahmegerät mitlief. Sollte sie einfach fragen, wieso er keines dabeihatte? Vielleicht hatte er ja nur vergessen, es auszupacken und anzumachen?

Nein, das ist albern, schoss es ihr durch den Kopf, er wird schon wissen, was er tut. Sie wollte auf ihr Bauchgefühl hören. Und das sagte ihr, dass ein Mann mit solch ehrlichen Augen und sympathischem Lächeln einer von den Guten war. Er stellte schließlich interessante Fragen, er ging auf sie ein, hakte nach – und das war wirklich selten.

»Verstehe ...«, sagte Roger jetzt, während er noch ein paar letzte Worte kritzelte. »Für die neue Platte haben Sie das Produzententeam erweitert: Wie bei den beiden Vorgängern sind auch diesmal Narada Michael Walden und Michael Masser mit an Bord, darüber hinaus aber auch das Produktionsteam L. A. Reid und Babyface. Warum diese Veränderung? Ich meine, wie heißt es doch so schön: ›Don't change a winning team‹, oder?«

Die Frage hatte Whitney schon erwartet. Sie hatte sich noch nie auf ein Interview vorbereitet. Robyn hingegen tat das jedes Mal und versuchte dann, vor dem Termin mit ihr ein paar wahrscheinliche Fragen durchzugehen und die Antworten abzusprechen. Doch Whitney hatte immer abgewunken. Sie fand das übertrieben. Es war doch nur ein Gespräch, warum sollte sie sich darauf vorbereiten? Etwas über ihre Arbeit zu erzählen war schließlich nicht so schwer. Noch dazu stellten sie doch sowieso alle die gleichen Fragen. Und wenn jemand etwas Unwahres schreiben wollte, dann wäre es sowieso völlig egal, was sie antworten würde – er würde sich immer für die Lüge entscheiden. Außerdem hatte sie auch einfach keine Lust, noch mehr Zeit für Interviews aufzuwenden, als sie es ohnehin schon tat.

Manchmal schaffte es Robyn dennoch, ihre Recherchen vorzutragen, und es war wirklich jedes Mal ein Vortrag: Wenn Whitney gerade gestylt wurde und somit nicht einfach weggehen konnte, dann kam es vor, dass Robyn diese Gunst der Stunde nutzte, sich vor ihr aufbaute und runterratterte, was ihrer Meinung nach in dem bevorstehenden Interview Thema sein könnte.

Das hatte sie auch dieses Mal getan. Für gewöhnlich schaltete Whitney immer auf Durchzug. Aber so manch ein Schnipsel von Robyns Referat blieb dann doch hängen. Und nun war sie sogar ein wenig froh darüber. Sie lächelte.

»Narada und Michael sind genial! Sie und Clive bilden eine Einheit«, wiederholte Whitney die Worte Robyns, an die sie sich erinnerte. »Clive hat eine erste Idee, und daraufhin entwickeln Narada und Michael dann den eigentlichen Track. Am Anfang hat Clive die meisten Songs ausgewählt. Und wenn ich dann zu ihm mal sagte: ›Nein, das mache ich nicht‹, sagte er: ›Okay‹. Ich habe also nie einen Song aufgenommen, von dem ich nicht zu hundert Prozent überzeugt war. Clive ist ein wahrer Songmeister – wir sind auf derselben Wellenlänge: Ich habe eine Vorliebe für Balladen und er auch. Aber wissen Sie, sosehr ich das alles liebe, ich will mich auch weiterentwickeln als Sängerin und Künstlerin. Immer das machen, von dem man weiß, dass man es ganz ordentlich kann – das ist nichts für mich. Deshalb war es mir wichtig, bei ›I'm Your Baby Tonight‹ weitere Elemente mit einzubauen, die bei meinen ersten beiden Platten eine eher untergeordnete Rolle gespielt haben.«

Whitney war stolz auf sich, dass sie Robyns Worte so gut wiedergeben konnte. Die ideale diplomatische Antwort: Niemand kam schlecht weg, gleich mehrere Male hatte Robyn davor gewarnt, dass das bei einer unüberlegten Antwort auf diese Frage leicht passieren könnte. Außerdem sollte sie auf gar keinen Fall erwähnen, dass das erweiterte Produzententeam auch eine Reaktion auf kritische Stimmen war, die bei den vergangenen »Soul Train Awards« ihren Höhepunkt erreicht hatten: Ihre Musik war in den Augen vieler nicht Schwarz genug.

In Interviews sagte sie immer, dass ihre Musik weder weiß noch Schwarz war – es war einfach Musik, ihre Musik. Die Kritiker würden ihr nichts anhaben, sie würden nicht verstehen, um was es bei Musik ging.

Doch das war gelogen. Jedes Mal, wenn sie etwas darüber las oder hörte oder ein Journalist sie darauf ansprach, versetzte es ihr einen Stich. Mit den RnB-Einflüssen, die L. A. Reid und Babyface mit einbrachten, sollte das bei dieser Platte nicht passieren.

»Verstehe ...«, unterbrach Roger Whitneys Gedanken. Er schrieb wieder in das Notizbuch, das er vor sich auf dem Tisch abgelegt hatte.

»Verzeihung«, hallte es durch den Raum, »ich möchte gar nicht stören – aber der Weg ins Büro führt nun einmal hier durch.« Es war Robyn, die mit einem unsicheren Lächeln auf der Schwelle zwischen Flur und Küche stand.

»Robyn, du störst doch nicht!«, rief Whitney und winkte sie heran. »Komm ruhig herein, ich möchte dir jemanden vorstellen: Das ist Roger Friedman vom Magazin *Fame*. Er macht die persönliche Story über mich und das neue Album.«

Whitney freute sich, dass ihre Freundin zufällig in das Interview stolperte. Wie immer fühlte sie sich durch ihre Anwesenheit augenblicklich sicherer.

»Mr Friedman, das ist Robyn Crawford, früher meine persönliche Assistentin, heute die Assistentin der Geschäftsführung meiner Firma Nippy Inc. und vor allem eine sehr enge Freundin aus Kindheitstagen.«

Die beiden schüttelten sich zur Begrüßung die Hände. Whitney bemerkte, wie Rogers Blick über Robyns Körper wanderte. Obwohl sie an den Beinen locker sitzende Jeans und ein schwarzes Jackett über ihrem roten T-Shirt trug, war ihre sportliche Figur darunter deutlich zu erkennen.

»Miss Crawford, schön, Sie kennenzulernen«, sagte Roger jetzt. Wieder hatte er dieses sympathische Lächeln aufgesetzt, das Whitney sofort von seiner Seriosität überzeugt hatte. »Ich habe schon viel von Ihnen gehört.«

Whitney sah die Überraschung in Robyns Miene. Vielleicht lag es an diesem Unterton, mit dem Roger seinen letzten Satz gesagt hatte. Er war auch Whitney aufgefallen, doch sie konnte sich keinen Reim darauf machen, was er zu bedeuten hatte.

»Was bedeutet ›Assistentin der Geschäftsführung‹ genau?«, fragte Roger nun und richtete seinen Blick auf Whitney. »Sekretärin oder Schreibkraft oder was genau?«

»Nein, nein«, Whitney schüttelte den Kopf, »dafür haben wir andere qualifizierte Leute. Robyn koordiniert zwar auch meinen Terminplan, aber sie macht das viel umfangreicher, als man es von einer Sekretärin erwarten könnte – und genau das macht sie so unentbehrlich für mich.«

»Können Sie das genauer erklären bitte, Miss Houston, was bedeutet ›viel umfangreicher‹?«

»Robyn ist seit Beginn an bei meiner Karriere dabei, sie kannte mich schon, als ich noch zur Highschool ging und an den

Wochenenden in der New Hope Baptist Church im Chor meiner Mutter Gospelsongs gesungen habe. Sie weiß wie niemand sonst, wo ich herkomme – und das ist ein Wissen, das man nicht einfach aufholen kann, wenn man erst jetzt zu meinem Team dazustößt. Das bedeutet nicht, dass all die anderen Mitarbeiter meiner Firma einen schlechten Job machen, das Gegenteil! Aber für die Aufgaben, die Robyn erledigt, ist es eben von unschätzbarem Vorteil, dass sie ein solches Wissen hat – sie nutzt es nicht aus, sondern setzt es immer nur zu meinem Besten ein.«

Whitney traf Robyns Blick. Ihre Freundin sah verwundert und dankbar zugleich drein. Sofort fühlte sich Whitney schlecht. Vielleicht sagte sie Robyn viel zu selten, welch unglaubliche Stütze sie für sie war. Sie konnte sich nicht vorstellen, dass sie es ohne sie an ihrer Seite bis dorthin geschafft hätte, wo sie war: in der Position als eine der erfolgreichsten und beliebtesten Sängerinnen weltweit, die selbst von denjenigen für ihre geniale Stimme gefeiert wurde, die mit ihren Songs nichts anzufangen wussten.

»Robyn«, setzte Whitney schließlich wieder an, »komm doch, und setz dich eine Weile zu uns – es ist doch für Mr Friedman bestimmt spannend, wenn wir von unseren weiteren Plänen und Zielen erzählen.« Sie drehte sich in Richtung des Journalisten und fragte: »Oder, Mr Friedman?«

»Selbstverständlich, nur zu! Zwei erfolgreiche Geschäftsfrauen auf einen Streich – wer könnte da Nein sagen?«

Robyn zuckte mit den Schultern und setzte sich dann mit einem Lächeln zu den beiden.

»Ich möchte aber nicht, dass Sie nun Ihre eigentlich geplante Story über den Haufen werfen, nur weil ich hier hereingeschneit bin«, sagte Robyn mit einem entschuldigenden Lächeln.

»Miss Crawford, ich bitte Sie: Ich werfe gar nichts über den Haufen, weil es noch gar keine Story gibt. Da wäre ich ja ein schlechter Journalist, wenn es anders wäre! Erst kommt die Recherche – und dazu gehört unser Gespräch –, und dann folgt die Story.«

»Perfekt!«, rief Whitney entzückt aus, während sie die Hände aneinanderklatschte.

»Perfekt«, wiederholte Robyn.

»Nun: Was planen Sie beide denn für die Zukunft?«, wollte Roger wissen.

»Erst mal steht jetzt das neue Album im Fokus«, sagte Whitney. »Mir ist wichtig zu zeigen, dass ich als Sängerin nicht stillstehe. Dass ich nicht nur Sängerin bin, sondern Künstlerin – und dazu gehört auch Mut, die eigene Kunst immer mit Neuem zu versorgen, sich weiterzuentwickeln. ›I'm Your Baby Tonight‹ vereint mehr RnB und Soul in sich als seine Vorgänger. Dieser Einfluss gehört zu mir – Chaka Khan, Aretha Franklin, damit bin ich aufgewachsen.«

»Oh ja, das kann ich bezeugen. Als wir uns angefreundet haben, saßen wir stundenlang in ihrem Zimmer und hörten die neuen Platten rauf und runter«, ergänzte Robyn.

»Stimmt, du warst dabei! Wie alt waren wir da?«

»Noch keine 20. Wir waren Babys!«

Als sich die Blicke der Freundinnen trafen, brachen beide in Gelächter aus. Das waren glückliche Zeiten, dachte Whitney jetzt. Sie konnte sich beinahe den ganzen Tag lang mit Musik beschäftigen – Platten hören, Lyrics auswendig lernen und singen – und das völlig ohne Druck.

Na gut, ganz stimmte das auch wieder nicht. Cissy hatte damals ziemlich viel von ihr gefordert. Wenn sie ihr etwas vorsang, war es eigentlich egal, wie viel Mühe sie sich gab. Bei den ersten Durchgängen hatte Cissy jedes Mal etwas auszusetzen. Zu wenig Gefühl. Viel zu viel Gefühl. Diesen einen Ton am Ende des Refrains länger halten. Diesen anderen Ton am Anfang der Bridge mit deutlicherem Stakkato. Mehr Vibrato. Weniger Vibrato.

Manchmal war Whitney nach den Gesangsstunden so frustriert und fühlte sich wie die schlechteste Sängerin aller Zeiten, dass sie in ihrem Zimmer erst einmal eine Stunde weinte. Immer mit dem Kissen vor ihrem Gesicht, damit es niemand im Haus hörte. Wenn Cissy Wind davon bekommen hätte, dann hätte sie vielleicht ihrem Wunsch, Profisängerin zu werden, doch noch einen Riegel vorgeschoben. Wenn sie nicht einmal Kritik von ihrer eigenen Mutter verkraftete, wie sollte sie dann auf den Bühnen der Welt bestehen?

»Was man so hört, haben Sie aber bestimmt schon den nächsten Karriereschritt in der Hinterhand, oder?«, unterbrach Roger ihre Gedanken.

»Na ja«, setzte Whitney an. Sie war unsicher, wie viel sie erzählen konnte. Ihr Blick ging zu Robyn.

»Es gab und gibt zu jedem Punkt von Nips Karriere verschiedene Pläne – also im Sinne von Möglichkeiten, wie es weitergehen könnte«, führte Robyn den angefangenen Satz von Whitney fort.

»Wissen Sie, man sollte das nicht romantisieren: Wer vorhat, eine weltbekannte Sängerin zu werden, der muss auch Geschäftsfrau sein und Leute um sich haben, die in diesem Sinne denken.«

»Ja, definitiv«, stimmte Whitney zu. »Das heißt nicht, dass man alles macht, Hauptsache, das Geld stimmt.«

»Glauben Sie mir, wenn ich Ihnen sage, dass Nip lieber als arme Kirchenmaus leben würde, als Geld für etwas zu bekommen, hinter dem sie nicht steht«, sagte Robyn.

»Ich gebe sehr viele Charity-Konzerte und bin bei Kampagnen für eine gute Sache dabei. Ich mache es, weil ich überzeugt davon bin – ich will Gutes tun.«

»Und das funktioniert aber nur, wenn andere Engagements

finanziell gesehen stimmen. Denn wenn Nip bei einem Charity-Event auf der Bühne steht und performt, dann macht sie das nicht nur ohne Gage, sondern sie zahlt drauf: Technikpersonal, Stylisten, Assistenten, Band und Backgroundsängerinnen, Security, Anfahrt, Abfahrt, Spesen – sie alle bekommen ihr Honorar, nur zahlt es Nip eben aus ihrer eigenen Tasche. Dessen sind sich die wenigsten bewusst.«

Whitney lächelte ihrer Freundin beschwichtigend zu und fuhr fort: »Und mir ist eines besonders wichtig, das habe ich vorhin schon kurz erwähnt: Ich möchte nicht stillstehen. Ja, in erster Linie bin ich Sängerin, aber in der Kunst gibt es keine klaren Grenzen. Ein Film ohne Filmmusik? Einen Song singen, ohne die Emotionen, also ohne Schauspielerei? Das eine kann nicht ohne das andere bestehen.«

»Nip ist immer total ernst und fokussiert, wenn das Musikvideo zu ihrer nächsten Single gedreht wird. Sie will unbedingt, dass das in dem jeweiligen Song durch ihren Gesang dominante Gefühl ebenso allein durch das Video und damit ihre Schauspielkunst rüberkommt. Sie sollten sie mal sehen!«

»Ach, so schlimm bin ich auch wieder nicht«, lachte Whitney.

»Ich meinte das gar nicht im negativen Sinne«, beschwichtigte Robyn. »Aber es ist ein Paradebeispiel dafür, wie eng die Schauspielerei mit dem Gesang verknüpft ist.«

Whitney blickte zu Roger. Er nickte, wie ein Metronom, ganz gleichmäßig. Dabei flog seine rechte Hand mit dem Kugelschreiber über die Seiten in seinem Büchlein.

Jetzt lächelte Whitney. Sie war begeistert! Als ob Robyn und sie sich zuvor abgestimmt hätten, wie sie am besten ihre Arbeit erklären konnten.

Das wird ein richtig spannender Artikel werden, schoss es Whitney durch den Kopf. Ein Porträt über zwei erfolgreiche

Schwarze Geschäftsfrauen, die noch nicht einmal 30 Jahre alt waren – in einem Business, das in erster Linie von weißen Männern jenseits der 50 dominiert wurde. Damit würde endlich klar werden, dass sie viel mehr war als Clives Goldkehlchen, das wie ein Roboter seine Songs sang. Besser könnte es gar nicht laufen, fantastisch!

...

Mit jedem Wort, das Whitney las, kam sie den Tränen näher. Neben ihr an dem weißen Tresen in der Küche saß Robyn, vor ihnen lag ein geschlossenes Exemplar der aktuellen Ausgabe von *Fame*, eine zweite Zeitschrift hielt Whitney fest umklammert. Nervös trommelte Robyn mit den Fingern auf das Cover, das eine strahlende Whitney zeigte und den Schriftzug: »Whitney Houston – für wen ist sie abends das Schätzchen?«

Als Whitney das Cover gesehen hatte, hatte sich ihr Magen sofort verkrampft. Doch sie hatte dennoch noch die Hoffnung gehabt, dass der Titel mit der Anspielung auf ihr neues Album »I'm Your Baby Tonight« einfach nur deshalb so reißerisch war, damit die Leute das Magazin kauften. Die eigentliche Story, so hatte Whitney still gebetet, wäre vielleicht ganz anders. Doch jetzt war sie – bei gut einem Viertel des Artikels angekommen – völlig desillusioniert.

»Das ist der blanke Wahnsinn, was der da geschrieben hat«, rief Whitney. Das Herz schlug ihr bis zum Hals, auf der Nasenspitze glänzte der Schweiß. Ihre Augen überflogen weiter den Artikel: »Eine attraktive, sportliche Schwarze Frau kommt durch die Küche gesprungen«, las sie still. Was schrieb er da? So war das doch überhaupt nicht gewesen! Whitneys Magen zog sich zu einem Knoten zusammen, als sie mit unstetem Blick weiterlas.

»Eine Reihe von Leuten und das Time Magazine haben sich gefragt, ob die beiden Frauen ein Liebespaar sind.« Jetzt klappte Whitney die Kinnlade herunter.

»Aber Robyn«, Whitneys Stimme klang verzweifelt, »darüber haben wir doch gar nicht gesprochen, warum macht er das auf einmal zum Thema in seinem Artikel? Ich versteh das alles nicht ...« Der Mann hatte ihr jedes Wort im Mund umgedreht. Oder gleich völlig andere angedichtet. »Wie kann dieser Kerl das nur wagen!« Auf einmal polterte Whitney los und schlug mit der Faust auf den Tresen.

»Das ist noch die harmloseste Stelle«, murmelte Robyn und fixierte den Boden vor ihr. Zwischen ihren Augenbrauen hatten sich zwei tiefe Falten gegraben, ihre Lippen waren zu zwei dünnen Linien geworden.

Whitney wandte sich wieder der Zeitschrift zu. In ihr brodelte es immer stärker. Irgendwas in ihr wollte nicht, dass sie sich weiter dem Artikel widmete. Aber es war wie bei einem Verkehrsunfall, bei dem man einfach nicht wegsehen konnte. Doch ihr wurde nur noch schlechter, als sie mit unsteten Augen weiterlas. »Wenn man sieht, welche Blicke Whitney Houston und Robyn Crawford miteinander austauschen, ist eines klar: Eine Geschäftsbeziehung ist das nicht.«

Jetzt schrie Whitney kurz auf. »Ich fass es einfach nicht, was für ein Vollidiot!«

Was zum Teufel sollte das nur? Wie hatte sie sich so in Roger Friedman täuschen können? Nichts von dem, was in dem Artikel stand, war Teil ihres Gesprächs gewesen. Und er war drei Stunden bei Ihnen zu Hause gewesen! Wahrscheinlich hatte er seine Story schon geschrieben, bevor sie sich getroffen hatten. Warum war er überhaupt gekommen? Whitney verstand die Welt nicht mehr.

»Bist du schon an der Stelle, wo es um deine sexuellen Vorlieben geht?«, fragte Robyn. Noch immer starrte sie mit finsterer Miene auf das Fleckchen vor sich.

Whitney nickte. Sie hätte Robyn nur angestellt, damit sie zu allen Events problemlos mitkommen könnte: Arbeiten würde ihre Freundin nicht, aber dafür jederzeit abrufbereit stehen, wenn sie, Whitney, besonders gestresst war und nach einer speziellen Entspannung verlangte. Das klang, als ob Robyn eine Sexsklavin wäre und sie eine Art Zuhälterin. War der Typ denn von allen guten Geistern verlassen?

Der komplette Artikel las sich wie ein wilder Fantasyroman. Nur ihre beiden Namen, die entsprachen der Wahrheit.

»Und hier, das Ende«, sagte Whitney nun und begann vorzulesen: »›Es bleibt offen, zu was Whitney Houston ohne die Hilfe von Robyn Crawford überhaupt in der Lage ist. Jeder, der ein Konzert der Sängerin besucht oder eine ihrer Platten kauft, sollte sich über eines klar sein: Er unterstützt damit auch eine romantische Beziehung zwischen den beiden Frauen – sollte man das wollen?‹ Das ist doch Hetze!«, rief Whitney aus und schlug mit der Faust auf den Tresen.

»Ja, ist es«, pflichtete Robyn bei. Sie sprach mit ruhiger Stimme, die zwei Falten zwischen ihren Augenbrauen waren nicht mehr ganz so tief.

Whitney wusste, dass ihre Freundin das tat, um sie zu beruhigen – es wirkte. Ihr Puls raste immer weniger, und der Klumpen voller Wut, der sich während des Lesens in ihr zusammengebraut hatte, wurde allmählich leichter.

»Was sollen wir nun tun?«, fragte sie schließlich.

»Gar nichts«, sagte Robyn. »Wenn du dich öffentlich dazu äußerst oder dich sogar beim Magazin beschwerst, dann wird nur eine noch größere Medienlawine losgetreten.«

Das klang plausibel, dachte Whitney für sich. Es war nicht so, dass sie noch nie einen Artikel über sich gelesen hatte, in dem etwas Unwahres behauptet wurde. Aber so geballt, auf eine solch eklige Art und Weise, das war ein ganz neues Level. Tatsächlich hatte es auch in der Vergangenheit immer mal wieder Gerüchte über eine Liebesbeziehung zwischen Robyn und ihr gegeben, zuletzt tatsächlich im *Time Magazine*. Oder sie wurde in einem Interview nach dem aktuellen Mann in ihrem Leben gefragt. Oder wie sie zur Homosexualität stand. Doch im Grunde war das jedes Mal harmlos gewesen.

»Einverstanden«, sagte Whitney nun, »du hast recht. Am besten, wir tun einfach so, als ob dieser Text gar nicht existieren würde.«

»Nichts da«, hörte Whitney eine Stimme vom Flur, der zur Küche führte, poltern. Nur ein paar Augenblicke später tauchte Cissy im Türrahmen auf. Ihre Miene war ernst.

»Big Cuda«, murmelte Robyn, sodass nur Whitney es hören konnte, »das war ja klar.«

Whitney lächelte und schlug sich schnell die Hand vor den Mund. »Big Cuda« war Robyns Spitzname für ihre Mutter – sie musste jedes Mal grinsen, wenn sie ihn hörte. Es war eine Kurzform für »Barrakuda«. Cissy war eine angriffslustige Frau. Das sagte Robyn zumindest immer. Vor einiger Zeit hatte sie aufgehört, sich gegen sie aufzulehnen. Stattdessen lächelte sie ein Lächeln, das vermutlich nur Whitney als aufgesetzt erkannte, und sagte meistens gar nichts mehr, wenn Cissy in der Nähe war.

»Wieso lächelst du? Findest du, an dem Artikel ist irgendwas zum Lachen?«, fragte Cissy mit bissigem Tonfall.

Whitney zuckte zusammen, das Lächeln fiel ihr aus dem Gesicht, und sie richtete den Blick auf ihre Mutter. Sie hasste es, wenn sie sie enttäuschte.

»Mommy«, fing sie vorsichtig an, »nein, so ist das nicht. Ich hab es gerade eben erst selbst gelesen, Robyn hat mir eine Ausgabe gleich heute Morgen besorgt ...«

Cissys Blick wanderte zu Robyn. Es schien beinahe so, als ob sie erst jetzt registrieren würde, dass sie neben ihrer Tochter stand.

»Hi, Cissy«, sagte Robyn. Whitney sah, dass sie dieses Mal nicht lächelte. Gott sei Dank, dachte sie sich. Manchmal konnte Robyn ganz schön aufmüpfig sein, wenn sie der Meinung war, jemand verhielt sich unmöglich. Und das unterstellte sie Cissy eigentlich immer.

Dass Robyn aufgehört hatte, sich gegen Cissy aufzulehnen, tat sie vermutlich ohnehin nur, um Whitney einen Gefallen zu tun. An einem Abend hatte sie tränenüberströmt in Robyns Armen gelegen, als sich die zwei kurz zuvor laut gestritten und dann mit wütenden Gesichtern den Raum verlassen hatten. Whitney konnte sich nicht erinnern, um was es bei dieser Auseinandersetzung eigentlich ging. Es hatte so viele von ihnen gegeben. Doch sie wusste noch, als ob es gestern gewesen wäre, dass sie danach ihrer Freundin offenbarte, wie schrecklich diese Situationen für sie waren. Das war das letzte Mal gewesen, dass Robyn Cissy Kontra gegeben hatte.

Statt Robyns Begrüßung mit einem »Hallo« zu erwidern, schnaubte Cissy jetzt nur. Dann wandte sie sich wieder ihrer Tochter zu.

»Das ist schrecklich, Nippy«, polterte Cissy, »dass ihr diesen elendigen Journalisten überhaupt in das Haus gelassen habt! Was für ein Fehler! Warum habt ihr das gemacht? Die Presse im eigenen Haus, das ist immer eine dumme Idee! Dafür gibt es Hotels oder Räume bei der jeweiligen Presse selbst. Wie seid ihr nur auf eine solche Idee gekommen? Das ist bestimmt auf deinem Mist gewachsen, oder?«

Mit funkelnden Augen fixierte Cissy bei ihren letzten Worten Robyn. Doch diese behielt die Ruhe, sie erwiderte den Blick, ohne eine Miene zu verziehen. Sie schwieg.

»Nein, Mommy«, setzte Whitney an. Sie stand von dem Hocker am Tresen auf und ging einen Schritt auf Cissy zu. »So war das nicht. Es war die Idee von Arista. Sie wollten mit einer ganz persönlichen Story auf das neue Album aufmerksam machen. Sie haben bei *Fame* angefragt und vorgeschlagen, dass einer ihrer Journalisten zu uns nach Hause kommen kann.«

»M-hm«, grummelte Cissy als Antwort. »Jedenfalls ist die Sache schlimmer als die Geschichte damals, die das *Time Magazine* über euch gebracht hat. Es ist die zweite große Story. Das darf so nicht weitergehen. Die Leute werden dich schon bald als Lesbe beschimpfen und deine Platten boykottieren. Glaub mir.«

»Ach Mommy, so schlimm ist es auch wieder nicht. Sie fragen mich doch ständig was zu meinem Liebesleben.«

»Hier geht es aber nicht um dein Liebesleben, sondern um ein Gerücht einer lesbischen Beziehung. Nippy, du kennst die Bibel, du weißt, dass so etwas nicht sein darf! Die Leute müssen es ja nicht einmal glauben, aber es haftet ein schaler Beigeschmack an allem, was du tust. Früher oder später wirst du all deine gläubigen Fans verlieren. Das darf nicht sein.«

»O. k.«, lenkte Whitney ein. »Aber was soll ich tun? Ich kann nicht kontrollieren, was Journalisten schreiben.«

»Aber du kannst kontrollieren, wie dein und Robyns Verhalten nach außen aussieht.«

Whitney bemerkte, dass Robyns Miene genauso verwirrt aussah wie vermutlich ihre eigene. Auf was wollte ihre Mutter denn hinaus?

»Wenn ihr in der Öffentlichkeit seid, dann geht ihr ab sofort nicht mehr nebeneinander«, sprach Cissy weiter. »Ihr fahrt nicht mehr im selben Auto, Robyn sitzt bei Preisverleihungen nicht mehr neben dir. Nichts. In der Öffentlichkeit muss es so aussehen, als ob ihr beiden euch nicht mehr kennt.«

Jetzt war Whitney baff. Sie sollte sich von Robyn trennen? »Es ist die einzige Möglichkeit, um diesem Irrsinn Einhalt zu gebieten«, verlieh Cissy ihren Worten Nachdruck.

In Whitneys Kopf schwirrten die Gedanken wie in einem Karussell. Wenn keine Kamera sie mehr zusammen einfangen würde, kein Journalist sie beide im selben Raum sah – ja, woher sollten sie dann Stoff für weitere Storys in diesem Stil bekommen? Auf keinen Fall wollte sie ihre gläubigen Fans verlieren. Sie wollte generell gar keine Fans verlieren. Aber Robyn einfach aus der Öffentlichkeit streichen? Konnte das überhaupt funktionieren?

»Aber wie soll das funktionieren?«, wiederholte Whitney ihre Frage laut.

»Genau so, wie ich gesagt habe. Robyn ist schon lange nicht mehr deine persönliche Assistentin – es ist überhaupt nicht notwendig, dass ihr euch öffentlich zusammen sehen lasst«, lautete Cissys simple Antwort.

Whitney nickte schweigend. Ihr Blick wanderte zu Robyn. Ihre Freundin sah verletzt aus. Aber Cissys Argumentation war schlüssig. Whitney schluckte.

»Ich finde, wir sollten das ab sofort so handhaben«, sagte sie schließlich mit leiser Stimme. Noch immer fixierte sie mit den Augen ihre Freundin.

»Aber so spielt ihr ihnen direkt in die Hände«, protestierte Robyn. Sie klang nicht gerade selbstbewusst dabei. Doch Whitney kannte sie gut genug, um zu wissen, dass sie niemals ohne Widerworte klein beigeben konnte, wenn sie von etwas nicht überzeugt war.

Cissy bedachte Robyn mit einem verächtlichen Schnauben. Whitney ärgerte sich über ihre Mutter. Warum musste sie auch noch so respektlos sein? Warum verstand sie nicht, dass sie und Robyn ein ganz besonderes Verhältnis zueinander hatten – und dass es nicht leicht werden würde, öffentlich so zu tun, als ob sie nichts mehr miteinander zu tun hätten? Ja, sie hatte recht, es führte kein Weg daran vorbei. Aber ein bisschen mehr Sensibilität und Mitgefühl wäre alles andere als verkehrt gewesen.

Andererseits: Was würde das ändern? Es war, wie es nun einmal war.

»Nein, Robyn«, sagte Whitney jetzt, ihre Stimme war bestimmt, »sie hat recht. Wir müssen uns in der Öffentlichkeit ab sofort anders verhalten.«

Kapitel 24

Januar 1991

Whitney rieb die Hände aneinander. Es brachte nicht viel, sie trug ohnehin dünne Lederhandschuhe. Doch ihr war so kalt, irgendwas musste sie schließlich versuchen, um sich aufzuwärmen. Sie hatte immer noch ihren dünnen hellbraunen Wildledermantel an, der Kragen war aufgestellt, ihr Kopf steckte in einer schwarzen Wollmütze.

»Gibt es hier keine Heizung, die wir anmachen können?«, wollte sie von Robyn wissen.

»Die habe ich schon gleich hochgedreht, als wir rein sind«, antwortete Robyn.

Die vergangenen eineinhalb Stunden, vielleicht waren es auch zwei, waren sie draußen gewesen. Whitney war es länger vorgekommen. Es war ungewöhnlich kalt für Florida, selbst im Januar sanken die Temperaturen normalerweise nicht so tief. Höher als bis 18 Grad würde das Thermometer wohl nicht mehr klettern, und der eisige Wind machte es auch nicht gerade besser.

Die Führung durch das Tampa Stadium hatte gar nicht so lange gedauert, es waren die aufwendigen Sicherheitsvorkehrungen, um überhaupt dort hineinzugelangen, die so viel Zeit in Anspruch genommen hatten. Nicht einmal sie und ihr Team waren davon ausgenommen und das, obwohl Whitney in ein paar Stunden hier singen sollte.

Immerhin hatte man sie vorgewarnt, dass der Securitycheck dieses Mal länger dauern würde, als sie es von anderen Events kannte. Auch bei der Anzahl der Teammitglieder und Gäste, die sie mitbringen durften, gab es strikte Regeln. Mehr als 30 waren nicht möglich, außerdem mussten alle im Vorhinein angemeldet werden.

Robyn hatte grinsend die Augen verdreht, aber Whitney konnte im Grunde schon verstehen, warum die Veranstalter so streng waren. Seitdem das US-amerikanische Militär vor elf Tagen mit der »Operation Wüstensturm« einen Luftangriff im Zweiten Golfkrieg gestartet hatte, gab es von vielen Seiten Sicherheitsbedrohungen. Niemand wollte ein unnötiges Risiko eingehen.

Kurz hatte sogar im Raum gestanden, das Finale des Super Bowl komplett zu verschieben oder zumindest ohne Publikum stattfinden zu lassen. Whitney hatte die Gerüchte von ihren Managern gehört. Wäre eines der beiden Szenarien eingetreten, dann hätte sich ihr eigener Auftritt vermutlich auch erledigt: Sie sollte schließlich zu Beginn des Spiels die Nationalhymne singen.

Doch die Veranstalter waren schnell wieder von diesen Möglichkeiten abgerückt. Nicht auszudenken, was für eine Welle der Empörung durch die USA gerast wäre – der Super Bowl war schließlich eine Art nationales Heiligtum! Selbst diejenigen, die sich eigentlich überhaupt nicht für Football interessierten, schauten das Finale. Whitney zum Beispiel.

Seitdem sie ein kleines Mädchen gewesen war, konnte sie sich erinnern, das entscheidende letzte Spiel in jeder Saison zusammen mit ihren Brüdern und ihren Eltern im Fernsehen angesehen zu haben – sie gehörten zu den wenigen Familien ihrer Nachbarschaft, die seit Ende der Sechzigerjahre tatsächlich schon einen Fernseher besaßen. Als ihre Brüder dann größer waren und das Finale lieber mit ihren Freunden schauen wollten, führte sie die Tradition allein mit ihren Eltern fort. Und seitdem sie Robyn kannte, sah sie sich das Finale mit ihr an. Jedes Jahr.

Dass ausgerechnet sie für die Nationalhymne ausgewählt wurde, mit der traditionell der Super Bowl eröffnet wurde, war schlicht überwältigend für Whitney. Doch jetzt, dachte sie, während sie sich tiefer in ihren Wildledermantel kuschelte, war ihr erst einmal kalt. Sie hatte überhaupt nicht damit gerechnet, dass Tampa sie mit dermaßen niedrigen Temperaturen willkommen heißen würde. Sie waren schließlich in Florida! Ihre Garderobe jedenfalls war dafür definitiv nicht ausgelegt.

»Was soll ich denn nur machen?«, fragte sie jetzt Robyn. »Ich werde nachher auf der Bühne erfrieren! Es ist unmöglich, dass ich anständig singen kann, wenn mir so unfassbar kalt ist! Niemals werde ich die Töne halten können.«

Sie dachte an ihr Outfit, das sie eigentlich tragen wollte. Ein ärmloses, eng anliegendes schwarzes Cocktailkleid, dazu offene schwarze Schuhe mit einem ordentlichen Absatz. Ein tolles Outfit – nur nicht bei dieser Eiseskälte. Whitney schüttelte sich bei der Vorstellung, nachher in diesem Kleid singen zu müssen.

»Das geht nicht, Robyn, wirklich nicht, ich werde in dem Kleid erfrieren!«, fügte sie hektisch hinzu.

»Ja, das habe ich schon verstanden«, antwortete Robyn trocken. »Ich überlege doch schon. Du hast ja recht: Niemand hat davon was, wenn du ein zauberhaftes Kleid anhast und am Ende aber die Nationalhymne versaust, weil dir so kalt ist.«

Whitney konnte sehen, dass Robyn angestrengt nachdachte. Ihr Blick schien ins Nichts zu gehen, als ob sie vor ihrem geistigen

Auge gerade einen Film abspielte. Ihr würde bestimmt eine Lösung einfallen. Robyn fiel immer etwas ein! Immer. Wenn mal wieder irgendetwas nicht so klappte, wie es sollte, und alle anderen, auch sie selbst, schon längst das Handtuch geworfen hatten, hatte Robyn bisher noch jedes Mal einen Masterplan aus dem Ärmel geschüttelt. Unter Whitneys hoffnungsvollem Blick blitzten Robyns Augen plötzlich auf.

»Ich hab's!«, rief sie. »Warum trägst du nicht einfach den Trainingsanzug, der in deinem Koffer ist?«

»Trainingsanzug?«, wiederholte Whitney mit ungläubiger Stimme. Vielleicht war nun doch der Moment gekommen, an dem Robyn zum ersten Mal mit einer unbrauchbaren Lösung daherkam. »Welcher Trainingsanzug denn?«

»Ich war dabei, als Silvia deinen Koffer gepackt hat«, erklärte Robyn ihre Idee, »da war auch ein Trainingsanzug unter deinen Klamotten. Es war der weiße Zweiteiler von Le Coq Sportif, glaube ich. Der ist jedenfalls warm, und er passt zum Anlass – ich meine: Wir sind hier immer noch bei einem Sportevent! Da machst du bestimmt nichts verkehrt.«

Whitney zögerte kurz, dann drehte sie sich auf dem Absatz um und ging schließlich zu dem schmalen grünen Sofa, auf dem sie vorhin ihren Koffer abgelegt hatte. Sie öffnete ihn und begann, darin zu wühlen.

Kann ich das wirklich bringen?, schoss es ihr jetzt durch den Kopf. Der Unterschied zwischen schickem Cocktailkleid auf der einen Seite und einem Trainingsanzug auf der anderen Seite – er war enorm. Würden da nicht alle denken, ihre wäre die Nationalhymne nicht besonders wichtig – dass sie keinen ausreichenden Respekt vor der Nation hätte?

»Da ist er«, sagte sie zögerlich, zog das Teil hervor und hob Hose und Jacke vor sich empor. Sie musterte das Ensemble und fügte mit schwachem Lächeln hinzu: »Für einen Trainingsanzug ist es ein ziemlich hübscher.«

Sie konnte sich nicht erinnern, ihn jemals zuvor gesehen zu haben. Silvia musste ihn neu gekauft haben. Sie hatte immer so viel Mitleid mit Whitney, wenn sie ständig enge Kleider und hohe Schuhe tragen musste. Da sollte sie wenigstens nach getaner Arbeit und in den Morgenstunden etwas Bequemes zum Anziehen haben.

Ach, Silvia ist schon eine Gute, dachte Whitney nun. Seit gut vier Jahren war sie nun ihre persönliche Assistentin und kümmerte sich um alles, was Whitneys Leben angenehmer machte und nicht unmittelbar etwas mit ihrer Arbeit zu tun hatte.

Sie nahm die beiden Teile des Trainingsanzugs und legte sie aufs Bett, unten die Hose, darüber die Jacke. Dann machte sie ein paar Schritte zurück und begutachtete das Outfit.

»Ja, das könnte gehen«, sagte sie mit schief gelegtem Kopf.

Whitney wandte den Kopf zu Robyn, die neben ihr stand. Sie nickte.

»Dann werde ich mich mal hineinstürzen«, sprach Whitney weiter. »Es müsste ja eh schon bald losgehen, oder? Lieber bin ich etwas zu früh fertig, ich will auf gar keinen Fall, dass es stressig wird und ich abgehetzt rausmuss.«

»Na ja, jetzt ist erst einmal der Einlass«, erwiderte Robyn, »bei den ganzen Sicherheitsschleusen wird das bestimmt noch ein Weilchen dauern. Ich hab vorhin was aufgeschnappt von mehr als 74.300 Leuten – Wahnsinn!«

»Umso besser, wenn noch Zeit ist«, sagte Whitney. Sie ging zurück zu ihrem Koffer und wühlte weiter darin herum. Schließlich zog sie ein schlankes schwarzes Täschchen hervor und hielt es mit einem Strahlen im Gesicht Robyn entgegen. »Ta-da!«

Doch Robyn strahlte ganz und gar nicht. Stattdessen hatte sie eine skeptische Miene aufgesetzt und ihre Augenbrauen so weit hochgezogen, dass sich Whitney beinahe sicher war, sie würden bald den Haaransatz berühren. Sie kannte diesen Blick. Immer öfter schaute Robyn so, wenn sie das schwarze Täschchen hervorzog.

Es war immer das Gleiche: Sie strahlte voller Vorfreude – Robyn schaute kritisch. Sie sagte so etwas wie »Ach, komm schon« – Robyn schaute noch finsterer drein und antwortete: »Nein, weder du noch ich sollten das tun.« Whitney sagte so etwas wie »Nur ein bisschen« – Robyn sagte gar nichts. Sie zuckte mit den Schultern und widmete sich dem Inhalt des Täschchens – und irgendwann stand Robyn neben ihr und murmelte: »Einverstanden, aber nur ein bisschen.«

Whitney war genervt von diesem Prozedere. Wenn es doch sowieso jedes Mal damit endete, dass Robyn klein beigab, dann könnten sie sich dieses Vorgeplänkel doch einfach auch von vornherein sparen.

»Robyn, wir wissen beide, dass du am Ende mitrauchen wirst«, sagte Whitney und strahlte weiter. Ihre gute Laune wollte sie sich nicht von Robyns Miesepetrigkeit nehmen lassen. »Also tu mir bitte den Gefallen und lass den strengen Blick sein, den kauf ich dir eh nicht ab.«

Jetzt sah Robyn verdutzt drein. Mit so viel unbequemer Ehrlichkeit hatte sie wohl nicht gerechnet. Doch Whitney konnte ihr ansehen, dass sie ihr insgeheim recht gab. Zugeben würde sie das ihr gegenüber allerdings nie. Vielleicht, weil sie im Kern tatsächlich der Meinung war, dass sie es lieber nicht tun sollten, vermutete Whitney. Sie mochte das Gefühl, das sich nach ein paar Zügen breitmachte, nur selbst viel zu sehr, als dass sie es einfach hätte ignorieren können.

Whitney öffnete das Täschchen und zog einen Joint hervor. Zu

Hause hatte sie schon ein paar vorgedreht, damit sie unterwegs nicht mehr Marihuana mit sich trug, als notwendig war. Und es war einfach praktischer so. Sie ging zur Balkontür ihres Hotelzimmers, öffnete sie und trat hinaus. Dann fummelte sie in ihrer Manteltasche nach einem Feuerzeug und zündete den Joint an.

Genüsslich stieß sie den Rauch aus. Es war ein herrliches Gefühl. Wohlweislich hatte sie die Joints nicht mit Indica-Blüten gedreht, sondern zur Sorte Sativa gegriffen. Indica war super, wenn sie nach einem Auftritt oder einem Event oder auch einfach so viel zu aufgedreht war, um einschlafen zu können. Ein paar Züge brachten sie runter, sie beruhigte und entspannte sich – alles war super. Vor einem Auftritt oder wenn sie im Studio an neuen Songs arbeitete, dann griff sie zu Sativa. Das machte sie wach und fokussiert, sie fühlte sich kreativ, gleichzeitig aber auch gelöst und weniger gestresst.

Sie nahm noch einen tiefen Zug und behielt den Rauch für ein paar Sekunden in ihren Lungen, dann blies sie ihn langsam durch die leicht geöffneten Lippen wieder aus. Jetzt spürte sie noch mehr, wie sich das entspannende Gefühl von der Körpermitte aus überallhin ausbreitete – in beide Beine und Füße, über die Arme in die Hände und schließlich in ihren Kopf.

Als sie die Augen wieder öffnete, stand Robyn vor ihr. Whitney lächelte und reichte den Joint an sie weiter.

...

»Und jetzt, meine Damen und Herren ...«

Whitney hörte über das Pochen ihres Herzschlags hinweg, wie die Stimme des Stadionsprechers aus den riesigen Lautsprechern hallte. Sie stand in der Mitte des Spielfelds, hinter ihr das Orchester mit dem Dirigenten – alle schick gekleidet in Hemd und Anzug. Als sie den Musikern in der vorderen Reihe vor wenigen Minuten die Hand geschüttelt hatte, konnte sie erkennen, dass die meisten von ihnen unter ihren weißen Hemden noch einen dünnen Pulli trugen. Sie war froh, dass sie sich gegen das ursprünglich geplante Cocktailkleid entschieden hatte. Zum Abend hin hatte der Wind noch einmal angezogen, und es war nun endgültig definitiv zu kalt, um sich in einem ärmellosen Kleid draußen aufzuhalten.

»... um Amerika zu ehren – besonders die mutigen Männer und Frauen, die der Nation am Persischen Golf und auf der ganzen Welt dienen –, singen Sie bitte unsere Nationalhymne mit!«

Meine Güte, wie lange würde der Stadionsprecher denn noch quatschen! Whitney wurde ungeduldig. Sie wollte endlich loslegen. Mit einem kurzen Griff überprüfte sie, ob ihr weißes Haarband richtig saß – zusammen mit dem weißen Trainingsanzug ergab es ein harmonisches Bild. Reiner Zufall, dass sie es in ihrem Koffer gefunden hatte. Sie hatte es aus einer kleinen Seitentasche hervorgezogen, in der sie eigentlich eine Packung Taschentücher vermutet hatte. An den Füßen trug sie ein Paar weiße Nike-Cortez-Turnschuhe, die ihr Silvia wohl auch eingepackt hatte, damit sie etwas Bequemes dabeihatte. Wenn sie beim Packen gewusst hätte, dass das ihr Outfit für den Auftritt werden würde! Bei dem Gedanken musste Whitney lächeln. Bestimmt würde Silvia vom Stuhl fallen, wenn sie zu Hause vor dem Fernseher jeden Moment sehen würde, was sie anhatte.

»Auf die Hymne folgt ein Überflug von F-16-Jets vom 56. Taktischen Trainingsflügel auf dem McDill-Luftwaffenstützpunkt ...«

Die Amerikaner und ihre Liebe zu Waffen und Militär. Das hatte Whitney noch nie verstanden. Sie fand es archaisch, und nicht einmal zwei Wochen, nachdem amerikanische Soldatinnen und Soldaten der Luftwaffe die »Operation Wüstensturm« in der

Golfregion gestartet hatten, bei der Menschen auf beiden Seiten starben – da hatte solch ein alberner Flug von irgendwelchen Luftwaffen-Jets über das Stadion bei einem Sportevent doch überhaupt nichts mit einer Huldigung zu tun. Im Gegenteil: Whitney empfand es als taktlos. Dennoch achtete sie peinlich genau darauf, dass ihre Miene ausdruckslos blieb.

»... Die Hymne wird vom *Florida Orchester* unter der Leitung von Maestro Jahja Ling aufgeführt und von Grammy-Preisträgerin Whitney Houston gesungen.«

Das war ihr Stichwort. Die Menge jubelte. Sie hob den rechten Arm und winkte, im Gesicht trug sie ihr strahlendes Lächeln. Nach ein paar Sekunden verstummte das Publikum wieder, und das Orchester setzte ein.

Trommeln. Bläser. Zuletzt Streicher. Dann begann Whitney zu singen.

»*O! say can you see*
by the dawn's early light,
what so proudly we hailed
at the twilight's last gleaming«

Whitney dachte an nichts. Sie fühlte. Jede einzelne Silbe, die ihren Mund verließ, spürte sie im ganzen Körper.

»*Whose broad stripes and bright stars*
through the perilous fight,
Ooer the ramparts we watched,
were so gallantly streaming?«

Obwohl sie die Augen geöffnet hatte und ihren Blick schweifen ließ, nahm sie nichts von dem wahr, was sich vor ihr abspielte.

Nicht die Kameras, die auf sie gerichtet waren, nicht die vielen Flaggen, nicht die vielen Soldaten des Militärs in ihren Uniformen, nicht die Zehntausenden Menschen um sie herum.

»And the rockets' red glare,
the bombs bursting in air,
gave proof through the night
that our flag was still there«

Whitney spürte, wie sich mit jedem Ton mehr Wärme von ihrem Herzen aus in ihrem Körper ausbreitete. Sie fühlte sich eins mit den vielen Menschen im Stadion, mit dem Orchester, den Zuschauenden, den Spielern, den Soldaten. In diesem Moment gehörten sie alle zusammen. Auf Whitneys Armen bildete sich eine Gänsehaut. Diesmal nicht, weil ihr kalt war.

»O! say does that star-spangled
banner yet wave,
o'er the land of the free
and the home of the brave?«

Whitney hielt den letzten Ton ganze acht Sekunden lang – es klang mühelos. Sie schloss die Augen und streckte wieder den rechten Arm empor, während sich um sie herum jeder Einzelne von den Zuschauerinnen und Zuschauern vom Platz erhoben hatte. Die Menschen jubelten, weinten, jubelten noch mehr. Es war atemberaubend.

Langsam öffnete Whitney die Augen. Das gleißende Licht der Scheinwerfer blendete sie, doch sie tauchte ohnehin erst langsam aus der Trance auf, in die sie bei ihren Auftritten immer fiel. Sie blinzelte und ließ den Blick schweifen. Der Jubel brandete über sie hinweg und ließ ihren Körper bis in die letzte Faser vibrieren. Mit der Atemluft sog sie den Applaus ein, bevor sich dann ein strahlendes Lachen auf ihrem Gesicht breitmachte.

Jetzt streckte ihr ein Mann seine Hand entgegen, sie nahm sie und hüpfte mit seiner Hilfe von der Bühne inmitten des Stadions. Ihr Gesicht war trotz der Kälte schweißgebadet. Sie fühlte sich wie nach einer einstündigen Show und nicht wie nach einer dreiminütigen Performance – denn länger hatte die Interpretation der Nationalhymne nicht gedauert.

Ein paar Meter vor ihr konnte sie in der Menge Robyn ausmachen. Sie hastete auf sie zu und fragte atemlos: »Und? Wie war's?«

»Nip, du hast sie umgehauen!«, rief Robyn über den immer noch tosenden Applaus hinweg. Ihre Stimme überschlug sich beinahe vor Begeisterung.

Whitney sah sie verwirrt an. Das sah ihrer Freundin gar nicht ähnlich. Selbst wenn sie noch so aufgeregt, hingerissen, traurig, glücklich war – was auch immer sie fühlte, ihre Stimme blieb ruhig.

Robyn lachte. »Nun schau nicht so«, sagte sie, »sieh dich lieber um: Die Leute jubeln immer noch! Nip, also ehrlich, das war die beste Version der Nationalhymne, die es je gegeben hat. Du hast gerade Millionen von Menschen ein unglaubliches Geschenk gemacht.«

Whitney ließ den Blick schweifen. Sie hatte nicht das Gefühl, schon wieder vollständig bei sich angekommen zu sein. Doch sie hörte und verstand Robyn klar und deutlich.

Auf einmal traf es sie wie ein Blitz: Ihre Interpretation der Nationalhymne war es gewesen, die diesen Jubel auslöste. Es war etwas Einmaliges.

...

»Aber es kann doch nicht sein, dass einfach irgendwer irgendwas behaupten kann, ohne dass es möglich ist, dagegen rechtlich vorzugehen«, sagte John.

Whitneys Vater blickte wütend zu ihren Anwälten Sheldon Platt und Roy Barnes. Es war nicht ungewöhnlich, dass John wütend war. Nicht gegenüber seiner Tochter, noch kein einziges Mal war er ihr gegenüber laut geworden – selbst dann nicht, wenn sie als Kind etwas ausgefressen hatte. Doch gegenüber anderen, gerade wenn es um ihr Business ging, da hatte sie ihren Vater noch einmal von einer ganz anderen Seite kennengelernt, seitdem er als Leiter die Geschäfte ihrer Managementfirma Nippy Inc. führte.

»Mr Houston, ich kann ja verstehen, dass das eine ärgerliche Situation ist«, warf Sheldon Platt beschwichtigend ein.

»Aber die Sache ist die: Wir müssten alles und jeden verklagen, der öffentlich behauptet hat, Miss Houston hätte die Nationalhymne beim Super Bowl nicht live gesungen. Wie soll das funktionieren? Wie wollen Sie all diese Namen herausfinden und dokumentieren?«, fügte Roy Barnes mit ernster Miene hinzu.

»Und dem allen voran steht das Wichtigste«, fuhr Sheldon Platt fort, »wir müssen klar und eindeutig beweisen, dass bei Miss Houstons Auftritt kein Band lief und ihre Performance tatsächlich live war.«

Whitney räusperte sich. Sie saß nur drei, vier Meter entfernt im selben Raum auf der grünen Couch im Büro ihres Vaters, und die drei Männer redeten, als ob sie gar nicht anwesend wäre. So wie Sheldon Platt sprach, klang es, als ob er selbst Zweifel daran hätte, dass sie live gesungen hatte. Wie kam er nur darauf, das überhaupt infrage zu stellen?

»Alles in Ordnung, Nippy?«, fragte ihr Vater und sah sie sorgenvoll an, »wirst du krank? Brauchst du ein Hustenbonbon? Ich müsste hier irgendwo noch etwas haben. Moment ...« John begann, in der Schublade seines massiven Schreibtisches aus Walnussholz zu kramen. Wenige Augenblicke später zog er eine kleine Dose hervor. »Da, wusste ich's doch.« Dann stand er auf, ging ein paar Schritte auf seine Tochter zu und hielt ihr die Dose hin.

Zu irritiert, um etwas zu erwidern, nahm Whitney sie wortlos entgegen. Sie kam sich vor wie ein kleines Mädchen, das ausnahmsweise zuhören durfte, wie die Erwachsenen redeten und Geschäfte machten. Dabei ging es doch um sie! Und sie war kein kleines Mädchen mehr. Auch wenn ihre Firma ihren Spitznamen trug, den ihr Vater ihr gegeben hatte, weil sie ihn, wenn sie lachte, an eine schelmische Comicfigur aus seiner Kindheit erinnerte. Sie war diejenige, die alle in diesem Raum angestellt hatte und denen sie monatlich ihr Gehalt zahlte!

Ihr Blick wanderte zu Robyn, die auf dem Sessel neben der Couch saß und die Szene beobachtete. Bislang hatte auch sie kein Wort gesagt. Wenn es nach ihrem Vater gegangen wäre, dann hätte sie gar nicht hier sein dürfen. Dann würde wahrscheinlich nicht einmal sie selbst in diesem Raum sitzen.

Nur per Zufall hatte sie von dem Termin erfahren, weil Johns Sekretärin ihr gegenüber am Telefon etwas erwähnt hatte, wohl in dem Glauben, dass sie natürlich darüber Bescheid wusste. Daraufhin war sie gemeinsam mit Robyn ohne Ankündigung zur anberaumten Zeit erschienen. Obwohl es ihr schwerfiel hatte sie kurzerhand darauf bestanden, dass sie beide bei dem Termin dabei sein konnten.

»Aber ihre Lippen haben zu jeder Zeit perfekt mit dem Gesang übereingestimmt«, sagte John jetzt.

»Das mag ja sein«, erwiderte Roy Barnes, »das ist aber kein Beweis.«

»Jeder kann, mit ein bisschen Übung, ein perfektes Playback performen«, behauptete Sheldon Platt.

»Außerdem gibt es Fotos von ihr, wie sie drei Tage vor dem Super Bowl die Arista Studios betritt und ein paar Stunden später wieder verlässt«, sagte Roy Barnes.

»Anonyme Quellen versichern, dass sie dort ihre Interpretation der Nationalhymne eingesungen hat«, schloss Sheldon Platt.

Das ist doch nicht zu fassen, schoss es Whitney durch den Kopf. Natürlich war sie bei Arista gewesen. Weil ihr Kontaktmann der National Football League ihren Musikdirektor kontaktiert hatte und ihr ausrichten ließ, dass eine Aufnahme von dem Song vorliegen sollte. Sicherheitshalber, falls während der Liveübertragung etwas schiefgehen sollte, ein technischer Defekt oder dergleichen. Dann, und nur dann, könnte die Tonbandaufnahme abgespielt werden – denn ohne Nationalhymne kein Super Bowl-Spiel. So einfach war es. Der Typ der NFL hatte versichert, dass es sich um ein Standardprozedere handeln würde. Jeder Interpret würde seinen Gesang vorab im Studio einsingen. Also war Whitney damit einverstanden gewesen. Und jetzt sollte ihr diese Backup-Aufnahme zum Verhängnis werden?

Sie hatte überhaupt keine Lust, irgendwem beweisen zu müssen, dass sie live gesungen hatte. Weder Fernsehjournalisten oder Radiomoderatoren noch Zeitungsreportern. Weder dem Publikum, das im Stadion war, noch den Millionen Zuschauern, die die Performance im Fernsehen verfolgt hatten. Weder ihrem Vater noch ihren Anwälten. Niemandem.

Im Vorhinein hatte sie sich viele Gedanken darüber gemacht, wie sie die Hymne singen wollte. Sie hörte Dutzende von Versionen, immer und immer wieder, ehe sie sich entschied, dass sie sich an dem Stil von Marvin Gaye orientieren wollte, wie er die Nationalhymne bei einem All Star-Spiel im Basketball 1983 gesungen hatte. Es war eine reduzierte und schnörkellose Interpretation gewesen, genau so wollte sie es auch halten.

Sie traf sich mit ihrem Musikdirektor, um alles zu arrangieren. Sie hörte sich Aufnahmen des *Florida Orchestra* an, um sicherzugehen, dass die Instrumente nicht zu dominant gespielt wurden. Und sie hatte sich schließlich dort im Stadion die Seele aus dem Leib gesungen. Live.

Wer das nicht gesehen und gehört hatte – welchen Beweis sollte sie denjenigen denn noch liefern? Es kam ihr so vor, als ob Robyn der einzige Mensch auf der Welt wäre, der nicht eine Sekunde daran gezweifelt hatte, dass sie live performt hatte. Sie verstand die Welt nicht mehr.

Am Tag des Auftritts, während das Super Bowl-Spiel der Buffalo Bills gegen die New York Giants noch lief, hatte sie im Radio auf einigen Sendern Moderatoren von ihrem Gesang schwärmen hören – und immer wieder waren in den darauffolgenden Tagen Stimmen laut geworden, die eine Veröffentlichung ihrer Performance auf Platte forderten. Im Radio, im Fernsehen, in Zeitungen und Magazinen – überall wurde von ihrem Auftritt gesprochen. Es hieß, dass sie die Latte für das Singen der amerikanischen Nationalhymne an jenem Abend Ende Januar für alle Zeit um ein ordentliches Stück weiter nach oben befördert hatte.

Und tatsächlich hatte Arista nur ein paar Tage später alles in die Wege geleitet, dass ihre Performance beim Super Bowl als Single veröffentlicht wurde. Schon nächste Woche sollte es so weit sein.

Sofort hatte sie angewiesen, die Erlöse komplett dem Roten Kreuz zu spenden und das auch in der Öffentlichkeit so zu kommunizieren. Sie wollte nicht, dass irgendjemand dachte, sie würde aus der amerikanischen Nationalhymne persönlichen Profit schlagen.

Alles lief wunderbar, endlich hatte sie das Gefühl, von allen akzeptiert zu werden. Unabhängig von der Hautfarbe. Wann war der Kipppunkt gewesen? Was war passiert, dass ausgerechnet sie so kritisch beäugt wurde?

Es gab Künstlerinnen und Künstler, die tatsächlich beim Super-Bowl-Finale die Nationalhymne vom Band abgespielt hatten. Sie erinnerte sich an Diana Ross. Oder Neil Diamond. Bei beiden war es sogar relativ offensichtlich gewesen. Whitney konnte sich noch gut daran erinnern, wie sie in jenen Jahren vor dem Fernseher gesessen und die Auftritte verfolgt hatte. Doch da hatte es danach keinen Aufschrei gegeben, dass alles nur vom Band kam. Warum denn nun aber bei ihr, die im Gegensatz zu Diana Ross und Neil Diamond sehr wohl live gesungen hatte?

Whitney hatte genug. Sie hatte die vergangenen Minuten ohnehin nicht mehr zugehört, was ihr Vater und die zwei Anwälte gesagt hatten. Sollten sie doch machen, was auch immer sie machen wollten. In diesem Moment war es ihr egal. Hauptsache, die Nationalhymne wurde nach wie vor als Single ausgekoppelt und sie konnte ein bisschen Geld an das Rote Kreuz spenden.

Ohne ein Wort zu sagen, stand sie auf und verließ das Büro ihres Vaters. Die drei Männer sprachen weiter durcheinander. Es schien, als hätten sie nicht einmal bemerkt, dass Whitney an ihnen vorbeigelaufen war.

Vor der Bürotür blieb sie wie angewurzelt stehen. Innerlich glühte sie vor Zorn, ihr Herz pochte wild.

»Ich weiß, dass du gesungen hast«, hörte sie Robyns Stimme hinter sich.

Whitney drehte sich zu ihrer Freundin um und umarmte sie wortlos.

Kapitel 25

1. März 1994
16.30 Uhr

Es klopfte. Whitney zuckte zusammen. Sie war so versunken gewesen in ihre Gedanken, dass sie nicht mitbekommen hatte, wie die Zeit verging. Ihr Blick fiel auf die restlichen Beeren, die sie noch immer in der kleinen Schale hielt, die sie mit ihrer linken Hand formte.

»Herein, bitte«, rief sie nun der Tür entgegen.

Langsam öffnete sich die Tür, und Carols Kopf kam zum Vorschein.

»Schau mal, wen ich aufgegabelt habe«, sagte sie. Dann stieß sie die Tür vollständig auf und trat in Whitneys Garderobe, gefolgt von Bobby, der die schlafende Krissy auf dem Arm hielt.

Whitney spürte, wie sich ihre Augen beim Anblick ihrer Tochter mit Tränen füllten. Es war ohnehin ein unglaublich emotionaler Tag für sie. Der Auftritt, die Grammys, die Nominierung – es fühlte sich an, als würde die ganze Welt heute auf sie blicken. Mehr als sonst. Alles war überwältigend. Selbst Krissy.

»Nippy, ist alles in Ordnung mit dir?«, wollte Carol wissen.

Mist, dachte Whitney. Sie musste die Tränen in ihren Augen gesehen haben. Doch Whitney wollte nicht erklären, wie es ihr ging, wenn sie es nicht einmal für sich selbst in Worte fassen konnte. Sie setzte ein Lächeln auf.

»Natürlich ist alles in Ordnung!« Es war Bobby, der antwortete, noch bevor es Whitney tun konnte. »Heute ist der Abend, an dem sie ein paar Grammys schwerer nach Hause gehen wird – was soll da nicht in Ordnung sein?«

Bobby grinste. Er trug eine getönte Sonnenbrille, dunkle weite Jeans und einen grauen Kapuzensweater.

»Und heute Nacht erwartet die Grammy-Queen dann eine standesgemäße Überraschung«, sprach Bobby weiter. »Ich glaube, ich habe was gehört, dass es sogar gleich zwei Pakete sein werden: ein sehr weißes pulvriges, und danach noch ein sehr hartes.« Bobbys Grinsen wurde noch breiter. Er ließ seine Hüften kreisen, dann stieß er sie ein paarmal nach vorne und ließ sie wieder kreisen.

Whitney lachte auf. Sie liebte es, wenn er Witze machte. Niemand konnte witziger sein als er.

Wieder sah sie zu Carol. Mit hochgezogenen Augenbrauen beobachtete sie Bobbys Tanz. Whitney hatte keine Ahnung, was in ihr vorging. Ihre Miene verriet nichts. Warum lachte sie nicht? Whitney schüttelte leicht den Kopf. Manchmal hat Carol echt keinen Humor, dachte sie und unterdrückte ein Seufzen. Aber darüber konnte sie sich jetzt, so kurz vor einem der wichtigsten Auftritte ihrer Karriere, nicht weiter Gedanken machen.

»Ach du, Quatschkopf«, sagte Whitney stattdessen lächelnd und streckte die Arme aus. »Gib mir mein Baby.«

Bobby kam ihr entgegen und überreichte ihr Krissy. Die Kleine saugte kräftig an ihrem rosa Schnuller, die Augen unter den geschlossenen Lidern sausten von links nach rechts.

Hoffentlich träumt sie etwas Schönes, dachte Whitney, als sie ihre Tochter beobachtete. Wie konnte ein Mensch nur so wunderhübsch sein? In die kurzen krausen Locken hatte ihr jemand eine rote Schleife gebunden, passend dazu trug sie ein hellrotes Kleid, darunter weiße Leggins und dicke rote Stricksöckchen. Vorsichtig strich Whitney dem schlafenden Mädchen eine Strähne aus der Stirn.

»Sie ist im Auto eingeschlafen«, sagte Bobby. »Ich wollte sie wecken, weil ich weiß, dass du gerne mit ihr spielst, bevor du rausgehst. Aber Carol hat mich mit Händen und Füßen davon abgehalten. Sie meinte, ein schlafendes Baby soll man niemals aufwecken.« Mit finsterer Miene sah er zu Carol, die seinen Blick ausdruckslos erwiderte.

»Ach, schon gut«, sagte Whitney, »danke, dass du daran gedacht hast, das ist unglaublich süß von dir. Aber ganz aus der Luft gegriffen war Carols Einwand vermutlich nicht, Babe ...«

Selbst mit der Sonnenbrille konnte sie erkennen, dass Bobby die Augen zusammenkniff – überall in seinem Gesicht gruben sich tiefe Zornesfalten ein. Er schnaubte verächtlich und ballte die rechte Faust.

»Hey, Babe, sei nicht böse«, flüsterte Whitney und strahlte ihn an. Sie wusste, dass das in drei von fünf Fällen funktionierte und ihn besänftigte. In den anderen zwei Fällen machte ihn das jedoch noch wütender, er fing an zu schreien, warf irgendwas zu Boden oder beschimpfte sie. Sie hoffte, dass heute einer der ersteren Tage war. »Vielleicht können wir es ja beim nächsten Mal einfach probieren, und du weckst sie auf«, redete sie weiter mit sanfter Stimme auf ihn ein. »Ich habe das nur mal irgendwo gelesen, dass man das vermeiden sollte. Wahrscheinlich habe ich es Carol mal erzählt, als sie mich frisiert hat. Sei nicht böse. Bitte, Babe.«

Whitney sah, wie Bobby seine Faust wieder löste. Langsam wichen auch seine Falten aus dem Gesicht. Er schob die Sonnenbrille ein paar Zentimeter nach oben, sodass sie auf seinem Haaransatz saß. Seine Augen waren tatsächlich nicht mehr zusammengekniffen. Dennoch war sein Blick streng – und er fixierte damit Whitney.

»Ja, das sollten wir machen«, sagte er. »Ich lass mir nicht gerne vorschreiben, wie ich mit meiner eigenen Tochter umgehen soll. Sie ist *meine* Tochter. Ich werde wohl wissen, was gut für sie ist.«

»Aber klar doch!« Whitney standen Schweißperlen auf der Nase. Doch noch immer lächelte sie mit ihrem überzeugendsten Lächeln. Sie wandte sich Carol zu und blickte sie auffordernd an.

»Tut mir leid, Bobby«, sagte Carol. »Ich wollte dir auf gar keinen Fall reinreden oder so. Es ist genau so, wie Nippy gesagt hat: Sie hatte mir neulich von diesem Artikel erzählt, das hatte ich noch im Kopf, und ich habe mich dann irgendwie total darauf versteift. Bitte entschuldige, es kommt nicht wieder vor, versprochen.«

Auf einmal hatte Whitney den Eindruck, etwas in Carols Gesicht durchblitzen zu sehen, als sie zu Bobby sprach. Es dauerte einen Augenblick, ehe sie begriff, was es war: Abscheu. Sie zuckte zusammen. Konnte das wirklich sein?

Carol war eine Freundin, doch sie kannte sie dennoch nicht gut genug, um mit Sicherheit sagen zu können, was sie gerade im Gesicht der anderen gesehen hatte. Es gab nur eine Person, die sie nicht länger als den Bruchteil einer Sekunde ansehen musste, um sofort zu wissen, was in ihr vorging: Robyn. Doch eigentlich stimmte das genau genommen gar nicht. Nicht mehr.

Whitney schüttelte leicht den Kopf, wie um ihre Gedanken zu sortieren. Wie kam sie jetzt überhaupt auf Robyn?

Vielleicht lag das an Carols Blick, diese Abscheu, die ihr über das Gesicht gehuscht war. Whitney kannte diesen Ausdruck. Schon oft hatte sie ihn bei Robyn beobachten können – ihre Freundin hatte nie ein Geheimnis daraus gemacht, was sie von Bobby hielt. Nämlich gar nichts.

Kapitel 26

Oktober 1991

Whitney atmete tief ein. Sie liebte frische Morgenluft. Jedes Mal, wenn sie in Kanada war, kam es ihr vor, als sei die Luft hier viel klarer. Das Atmen fiel ihr leichter, es brachte mehr Kraft – doppelt am frühen Morgen. Schon seit gestern Abend, als sie mit Robyn aus dem Flugzeug gestiegen war und wenig später ins Hotel eingecheckt hatte, freute sie sich auf den Morgen, auf die paar Minuten ganz für sich, während sie auf dem Balkon ihrer Suite stand, den Blick auf den Mont Royal gerichtet hielt und einfach nur atmete. Es war herrlich.

Jetzt zog sie eine Zigarettenschachtel aus der Manteltasche, fummelte eine Zigarette heraus und zündete sie an. Sie spürte, wie der Rauch ihre Lungen füllte. Den Hustenreiz unterdrückte sie und behielt stattdessen den Rauch noch ein paar Augenblicke länger in sich, bevor sie ihn langsam ausatmete. Ihr Blick ruhte weiter auf dem Berg. Wenn sie hier war, dann bestand sie darauf, genau in dieser Suite übernachten zu können – von dort gab es die beste Sicht auf den Hausberg der Stadt. Wenn das Wetter klar war, konnte man sogar ein klein wenig die vielen Villen an den Hängen des Mont Royal erkennen. Wenn mir nun noch jemand einen Caffè Americano bringen würde, wäre das ein absolut perfekter Moment, schoss es ihr durch den Kopf.

In Kanada liefen die Uhren anders. Alles war ein weniger freundlicher, gemütlicher, leiser, sauberer – kurz: Alles war ein wenig besser, als sie es aus den USA gewohnt war. Falls sie jemals in ein anderes Land ziehen sollte, dann nach Kanada, da war sie sich sicher. Irgendwas an diesem Land faszinierte sie ein klein wenig mehr als all die anderen tollen Orte, die sie schon gesehen hatte. Vor allem Montreal mit den drei Hügeln seines Mont Royal, die Insellage, warme Sommer und verschneite Winter, nur einen Katzensprung von New York entfernt, das Französisch, das sie überall aufschnappte ... Das Gefühl, dass sie sich an einem ihrer liebsten Orte befand, erfüllte Whitney bis in ihre Zehenspitzen.

Sie hatte keinen Moment gezögert, als es darum gegangen war, die Wahl zu treffen, wo sie nach ihrer Tournee ein wenig Urlaub machen würde: Schon immer wollte sie Kanada und ganz besonders Montreal im Herbst in aller Ruhe erleben. Keine Konzerte, keine Interviews, nur Freizeit. Obwohl sie gerade einmal zwölf Stunden hier war und sich an diesem sonnigen Oktobermorgen trotzdem schon dick in einen Pelzmantel einpacken musste, wusste sie, dass sie mit Montreal die richtige Wahl getroffen hatte. Das würden zwei fantastische Wochen werden! Und endlich würde sie den Mont Royal nicht nur aus der Ferne beobachten, dieses Mal würde sie ihn das erste Mal auch besteigen. Das hatten Robyn und sie sich fest vorgenommen. Bei dem Gedanken daran machte sie instinktiv einen kleinen Freudenhüpfer – wie ein kleines Kind, das mit ungläubigen Augen am Weihnachtsmorgen den prachtvoll geschmückten Weihnachtsbaum mit unzähligen Geschenken unter seinen Zweigen sah.

Da riss das laute Klingeln des Telefons Whitney aus ihren Gedanken. Rasch blies sie den Rauch aus und drückte die Zigarette in dem schweren leeren Glasaschenbecher aus, der auf einem kleinen Steinvorsprung an der Wand nur darauf zu warten schien, endlich befüllt zu werden. Dann schlüpfte sie aus den Schuhen und lief hinein in ihre Suite.

Das Telefon stand auf einem Tischchen im Eingangsbereich. Als Whitney dort angekommen war, hätte sie sich am liebsten die Ohren bedeckt, so laut schellte es. Bestimmt war jetzt die komplette Etage wach – unmöglich, dass jemand das ohrenbetäubende Klingeln nicht gehört hatte.

»Ja, hallo?«, sprach Whitney ein wenig außer Atem in den Hörer und war einen Moment einfach nur erleichtert, endlich das heulende Läuten unterbrochen zu haben.

»Miss Houston, guten Morgen«, sagte eine freundliche Männerstimme am anderen Ende der Leitung. »Bitte entschuldigen Sie die frühe Störung. Sie sagten uns gestern beim Check-in, dass wir Anrufe von einem Mr Bobby Brown sofort durchstellen sollen, egal, um welche Uhrzeit. Ich hätte nun einen Mr Bobby Brown am Telefon, der nach Ihnen verlangt. Darf ich durchstellen?«

»Aber natürlich, bitte«, antwortete sie und hoffte, dass sie mindestens genauso freundlich klang wie der Mann.

»In Ordnung, Miss Houston, dann werden Sie gleich einen Klick hören. Das bedeutet, dass die Verbindung zu dieser Leitung gekappt ist – und gleich darauf einen weiteren Klick, dann können Sie mit Mr Bobby Brown sprechen.«

»Alles klar, vielen Dank.«

»Gern geschehen. Und bitte melden Sie sich, wenn wir etwas für Sie tun können. Ansonsten wünsche ich Ihnen erst einmal einen guten Start in den Tag.«

Klick – klick.

»Nippy? Bist du da?«

Jetzt war es Whitneys Herz, das beim Klang von Bobbys Stimme einen Freudenhüpfer hinlegte. Es kam ihr vor, als ob sie schon seit Ewigkeiten nicht mehr mit ihm gesprochen hatte. Dabei hatten sie zuletzt erst vor zwei Tagen miteinander telefoniert. Er war gerade in L. A., seit vier oder fünf Wochen schon. Irgendwelche Treffen mit irgendwelchen Produzenten für sein nächstes Album. Whitney hatte nicht richtig zugehört, als er es ihr erzählte, sie wusste es nicht genauer. Sie würde Robyn danach fragen, die wusste es bestimmt. Und für den unwahrscheinlichen Fall, dass sich Whitney irrte, dann wäre es für ihre Freundin ein Leichtes, es herauszufinden.

Einfach selbst bei Bobby nachzufragen, das traute sich Whitney nicht. Damit hätte sie schließlich zugegeben, nicht zugehört zu haben. Bestimmt hätte es dann Streit gegeben – er hätte nicht verstanden, dass sein Anruf damals um drei Uhr nachts, während sie noch mitten in ihrer Tour steckte, ein eher ungünstiger Zeitpunkt für sie war und sie vor Erschöpfung und Müdigkeit kaum aufnahmefähig für Informationen war.

»Ja, Baby, ich bin dran«, flötete Whitney nun in den Hörer.

»Seid ihr gut angekommen? Hat alles geklappt?«, wollte Bobby wissen.

Whitney runzelte die Stirn. Solche Small-Talk-Fragen sahen ihm nicht ähnlich. Bobby war nicht der Typ, der um den heißen Brei herumredete. Im Gegenteil: Manchmal konnte er so direkt und ehrlich sein, dass sein Gesprächspartner damit nicht umgehen konnte. Schon oft war er deshalb in Prügeleien geraten.

Sie allerdings mochte seine schonungslose Geradlinigkeit. Sie hatte so viele Menschen um sich, die ihr nach dem Mund redeten – oder genau das andere Extrem: Leute, die einfach alles von ihr kritisierten und für schlecht befanden, völlig egal, was es war. Einfach nur, weil *sie* es war, die es tat oder sagte. Vielleicht war es sogar genau dieser Charakterzug von ihm, der nach und nach dafür gesorgt hatte, dass sie sich in Bobby verliebt hatte.

Dabei hatte das eine ganze Weile gedauert, dachte Whitney, während sie sich mit dem Zeigefinger langsam über den Handrücken fuhr, den Bobby ihr am Anfang im Scherz immer geküsst hatte. Sie lächelte. All der Herzschmerz durch Eddie war so groß gewesen – bei der Erinnerung zuckte Whitney zusammen. Bobby war es gewesen, der während dieser Zeit immer wieder bei ihr aufgetaucht war und sie zum Lachen gebracht hatte. Und mit jedem Mal, dass sie ihn traf, fühlte sie sich mehr zu ihm hingezogen.

Irgendwann schliefen sie ein zweites Mal miteinander. Wie hatte sie das erste Mal nur so schnell wieder vergessen können? Der Sex war atemberaubend gewesen. Vielleicht war es auch das Koks gewesen, das Bobby an jenem Abend mitgebracht hatte und das sie beide nach nur einer Stunde komplett weggesnieft hatten. Jedenfalls wollte Whitney mehr davon. So begannen die beiden, immer regelmäßiger miteinander zu schlafen. Manchmal ohne, meistens jedoch mit ein wenig weißem Pulver. Und seit drei, vier Monaten nun waren sie ein festes Paar.

»Nippy? Bist du noch dran?«, riss Bobby sie aus ihren Gedanken.

»Ja ... ja, natürlich«, stammelte Whitney. Sie hätte wirklich einen Caffè Americano vertragen können. So ganz war sie wohl doch noch nicht wach. Es fiel ihr schwer, mit den Gedanken nicht abzuschweifen. »Ja, Bobby, entschuldige, ich bin heute etwas verträumt. Aber jetzt bin ich ganz da, versprochen.«

»Okay ... also ... seid ihr denn nun gut angekommen? Hat alles geklappt?«, wiederholte Bobby seine Fragen von vorhin.

Whitney beschlich ein ungutes Gefühl. Irgendwas stimmte hier nicht. Was war nur los mit ihm?

»Ja, war alles super«, fing Whitney an und versuchte, ihrer

Stimme nichts anmerken zu lassen. »Robyn und ich hatten eine richtig gute Zeit im Flieger. Ach, Bobby, das war echt toll. Wir haben so viel geratscht und herumgealbert – die Stewardess hat uns schon immer ganz streng angeschaut, wenn sie vorbeikam«, Whitney lachte auf bei der Erinnerung an das Gesicht der Frau. Dann fuhr sie fort: »Aber im Hotel sind wir dann gleich ins Bett gegangen – ich bin wirklich ganz schön durch von den letzten Monaten.«

»M-hm ...«

»Und ... bei dir so?«, versuchte Whitney, das Thema auf ihn zu lenken. »Wie waren deine Tage?«

Stille.

Alles klar, dachte Whitney. Für sie war das Beweis genug, dass tatsächlich etwas nicht stimmte. Sie wurde nervös. Ohne darüber nachzudenken, schnappte sie sich das Telefon und ging hinüber in das kleine Zwischenzimmer, in dem nur ein unbequem aussehendes rotes Sofa an der einen Wand stand, dem gegenüber ein großes Picasso-Gemälde an der Wand hing. Sie hatte das dringende Bedürfnis, sich zu setzen. In ihrem Kopf begann sich ein Gedankenkarussell zu drehen. Doch eines war ihr klar: Bobby würde sie zurückweisen. Sie wusste es einfach.

»Nippy ...«, fing Bobby nun an, »... ich glaub, ich muss dir was sagen ...«

Oh lieber Gott, wenn er so weitermachte, dann würde sie erst morgen erfahren, was los war! Whitney stand vom Sofa wieder auf. Sitzen machte alles nur noch schlimmer. Sie drehte sich nach rechts, ging bis zum Ende des Sofas, machte auf dem Absatz kehrt und schritt bis zum anderen Ende, dann drehte sie wieder um. Immer wieder, hin und her.

Am anderen Ende der Leitung hörte sie Bobby schwer atmen. Es machte sie wahnsinnig, dass er nichts sagte. Doch sie hatte

Angst vor dem, was passieren würde, wenn sie ihn aufforderte, endlich mit der Sprache herauszurücken.

»Ich …«, setzte Bobby wieder an.

Gerade so konnte Whitney unterdrücken, vor Erleichterung laut aufzuseufzen. Sie setzte sich wieder auf das Sofa.

»… habe mich doch neulich mit Kim getroffen, das hatte ich dir ja erzählt.«

Nein, hast du nicht, schrie Whitney ihn in Gedanken an. Warum zum Teufel traf er sich mit seiner Ex-Freundin? Und warum tat er so, als ob sie darüber Bescheid wüsste?

»Ja, hast du«, sagte Whitney dennoch mit ruhiger Stimme. Sie hatte das Gefühl, Bobby wartete auf eine Bestätigung, sonst würde er wieder für die nächsten Minuten in Schweigen verfallen.

»Ja, genau …«, stammelte Bobby weiter. »Ich wollte ihr ja sagen, dass es endgültig aus ist. Ja … also, ja, dass wir zwei jetzt zusammen sind … und wegen der Kleinen, wegen La'Princia. Ich wollte mit ihr reden, wie wir es mit dem Sorgerecht und den Unterhaltszahlungen und so machen.«

Ein weiteres Mal verfiel Bobby in Schweigen, und Whitney kam es so vor, als wäre nun sie an der Reihe.

»Das finde ich toll von dir«, sagte sie und stand vom Sofa wieder auf. Und sie meinte es auch so. Bobby war ein guter Vater für La'Princia. Das Mädchen war gerade einmal zwei Jahre alt und bildhübsch. Whitney liebte es, wenn sie bei Bobby zu Besuch war, während sie bei ihm war. Noch besser gefiel es ihr, wenn auch Landon da war, Bobbys Sohn. Aber das kam so gut wie nie vor – Kim und Melika, Landons Mutter, konnten sich nicht ausstehen. Deshalb wollten sie nicht einmal ihre Kinder gleichzeitig bei deren Vater wissen.

Whitney konnte es sogar ein bisschen verstehen. Bobby hatte Melika verlassen, als er Kim kennenlernte. Natürlich war Melika kein Fan von Kim; sie hatte ein paar fiese Sachen über die neue Frau an Bobbys Seite gesagt. Das wiederum hatte Kim ihr nie verziehen.

Doch Bobby konnte die Abneigung der Mütter seiner Kinder nicht nachvollziehen. Schließlich waren Landon und La'Princia Bruder und Schwester! Manchmal organisierte er deshalb hinter dem Rücken der zwei Mütter seiner Kinder, dass sie am selben Tag zu ihm kamen, ohne dass die jeweils andere Seite davon wusste. Whitney fand seine Bemühungen, die Geschwister zusammenzubringen, süß.

»Ist doch super, wenn ihr da jetzt klare Regeln habt«, sprach Whitney nun weiter, »das macht es für La'Princia leichter.«

»Ja, genau«, setzte Bobby wieder an, »also jedenfalls haben Kim und ich geredet ... und ... na ja ... also ... eines hat zum anderen geführt ... und ... also ... jetzt ist sie schwanger.«

Whitney versagten die Beine. Sie sackte auf dem Sofa zusammen. Was hatte er da gesagt? In ihrem Kopf drehte sich alles, sie konnte keinen klaren Gedanken fassen.

»Nippy?«, durchbrach Bobby schließlich die Stille mit unsicherer Stimme.

Whitney schwieg. Was hätte sie auch sagen sollen? Sie war sich nicht einmal sicher, ob sie richtig verstanden hatte, was Bobby eben gesagt hatte. Das musste doch ein Missverständnis sein. Oder?

»Kannst du das bitte noch einmal wiederholen?«, fragte sie. Sie musste einfach etwas falsch verstanden haben. Er würde doch nicht ...?

»Nippy, bitte zwing mich nicht dazu«, wimmerte Bobby, »das ist echt nicht fair von dir!«

Was? Er machte jetzt ihr Vorwürfe? Whitneys Gefühl verstärkte sich: Sie hatte alles richtig verstanden. Bobby hatte sie betrogen.

Mit seiner Ex-Freundin. Mit der Mutter seiner Tochter. Die jetzt schwanger war. Mit ihrem zweiten Kind. Mit einem Kind von Bobby.

Aber sie konnte nicht anders. Sie musste es noch einmal aus seinem Mund hören.

»Sag es«, forderte sie ihn auf. Sie erschrak selbst von der Kälte, die in ihrer Stimme lag. Noch nie hatte sie in diesem Tonfall mit Bobby gesprochen. Sie konnte sich nicht erinnern, sich überhaupt jemals mit einer solchen Härte an irgendjemanden gewandt zu haben.

Den Mund hatte sie schon geöffnet, um sich zu entschuldigen. Doch etwas hielt sie zurück. Sie schloss die Augen und atmete ein paarmal tief ein und aus. Ihre Augen füllten sich mit Tränen. Sie schüttelte den Kopf, um sie wieder zu vertreiben. Dann öffnete sie die Augen wieder und fixierte das Picasso-Bild ihr gegenüber.

»Ich muss es hören«, sagte sie schließlich in die Stille hinein. Sie klang flehend, die Kälte war aus ihrer Stimme verschwunden. »Bitte, Bobby, ich muss es noch einmal hören.«

»Kim ist schwanger«, drang es prompt aus dem Hörer. Nun war er es, der ohne Emotion zu sprechen schien. »Kim ist schwanger, und ich bin der Vater. Sie ist in der siebten Woche. Dem Kind geht es gut. Geburtstermin ist im Mai.«

Noch immer starrte Whitney das Picasso-Gemälde an. Sie brachte keinen Ton hervor. Stattdessen lief ihr eine Träne die Wange hinunter. Ihre Augen schmerzten – hatte sie in den vergangenen Minuten überhaupt geblinzelt?

Sie stand erneut vom Sofa auf und ging auf den Picasso zu, nur um dann zurückzukehren und sich wieder hinzusetzen. Bobby hatte sie betrogen. So fühlte sich das also an. Nach nichts. Whitney spürte nichts. Die Schweißperlen auf ihrer Nase waren verschwunden, der Puls hatte sich beruhigt. Nur ihre Augen, die taten weh.

»Nippy«, sagte Bobby, »jetzt sag was! Du musst schon was sagen, wenn ich dir so was erzähle!«

Eine Emotion regte sich in Whitney. Sie wusste nur noch nicht, was es war. Es war ein Rumoren irgendwo in der Bauchgegend, das mit jedem Atemzug stärker wurde. Schon bald drückte es nach oben, hinauf in ihre Kehle. Was war das für ein Gefühl? Ihre Beine verkrampften sich, dann ihre Arme, Hände, sie ballte sie zu Fäusten. Ihre Lippen waren so fest zusammengepresst, dass nur noch zwei schmale Linien davon übrig waren. Jeder Muskel ihres Körpers war jetzt angespannt. Wut. Es war Wut, die sie fühlte.

»Du Scheißkerl«, flüsterte sie in den Telefonhörer.

»Was?«

»Du Scheißkerl«, wiederholte Whitney etwas lauter.

»Nippy, du musst schon ordentlich mit mir sprechen, wenn du willst, dass ich dich verstehe!«

»Du Scheißkerl«, sagte sie ein weiteres Mal. Mit jeder Wiederholung wurde Whitney wütender. Was bildete er sich ein, ihr jetzt auch noch Vorschriften darüber zu machen, wie sie etwas sagen sollte? Soll er doch einfach mal richtig hinhören, dann versteht er schon, schoss es ihr durch den Kopf.

»Okay, jetzt habe ich zwar was verstanden«, sagte Bobby, »aber ich kann nicht so recht glauben, dass ich dich richtig verstanden habe. Was hast du gesagt?«

»DU SCHEISSKERL!« Whitney sprang vom Sofa empor, während sie die Worte in den Telefonhörer schrie. Dann legte sie auf.

Sie lief zur Balkontür, die sie in der Eile hatte offen stehen lassen. In der Suite war es kalt geworden. Sie trat hinaus auf den Balkon, blieb stehen und kehrte dann wieder um. Die Tür schloss sie auch dieses Mal nicht. Wie ein aufgescheuchtes Tier lief sie in der Suite umher, völlig ziel- und planlos.

Ihr Herz raste. Schwer zu sagen, ob es an Bobbys Geständnis lag oder an der vielen Umherlauferei am frühen Morgen. Noch immer fiel es ihr schwer, einen klaren Gedanken zu fassen. Die Satzfetzen flogen umher, so schnell, dass sie keinen länger als ein paar kurze Augenblicke festzuhalten vermochte. In ihrem Kopf herrschte ein Tornado.

Wie ein Roboter ging sie schließlich zu ihren Koffern, die noch unausgepackt vor dem Kleiderschrank standen. Sie steuerte den kleinsten davon an, eine schwarze Reisetasche aus Leder, die sie als Handgepäck mitgenommen hatte. Es dauerte nicht lange, ehe sie das schwarze Täschchen hervorzog. Sie zog den Reisverschluss auf und nestelte darin herum, bis sie einen Joint zwischen den Fingern zu fassen bekam.

Genau das brauchte sie jetzt. Einen Joint. Und Robyn. Aber erst den Joint. Das waren die drei einzigen vollständigen Gedanken, die sie zustande brachte.

...

Drei Stunden später klopfte sie an die Tür zu Robyns Suite. Ein paarmal hatte zuvor ihr Telefon noch geklingelt. Als sie beim ersten Mal abnahm, war es wieder der freundliche Mann vom Empfang, er hatte Bobby in der Leitung. Whitney hatte den Anruf abgelehnt. Die anderen Male hatte sie das Läuten ignoriert. Wahrscheinlich war es abermals Bobby. Aber sie konnte jetzt einfach nicht mit ihm sprechen. Was sollte sie auch sagen? Mehr als »Scheißkerl« gaben ihre Gedanken noch nicht her.

»Ja?«, fragte Robyn durch den schmalen Spalt, den die vorgeschobene Sicherheitskette der geöffneten Tür nur erlaubte. »Ach, du bist es«, sagte sie weiter, als sie Whitney erkannte, »komm rein!«

Robyn schloss die Tür, und Whitney hörte, wie sie die Sicherheitskette löste. Dann öffnete sie die Tür wieder, machte einen Schritt zur Seite und bat Whitney mit einer Geste in ihre Suite.

Sie war kleiner als die ihre, mehr wie eine Juniorsuite. Robyn hatte sich noch nie wohlgefühlt, wenn ihre Hotelzimmer das waren, was sie als »übertriebenen Luxus« bezeichnete. Was genau sie damit meinte, verstand Whitney auch heute noch nicht. Aber die Größe, das hatte sie begriffen, spielte eine Rolle –, das war für ihre Freundin schon einmal ein entscheidender Punkt auf der »übertriebener Luxus«-Seite. Robyn wollte ein schmales Doppelbett, einen Schrank, vielleicht noch einen kleinen Tisch und ein Sofa. Mehr brauchte sie nicht. Mehr wollte sie nicht.

Whitney gefiel die Einstellung. Robyn hat sich weniger verändert als ich, dachte sie jetzt, als sie sich an ihrer Freundin vorbeischob. Im Grunde ist ihr der ganze Glamour ferngeblieben, ganz im Gegenteil zu so manch einem anderen in ihrem Leben. Whitneys Miene verfinsterte sich.

»Nip, was ist passiert?«, riss Robyns Stimme sie aus ihren Gedanken. »Du siehst schrecklich aus, sag, was ist los?«

Whitney drehte sich zu ihrer Freundin um. Sofort füllten sich ihre Augen mit Tränen, als sie auf ihren sorgenvollen Blick traf.

»Bobby hat mich betrogen«, brach es schließlich aus ihr hervor.

»Was?«, keuchte Robyn und riss dabei die Augen auf, als ob sie ein Gespenst gesehen hätte. Sie ging einen Schritt auf Whitney zu und hob ihre Arme ein paar Zentimeter, als wollte sie Whitney an sich ziehen. Doch dann ließ sie sie wieder sinken und blieb stehen. Sie seufzte tief. »Es tut mir so leid«, sprach sie weiter, »so ein Scheißkerl.«

»Das war noch nicht alles«, sagte Whitney.

»O. k. ...?«

»Es war nicht einfach irgendein One-Night-Stand.«

»O. k. ...?«

»Es war mit Kim, seiner Ex-Freundin.«

»O. k. ...?«

»Du hast sie mal kennengelernt, als du mich nach einem Termin in Manhattan bei ihm vorbeigefahren hast, erinnerst du dich? Die Mutter von La'Princia.«

»Ja, ich erinnere mich.«

Robyn machte einen weiteren Schritt auf Whitney zu. Sie schien unsicher, was sie nun sagen oder tun sollte. Whitney konnte es ihr nicht verübeln. Sie selbst hätte es auch nicht gewusst. Jetzt war sie es, die seufzte.

»Das war immer noch nicht alles«, setzte sie wieder an. Eine Träne lief ihr still die Wange hinab. Sie wandte den Blick von ihrer Freundin ab. Sie schämte sich.

»O. k. ...?«

»Kim ist schwanger.«

»O. k. ...?«

»Kim ist schwanger von dieser Nacht mit Bobby.«

»O. k. ...?«

»Also, ich weiß nicht einmal, ob es eine Nacht war.«

»O. k. ...?«

»Vielleicht haben sie auch mehrere Male miteinander geschlafen.«

»O. k., Schluss jetzt damit«, fiel Robyn ihr ins Wort. »Hör auf, dir darüber Gedanken zu machen. Das bringt nichts. Außer, dass es dir noch mehr wehtut.«

Wahrscheinlich hatte Robyn recht. Was machte es für einen Unterschied, ob sie einmal oder zehnmal miteinander geschlafen hatten? Kim war schwanger, Bobby hatte Whitney betrogen. Darauf kam es an.

Vorsichtig hob Whitney wieder ihren Blick und wandte ihn Robyn zu. Eine zweite Träne suchte sich ihren Weg über ihr Gesicht. Und eine dritte.

»Robyn, was soll ich nur tun?«

Für ein paar Momente stand Robyn einfach nur da, ihre Augen spiegelten Whitneys Schmerz und Verzweiflung. Sie schien fast genauso verletzt zu sein wie Whitney selbst. Dann legte sie die restlichen Schritte zurück, die sie von Whitney trennten, und schloss sie endlich in die Arme.

Nun brachen die Tränen hemmungslos aus Whitney hervor. Sie taumelte und schrie. Robyn drückte sie noch fester an sich.

»Ich bin da, Nip«, flüsterte sie in ihr Ohr. »Ich bin da, hörst du? Ich bin da.« Wie ein Mantra wiederholte Robyn diese Worte immer und immer wieder, während sie Whitney über den Kopf streichelte.

Es fühlte sich an, als ob sie eine Ewigkeit so dastanden. Whitney zitternd und weinend, Robyn, die beruhigend flüsterte und sie in den Armen wiegte. Irgendwann erschlaffte Whitney, ihr Zittern flaute ab – es schienen keine Tränen mehr übrig zu sein, die sie hätte weinen können. Schließlich löste sie sich von ihrer Freundin und sah sie durch einen Tränenschleier hindurch an.

»Danke, Robyn«, brachte sie hervor. Sie war kaum zu hören, so leise sprach sie.

Mit einer Geste winkte ihre Freundin ab. »Komm, setz dich«, Robyn deutete mit der Hand in Richtung ihres Betts. Eine andere Sitzmöglichkeit gab es in ihrem Zimmer nicht: Den einzigen Sessel hatte sie mit Klamotten belegt. »Und dann erzähl mir alles, was du mir erzählen willst. Wir müssen aber natürlich nicht darüber sprechen, wenn dir das lieber ist.«

Whitney legte sich mit dem Rücken auf das Bett und streckte die Arme von sich. Robyn hockte sich auf den Boden und lehnte sich mit dem Rücken auf Höhe von Whitneys Kopf an die Bettkante. Dann schwiegen sie.

»Weißt du«, setzte Whitney nach einer Ewigkeit an, »ich kann es schon auch verstehen. Wir haben uns ja fast zwei Monate nicht gesehen. Er ist ein Mann – er kann nicht ewig warten, bis wir uns wiedersehen. Ich bin einfach zu viel unterwegs. Natürlich muss er sich dann irgendwann woanders holen, was er braucht. Oder?«

Whitney konnte nur Robyns Hinterkopf im Seitenwinkel erahnen, doch hätte sie ihre Freundin angesehen, hätte sie beobachtet, wie ihr die Züge entglitten. Stattdessen nahm Whitney nur wahr, wie sie laut ausatmete, sich räusperte und dann fragte: »Möchtest du jetzt, dass ich dir sage, dass du Schuld hast, dass Bobby seine Ex geschwängert hat?«

»Nein, also, es ist ja nicht meine Schuld. Aber es ist doch nun einmal schon nachvollziehbar, dass er mit ihr geschlafen hat.«

»Nip, meinst du das gerade wirklich ernst, was du da sagst?« Robyns Stimme war höher als sonst, sie klang ungläubig, beinahe entsetzt.

»Ja, sonst würde ich es doch nicht sagen.«

»Du entwertest dich damit gerade komplett selbst.«

»Wie meinst du das?«

»Ein Mann sollte schon in der Lage sein, sein Ding in der Hose zu behalten, wenn er seine Freundin mal für ein paar Wochen nicht sieht. Du tust so, als ob ihr euch seit Jahren nicht gesehen hättet und Bobby explodiert wäre, wenn er nicht augenblicklich Sex gehabt hätte.«

»Na ja, ein paar Wochen sind aber schon eine lange Zeit.«

»Und hast du in den paar Wochen mit jemand anderem geschlafen?«

»Nein, aber ich bin ja auch kein Mann.«
»Dann rechne doch mal nach: Ich wette mit dir, Kim ist wahrscheinlich im zweiten Monat, so ungefähr. Das heißt, Bobby hat mit ihr vor sechs Wochen geschlafen, plus/minus. Er hat dich also ziemlich sicher betrogen, nachdem er ein paar Tage davor mit dir zusammen war.«
»Aber das stimmt doch gar nicht!«
Whitney wurde wütend. Wieso konnte ihr Robyn nicht einfach recht geben? Wieso musste sie jetzt eine Rechnung anstellen, wann genau Bobby seine Ex-Freundin geschwängert hatte? War ihre Hotelsuite auf einmal das Hauptquartier eines Matheklubs geworden, ohne dass ihr jemand Bescheid gegeben hatte?
»Das stimmt doch gar nicht!«, wiederholte Whitney, als Robyn nichts erwiderte.
»Nip, ich bin auf deiner Seite, o. k.?«, sagte Robyn nun. »Vertrau mir bitte. Weißt du denn, wann Bobby sich mit Kim getroffen hat?«
Whitney überlegte. Irgendwas hatte er doch erwähnt, ja, da war sie sich sicher. Aber was genau war es?
»Er wollte sich mit Kim treffen, um ihr ein für alle Mal klarzumachen, dass er jetzt mit mir zusammen ist«, fing sie an, das zu wiederholen, was Bobby gesagt hatte. Wenn sie sich konzentrierte und alles ganz chronologisch wiedergab, würde ihr bestimmt auch wieder einfallen, was er über den Zeitpunkt gesagt hatte, hoffte sie jedenfalls. »Und er wollte mit ihr über La'Princia sprechen, wie sie sich das Sorgerecht und alles in Zukunft aufteilen wollen.«
Erneut füllten sich Whitneys Augen mit Tränen. Wie gern hätte sie selbst eine Familie mit Bobby. Ohne zu zögern, hätte sie dafür auf all die Bühnen dieser Welt verzichtet. Ihre Unterlippe begann zu beben, als Robyn mit sanfter Stimme fragte: »Nip, ist

alles o. k.? Weißt du denn nun, wann das war, als sich Bobby und Kim getroffen haben?«

»Ja, also, er wollte das alles mit ihr klären, wegen La'Princia. Er hat gesagt, dass er mir im Vorfeld davon erzählt hätte, dass sie sich treffen würden. Aber ich kann mich beim besten Willen nicht daran erinnern.«

»Dann hat er es vermutlich auch nicht getan.«

»Aber warum sollte er es dann behaupten?«

»Um besser dazustehen.«

»Hm. Ich weiß nicht ...«

»Wie ging es denn weiter?«

»Dann sagte er, dass Kim schwanger sei. Und dass er der Vater sei. Und ... dass sie in der siebten Woche ist.«

Whitney verstummte. Sie hörte, wie sich Robyn neben ihr vom Boden aufrappelte und aufstand. Dann ging sie ein paar Schritte, es klang, als ob sie ein Fenster öffnete. Etwas raschelte, ein Feuerzeug knipste, wenige Augenblicke später hörte sie, wie Robyn lange mit geöffnetem Mund ausatmete. Noch ein paarmal wiederholte ihre Freundin das Geräusch, dann hörte Whitney, wie sie das Fenster schloss und zurück zu ihr ans Bett kam.

»Nip«, sagte sie jetzt.

Whitney stützte die Ellbogen auf die Matratze und schob den Rücken etwas nach oben, sodass sie Robyn anschauen konnte. Auf ihrem Gesicht lag ein Schmerz, die Augen schienen dunkler als gewöhnlich, traurig.

»Nip, wenn Kim in der siebten Woche ist, dann bedeutet das, dass sie sich ungefähr vor sieben, acht Wochen getroffen haben«, sprach Robyn mit ruhiger Stimme weiter. »Das war Mitte September, als du in London und Glasgow gespielt hast. Da hatte Bobby dich besucht. Kim muss auch da gewesen sein.«

Whitney ließ ihren Blick noch eine Weile auf Robyn ruhen.

Was zum Teufel hatte sie nur vor, fragte sie sich in Gedanken. Warum versteifte sie sich so auf den Tag, an dem Bobby sie vermutlich betrogen hatte? Es kam ihr so vor, als ob sie händeringend nach Gründen suchte, um Bobbys Fehltritt in ein besonders schlechtes Licht zu rücken.

»Dann ist Kim ihm eben nachgereist«, sagte Whitney nun und zuckte mit den Schultern. »Sie hat von Anfang an nicht akzeptieren wollen, dass es aus ist zwischen ihr und Bobby.«

»Und dann? Hat sie Bobby zum Sex gezwungen, oder was?«

»Nein, aber sie hat ihn mit Sicherheit verführt, war mit ihm auf ein paar Drinks aus – du weißt, wie Bobby ist, wenn er getrunken hat.«

»Ja, aggressiv und ein Arschloch.«

Mit einem Satz war Whitney vom Bett aufgesprungen. Am liebsten hätte sie Robyn eine Ohrfeige verpasst. Doch sie konnte sich gerade noch zurückhalten. Stattdessen schrie sie sie an: »Was fällt dir ein, so über Bobby zu reden!«

»Mir fällt gar nichts ein. Es ist die Wahrheit. Und das weißt du ebenso gut wie ich«, entgegnete Robyn. Ihre Stimme war ruhig. Nichts deutete darauf hin, dass sie von Whitneys Ausbruch überrascht war.

»So sprichst du nicht über meinen Freund!«

»Ist er denn überhaupt noch dein Freund?«

»Selbstverständlich! Das würde dir so passen, wenn ich ihm jetzt den Laufpass geben würde. Du konntest ihn doch noch nie leiden!«

Robyn schüttelte den Kopf. Sie ging einen Schritt auf Whitney zu, doch diese wich sofort zurück.

»Nip, du warst es, die wegen alldem zu mir gekommen ist, erinnerst du dich? Du warst es, die an meine Tür geklopft hat. Die in meinen Armen zusammengebrochen ist, weil sie so verletzt ist.

Die mich völlig aufgelöst und verzweifelt gefragt hat, was sie nur tun soll. Ich hab dir nicht gesagt, dass du dich von Bobby trennen sollst. Auch nicht das Gegenteil. Ich hab dir einfach nur etwas gesagt, was Fakt ist: dass dich Bobby betrogen hat, während er dich besucht hat.«

»Ja, und?«, fragte Whitney zunehmend aufgelöst. Sie bereute, überhaupt hierhergekommen zu sein. Was hatte sie sich nur dabei gedacht? Natürlich würde Robyn die Gelegenheit nutzen, Bobby schlechtzureden. Whitney war nicht blind: Jedes Mal, wenn Robyn auf Bobby traf, sah sie, wie unwohl sich ihre Freundin fühlte. Wie sie versuchte, möglichst schnell und unauffällig den Raum zu verlassen. Obwohl die beiden, wenn sie sich Mühe gaben, durchaus gemeinsame Themen hatten. Basketball zum Beispiel. Doch je mehr Bobby in Whitneys Leben gerückt war, desto weniger schien das als Gesprächsthema zu funktionieren.

»Ist dir das denn völlig egal? Dass es sein kann, dass er dich an dem einen und Kim dann am nächsten Tag gesehen hat?« Robyns Fassung bröckelte.

Whitneys Blick wurde hart. »Es ist nun einmal passiert. Das kann ich ja jetzt nicht ändern, oder? Er war ehrlich und hat es mir gesagt.«

»Wäre auch etwas schwierig geworden, auf Dauer zu verheimlichen, dass Kim von ihm schwanger ist …«, murmelte Robyn. Wieder schüttelte sie den Kopf und blickte resigniert zu Boden.

»Ich finde, du bist ganz schön unfair«, sagte Whitney.

Jetzt sah Robyn wieder auf und zu ihr. Sie war verletzt, das konnte Whitney erkennen. Aber in diesem Moment war ihr das egal.

»Bobby hat einen Fehler gemacht«, sprach sie weiter, »das weiß ich, und das weiß auch er. Er hat ihn mir gebeichtet und sich dafür entschuldigt.«

»Hat er das?«, fragte Robyn. »Oder hat er dir nur einfach gesagt, was er getan hat?«

Whitney war irritiert. Was sollte diese Frage? Natürlich hatte er sich entschuldigt! Wie kam Robyn auf die Idee, er hätte es möglicherweise nicht getan? Diese ganzen Unterstellungen! Er hatte ihr gesagt, was passiert war. Und sie dann um Verzeihung gebeten. So war es gewesen. Oder? Auf einmal war sie sich nicht mehr sicher. Doch sie würde einen Teufel tun und Robyn recht geben!

»Weißt du, Robyn, ich bin nicht Gott. Es ist nicht meine Aufgabe, über Bobby zu richten, nur weil er sich einen Fehltritt erlaubt hat. Und deine Aufgabe ist es übrigens erst recht nicht.« Sie funkelte Robyn an und fuhr dann fort: »Er ist ein toller Vater und ein toller Mann an meiner Seite. Mit ihm habe ich so viel Spaß, er gleicht mich aus und gibt mir Halt – und ich liebe ihn! Und ich werde es nicht zulassen, dass diese Kim nun alles kaputt macht!«

»Nip, du solltest dich mal hören.« Robyn klang noch resignierter als zuvor. »Du klingst überhaupt nicht mehr nach dir selbst. Ich sag ja nicht, dass Bobby der Teufel ist. Aber er ist ein Typ, der ein Alkohol- und Aggressionsproblem hat. Er schmeißt sich zu viele Drogen rein – und du mit ihm. Du wolltest weniger Kokain nehmen, nur noch, wenn du freihast. Erinnerst du dich, dass du das gesagt hast? Aber seit du mit Bobby zusammen bist, tust du das Gegenteil. Er ist nicht gut für dich. Und es tut mir leid, dass ich das so hart sagen muss, aber ich prophezeie dir, dass es so sein wird: Es wird nicht das letzte Mal gewesen sein, dass er dich betrügt. Vielleicht war das mit Kim gar nicht das erste Mal. Hast du darüber schon mal nachgedacht?« Sie fixierte Whitney erbarmungslos. Ihre Stimme klang hohl, als sie weitersprach: »Bobby bringt Unglück über dich und dein Leben.«

Das hatte gesessen. Whitney fühlte sich, als stünde sie mit Robyn in einem Boxring – und als ob ihre Freundin sie gerade k.o.

geschlagen hätte. Wieder füllten sich ihre Augen mit Tränen. Sie konnte sich nicht erklären, was mit Robyn los war. Warum sagte sie all diese gemeinen Dinge? Warum tat sie ihr so weh? Warum war es zwischen ihnen nicht mehr so wie früher?

Sie blickte Robyn in die Augen. Wo war ihre Vertraute von einst? War sie da noch irgendwo? Sie konnte sie nicht entdecken.

»Ich glaube, ich sollte jetzt gehen«, flüsterte Whitney schließlich.

Kapitel 27

Februar 1991

»Hier, willst du was? Jetzt kannst du ja wieder.«
Bobbys Stimme drang von weit weg zu Whitney, obwohl er direkt vor ihr stand. Sie hob den Kopf und sah in sein Gesicht mit den erwartungsvoll geöffneten Augen. Dann wanderte ihr Blick zu dem kleinen silbernen Tablett, das er ihr entgegenhielt. Darauf waren zwei ordentlich gezogene Linien mit weißem Pulver. Sie schüttelte den Kopf und wandte sich wieder dem Treiben draußen vor ihrem Hotelfenster zu. Aus dem Augenwinkel nahm sie wahr, wie Bobby mit den Schultern zuckte.

»Dann halt nicht«, murmelte er im Weggehen.

Die Menschen da draußen erinnerten Whitney an Ameisen. Sie wuselten geschäftig hin und her, mal in Grüppchen, dann wieder allein, manche hatten Gepäck dabei, andere nicht, alles geschah, ohne dass ein Geräusch von ihnen hinauf bis zu Whitneys Suite in den 16. Stock drang. Um sie herum war es mucksmäuschenstill.

Nur Bobby war zu hören, wie er das erste Mal sniefte. Whitney wäre es lieber gewesen, er hätte es nicht getan. Er hätte ihr nichts angeboten. Er hätte keine Lines vorbereitet. Er hätte überhaupt erst gar kein Koks mit hierhergebracht.

Aber eigentlich war es ihr auch egal.

Whitney fühlte sich leer. Die Leere schien sie von innen beinahe zu verschlucken, wie ein schwarzes Loch. Sie hatte das weiteste Sweatshirt übergezogen, das sie in ihrem Koffer gefunden hatte. Es war grau, mit blauen Großbuchstaben stand »Knicks« über der Brust, etwas kleiner darunter »Basketball«, daneben war eine Basketball spielende Figur zu sehen. Jetzt kuschelte sie sich tiefer in den Stoff, schlang die Arme um ihre angezogenen Beine und legte das Kinn auf ihren Knien ab.

Vor drei Jahren war sie zusammen mit Robyn bei einem Spiel der New York Knicks gegen die Washington Bullets im Madison Square Garden gewesen. Sie liebte es, Spielen live zuzusehen. Doch der Security-Aufwand war mittlerweile so groß geworden, wenn sie solche Ausflüge unternahm, dass sie seit jenem Abend vor drei Jahren kein Spiel mehr besucht hatte. War das denn wirklich schon drei Jahre her?

Whitney erinnerte sich gerne an das Spiel damals zurück. Es war ein toller Abend gewesen. Sie wusste nicht mehr, ob die Knicks überhaupt gewonnen hatten. Für das warme Gefühl, das die Erinnerung in ihr hervorrief, spielte das keine Rolle. Wenn sie an jenen Abend dachte, dann dachte sie an den vielen Spaß, den sie dort mit Robyn gehabt hatte. Sie hatten so viel gelacht – für einen kurzen Moment hatte Whitney sogar Sorge, sie würden deswegen aus dem Stadion geworfen werden. Zwei Männer von der Security hatten sie im Vorbeigehen besonders lange und besonders streng angesehen. Doch es war nichts passiert, und als sie sich wieder entfernt hatten, brach das Gelächter nur noch umso mehr aus Robyn und ihr hervor.

»Willst du wirklich nicht?«, fragte Bobby jetzt. Wieder schüttelte Whitney den Kopf. Dann hörte sie, wie er ein zweites Mal sniefte.

Damals war noch alles in Ordnung gewesen zwischen Robyn und ihr. Es war nicht mehr so wie früher, bevor sie bei Arista unterschrieben hatte, als sie jede freie Minute miteinander verbracht und sich wirklich alles erzählt hatten. Und obwohl Whitney das manchmal traurig stimmte, war ihr klar, dass das so sein musste. Sie waren eben erwachsen geworden. Natürlich hatte das auch ihr Verhältnis zueinander beeinflusst. Aber das musste nicht zwangsläufig etwas Schlechtes sein. Es konnte auch einfach bedeuten, dass ihre Beziehung enger geworden war, so eng, dass sie sich nicht mehr alles erzählen mussten, um zu wissen, wie es der jeweils anderen ging.

Bobby sprang vom Sofa auf. Whitney wandte sich ihm zu und unterdrückte ein Seufzen. Das war zu viel gewesen. Sie wusste nicht, woher er das Zeug hatte und wie rein es war. Aber sie konnte ihm ansehen, dass er innerlich nur so brodelte vor Energie. Wieso tat er das? Ausgerechnet jetzt, wo sie ihn brauchte. Nicht den aufgeregten überdrehten Bobby, nein. Sie brauchte den Bobby, der sie in den Arm nahm und festhielt, der ihr sagte, dass alles gut werden würde.

»Ok, Nippy, das Rumgehocke bringt jetzt auch nichts«, sagte Bobby. »Komm, lass uns rausgehen, die frische Luft wird dir guttun!«

»Ich kann nicht einfach so rausgehen«, entgegnete Whitney. »Wir sind mitten in Beverly Hills, hier kennt mich jeder. Ich bräuchte die Security-Jungs. Die will ich jetzt aber nicht sehen. Ich will jetzt niemanden sehen, Bobby, o. k.? Ich will einfach nur hier in diesem Zimmer mit dir sein.«

Eine Träne lief ihr die Wange hinab. Dann eine zweite. Und eine dritte. Sie weinte still. Sie hatte an diesem Tag schon so viele

Tränen vergossen und vor Schmerz laut geschrien, jetzt fehlte ihr die Energie, um noch laut weinen zu können.

»O. k.«, sagte Bobby. Er nickte. Seine Miene veränderte sich. Ein Ausdruck von Schuldbewusstsein legte sich über sein Gesicht, während jeder Muskel seines Körpers angespannt zu sein schien. Whitney kam es so vor, als müsse er mit aller Kraft dagegen ankämpfen, sich jetzt nicht zu bewegen, nicht im Zimmer auf und ab zu laufen, nicht einen Strahl an Worten über sie zu gießen.

Bobby zog sein Portemonnaie aus der Hosentasche, klappte es auf und holte einen Joint hervor. Aus der anderen Hosentasche kramte er ein Feuerzeug und zündete ihn damit an. Dann ging er zu Whitney, beugte sich über sie und öffnete das Fenster.

»Hast du Schmerzen?«, wollte er wissen, während er über Whitney hinweg den Rauch zum Fenster hinausblies.

»Nein«, sagte Whitney. »Der Arzt hat mir Schmerztabletten gegeben, damit ich nichts spüre.«

»Das ist gut«, befand Bobby.

Whitney war sich nicht sicher, ob das wirklich so gut war. Im Moment jedenfalls wünschte sie sich die starken Krämpfe im unteren Bauch und die Übelkeit zurück. Vielleicht hätte sie das zumindest ein klein wenig von dieser unbeschreiblichen Leere abgelenkt, die nun alles dominierte.

»Und ab wann können wir es wieder probieren?«, fragte Bobby nun und strich ihr rasch über den Rücken, bevor er sich wieder zum Fenster beugte.

Whitney hob den Blick und sah ihn voller Entsetzen an. Sie steckte mitten in einer Fehlgeburt, sie verlor gerade ihr gemeinsames Baby. Es lag noch nicht einmal zehn Stunden zurück, dass plötzlich die Blutung eingesetzt hatte – wie konnte er da jetzt daran denken, ab wann es mit einer zweiten Schwangerschaft klappen könnte?

Doch Bobby schien davon nichts zu bemerken. Stoisch zog er weiter an seinem Joint und rauchte zum Fenster hinaus. Whitney wusste, dass er das für sie tat. Er kiffte, um von seinem Kokaintrip wieder herunterzukommen – um sie hoffentlich endlich in die Arme zu schließen. Er musste trotz seines Adrenalinkicks durch die zwei Lines bemerkt haben, dass sie ihn jetzt brauchte, ganz nah bei sich.

»Ich weiß es nicht, Bobby«, sagte sie nun, »ich habe den Arzt nicht danach gefragt.«

»O. k. Schade. Dann frag ihn das, wenn du ihn bei der nächsten Kontrolle siehst. Du musst doch noch mal zur Kontrolle, oder?«

»Ja. Ende der Woche kommt er noch mal vorbei.«

Heute war Dienstag. Der Freitag schien Whitney Jahre entfernt. Erst einmal musste sie den nächsten Tag überstehen. Um sieben Uhr morgens sollte sie am Set sein, doch das war das Einzige vom Drehplan, an das sie sich im Moment erinnern konnte. Welche Szene war noch mal dran? Sollte sie zum Beverly House am Beverly Drive kommen? Oder war schon die Szene im *Mayan Theatre* in der South Hill Street dran? Sie wusste es nicht. Sie wusste nichts mehr. Auch nicht, wie sie den Tag am Set schaffen sollte.

»Bobby, ich glaube, ich schaffe das morgen nicht«, sprach sie ihre Gedanken aus.

Bobby schwieg eine Weile. Er nahm einen letzten Zug von seinem Joint und schnipste ihn danach mit einer geübten Bewegung seiner Finger aus dem Fenster. Dann setzte er sich neben Whitney auf die breite Fensterbank und zog sie zu sich heran in seine Arme.

»Nippy, ich weiß, dass du dich beschissen fühlst«, fing er an, seine Stimme war leise und sanft. »Mich trifft das genauso, ich habe auch gerade ein Kind verloren – unser Kind. Aber es bringt nichts, wenn wir uns dadurch vom Weg abbringen lassen.«

Whitney runzelte die Stirn. Von welchem Weg sprach Bobby da? Was meinte er damit?

»Was meinst du damit?«, wiederholte sie laut.

»Dein Weg ist dieser Film, dein nächster Weg ist der von Rachel Morrison.«

»Marron«, murmelte Whitney, »Rachel Marron.« Sie blinzelte ein paarmal, um die erneut aufsteigenden Tränen zu unterdrücken. »Bobby«, setzte sie dann wieder lauter an, »ich verstehe immer noch nicht so recht, was du mir sagen willst ...«

»Die Sache ist die: Kevin hat dich über Jahre hinweg bekniet, die Rolle anzunehmen. Bis du endlich zugesagt hast. Er hat sogar den Drehplan noch einmal nach hinten verschoben, damit du deine Welttournee zu Ende spielen kannst und noch ein paar Wochen zum Verschnaufen freihast, bevor es mit ›Bodyguard‹ losging. Du kannst jetzt nicht einfach hinschmeißen – du musst das durchziehen, das bist du ihm schuldig.«

Dieses Mal schaffte es eine Träne, sich einen Weg über Whitneys Gesicht die Wange hinab zu suchen. Auf einmal spürte sie eine unglaubliche Last auf ihren Schultern, als ob ihr jemand eine Jacke mit Schulterpolstern aus Blei umgelegt hätte. Bobby hat recht, dachte sie. Sie konnte Kevin nicht einfach hängen lassen. Er gehörte zu den nettesten Menschen, die sie je kennengelernt hatte. Gegenüber allen am Set verhielt er sich auf die gleiche Weise freundlich und respektvoll – egal, ob Weltstar oder die Reinigungskräfte, die meistens abends die Trailer putzten, in denen sie sich die Drehpausen vertrieben und die Maske aufgetragen wurde. Er war immer zu einem Scherz aufgelegt, wusste aber auch, wann jemand lieber für sich war. Wie schnell er Menschen lesen und verstehen konnte, war Whitney schon bei ihrem ersten

Telefonat vor mehr als drei Jahren aufgefallen. Eine bewundernswerte Eigenschaft.

Nein, sie konnte ihn jetzt nicht einfach enttäuschen. Sie musste morgen am Set erscheinen und abliefern. Sie musste das irgendwie schaffen.

»Es stimmt«, lenkte Whitney nun ein, »das kann ich Kevin nicht antun, ich kann nicht einfach hier im Hotel bleiben, du hast recht.«

»Ja«, sagte Bobby, »ich weiß.«

Whitney schloss die Augen. Es fühlte sich gut an, in Bobbys Armen zu lehnen. Als ob all das Schlimme, das an diesem Tag passierte, ein klein wenig weniger schlimm wäre.

Sie war erst in der sechsten Woche gewesen. Vergangene Woche hatte sie den ersten Termin bei ihrer Gynäkologin gehabt. Bis dahin war sie davon ausgegangen, dass sie mit ihrer Blutung einfach ein bisschen später dran war als normalerweise. Der ganze Stress mit dem Dreh, ein Set für einen Hollywood-Blockbuster war schließlich eine völlig andere Nummer als das eines Musikvideos – alles war neu für Whitney. Sie war begeistert und freute sich auf jeden der Drehtage. Nichtsdestotrotz war sie an manchen Tagen am Ende ihrer Kräfte, wenn sie nach Drehschluss in ihrer Hotelsuite angekommen war. Da wäre es kein Wunder gewesen, wenn sich ihre Periode verschoben hätte.

Doch es war ganz anders gewesen. Sie war schwanger. Als sie das körnige Ultraschallbild in den Händen hielt, musste sie sich anstrengen, um diese kleine weiße Bohne zu erkennen, die ihr Baby sein sollte. Aber als sie sie einmal unter all dem Hellen und Dunklen auf dem Ausdruck ausgemacht hatte, fand sie, dass das die schönste kleine weiße Bohne sein musste, die es je auf der Welt gegeben hat. Whitney war überglücklich gewesen.

Am selben Abend hatte sie Bobby Bescheid gegeben. Ansonsten wusste niemand davon. Sie hatte einfach keine Zeit gehabt, jemandem davon zu erzählen. Die Drehtage waren zu lang und zu anstrengend gewesen. Doch jedes Mal, wenn sie ein paar Minuten zwischendurch für sich hatte, hatte sie an Robyn gedacht. Daran, wie gerne sie ihr von ihrem Baby erzählen würde. Wie merkwürdig es sich anfühlte, dass sie über solch ein wichtiges Ereignis in ihrem Leben noch gar nichts wusste. Wie falsch das doch eigentlich war.

Aber selbst wenn sie die Zeit gefunden hätte, sie konnte Robyn nicht anrufen. Nach ihrem Streit in Montreal herrschte eine Eiszeit zwischen ihnen, wie es sie noch nie gegeben hatte. Ihre Gespräche beschränkten sich auf Berufliches, und selbst da diskutierten sie nur das Notwendigste. Jedes Mal, wenn Robyn doch einmal gefragt hatte, wie es ihr ging, hatte Whitney mit Schweigen geantwortet und so getan, als ob sie die Frage gar nicht gehört hätte. Und jedes Mal hatte Robyn nach einer Weile geseufzt und den Raum verlassen. Whitney hatte bis dahin nicht gewusst, dass ein Mensch mit so viel Enttäuschung in der Stimme seufzen konnte. Es tat ihr leid. Irgendwie. Dennoch konnte sie nicht über ihren Schatten springen und auf Robyns Versöhnungsversuche eingehen. Zu tief saßen ihre Wut und Enttäuschung über Robyns Reaktion, als sie ihr von Bobbys Fehltritt erzählt hatte.

Doch in diesem Moment wünschte sie sich, sie hätte es gekonnt. Stattdessen schlief Whitney nun mit unruhigen Gedanken in Bobbys Armen ein.

...

Mit beiden Händen hielt Whitney ihre Tasse fest und ließ den Dampf des heißen Ceylon-Tees über Nase, Augen und Stirn hinweg nach oben strömen. Sie liebte diesen Geruch. Es war eine Mischung aus leichtem Zitronenduft und einer feinherben Note. Bei Drehbeginn hatte sie sichergestellt, dass am Set immer frischer Ceylon-Tee für sie parat stünde. Sie brauchte ihn zum Wachwerden, konnte sich besser konzentrieren und roch ihn einfach gern – der Duft beruhigte sie. Die vergangene Woche hatte sie lieber darauf verzichtet und stattdessen zum Pfefferminztee gegriffen. Irgendwo hatte sie mal gelesen, dass Koffein in der Schwangerschaft nicht gesund war – und Ceylon-Tee hatte eine Menge davon.

Obwohl sich der Regisseur schon vor bestimmt zehn Minuten vor der versammelten Crew aufgebaut hatte, um den Plan für den heutigen Tag durchzugehen, und sie genauso lang mit ihrer Tasse Ceylon-Tee dabeistand, hatte sie noch keinen Schluck davon genommen. Sie traute sich nicht. Es war nicht so, dass sie nicht begriffen hatte, was am Tag zuvor geschehen war. Whitney war wohl bewusst, dass sie nicht mehr schwanger war. Doch wenn sie jetzt etwas tat, was sie vor zwei Tagen, als die Welt noch in Ordnung war, nicht getan hätte, dann würde ihr die Fehlgeburt merkwürdig endgültig erscheinen. Wie ein Buch, das man schon vor einiger Zeit zu Ende gelesen hatte und nun zurück ins Regal stellte, wo es allmählich in Vergessenheit geraten würde. Sie wollte aber nicht vergessen.

Es ergab keinen Sinn, das war ihr klar. Sie hatte ihr Baby verloren, egal, wie viel Ceylon-Tee sie verschmähen würde. Allerdings ergab für Whitney im Moment ohnehin nichts mehr Sinn. Wie konnte es nur sein, dass ihr das widerfahren war? Wollte Gott sie damit für etwas bestrafen? Warum konnte ihr Körper nicht das tun, wofür er doch schließlich gemacht war? Sie fühlte sich wie eine Versagerin, und ihr Magen rumorte.

Whitney hob den Blick und sah auf Mick, der immer noch mit wild gestikulierenden Armen vor ihnen stand und irgendwas erklärte. Sie hatte kein Wort von dem gehört, was er bislang gesagt hatte. Es war, als hätte jemand in ihrem Kopf die Stummtaste betätigt. Überhaupt hier aufrecht zu stehen, kostete Whitney enorm viel Kraft. Zuhören ging nicht auch noch.

Auf einmal begann die Crew um sie herum zu klatschen – das Zeichen, dass Mick fertig war. Jetzt würde es in die Maske gehen und in einer guten Stunde der Dreh von der ersten Szene beginnen, die für den heutigen Tag angesetzt war. Whitney stimmte in den Applaus ein, indem sie die Tasse nun am Henkel griff und mit der freien Hand auf die Finger der anderen klopfte. Was für ein erbärmliches Klatschen, schoss es ihr durch den Kopf. Nicht einmal das bekam sie richtig hin.

»Hey, Nip«, ließ sie plötzlich eine Stimme neben sich zusammenzucken.

Whitney drehte sich überrumpelt um und blickte in Kevins Gesicht.

»Ist alles in Ordnung bei dir?«, fragte er.

Sie war Kevin den ganzen Morgen schon aus dem Weg gegangen. Eigentlich führte sie ihr erster Gang am Set jedes Mal zu seinem Trailer. Dort saßen sie dann ein paar Minuten beisammen, nur er und sie, und plauderten einfach miteinander. Nicht über »Bodyguard«. Einfach so. Über Gott und die Welt. Aber nicht heute.

»Mir ist aufgefallen, dass du heute Morgen nicht bei mir am Trailer warst wie sonst«, sagte Kevin nun.

»Ja …«, erwiderte sie. Ihre Stimme fühlte sich heiser an. Sie räusperte sich. »Ich … wollte den Text für heute noch einmal in Ruhe durchgehen. Deshalb habe ich mich gleich bei mir zurückgezogen«, log sie und machte mit dem Kopf eine Bewegung in Richtung ihres Trailers.

»M-hm«, sagte Kevin und nickte. Sein Gesicht war ausdruckslos. Whitney war schon ein paarmal aufgefallen, dass Kevin diese Maske immer dann aufsetzte, wenn er angestrengt nachdachte.

»Aber du kannst mich ja zurück zum Trailer begleiten«, sagte Whitney und versuchte, so entspannt und fröhlich wie möglich zu klingen, »und wir plaudern einfach jetzt.« Sie zog die Mundwinkel zu einem Lächeln auseinander und sah Kevin erwartungsvoll an.

»M-hm«, antwortete Kevin wieder und nickte ein weiteres Mal, ohne dabei eine Miene zu verziehen.

»Na, dann los!«

Whitney drehte sich auf dem Absatz um und schlug den Weg zu ihrem Trailer ein. Sie hörte, wie ihr Kevin nach ein paar Herzschlägen folgte, ein paar Augenblicke später hatte er zu ihr aufgeschlossen und ging neben ihr. Noch immer hielt sie die Tasse Ceylon-Tee in der Hand, nur quoll kein Dampf mehr empor. Der Tee war kalt.

»Nip, du musst die Tür erst noch aufschließen.«

Wieder zuckte Whitney beim Klang von Kevins Stimme zusammen. Sie stand vor ihrem Trailer und drückte vergeblich die Türklinke nach unten, Kevin noch immer an ihrer linken Seite. Sie hatte gar nicht bemerkt, dass sie schon hier waren.

»Oh«, flüsterte sie, als ihr klar wurde, welch ein dämliches Bild sie gerade abgeben musste. Da klammerte sie sich wie ein kleines Mädchen an die Türklinke und drückte sie immer und immer wieder nach unten, als ob sie das nur oft genug tun müsste, um das Schloss zu öffnen. Sie spürte, wie ihr die Tränen in die Augen schossen.

»Lass mich helfen«, sagte Kevin leise.

Whitney wandte den Kopf so weit wie möglich zur Seite und hielt den Blick gesenkt, als sie ihm die Schlüssel in die Hand drückte. Hoffentlich sah er die Tränen nicht.

Im Trailer setzte sich Whitney auf den Stuhl vor dem Spiegel, Kevin nahm auf dem kleinen braunen Sofa daneben Platz. Als sie nach einer Weile schließlich vorsichtig den Blick hob, bemerkte sie, dass Kevin sie über den Spiegel hinweg ansah. Er schwieg. Nur sein Gesicht hatte sich verändert. Es war nicht mehr ausdruckslos. Es war traurig – genauso traurig, wie Whitney sich fühlte. Sie spürte einen Stich in der Brust.

Sie wollte den Blick abwenden, doch es gelang ihr nicht. Immer tiefer schien sie in Kevins Augen zu versinken, sein Blick schloss sich wie eine warme Decke um sie, ein Gefühl von Geborgenheit machte sich in ihr breit. Sie spürte, wie sich eine Träne aus ihren Augen löste und langsam die Wange hinabrann.

»Ich hatte gestern eine Fehlgeburt.«

Whitney hatte gar nicht die Absicht gehabt, Kevin einzuweihen – oder überhaupt irgendjemanden einzuweihen. Der Satz war ihr einfach so aus dem Mund gefallen.

»Ich weiß, Nip«, sagte Kevin nun, »es tut mir unendlich leid.«

Jetzt drehte Whitney ihren Stuhl in seine Richtung und blickte ihn mit verdutzter Miene direkt an. Wie meinte er das?

»Vor einer Woche hast du aufgehört, deinen Ceylon-Tee zu trinken«, antwortete Kevin, als ob er Whitneys Frage in ihren Gedanken gehört hätte, »und heute hast du wieder damit angefangen.« Er blickte auf die volle Tasse Tee, die Whitney noch immer umklammert hielt. »Na ja, jedenfalls hattest du es vor«, fügte Kevin hinzu. »Heute Morgen kamst du nicht zum Quatschen vorbei, und dann dein Blick dazu ... Da muss man kein großer Detektiv sein, um daraufzukommen, was los ist.«

Whitney lief eine weitere Träne die Wange hinab. Sie wusste nicht, was sie sagen sollte. Sie konnte nichts sagen. Doch sie fühlte, wie eine Welle der Dankbarkeit sie umspülte. Auf einmal fühlte es sich an, als hätte Kevin ihr ein schweres Gewicht von den Schultern genommen. Einfach nur dadurch, dass er Bescheid wusste.

Langsam streckte er seine Hand Whitney entgegen. Ihr Blick flackerte zwischen seiner Hand und seinem Gesicht hin und her. Schließlich griff sie zu. Sachte führte Kevin sie neben sich auf das Sofa und schloss sie mit unendlicher Sorgfalt in seine Arme. Whitney vergrub ihr Gesicht an seiner Schulter. Sie weinte. Still.

»Ich werde den Dreh für eine Woche aussetzen lassen«, unterbrach Kevin schließlich das Schweigen.

Langsam löste sich Whitney aus der Umarmung. Irritiert blickte sie zu ihm hoch. Was hatte er da gesagt? Sie schüttelte leicht den Kopf, während sich in ihr langsam ein Schuldgefühl seinen Weg bahnte. Weil sie nicht professionell sein konnte und ihren persönlichen Gemütszustand nicht aus ihrem Job heraushielt, wollte er das für sie tun? Sie würde alles durcheinanderbringen!

»Nip, hör auf damit«, unterbrach Kevin ihre Gedanken. »Du hast nichts falsch gemacht. Du hältst nichts auf. Dass du heute überhaupt am Set erschienen bist, nach allem, was du gestern erlebt haben musst ... Jetzt ist das Wichtigste, dass du dich ausruhst. Nimm dir diese Woche. ›Bodyguard‹ wird nicht weglaufen, niemand hier am Set wird weglaufen. Ich werde sieben Tage Drehpause anordnen und sagen, dass ich kurzfristig aus persönlichen Gründen verhindert bin – niemand wird den wahren Grund erfahren. Keine Widerworte. Das ist das einzig Richtige in dieser Situation.«

Noch immer blickte Whitney ungläubig in Kevins Augen. Die Dankbarkeit, die sie erfüllte, war nicht in Worte zu fassen.

»Danke«, flüsterte sie schließlich und vergrub ihr Gesicht wieder an seiner Schulter.

...

Draußen war es dunkel geworden. Whitney hatte nicht bemerkt, wie die winzigen Menschlein dort unten auf der Straße immer mehr mit der Dämmerung verschmolzen waren, irgendwann waren nur noch die Lichtkegel auszumachen gewesen, die die hohen Straßenlaternen auf den Boden warfen. Ab und an tauchte darin jemand auf, nur um Sekunden später wieder von der Dunkelheit verschluckt zu werden.

Whitney saß wieder auf der breiten Bank des Fensters ihrer Suite im *Beverly Hills* und blickte hinaus. Sie hatte nicht die leiseste Ahnung, wie lange sie dort schon so kauerte, die Beine an die Brust gezogen, die Arme drum herumgeschlungen. Es war unbequem, und ihr linker Fuß kribbelte entsetzlich. Doch das war Whitney egal. So spürte sie wenigstens etwas.

Bobby war seit einer Weile weg. Er würde es nicht mehr aushalten, sie so zu sehen, und etwas Zeit für sich brauchen, hatte er gesagt, bevor er zur Tür hinaus und auf dem Flur verschwunden war. Whitney wusste nicht, wohin er gegangen war. Auch das war ihr in diesem Moment egal. Sie war froh, endlich allein zu sein. Es gab nur einen Menschen, von dem sie sich wünschte, er wäre hier: Robyn.

Warum sprachen sie nicht mehr miteinander? Wegen Bobby? Auf einmal kam Whitney der Streit mit Robyn unglaublich banal und albern vor. Natürlich war ihre Freundin wütend auf Bobby gewesen, als ihr Whitney von seinem Fehltritt erzählt hatte. Wäre sie das nicht genauso gewesen, wenn Robyn so etwas passiert wäre? Die Antwort war leicht: Whitney wäre ausgeflippt. Warum hatte sie das Robyn nicht auch zugestanden? Sie hätte sich schon wieder beruhigt – sie war in den vergangenen Wochen schließlich schon einige Male auf sie zugekommen, wollte Frieden schließen.

Und jedes Mal war sie, Whitney, es gewesen, die die Versuche abgewehrt hatte.

Am liebsten hätte Whitney zum Telefonhörer gegriffen und Robyn in New York angerufen. Doch sie traute sich nicht. Was hätte sie auch sagen sollen? »Hey, Robyn, ich war in letzter Zeit richtig eklig und gemein zu dir, aber Schwamm drüber, denn jetzt brauche ich dich«? Whitney schüttelte bei dem Gedanken den Kopf. Das konnte sie nicht machen.

Plötzlich klopfte es. Langsam ließ Whitney ihren Blick zur Tür ihrer Suite wandern. Wer konnte das sein? Sie erwartete niemanden, und Bobby hatte einen Schlüssel – warum sollte er klopfen? Sie beschloss, das Geräusch zu ignorieren. Sie wollte nichts von der Welt.

Da klopfte es wieder.

Whitney schob die Augenbrauen fragend zusammen, während sie sich ächzend von der Fensterbank aufklaubte. Sie durchquerte das Zimmer, positionierte sich an der Tür und horchte. Stille.

Noch während sie unschlüssig so dastand, klopfte es ein drittes Mal.

Langsam griff Whitney nach der Klinke und schob die Tür ein wenig auf, gerade so, dass sie nach draußen lugen konnte.

Ihr stockte der Atem.

»Robyn ...«, flüsterte sie ungläubig. Whitney blinzelte ein paarmal hintereinander, wie um sicherzugehen, dass ihre Freundin nicht wie eine Fata Morgana mit einem Augenaufschlag einfach wieder verschwand.

Doch das geschah nicht. Dort vor der Tür stand sie wirklich.

Ohne zu zögern, stieß Whitney die Tür weiter auf. Ihre Freundin trug einen Mantel, der viel zu warm für L. A. schien. In der einen Hand hielt sie eine schwarze Wollmütze, in der anderen einen dunkelgrauen Rucksack. In ihrem Blick lag eine Mischung aus Traurigkeit und Unsicherheit.

Eine Träne löste sich aus Whitneys Auge und lief ihr still die Wange hinab. Im nächsten Augenblick schoss sie nach vorne und fiel ihrer Freundin um den Hals. Es kam ihr so vor, als hätte sie Robyn noch nie zuvor so fest umarmt wie in diesem Moment.

»Was tust du hier?«, fragte sie schließlich leise an Robyns Hals und war dabei kaum zu hören, so fest hatte sie sich an ihre Freundin geschmiegt.

»Ich hab gehört, dass der Dreh für eine Woche unterbrochen wurde«, sagte Robyn und sprach dabei ebenso leise, ihre Stimme klang heiser, »da wusste ich, dass irgendwas nicht in Ordnung ist bei dir. Dass irgendwas Schlimmes passiert sein musste. In der Firma haben sie gesagt, dass Kevin persönliche Gründe hatte. Aber das habe ich nicht eine Sekunde lang geglaubt. Ich bin also gleich raus aus dem Büro, hab mir ein Taxi gerufen und bin zum Flughafen.«

Langsam löste sich Whitney aus der Umarmung. Sie machte einen kleinen Schritt zurück, um ihrer Freundin in die Augen blicken zu können. Hatte sie das wirklich getan? Sie war in ein Flugzeug gesprungen und von New York nach L. A. geflogen, einfach so, weil sie sicher war, dass etwas mit ihr, Whitney, nicht stimmte? Eine zweite Träne lief ihr die Wange hinab. Dann nahm sie Robyns Hand und zog sie sanft in ihre Suite, schloss die Tür und fiel ihr wieder um den Hals.

»Robyn, ich bin so glücklich, dass du hier bist«, wisperte Whitney.

・・・

Zum ersten Mal seit zwei Tagen lachte Whitney aus vollem Herzen. Es lag nicht an den »Golden Girls«, die gerade über den Fernsehbildschirm flimmerten. Sondern an Robyns ansteckendem Lachen.

»Du musst aufhören, bitte, Robyn«, flehte Whitney, während sie nach Luft japste. »Ich ersticke sonst noch!«

In Whitneys Miene lag eine Mischung aus Verzweiflung und Belustigung, als sie die Hand auf Robyns Arm legte, wie um ihrer Bitte Nachdruck zu verleihen. Doch die lachte einfach weiter, den Blick immer noch auf die »Golden Girls« im Fernseher gerichtet.

»Das ist so zum Schießen!«, rief Robyn aus, aber durch das ganze Lachen klang es mehr wie ein Wiehern.

»Du klingst schon wie ein Pferd«, entgegnete Whitney und kuschelte sich etwas näher an ihre Freundin neben ihr, immer noch lachend. Sie hatte keine Ahnung, wie lange sie schon unter einer Wolldecke auf dem Bett in ihrer Suite saßen und »Golden Girls« ansahen. Sie wusste nur, dass es ihr seitdem besser ging. Die schreckliche Nachricht zwei Tage zuvor schien lange her zu sein, die Realität war weit weg.

»Ich hab die schon seit Ewigkeiten nicht mehr gesehen«, sagte Whitney nun, als die Serie von einem Werbespot unterbrochen wurde. Sie war immer noch außer Atem von dem Gelächter.

»Geht mir genauso«, gab Robyn zurück, die sich gerade ein paar Tränen unter den Augen wegwischte.

»Es ist so niedlich, dass du immer weinen musst, wenn du so viel lachst«, flüsterte Whitney, führte ihre Hand zum Gesicht ihrer Freundin und strich mit dem Daumen über deren Wange. Bei der Berührung zuckte Robyn kurz zusammen, dann wandte sie den Kopf, bis sich die Blicke der beiden trafen.

Nach ein paar Augenblicken wollte sich Whitney am liebsten wieder wegdrehen. Oder zumindest ihre Hand zurückziehen. Doch es gelang ihr nicht. Robyns Augen zogen sie wie Magneten an. Oh mein Gott, schoss es Whitney durch den Kopf, ihr Herz klopfte. Auf einmal fühlte sie sich nackt unter dem Blick von Robyn. Es war nicht unangenehm, im Gegenteil. Trotzdem beschlich Whitney das Gefühl, dass sie etwas Verbotenes tat.

Es war Robyn, die sich als Erste abwandte. Whitney unterdrückte ein erleichtertes Seufzen. Es war, als hätte ihre Freundin gespürt, dass Whitney sich gerne von dem Moment lösen wollte, aber es nicht schaffte.

»Wie schaut's aus, willst du noch ein bisschen Mousse au Chocolat?«, fragte Robyn, als ob nichts gewesen wäre. Sie lehnte sich zu dem Dessertwagen neben dem Bett und zog ihn ein wenig näher zu sich heran. Dann griff sie nach einem filigran geformten Glaskelch mit dem Dessert und hielt ihn mit fragendem Blick Whitney hin.

»Wie könnte ich da Nein sagen ...«, murmelte Whitney und nahm die Mousse au Chocolat entgegen. Diesmal seufzte sie laut auf.

»Alles in Ordnung?«, wollte Robyn wissen und konnte den sorgenvollen Tonfall in ihrer Stimme nicht verbergen.

»Ja, ja«, winkte Whitney ab. »Es ist nur ... es ist wie früher. Als ich meine ersten Promo-Auftritte hatte und wir abends immer ›Golden Girls‹ angeschaut haben. Und nebenher die Snackbar geplündert haben, weil wir uns was Anständiges zu essen gar nicht leisten konnten.«

»Ist das jetzt gut oder schlecht?«, fragte Robyn. Es klang, als ob ihre Freundin es tatsächlich nicht wusste.

»Natürlich ist das gut«, sagte Whitney eilig, »wie kannst du etwas anderes denken?« Sie verstummte für einen Augenblick, schüttelte leicht den Kopf und wandte sich ihrer Freundin zu, bevor sie wieder ansetzte: »Ich glaub, das war die glücklichste Zeit in meinem Leben.«

»Nun sei mal nicht so dramatisch«, schimpfte Robyn sie mit gespielter Strenge. »Dein Leben ist auch jetzt ziemlich toll – vielleicht nicht gerade heute und auch nicht morgen, aber schon sehr bald wieder. Versprochen.«

»M-hm ...«, entgegnete Whitney verträumt und widmete sich wieder dem Fernseher, auf dem jetzt ein Spot über Damenrasierklingen zu sehen war. Noch immer hielt sie den kleinen Kelch in den Händen. Langsam führte sie schließlich den Löffel zu ihrem Mund und ließ das Dessert darauf genüsslich zergehen. Wie köstlich es war! Sie liebte Mousse au Chocolat über alles. Schnell schaufelte sie einen zweiten Löffel voll und schob ihn hinterher.

»Du kannst dich auch nie entscheiden, ob du Genießerin oder Schlemmerin sein willst«, befand Robyn und lachte.

»Beides natürlich!«, entgegnete Whitney mit vollem Mund.

»Das war aber die letzte Mousse auch Chocolat, alle anderen haben wir schon aufgefuttert.«

»Echt jetzt?«

»Ja, echt jetzt.«

»Dann hast du mir also extra etwas übrig gelassen?« Whitney hob den fast leeren Kelch mit fragendem Blick empor.

»Hm, ja, hab ich«, entgegnete Robyn und grinste. »Ich weiß doch ganz genau, dass du für eine richtig gute Mousse au Chocolat alles tun würdest.«

Eine Weile sahen sich die beiden wieder schweigend an. Dann brachen sie in schallendes Gelächter aus.

Wieder legte Whitney die Hand auf Robyns Arm, als sie zwischen all dem Lachen japsend hervorbrachte: »Danke, Robyn.«

Epilog

1. März 1994
17 Uhr

Langsam kullerte der Regentropfen das Fenster hinab. Immer wieder hielt er inne, als wüsste er nicht recht, wie es für ihn weitergehen sollte. Dann schien er zu zittern, ganz leicht nur, wie ein trauriges Kind, dessen Schultern im Takt seines Schniefens zuckten. Und schließlich führte der Tropfen seinen Pfad fort, ein Stückchen weiter links oder rechts, doch jedes Mal zuverlässig wie bisher nach unten.

Ein zweiter Regentropfen pochte mit einem sachten »Tong!« gegen das Fenster. Dann ein dritter. Ein vierter. »Tong!«, »Tong!«. Ein fünfter. Noch einer. Und noch einer. »Tong!«, »Tong!«, »Tong!«.

Whitney beobachtete, wie es mehr und mehr Tropfen wurden, wie das leise Pochen beim Aufprall gegen das Fenster mit jedem weiteren in ein zartes Trommeln überging. Ein bezaubernder Klang, der Whitney ein Lächeln ins Gesicht malte.

Sie wich einen Schritt zurück, fasste den länglichen Fenstergriff aus Messing und schob ihn in eine waagerechte Position. Mit einem Ruck öffnete sie das Fenster und nahm einen tiefen Zug, der ihre Lungen mit der frischen Frühlingsluft füllte. Es duftete herrlich nach Regen.

Whitney machte einen Schritt nach vorne, sodass sie mit der Leiste die Brüstung berührte, die außen vor dem Fenster angebracht war. Sie spürte die kalten Gitterstäbe, wie sie sich in ihr Fleisch bohrten. Zum Glück hatte sie einen weiten Morgenmantel über ihre Abendrobe gezogen, denn die Brüstung war rostig und schmutzig und hatte an dem Morgenmantel schon unschöne Flecken hinterlassen.

Vorsichtig stützte sich Whitney fester gegen das Absturzgitter und lehnte ihren Oberkörper darüber. Sie spürte einen ersten Regentropfen auf ihrer Nasenspitze, wie einen klitzekleinen Piks. Der Regen war stärker geworden. Doch Whitney mochte das Gefühl der kühlen Tropfen auf ihrer Haut, die vor Aufregung glühte.

Sie schloss die Augen und reckte das Kinn etwas höher, damit ihr Gesicht noch ein wenig mehr von den Tropfen abbekommen konnte. Dann nahm sie einen weiteren tiefen Atemzug. Sie hätte Ewigkeiten dort stehen können, am offenen Fenster, über die Brüstung nach draußen in den Regen gebeugt.

»Nip, was tust du denn da?«, hörte sie plötzlich eine Stimme hinter sich rufen. Blitzartig öffnete Whitney wieder die Augen. Sie brauchte einen Moment, ehe ihr dämmerte, dass es Robyns Stimme war, die da zu ihr sprach. »Deine Haare! Dein Make-up! Du ruinierst ja alles!«

Schon spürte Whitney das Gewicht der Hände ihrer Freundin auf den Schultern, und wie sie sie mit einem Ruck zurück ins Trockene zog.

»Ist alles in Ordnung mit dir?«, fragte Robyn, während sie Whitney zu sich drehte und ihr streng ins Gesicht blickte.

Whitney nickte. Sie lächelte. Was würde sie nur ohne Robyn

tun? Eine plötzliche Welle ungebrochener Liebe für ihre Freundin überrollte sie.

»Nip? Du guckst so komisch. Habe ich etwas zwischen den Zähnen?«, fragte Robyn und griff sich hektisch an den Mund. »Oh nein, ich wusste, dass ich beim Catering die Finger von diesen Schnittlauchschnittchen hätte lassen sollen, so ein Mist, und niemand sagt mir was, ich laufe schon seit Stunden damit herum ...«

»Robyn«, unterbrach Whitney ihre Freundin und lachte, »da ist nichts zwischen deinen Zähnen. Du siehst wunderhübsch aus, wie immer.«

»Oh, o. k.«, sagte Robyn und ließ ihre Hand wieder sinken.

»Aber was ist denn dann? Bist du sicher, dass alles in Ordnung ist?«

Wieder antwortete Whitney mit einem Nicken.

»Komm, ich geh noch mal schnell mit dem Puder über dein Gesicht. Nicht dass die Regentropfen das Make-up doch noch zum Laufen bringen.«

Robyn griff nach Whitneys Hand und führte sie zu dem Stuhl vor dem Spiegel. Dann schnappte sie sich Puderpinsel und -döschen, und nach einem prüfenden Blick legte sie mit tupfenden Bewegungen los.

»Ich habe Krissy wieder zu Bobby in die Garderobe gebracht und ihm gesagt, dass es bald Zeit für ihr Fläschchen ist«, sagte Robyn nun, während sie immer weiter tupfte. »Die kleine Maus hat sich so fest an mich geschmiegt, sie wollte gar nicht mehr runter von meinem Arm. Deine Tochter ist ein wahrer Engel, Nip.«

Oh ja, das war sie – und nicht nur sie, dachte Whitney bei sich.

Robyn grinste: »Von wem sie das bloß hat?« Mit einem Schnappen schloss sie das Puderkästchen, während Whitney sie spielerisch knuffte. Dann stellte sich Robyn vor Whitney und beugte sich etwas zu ihr hinunter. Mit geübten Handgriffen zupfte sie ihr ein paar Strähnen zurecht, die Whitney an den Seiten locker aus der eleganten Hochsteckfrisur fielen.

»So, jetzt siehst du perfekt aus«, sagte Robyn und stemmte mit stolzer Miene die Hände in die Hüften. »Mrs Houston, es kann losgehen: Die 36. Grammyverleihung erwartet Sie.«

Wieder musste Whitney lachen. Sie merkte, dass sie sich schon ein wenig gelöster fühlte als noch vor wenigen Minuten. Doch ganz verschwunden war die Anspannung nicht, sie saß immer noch wie ein geballter Klumpen in ihrem Nacken, pochend, so als ob er jeden Moment explodieren könnte.

Sie stand auf und öffnete den Gürtel des Morgenmantels, den sie mit einer lockeren Schlaufe um die Taille geschlungen hatte. Sie schlüpfte heraus und warf den Morgenmantel über die Stuhllehne. Dann blickte sie zu Robyn.

In den Augen ihrer Freundin lag so viel Wärme, dass es Whitney einen Stich ins Herz versetzte. Wie gern hätte sie ihr in diesem Augenblick gesagt, was sie ihr bedeutete. Wie sehr sie sie brauchte. Welch unglaublich tolle und intelligente Frau sie war. Was für ein großes Herz sie hatte. Aber ihr kam kein Wort über die Lippen.

»Komm, wir müssen jetzt wirklich los«, unterbrach Robyn die Stille, »es wird Zeit.«

Robyn ging vorneweg, Whitney folgte ihr aus ihrer Garderobe hinaus auf den Flur und schloss hinter sich die Tür. Keine der beiden hatte bemerkt, dass das Fenster noch immer geöffnet war. Der Regen war mittlerweile so stark geworden, dass sich seine Tropfen schon zu einer fußballgroßen Pfütze auf dem Teppich versammelt hatten.

...

Es war dunkel. Und still. So still, dass es schien, als hätten die Hunderte von Menschen im Saal den Atem angehalten. Auf einmal erstrahlte die Bühne in einem warmen, hellen Licht. Es war ein imposantes Tor zu sehen, bestimmt vier, fünf Meter hoch. Zu den Seiten fiel es hinab, sodass es wie ein Trapez aussah. Es dauerte nur ein paar Augenblicke, ehe die Seiten der Bühne wieder in den Schatten eintauchten und das warme Licht im Zentrum von einem kühlen graublauen abgelöst wurde.

»*If I should stay*«

Whitneys klare Stimme durchbrach die Stille. Sie hallte aus den großen Lautsprechern, die vor und neben der Bühne aufgebaut waren. Erst ganz leise und zerbrechlich, dann langsam immer kräftiger. In einer fließenden Bewegung öffneten sich die beiden Tore zu den Seiten hin und offenbarten auf einem hohen Sockel eine Silhouette in einem langen, engen Kleid, das zum Boden hin ein wenig ausgestellt war.

»*I would only be in your way*«

Langsam tauchten die Scheinwerfer die Silhouette in gleißendes Licht. Whitneys weißes Kleid schien zu strahlen. Die Hände hatte sie locker hinter dem Rücken gefaltet, das linke Knie etwas angewinkelt. Vor ihr glänzte ein Mikrofonständer.

»*So I'll go, but I know*«

Die Augen hielt Whitney geöffnet, und sie ließ ihren Blick dem Kopf folgen, den sie nach links wandte – ganz langsam, die Bewegung war kaum als solche auszumachen.

»I'll think of you each step of the way«

Bedächtig nahm Whitney die Hände hinter ihrem Rücken hervor. Sie hielt die Handinnenflächen von sich, und mit jedem weiteren Moment, in dem das Vibrato ihrer Stimme durch den Saal klang, hob sie die Arme ein Stückchen weiter empor. Dann verstummte ihr letzter Ton. Sie senkte die Arme. Stille.

»And I will always love you«

Streicher setzten ihr Spiel gemeinsam mit dem einer Akustikgitarre ein. Whitney schloss die Augen, während hinter ihr ein Orchester in Licht getaucht wurde. Sie breitete die Arme aus, während das vereinzelte Klatschen aus dem Publikum zu einem tosenden Applaus anschwoll.

»I will always love you.«

Nachwort

Whitney Houston hat Musikgeschichte geschrieben, daran besteht kein Zweifel. Doch wie es in der Künstlerin aussah, die über Jahrzehnte hinweg den Blicken der Öffentlichkeit ausgesetzt war, lässt sich nicht mit Bestimmtheit sagen. Ich habe versucht, aus den Ergebnissen meiner Recherchen die Figur einer Whitney Houston zu entwerfen, deren Handeln und Denken stimmig zu dem Bild der Sängerin ist, das in Biografien, Interviews und Filmen erzeugt wird. Dabei lag mir besonders am Herzen, die unverwechselbare Beziehung zu ihrer besten Freundin Robyn Crawford nachzuzeichnen, denn ich bin sicher: Ohne ihre beste Freundin hätte das schüchterne Mädchen aus der Dodd Street in New Jersey niemals zu dem weltweit gefeierten Star heranwachsen können. Sie wäre eine andere Whitney Houston gewesen.

Außerdem war mir wichtig, einen differenzierten Blick auf Bobby Brown zu werfen: Er hat das Leben der Sängerin bestimmt nicht zum Positiven beeinflusst und ist gewiss auch kein Mensch, den man gerne an jemandes Seite sieht. Aber er war nicht der Ursprung der Probleme, die zu ihrem Karriereabsturz und letztlich zu ihrem Tod geführt haben. Er war es nicht, der sie in die Welt des Rausches durch allerlei Drogen geführt hat, der sie zu einem exzessiven Lebensstil verführt hat, der ihre emotionale Instabilität ausgelöst hat. Das alles war schon längst Bestandteil im Leben von Whitney Houston, bevor die beiden sich kennengelernt haben.

Von unschätzbarem Wert für die Recherchen an diesem Buch war die Biografie »I will always love you – Mein Leben mit Whitney Houston« von Robyn Crawford. Ihre Schilderungen sind detailliert und oft schonungslos, vor allem sich selbst gegenüber. Das Buch »Whitney – Die Geschichte einer Mutter über Liebe und Verlust« von Cissy Houston lässt für mich die Frage aufkommen: Ging es der Mutter wirklich um die Beziehung zu ihrer Tochter, oder galt ihre Liebe vielmehr dem Weltstar, zu dem ihre Tochter wurde? Auch hier kann man sich der Wahrheit bestenfalls annähern.

Davon abgesehen waren es vor allem vereinzelte Interviews – wie das von Diane Sawyer 2002 oder das von Oprah Winfrey drei Jahre nach der Trennung von Bobby Brown 2009 –, die bei mir den Eindruck hinterließen, zumindest zeitweise die private Person Whitney Houston durchschimmern zu sehen.

Trotz aller Bestrebungen, die wahre Geschichte dieser außergewöhnlichen Frau zu erzählen: Dieses Buch ist eine Romanbiografie und dadurch auch geprägt durch meinen persönlichen Blick, den ich durch meine Recherchen auf die Sängerin gewonnen habe. Alle Aussagen und Handlungen der Privatperson Whitney Houston kommen der Wahrheit hoffentlich so nahe wie möglich. Doch können sie letztlich nur Spekulationen bleiben: Die Biografien von Menschen, die ihr nahestanden, entwerfen zwar ein Bild der Sängerin, doch jede dieser Autorinnen und jeder dieser Autoren verfolgt auch immer ein Eigeninteresse.

Mit Whitney Houstons Tod hat die Welt eine der größten Sängerinnen des 20. Jahrhunderts verloren. Ihre Assistentin fand sie leblos in der Badewanne im Hotel Beverly Hilton, einen Abend vor der Verleihung der Grammy Awards 2012 in Los Angeles. Der chronische Missbrauch von Kokain und eine Herzkrankheit sollen zu ihrem Tod durch Ertrinken maßgeblich beigetragen haben. Mit 48 Jahren hinterließ sie eine 18-jährige Tochter, die nur drei Jahre später das gleiche Schicksal wie ihre Mutter ereilen sollte: Sie wurde bewusstlos in einer Badewanne gefunden, vier Wochen später starb sie. Bobbie Kristina Brown wurde nur 22 Jahre alt. Ihren Tod führten die Ärzte auf den Missbrauch verschiedener Rauschmittel zurück, die zu einer Lungenembolie und Hirnschäden geführt haben.

Den Roman auf dem Höhepunkt der Karriere von Whitney Houston enden zu lassen, war eine bewusste Entscheidung. Es sollte ein Moment sein, der den Kreis zu den Anfängen von Whitneys Karrie schließt: Sie singt. Dass es sich dabei um ihren Auftritt bei der Verleihung der Grammy Awards 1994 handelt, als sie »I Will Always Love You« performte, ist kein Zufall: Ihr erfolgreichster und wohl bekanntester Hit wird als einer der größten Liebessongs aller Zeit gehandelt, obwohl er doch die Geschichte von einem tragischen Abschied eines Gefährten erzählt.

Vielleicht ist es genau das, was bezeichnend für Whitney Houston ist: Zeit ihres Lebens wollten die meisten Menschen sie nicht richtig verstehen, nicht ihr persönliches Umfeld und auch nicht die Welt, die die Sängerin nur durch öffentliche Auftritte kannte. Kaum jemanden ging es wirklich um Nip und um das, was sie tatsächlich brauchte. Deshalb hatte ich das Bedürfnis, ihr in diesem Roman auch glückliche Momente zuzuschreiben, die so oder so ähnlich hoffentlich passiert sind.

München, im Juli 2023
Hanna Faber

Danke an B für deine Liebe, deinen Zuspruch und Glauben an mich, dass du stolz auf mich bist, gibt mir Kraft,

an A für dein Vertrauen, deinen klugen Kopf, deine Ehrlichkeit und deinen Humor, als Freundin und Lektorin,

an S für deine Wertschätzung, dass du als erste Person dieses Buch vorbestellt hast, macht mich noch immer glücklich,

an M und P für die vielen Bücher in meiner Kindheit, fürs Vorlesen und den Raum, den ihr meinen Träumen gegeben habt,

und an T für dein Mitfreuen, deine Geduld beim Zuhören und deine Zeit beim Fotografieren.

»Frühstück bei Tiffany«, »My Fair Lady« – diese Frau schrieb Filmgeschichte

Niederlande 1944: Während der Zweite Weltkrieg Europa erschüttert, entdeckt die junge Audrey Hepburn ihre Liebe zum Tanz. Zwischen den Schrecken des Krieges und dem allgegenwärtigen Hunger träumt sie davon, Primaballerina zu werden. Und obwohl dieser Traum bald platzt, lässt sie sich nicht entmutigen. Ihr neues Ziel: die Filmstudios von Amerika! Und tatsächlich bringt ihr Talent Audrey nach Hollywood. Schon bald spielt sie an der Seite von Größen wie Gregory Peck und Humphrey Bogart. Doch der strahlende Ort ihrer Träume verlangt ihr alles ab. Kann Audrey als Stern am Himmel Hollywoods glänzen, ohne sich selbst dabei zu verlieren?

Juliana Weinberg
Audrey Hepburn und der Glanz der Sterne
Roman

Taschenbuch
Auch als E-Book erhältlich
www.ullstein.de

ullstein

Glamouröse Ikone, Schauspielerin, Liebende

Schon jung muss die kleine Elizabeth höchsten Ansprüchen genügen: Ihre Mutter Sara hat ihr ehrgeizige Ziele gesetzt. Die kleine Liz soll der größte Stern am Himmel Hollywoods werden. Schon als Zehnjährige ergattert Elizabeth einen Vertrag bei der namenhaften Agentur MGM. Ihr erster großer Film *Lassie* macht sie schlagartig zum Megastar, ihr Leben findet ab diesem Augenblick fast ausschließlich am Filmset statt. Ein liebevolles Umfeld aus Familie und Freunden kennt sie nicht. Sie begibt sich auf die Suche nach einer Liebe, groß genug, um diese Lücke zu füllen …

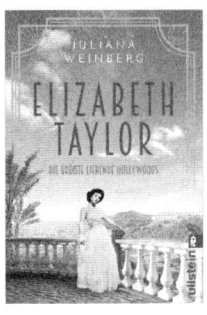

Juliana Weinberg
Elizabeth Taylor
Die größte Liebende Hollywoods

Klappenbroschur
Auch als E-Book erhältlich
www.ullstein.de

Die Göttliche, die Unfehlbare, die schwedische Sphinx

Greta ist fünfzehn, als sie eine heiß begehrte Stelle in einem Stockholmer Kaufhaus ergattert. Ein Glücksgriff, denn das Geld ist knapp in ihrer Familie, und Greta muss arbeiten, anstatt zur Schule zu gehen. Doch was sie nun verdient, will sie in ihre Zukunft investieren: in eine Schauspielausbildung. Tatsächlich besteht sie die Aufnahmeprüfung an der renommierten Schauspielakademie des Königlichen Dramatischen Theaters. Bald wird ein bekannter Regisseur auf die junge Frau aufmerksam. Fasziniert von ihrer Präsenz und Ausstrahlung gibt er ihr eine Hauptrolle: Es ist der Beginn ihrer sagenhaften Filmkarriere. Doch kann die glitzernde Welt Greta glücklich machen?

Kristina Lüding
Greta Garbo
Roman

Klappenbroschur
Auch als E-Book erhältlich
www.ullstein.de

Märchenhochzeit mit dem Schah von Persien

Es ist Liebe auf den ersten Blick, als die achtzehnjährige Soraya 1950 zum ersten Mal auf den Schah von Persien trifft. Seinetwegen zieht die Tochter einer Deutschen und eines persischen Fürsten von Berlin nach Teheran. Die opulente Märchenhochzeit im Marmorpalast, bei der die Braut ein Traumkleid geschmückt mit Diamanten und Marabufedern trägt, ist ein Weltereignis. Das Paar wird bejubelt, und die junge Prinzessin mit den smaragdgrünen Augen gilt als schönste Frau ihrer Zeit. Doch schon bald liegt ein Schatten auf der Ehe: Die Geburt eines Thronfolgers bleibt aus, und die große Liebe von Soraya und Schah Mohammad Reza nimmt eine dramatische Wendung ...

Brigitte Janson
Soraya
Prinzessin auf dem Pfauenthron

Klappenbroschur
Auch als E-Book erhältlich
www.ullstein.de